新时代大数据管理与应用专业
新形态系列教材

Data Asset Management

数据资产管理

周开乐◎主编

清华大学出版社
北京

内容简介

当前,数字化、网络化、智能化成为经济社会的发展趋势,在此背景下,数据资源化、数据资产化、数据要素化更加凸显。本书从数据资产管理的共性问题和面向领域的数据资产管理两个维度展开,较为系统全面地介绍了数据资产管理的基础理论、方法和应用。

本书可作为高等院校相关专业的本科生和研究生的教材,也可作为从事大数据分析的相关技术人员、管理人员的参考书,还可作为相关专业资格考试、研究生入学考试的参考书。

本书封面贴有清华大学出版社防伪标签,无标签者不得销售。
版权所有,侵权必究。举报:010-62782989,beiqinquan@tup.tsinghua.edu.cn。

图书在版编目(CIP)数据

数据资产管理/周开乐主编. —北京:清华大学出版社,2023.9
新时代大数据管理与应用专业新形态系列教材
ISBN 978-7-302-64597-9

Ⅰ.①数… Ⅱ.①周… Ⅲ.①企业管理—数据管理—教材 Ⅳ.①F272.7

中国国家版本馆CIP数据核字(2023)第180337号

责任编辑:张　伟
封面设计:李召霞
责任校对:王荣静
责任印制:丛怀宇

出版发行:清华大学出版社
　　　　网　　址:http://www.tup.com.cn,http://www.wqbook.com
　　　　地　　址:北京清华大学学研大厦A座　　邮　　编:100084
　　　　社 总 机:010-83470000　　邮　　购:010-62786544
　　　　投稿与读者服务:010-62776969,c-service@tup.tsinghua.edu.cn
　　　　质量反馈:010-62772015,zhiliang@tup.tsinghua.edu.cn
　　　　课件下载:http://www.tup.com.cn,010-83470332
印 装 者:三河市君旺印务有限公司
经　　销:全国新华书店
开　　本:185mm×260mm　　印　张:22.25　　字　数:532千字
版　　次:2023年10月第1版　　　　　　　印　次:2023年10月第1次印刷
定　　价:69.00元

产品编号:098396-01

丛书专家指导委员会

（按姓氏拼音排序）

胡祥培　大连理工大学
黄文彬　北京大学
梁昌勇　合肥工业大学
谭跃进　国防科技大学
唐加福　东北财经大学
王兴芬　北京信息科技大学
王育红　江南大学
吴　忠　上海商学院
徐　心　清华大学
叶　强　中国科技大学

前言

随着互联网、物联网(Internet of Things,IoT)、云计算、人工智能、区块链等新一代信息技术的快速发展,及其与经济社会各领域的深度融合,人类社会生产生活加快向数字化、网络化、智能化方向迈进。在此过程中,各种不同形态的数据快速集聚,并被开发和利用,数据价值更加明晰,数据服务模式不断创新,数据驱动的决策发挥越来越关键的作用。人们对数据的理解和认知更加深刻,数据资源化、数据资产化、数据要素化趋势愈加显著。

在此背景下,迫切需要对数据资产的内涵进行更加明确的界定,对数据资产管理的内容、理论、方法进行更加全面深入的归纳和总结。系统地学习数据资产管理的基础知识是高等学校学生适应新一代信息技术和智能社会发展的必然要求,然而当前关于数据资产管理的知识体系尚不完善,系统化教材仍然较少,为此,我们从数据资产管理过程和面向领域的数据资产管理两个维度出发,组织编写了《数据资产管理》,希望本书能帮助学生对数据资产管理有更加系统的认识,掌握互联网时代数据资产管理的内容体系和理论方法,提高开发和利用数据资产的能力。在本书编写过程中,我们积极吸收相关领域的最新研究成果,并注重形成本书的特色。

(1) 理论介绍与案例分析相结合。本书除了较为详细、全面地介绍了数据资产管理的基础理论知识,还在很多重要知识点部分安排了具体、翔实的案例资料,案例选取方面以近年来的本土案例为主,同时考虑不同领域的案例,通过具体案例帮助学生更好地理解相关概念或理论,从而更好地掌握数据资产管理的内涵和方法。

(2) 知识前沿性与开放性相结合。数据资产管理是一个前沿领域,在本书编写过程中,我们参考了大量国内外相关文献资料,吸收了相关领域的最新研究成果,保证了教材知识体系的前沿性。同时数据资产管理也是一个快速发展的新兴领域,一些内容的介绍留有开放探讨的空间,通过扩展阅读启发学生对相关理论和应用实践的思考。

(3) 共性问题与领域特点相结合。数据资产管理既有一般共性的理论方法问题,也有面向具体领域的特定问题,在本书编写过程中,我们考虑了内容组织方面共性与特性的结合。本书既介绍了一般的数据资源确权、数据资产评估、数据资产定价、数据资产运营和数据资产安全问题,又从个人、企业、政府、能源、环境、医疗等不同领域介绍了特定领域的数据资产管理问题。

全书共分为12章:第1~6章为数据资产管理的一般问题,包括数据资源确权、数据资产评估、数据资产定价、数据资产运营和数据资产安全;第7~12章主要介绍面向特定领域的数据资产管理,包括个人数据资产管理、企业数据资产管理、政府数据资产管理、能源领域数据资产管理、环境领域数据资产管理和医疗领域数据资产管理。每章章尾附有习题,帮助学生或读者进一步加深对各章重要知识点的理解。同时,本书列出了部分主要的参考文献,感兴趣的读者可以进一步扩大阅读。

本书由合肥工业大学周开乐教授任主编，负责全书大纲的制定和统纂。参与编写工作的人员还有胡定定、虎蓉、杨静娜、邢恒恒、彭宁、张增辉、褚一博、杨柳等。本书编写过程中，参考了大量的国内外相关研究成果，受篇幅限制，书中列出的只是部分文献，在此对所有参考文献的作者和相关领域的专家学者表示衷心的感谢。

数据资产管理是一个新兴前沿领域，也是管理科学、信息科学、会计学、法学等多学科交叉领域，相关研究成果不断涌现，知识体系也在不断完善。由于作者水平有限，书中难免有疏漏或不妥之处，恳请广大读者不吝赐教。

作　者

2023 年 3 月 10 日

目录

第1章 绪论 ········· 1
1.1 数据的相关概念 ········· 1
1.2 数据资产的相关概念 ········· 7
1.3 数据资产化 ········· 12
1.4 数据资产管理活动职能 ········· 15
1.5 数据资产管理的保障措施 ········· 26
本章小结 ········· 32
习题 ········· 32
即测即练 ········· 32

第2章 数据资源确权 ········· 33
2.1 数据资源确权概述 ········· 33
2.2 数据资源确权的发展历程 ········· 39
2.3 数据资源确权的主要方式 ········· 45
2.4 数据资源确权的难点与对策 ········· 48
本章小结 ········· 52
习题 ········· 52
即测即练 ········· 53

第3章 数据资产评估 ········· 54
3.1 数据资产评估概述 ········· 54
3.2 数据资产评估流程 ········· 61
3.3 数据资产评价系统 ········· 65
3.4 数据资产评估方法 ········· 68
3.5 数据资产评估保障 ········· 72
本章小结 ········· 83
习题 ········· 83
即测即练 ········· 83

第 4 章 数据资产定价 84
4.1 数据资产定价概述 84
4.2 数据资产定价的影响因素 89
4.3 数据资产定价策略 94
4.4 数据资产定价体系 103
本章小结 110
习题 110
即测即练 110

第 5 章 数据资产运营 111
5.1 数据资产运营概述 111
5.2 数据交易 116
5.3 相关商业模式 121
5.4 数据要素市场 127
本章小结 131
习题 132
即测即练 132

第 6 章 数据资产安全 133
6.1 数据资产安全概述 133
6.2 数据资产安全保护技术 137
6.3 数据资产安全管理机制 151
6.4 基于区块链的数据资产安全管理 154
本章小结 159
习题 159
即测即练 159

第 7 章 个人数据资产管理 160
7.1 个人数据资产概述 160
7.2 个人数据资产管理平台 164
7.3 个人数据资产的保护 172
7.4 个人数据资产管理实例——芝麻信用 177
本章小结 181
习题 181
即测即练 182

第 8 章 企业数据资产管理 183
8.1 企业数据资产概述 183

8.2 企业数据资产价值 ··· 184
8.3 企业数字化转型 ·· 189
8.4 制造业企业数据资产管理 ·· 194
8.5 互联网企业数据资产管理 ·· 205
本章小结 ··· 212
习题 ·· 212
即测即练 ··· 212

第9章 政府数据资产管理 ··· 213
9.1 政府数据资产概述 ··· 213
9.2 政府数据资产管理的对象与内容 ··· 220
9.3 政府数据资产全生命周期管理 ·· 229
9.4 政府数据资产管理机制 ··· 232
9.5 政府数据市场化 ·· 235
本章小结 ··· 239
习题 ·· 239
即测即练 ··· 240

第10章 能源领域数据资产管理 ··· 241
10.1 能源数据资产概述 ··· 241
10.2 电力行业数据资产管理 ··· 244
10.3 油气行业数据资产管理 ··· 249
10.4 煤炭行业数据资产管理 ··· 253
10.5 能源领域数据资产管理实例——数字电网 ································· 258
10.6 能源领域数据资产管理实例——数字油田 ································· 264
本章小结 ··· 267
习题 ·· 267
即测即练 ··· 268

第11章 环境领域数据资产管理 ··· 269
11.1 环境数据资产概述 ··· 269
11.2 环境数据资产管理的内容 ·· 274
11.3 环境大数据的应用 ··· 281
11.4 碳排放数据资产 ·· 292
本章小结 ··· 299
习题 ·· 299
即测即练 ··· 300

第 12 章　医疗领域数据资产管理 ·· 301
12.1　医疗数据资产概述 ··· 301
12.2　医疗数据资产质量评估 ·· 308
12.3　医疗数据资产保护 ··· 314
12.4　医疗数据资产管理前沿技术 ·· 320
本章小结 ·· 329
习题 ·· 329
即测即练 ·· 329

参考文献 ··· 330

第 1 章 绪 论

1.1 数据的相关概念

1.1.1 数据

"数据"一词最早出现在拉丁语中,其最初的含义为"给予的事物"。之后,随着科学技术的发展和人类认知的演进,"数据"一词逐渐进入其他语种,并被应用到更多领域。工业革命以来,人类科学技术进入了高速发展阶段,数据的内涵也不断丰富,人们对数据的理解也更加深刻。近几十年来,互联网、云计算、大数据、人工智能(artificial intelligence,AI)、区块链等新一代信息技术(information technology,IT)不断涌现,并快速渗透到经济社会的各个领域,数据规模急剧扩大,数据形态更加复杂,数据应用更加广泛,数据价值更加凸显,数据治理也面临更加严峻的挑战。

关于数据的内涵理解和概念界定,不同的机构、学者和专业技术人员等在不同时期,从不同视角进行了探究,一些代表性的定义见表1-1。

表 1-1 关于数据的不同定义

机 构	定 义	时 间
联合国统计委员会(United Nations Statistical Commission,UNSC)、联合国欧洲经济委员会(United Nations Economic Commission for Europe,UNECE)	数据是信息的物理表现形式,这一表现形式适用于人工或自动化手段交流、理解或处理	2000 年
国际空间数据系统咨询委员会(Consultative Committee for Space Data Systems,CCSDS)	数据是以适合于交流、解释或加工的形式化方式进行的可重新解释的信息表示,例如,序列、数值表、页面中的字符、录音等都是数据	2012 年
国际数据管理协会(Data Management International,DAMA)	数据是以文本、数字、图形、图像、声音和视频等格式对事实进行表现的形式,是信息的原始材料	2017 年
美国《开放的、公开的、电子化的及必要的政府数据法案》(The Open, Public, Electronic, and Necessary Government Data Act)	数据是以任何形式或介质记录下来的信息,开放政府数据时特别指明数据需要满足机器可读的条件	2019 年
《深圳经济特区数据条例》《上海市数据条例》等	数据是指任何以电子或者其他方式对信息的记录	2021 年

上述不同时期、不同主体关于数据的概念界定虽然有所差异,但也有一些共同之处,从这些定义中可以归纳出,数据的定义有三个关键要素:数据是一种对信息的记录形式;数据的来源和范围非常广;数据具有一定的价值。

基于不同的准则,对数据有不同的划分。

(1) 根据数据存储媒介不同,可以将数据分为传统物理空间的纸质媒介数据和网络空间的电子媒介数据。纸质图书、档案、文件、报告等记录的都是纸质媒介数据,而光盘、硬盘、闪存盘等存储的电子化数据以及存在于数据中心或云中心的海量数据等都是电子媒介数据。

(2) 基于数据是否表现为数值,可以将数据分为数值型数据和非数值型数据。例如,一个人身高170厘米、体重65千克,一块土地面积650平方米,空气湿度60%等都是数值型数据;而一段文字、一幅图画、一条语音、一段视频等都是非数值型数据。

(3) 从数据是否连续来看,可以将数据分为连续数据和非连续数据。例如,声音的大小或温度的变化都是连续数据,而符号、图像、文字等都是非连续数据。

(4) 根据数据的表现形式和存储方式,可以将数据分为结构化数据、半结构化数据和非结构化数据。结构化数据通常是指可以存储在关系型数据库中,可以用二维表结构来逻辑实现的行数据,如银行卡号、邮政编码等;非结构化数据则是不便用数据库二维逻辑结构来表现的数据,如文本、图像以及各类文档和多媒体数据等;半结构化数据是介于结构化数据和非结构化数据之间的数据,如超文本标记语言(hyper text markup language,HTML)文档就是一种半结构化数据。

随着互联网、云计算、物联网、区块链、人工智能等新一代信息技术的快速发展,网络空间的电子化数据规模呈现指数型增长,数据形态更加复杂,数据应用更加丰富,互联网时代的大数据通常是指网络空间的电子化数据,数据资产管理的对象也主要是指电子化数据。

网络空间的电子化数据具备以下一些特有的属性。

(1) 物理属性,即数据在存储介质中以二进制串的形式存在。数据的物理存在占据了存储介质的物理空间,是数据真实存在的表现,并且是可度量、可处理的。数据的物理存在使数据可以直接被用于制作副本、进行传输,也可以通过特殊的方法直接从物理存在勘探数据、破解数据。

(2) 存在属性,即数据以人类可感知的形式存在。在网络空间中,物理存在的数据可以通过输入、输出设备以某种形式展现出来,被人所感知、所认识,只有通过输入、输出设备感知到的数据才能被认为是存在的数据。

(3) 信息属性,即数据是否有含义和含义是什么。通常,数据经过解释之后会具有含义,数据的含义就是其所承载和展示的信息;当然,并不是所有数据都具有明确的含义,例如一个随机数字或一串乱码都是数据,但没有明确的含义;也有一些数据,其含义会随着时空变化而演变,一些当前没有明确含义的数据,经过一定时期之后就具有了含义,一些表面没有明确含义的数据,经过处理或转换就具有一定含义。

(4) 时间属性,即数据是否附加时间标记。自然界中的事物通常都具有时间属性,而数据可以没有时间属性,如果数据要被用于表示自然界一个随时间变化的事物,对应于自然界的时间概念,那么需要给数据加盖时间戳。例如"2022年5月10日合肥市的最高气温是28 ℃",这里的"28 ℃"就具有了时间戳"2022年5月10日",有了明确的时间属性。此外,与自然界中的事物会随着时间老化不同,虽然记录数据的载体会老化,但数据不会"老化",可以通过更换存放数据的载体来保证数据一直被存储下来。

1.1.2 信息

信息是音讯、消息、通信系统传输和处理的对象,泛指人类社会传播的一切内容,是一切通信和控制系统中的一种普遍联系的形式。信息、物质、能量是组成客观世界的三大基本要素。人们通过获得和识别来自社会与自然界的不同信息来区分不同事物,进而认识和改造世界。

扩展阅读 1-1
从长城、烽火与驿传制度入手,浅析我国古代的信息传递方式

在中国古代,"信息"即"消息"。中国是世界上最早建立信息传递组织的国家之一,从中华文明起源开始,人们利用驿站、乐器、烽燧和飞鸽等设施及手段在人与人、部落与部落之间进行信息传递。自古以来,驿传系统就在文报传递、官员接待、运输中介三个方面发挥着重要作用。随着经济社会的快速发展,以及交通工具的不断进步,信息传递需求更加迫切,信息传递质量要求更高,信息传递方式更加灵活。

1928 年,拉尔夫·文顿·里昂·哈特利(Ralph Vinton Lyon Hartley)在《贝尔系统技术杂志》(*The Bell System Technical Journal*)上发表的论文《信息传输》(*Transmission of Information*)对消息和信息进行了区分,指出"信息是指有新内容、新知识的消息",他将信息理解为选择通信符号的方式,并用选择的自由度来衡量这种信息的大小。1948 年,克劳德·艾尔伍德·香农(Claude Elwood Shannon)在《贝尔系统技术杂志》上发表的论文《通信的数学理论》(*A Mathematical Theory of Communication*)指出,"信息是用来消除随机不确定性的东西",也就是说,信息是用来降低随机不确定性的东西。他利用概率论阐明了通信中一系列基本理论问题,给出了计算信源、信息量和信道容量的方法与一般公式,得到了一组表示信息传递重要关系的编码定理。1950 年,控制论的奠基人诺伯特·维纳(Norbert Wiener)认为,正如"熵"是无组织(无序)程度的度量一样,消息集合中包含的信息就是有组织(有序)程度的度量,因此,可以将消息所包含的信息解释为负熵。他在《人有人的用处:控制论与社会》(*The Human Use of Human beings:Cybernetics and Society*)一书中指出,"信息就是我们在适应外部世界,并把这种适应反作用于外部世界的过程中,同外部世界进行交换的内容的名称"。1975 年,意大利学者吉乌塞佩·朗格(Giuseppe Longo)在其出版的《信息论:新的趋势与未决问题》(*Information Theory:New Trends and Open Problems*)一书中对信息做了进一步的界定,认为"信息是反映事物的形成、关系和差别的东西,它包含在事物的差异之中,而不是在事物本身"。1996 年,中国学者钟义信在《信息科学原理》中对信息的概念进行了详尽的阐述,认为在信息概念的诸多层次中最重要的层次有两个,分别为没有任何约束条件的本体论层次和受主体约束的认识论层次,在本体论层次上,信息可被定义为"事物运动的状态以及它的状态改变的方式";在认识论层次上,信息可被定义为"主体所感知或表述的事物存在的方式和运动状态",这意味着在认识论层次上,没有主体就没有信息。

信息本身所承载的内涵随着经济社会的快速发展和科学技术的进步而日渐丰富,人们对"信息"的认识和理解也逐渐深入。特别是在计算机和互联网技术发明以后,各行各业产

生了更大规模、更多类型的数据,数据所表达和蕴含的内容通常被认为是重要的信息。区别于其他事物,信息具有一些自身的特性,包括普遍性、时效性、相对性、与物质不可分割性、可传递和干扰性、可加工性和可共享性等。

1. 普遍性

一切事物都有其运动的状态和方式,而信息就是指事物的运动状态和方式。因此,信息随处可见,具有普遍存在性。

2. 时效性

客观事物一般都是运动变化的,信息是事物运动的状态和方式,也在不断变化。因此,一般情况下,信息的存在有一定的时效性。

3. 相对性

客观上信息是无限的,但对于特定认知主体来说,实际能够得到的信息总是有限的。因此,人们感知、获取和利用的信息具有相对性。

4. 与物质不可分割性

信息本身是虚拟的、不可触及的,它必须记录或存储在特定的媒介或载体上。因此,信息不能脱离物质单独存在,通常都具有与物质不可分割性。

5. 可传递和干扰性

信息能够通过多种方式进行传递,信息的价值也往往需要通过传递来实现。一个完整的信息传递过程通常包括信源(信息发送方)、信宿(信息接收方)、信道(信息媒介)和信息四个要素。信息在传递过程中可能会受到各种因素的干扰,产生噪声,或者损失、失真等。

6. 可加工性

信息是可以被加工的,信息加工就是把信息从一种形式变换成另一种形式,为实现信息的价值和基于信息的决策目标,信息可以被分析或综合,被压缩或扩充。由于人为操作或主观因素的介入,信息加工过程往往是不可逆的。

7. 可共享性

与物质和能量的一个显著差异是,相同的信息可以无差别地被不同主体共同使用,信息在共享过程中并不会遭受损失,反而有可能增加新的信息,信息的价值也会通过共享被放大。信息的可传递性也为信息共享搭建了桥梁,使信息的交换、转让和使用可以持续进行下去,从这个角度来看,信息是人类共同的财富。

1.1.3 知识

人类对"知识"的认知与对"数据"和"信息"的认知类似,都随着经济社会的发展和科学技术的进步经历了一个不断发展的过程。我国悠久的历史文化长河中，积累了相当丰富的关于"知识"概念的探索。《辞源》中就对"知识"给出了两种解释：一是"相识见知的人"；二是"指人对事物的认识"，第二种解释与现代汉语中的含义比较接近。1980 年版的《辞海》中对"知识"定义是"人们在社会实践中积累起来的经验"，并指出"从本质上说，知识属于认识的范畴"。《现代汉语词典》(第 7 版)中将"知识"定义为"人们在社会实践中所获得的认识和经验的总和"。

知识管理的奠基人之一卡尔-爱立克·斯威比(Karl-Erik Sveiby)在 1997 年出版的《新组织财富》(*The New Organizational Wealth*)中提出，知识就是"行动的能力"。在此基础上，1998 年，托马斯·H.达文波特(Thomas H. Davenport)等人在《工作知识》(*Working Knowledge*)中指出，知识是"可以辅助我们做出决策或采取行动的有很高价值的一种信息形态"，"知识是一种包含了结构化的经验、价值观、关联信息以及专家的见解等要素的动态的混合物。知识起源于认识者的思想，并对认识者的思想起作用。在组织内，知识不仅存在于文档和数据库中，而且嵌入在组织的日常工作过程、实践和规范中"。通过上述不同阶段、不同视角对知识的定义，可以看出知识具有以下基本特性。

1. 隐合性

知识与其主体密不可分，因为知识总是属于某个人或某个组织的，不同主体掌握的知识是有所差异的，知识之间的交流有时也是不充分的。

2. 实体性

无论是对个人还是对一个组织，知识都是一种实际的资产。知识的生产、集聚和收获过程都需要付出劳动，而且知识往往具有产权，即知识产权。因为知识的实体性，便产生了知识的识别、组织、收集和测度等一系列问题。

3. 共享性

与信息类似，知识也是可以共享的，而且不会随着共享而导致其价值和数量的减少，甚至可能在共享中产生新的知识。知识的共享过程需要转让者和受让者共同参与。

4. 主观性

知识的价值取决于使用者对知识的主观认识、需求和理解，不同使用者对同一知识的价值判断是不同的。

5. 价值性

与数据和信息不同的是，知识更接近行动，因此，知识也更具有价值。根据知识所导致的决策和行动可以评价知识的价值。能够产生更高的生产率、使人们作出更明智决策的知识具有更高价值。

6. 复杂性

知识的组成、结构和变化造成了知识的复杂性。因此，在运用知识时要全面考虑影响知识的复杂性的各个因素,避免因为对知识复杂性的考察不全面而得出错误的结论。

7. 变化性

知识随着人类社会的不断发展而永恒变化。人类文明起源时,知识就成为人类社会中无处不在、无时不有、不断变化的一种要素。

1.1.4 智能

长期以来,国内外许多哲学家、脑科学家、心理学家以及工程技术专家等一直在努力研究和探索什么是"智能"。

在中国古代,一般认为"智"和"能"是两个相对独立的概念,"智能"是"智力"和"能力"的总称。例如,《荀子·正名篇》中有"所以知之在人者谓之知,知有所合谓之智。所以能之在人者谓之能,能有所合谓之能"。其中,"智"指进行认识活动的某些心理特点,"能"则指进行实际活动的某些心理特点。也有一些古代典籍把"智""能"二者结合起来看作一个整体。例如,《吕氏春秋·审分览》中有"不知乘物,而自怙恃,夺其智能,多其教诏,而好自以……此亡国之风也",《论衡·实知篇》中有"故智能之士,不学不成,不问不知","人才有高下,知物由学,学之乃知,不问不识"。这里把"人才"和"智能之士"相提并论,认为人才就是具有一定智能水平的人,其实质就在于把"智"与"能"结合起来作为考察人的标志。

近现代以来,国内外学者从不同视角认识"智能",对其概念内涵的理解进一步深入。他们将知识和智力总结为智能,其中,知识是智能行为的基础,而智力是获取并应用知识求解问题的能力。智能具有以下特征:一是具有感知能力,即能够感知外界,从而获取知识;二是具有记忆和思维能力,记忆用于存储思维所产生的知识,而思维则用于对信息的处理,是获取知识以及运用知识求解问题的根本途径;三是具有学习能力,即通过与环境的作用不断学习;四是具有行为能力,行为能力就是信息的输出,对外界的变化作出反应。

1956年夏,约翰·麦卡锡(John McCarthy)和马文·李·明斯基(Marvin Lee Minsky)等科学家在美国达特茅斯学院(Dartmouth College)就"如何用机器模拟人的智能"这一问题开会研讨,会议首次提出"人工智能"这一概念,这也标志着人工智能学科的诞生。经过60多年的发展,人工智能在算法、算力(计算能力)和算料(数据)"三算"方面取得了许多突破,虽然人工智能从"能用"到"好用"还有很多瓶颈难题,但不可否认"三算"方面的突破有力推动了人工智能的技术进步和行业应用。

互联网时代,数据是人工智能的底层基础设施,数据的有效管理和应用也驱动许多人工智能新理论、新方法和新技术的产生。随着新一代信息技术的快速发展及其在各行各业的加速渗透,各行各业的智能化进程加快,智能化水平不断提升,一些"人工智能"替代或超越了"人类智能"。在智能交通、智慧医疗、智能家居、智能工厂、智能建筑等应用场景下,"人工智能"技术的运用使各类新产品、新服务、新模式不断涌现,人类各种差异化、个性化、灵活化的需求能够更好地被满足。

1.2 数据资产的相关概念

1.2.1 资产

在人类历史长河中，资产的形式不断演变和丰富，从原始社会的石头、木头，到各类植物、动物，再到各类矿产资源和金银珠宝等有形资产，以及商标、品牌、股票、债券、专利、创意等无形资产，每一种资产的形成与发展，都给人类带来了巨大的商业价值和财富机会，造就了各类新颖的商业模式和成功的企业精英。资产价值的发挥离不开科学、有效的资产管理，基于资源本身的价值创造更多价值。

资产是财务会计的一个基本要素，是一个重要的会计学概念。经济学家保罗·萨缪尔森(Paul Samuelson)等人认为"资产是实物财产或具有经济价值的非实物性的权利，如工程、设备、土地、专利、版权，以及货币、债券等金融工具"。不同机构给出了不同的资产定义，总结如表1-2所示。现有对资产的定义可以归纳为"资产是由各类会计主体［企事业单位、政府机构、非政府组织(non-governmental organizations，NGO)等］过去的交易或事项形成的、由会计主体拥有或者控制的、预期会给会计主体带来经济利益或产生服务潜力的经济资源"。

表1-2 关于资产的不同定义

机 构	定 义	时 间
美国注册会计师协会（American Institute of Certified Public Accountants，AICPA）	按会计规则或会计原则进行结账而被结转为借方余额所代表的某些事物	1953年
（美国）财务会计准则委员会（Financial Accounting Standards Board，FASB）	某一特定主体由于过去的交易或事项所获得或控制的可预期的未来经济利益	1985年
国际会计准则理事会（International Accounting Standards Board，IASB）	企业因过去的交易或事项而控制的资源，这种资源可以给企业带来未来的经济利益	1989年
英国会计准则委员会［Accounting Standards Board(UK)，ASB］	由过去的交易或事项形成的、由特定主体控制的、对未来经济利益的权利或其他使用权	1999年
中华人民共和国财政部	企业过去的交易或者事项形成的、由企业拥有或者控制的、预期会给企业带来经济利益的资源	2006年

个人和组织拥有的资产通常可以分为有形资产与无形资产两类。

1. 有形资产

有形资产是指个人或组织拥有的具有实物形态的资产，包括固定资产和流动资产。如存货、对外投资、货币资产、应收账款等具有实体物质产品形态的资产，包括生产有形资产和非生产有形资产。

2. 无形资产

无形资产是指个人或组织拥有、没有实物形态、可辨认的非货币性资产。无形资产包括社会无形资产和自然无形资产，其中，社会无形资产包括专利权、非专利技术、商标权、著作权、特许权、土地使用权等;自然无形资产包括不具有实体物质形态的天然气等自然资源等。

资产管理就是围绕各类资产的配置、使用和处置等开展的计划、组织、协调、控制等一系列管理活动,如资产的核算规整、资产的价值评估、资产的维修维护、资产的保值增值、资产的流通交易等。因为有形资产和无形资产本身存在较大差别,所以有形资产和无形资产的管理过程、特点和内容存在较大差异。数据资产是一类特殊的无形资产,数据资产管理与一般无形资产管理相比虽然有一些共性,但数据资产的特性决定了其管理方法、内容、目标等都有很多独特性。

1.2.2 信息资产

随着信息技术的发展和信息化步伐的加快,经济社会各领域的信息化程度不断提高,特别是管理信息系统的普及和应用,各领域产生的数据不断增加,信息资源成为信息化的必然产物。信息资产是个人或组织所拥有或者控制的,能够为其带来未来经济利益的信息资源,其本质在于信息作为一种经济资源参与企业的经济活动,降低和消除了企业经济活动中的风险,能够为个人或组织的管理控制和科学决策提供合理依据,并预期带来经济利益。

对于一个企业来说,其广义的信息资产大致可以分为六类,如表1-3所示。从概念内涵边界来看,数据资产是信息资产的一种形式,一些信息资产管理的方法也适用于数据资产管理。但随着互联网时代的到来,与早期的"数据"概念相比,互联网时代数据的形态、规模、结构、价值都发生了深刻变化,数据资产的概念也远远超出了传统信息资产中数据资产的含义,具有更加广泛的内涵和外延。传统的信息资产管理已难以适应互联网时代的数据资产管理,数据资产管理亟须新的理论、方法和技术支撑。

表1-3 信息资产的分类

分 类	一 般 描 述
软件资产	企业信息基础设施和设备上部署、安装与使用的各种软件,主要用于存储、处理和管理各类信息,包括系统软件、应用软件、工具软件等,例如操作系统软件、网络安全软件、数据库软件、办公自动化软件等
实物资产	支撑企业业务的各类信息设备或硬件基础设施,用于部署软件、存放数据或支持信息管理,包括存储设备、网络设备、计算设备、显示输出设备等
人员资产	对数据资产、软件资产和实物资产进行操作、运维和管理的各类人员,包括企业管理人员、业务操作人员、技术支持人员、开发维护人员等
服务资产	对其他信息资产的运行和管理发挥支撑作用的各类服务,包括技术支持服务、运行维护服务、远程协助服务、安全保护服务等
其他资产	除了上述几类信息资产,能够为业务提供支持的其他无形资产,如标准规范、客户资源、战略规划等
数据资产	以物理或电子的方式记录的数据,如文件资料、电子数据等。文件资料包括公文、合同、操作单以及一些日常数据和外来流入文件等。电子数据包括制度文件、管理办法、技术报告、数据库数据等

1.2.3 数据资源

在信息化的初期,各领域收集到的数据量相对较小,数据形态比较简单,人们对数据价值的认识也相对有限,因此还没有形成"数据资源"的概念。随着信息化不断深入,个人、企业、组织和全社会集聚的数据规模越来越大,数据形态更加复杂,人们对数据的认识也更加全面、深刻,逐渐形成了数据和信息是一种重要资源的认知。基于各行业、各领域的信息化、数字化的特点和需求,集聚形成了面向不同行业、领域的数据资源。

扩展阅读 1-2
从"资源"到"资产" 用数据资产管理解锁数据新价值

1. 个人数据资源

个人数据资源主要是指个体在工作、学习、生活、娱乐等方面的行为所产生并集聚的数据。例如,个人在日常工作和学习中的笔记等文档,在生活中拍摄的照片、视频等。特别是在互联网环境下,自媒体高度发达,个人数据资源的时空范畴进一步扩大,个人在即时通信软件、社交媒体、购物软件、短视频平台等创建个人账号,并发布、浏览、评论的大量数据等,都是广义的个人数据资源。

2. 政府数据资源

政府和公共部门是较早引入信息技术的领域之一。在信息化背景下,政府自身运转和公共服务效率不断提高,在这个过程中积聚了大量数据资源。除了政府政务活动所形成的政务数据资源,政府数据资源还包括由财政资金支持而形成的公共数据资源,如各行业统计数据、国家和地区统计年鉴、各类公共服务数据库等。特别是在数字政府背景下,政府数据资源的范畴得到了极大的拓展。

3. 企业数据资源

与政府和公共部门类似,各类企业也不断融合信息技术,以提高自身的管理水平和经营业绩,并变革企业发展战略。企业在生产经营、供应链管理、客户服务等过程中,集聚形成大量内部、外部数据资源,如产品或服务数据、客户数据、营销数据、市场信息等,这些数据资源对支撑企业精准、高效、科学的管理决策至关重要。特别是在电子商务环境下,企业在互联网上开展的各种线上营销、获得的在线评论等成为企业数据资源新的重要来源。

4. 医疗数据资源

医疗数据资源包括医院在诊疗、治疗,以及预防保健等过程中,关于医患主体、医疗服务过程和医疗服务效果等的各类数据记录。除了医生开具的诊断报告和处方、患者的病历档案、各类医学检查影像和化验结果等传统医疗数据外,医疗数据资源还包括基因组学数据、医疗保险数据、药物研发数据、医学研究数据等。特别是在智慧医疗环境下,各类人体传感器、医疗机器人和智能诊疗设备等能够采集到更大规模、更加复杂的医疗大数据。

5．交通数据资源

在交通行业，各类交通工具、交通基础设施和交通管理部门等的运行和管理活动产生的数据是交通数据资源的直接来源。与交通相关领域的业务系统数据是交通数据资源的间接来源。例如，交通导航系统数据、交通能源保障系统数据和社交媒体上关于交通的交流讨论数据等。特别是在智慧交通环境下，人—车—路—环境交互协同更加复杂，交通大数据形态、规模和价值等得到极大拓展。

1.2.4 数据资源的特征

当前，信息技术已经渗透到我们经济社会的各个领域，融入生产生活的各个方面，数据资源增长速度更快、存在形态更加多样、应用价值更加多元，人们对数据资源的特征和价值的认知更加全面、深入，有人认为数据资源的价值可以和煤炭、石油、天然气等自然资源相提并论，甚至在某些方面超过自然资源。可以认为，数据资源是能够反映物质世界和精神世界运动状态及其变化的一类信息资源，它具有复杂性、决策有用性、高速增长性、价值稀疏性、可重复开采性和功能多样性，一般具有多种潜在价值。

1．复杂性

与其他信息资源相比，数据的形式和特征更加复杂，数据资源的数量规模、主要来源、形态结构、状态变化和开发方式等都是造成其复杂性的原因。

2．决策有用性

虽然数据资源直接利用效率有限，但可以通过对其进一步分析和挖掘发现其中隐含的知识，在实际应用中提供决策支持，这是其他资源难以具备的能力，也是数据资源价值在决策有用性方面的体现。

3．高速增长性

与自然资源不同，数据资源的总存量不仅不会随着人类不断地开采而逐渐减少，反而还会迅速增加，而且是呈指数型增加，甚至可能出现爆发性态势。例如在互联网上，通过搜索引擎、社会媒体和电子商务等方式，每秒会产生大量的数据。因此，在利用数据资源支持管理决策时，面临的一个主要挑战就是时效性问题。

4．价值稀疏性

数据资源规模巨大，在给资源利用带来机遇的同时，也伴随着一定挑战。其中一个主要挑战就是数据资源价值的低密度问题，即数据资源规模虽大，但其中蕴藏的有用价值却是很稀疏的，这为数据资源的开发和利用增加了难度。

5．可重复开采性

在这一特性上，数据资源与自然资源也有很大不同。由于开发利用过程的不可重复性，自然资源的存量会随着资源的不断开采而减少。但数据资源是可以被重复开发利用的，并且对于给定的数据资源,凡是具备该资源使用权的人或组织都可以进行开采和挖掘,而且这些数据资源在被使用之后,仍可以由其他人或组织继续开发和利用。

6. 功能多样性

特定的自然资源在人类生产和生活中的功用有一定的局限性,而对于数据资源,其功能往往随着资源开发目的和方式的不同而发生改变,例如数据资源可以用于风险预警、趋势预测、异常识别、模式挖掘、营销和服务模式创新等。需要注意的是,即使数据资源具有上述诸多积极功能,但也要注意避免因数据资源的不当或非法利用而给个人、企业和组织以及国家和社会带来威胁。

1.2.5 数据要素化

传统的经济学中,将资本和劳动力作为最基本的生产要素,其中,资本涵盖了土地、能源资源等"物"的要素,而劳动则是指"人"的要素,"人"不断地开发和利用"物",并将它们转化为商品和服务,这就是推动经济增长的本质。在信息化初期,数据总量是非常有限的,数据还不具备成为生产要素的条件。

然而,进入互联网时代,万物互联、智能感知、泛在连接使得全球范围内的数据量飞速增长,数字经济蓬勃发展,数据的要素特征开始显现,数据具备了成为生产要素的基础条件,数据要素在经济社会中的关键作用也逐渐加强。培育发展数据要素市场已成为要素市场改革的重要组成部分和发展高质量数字经济的基础。2019年10月31日,中国共产党第十九届中央委员会第四次全体会议通过的《中共中央关于坚持和完善中国特色社会主义制度 推进国家治理体系和治理能力现代化若干重大问题的决定》中明确指出,"健全劳动、资本、土地、知识、技术、管理、数据等生产要素由市场评价贡献、按贡献决定报酬的机制",首次明确了数据是参与分配的生产要素之一,这标志着由数据这一全新生产要素引发的数字经济进入新的发展阶段,将重塑生产和消费、供给和需求的关系,变革个体行为方式、组织运作模式和社会治理体系。2020年3月30日,《中共中央 国务院关于构建更加完善的要素市场化配置体制机制的意见》中又进一步指出:要加快数据要素市场的培育,包括推进政府数据开放共享,提升社会数据资源价值,加强数据资源整合和安全保护等,发展数据要素市场是未来数字经济健康、快速、持续发展的基础。2022年3月25日,《中共中央 国务院关于加快建设全国统一大市场的意见》提出:"加快培育数据要素市场,建立健全数据安全、权利保护、跨境传输管理、交易流通、开放共享、安全认证等基础制度和标准规范,深入开展数据资源调查,推动数据资源开发利用。"

数据作为一类生产要素,与劳动力、土地、资本等传统生产要素相比,主要有以下三个方面的独特性。

1. 非稀缺性

由于资源往往具有稀缺性,因此经济学通过寻求以最小投入获得最大产出的方式处理社会上的有限资源与人的无限欲望之间的关系。自然资源和劳动人口都是有限的资源。数据资源则与它们有所不同,虽然数据也不是人们可以随心所欲获取和使用的资源,但数据资源总体是非稀缺的。当前新一代信息技术仍处在快速发展和应用阶段,因此,数据量是急剧增长的,而大规模数据资源的开发利用会受到存储和计算等物理设施的约束。数据资源的非稀缺性还体现在数据的可重复开发利用方面,即数据资源的规模不会因为开发利用而减小,反而往往会增加。

2. 非均质性

劳动力、土地、资本等传统生产要素具有一定的均质性。例如,劳动力通常在一定时空范围内是相对均质的,差异性并不明显;单位价值的资本、单位面积的土地之间往往也没有明显差别。而对数据要素来说,两个规模相同但来源不同的数据价值可能完全不同,甚至没有可比性。因为容量规模只是数据的一个度量维度,数据资源的价值更多地体现在数据的产生途径、存在形态和处理方式等上。

3. 非排他性

传统的劳动力、土地、资本等生产要素通常都具有排他性,即这些要素被某些主体使用后就不能再被其他主体使用。例如,一个企业拥有一个煤矿的开采权,其他企业就不能再进行开采;一个企业拥有一块土地的使用权,其他企业就不能再使用。而数据要素具有明显的非排他性特征,在产权明晰和使用合规等前提下,数据可以被多个主体同时开发和利用。随着与数据安全和数据管理相关的法律法规不断完善,数据的开发和使用也将面临更多约束。

1.3 数据资产化

1.3.1 数据资产

数据符合资产的定义,具备资产的基本特性。在经济社会运行过程中,各类主体能够通过采集、处理、加工、购买等方式拥有并控制数据资源,再通过转让数据、挖掘数据或共享数据等服务获得收益。因此,数据资源是能够给各类主体带来收益、可以被各类主体拥有或控制的资源,其可以由各类主体过去的交易或者事项形成,这就使数据资源具备成为资产的基本条件。而如果一类数据资源的成本和价值能够被可靠地计量,便符合资产的要求,也就可以作为数据资产。数据资产可以定义为:各类主体合法拥有或控制的一类以物理或电子方式记录的数据资源,这类资源能够进行计量、交易或流通,并能持续发挥作用,直接或间接地为各类主体带来价值。

数据资产是有别于传统实物资产和其他类别无形资产的一种资产形态,从定义中可以看出数据资产具有以下特点:一是资源性,即数据资产是一类数据资源,可以用物理方式或电子方式记录,主要是文本、图像、语音、视频、网页、数据库、传感信号等结构化、半结构化和非结构化数据;二是归属性,即数据资产是个人或组织合法拥有的数据资源,既包括组织内部数据,也包括第三方的外部数据,但都有明确的所有权;三是价值性,即数据资产是能够为其所有主体带来价值的数据资源,价值既包括有形的经济效益,也包括无形的品牌价值、声誉价值和其他社会价值等;四是运营性,即数据资产是能够计量的资产类型,并且能够进行交易和流通,通过运营产生价值。

1.3.2 数据资产化的内涵

数据资产管理包括数据资源化和数据资产化两个阶段。其中,数据资源化是将原始数据转变为数据资源,使数据具备一定的潜在价值,进而构建全面有效、切实可行的数据资产管理体系,并提高数据质量,保障数据安全的过程,是数据资产化的必要前提;而数据资产化则是在数据资源化的基础上,进一步丰富数据资产应用场景,建立数据资产生态,持续运营数据资产,实现数据资产的业务价值、经济价值和社会价值的过程。

扩展阅读1-3 数据资产化的发展与挑战

数据资源化以数据治理为工作重点,以提升数据质量、保障数据安全为目标,确保数据的准确性、一致性、时效性和完整性。数据资源化包括数据模型管理、数据标准管理、数据质量管理、主数据管理、数据安全管理、元数据管理(meta data management)、数据开发管理等管理过程。数据资产化通过将数据资源转变为数据资产,使数据资源的潜在价值得以充分释放。数据资产化以扩大数据资产的应用范围、显性化数据资产的成本与效益为工作重点,并使数据供给端与数据消费端之间形成良性反馈闭环。数据资产化主要包括数据资产流通、数据资产运营、数据价值评估等管理过程,是数据创造价值的过程,也是发挥数据要素价值、培育数据要素市场的必由之路。

并非所有的数据都是资产,只有那些在合法合规的前提下,各类主体(包括企业、政府和各类组织)有权力、有能力控制和使用的,且有潜力为这些主体带来价值(包括商业价值和社会价值)的数据,才可以被定义为数据资产。数据资产可以通过交易和事项这两类方式形成。

1. 通过交易的方式形成数据资产

目前,各级地方政府在探索通过交易形成数据资产,积极建立数据交易示范机构,例如,上海数据交易所、贵阳大数据交易所等数据交易机构。通过交易的方式形成数据资产的优势在于市场化手段和机制能够有效支撑数据的确权和流通,通过市场化定价能够明晰数据资产的价值。数据所有权交易的环节包括身份认证、服务协议、数据资产管理登记与发布审核、数据资产评估、交易磋商与合同签署、交付与验收、交易结算。

2. 通过事项的方式形成数据资产

在信息技术的支撑下,各类主体通常是通过信息化事项,积累和形成数据资源的。在形成数据资源的基础上,再通过数据确权、数据定价等途径,就可以逐步完成数据资产化,最终加工成数据产品并在市场上流通。

数据资产与传统资产所具有的资产特性有所不同,因而数据在其资产化过程中,面临着数据资产形态、数据权属以及数据资产评估与定价机制等方面的挑战。在数据资产化过程中,要从法律法规、管理机制、财务计量、技术支撑等多个方面进行探索,从而形成科学合理、完整规范的数据资产化方法,不能使用现有的会计体系直接处理数据资产,也不能简单地将传统的资产管理手段运用到数据资产领域。

案例 1-1 上海数据交易所

2014年,上海市出台《2014年度上海市政府数据资源向社会开放工作计划》,通过分析多个领域中数据的需求度和成熟度,结合社会需求,详细制定了当年的总体思路、重点工作任务和工作要求,并向社会公开。此外,上海市公共数据开放平台还支持用户对数据集进行评分,并对平台的数据查询、数据获取、数据展示等功能提出建议。

上海数据交易所于2021年11月25日在上海市浦东新区成立,是为贯彻落实《中共中央 国务院关于支持浦东新区高水平改革开放打造社会主义现代化建设引领区的意见》中的重要任务,由上海市人民政府的相关部门和机构推动组建,面向全球开展大数据综合交易,旨在推动数据要素流通、释放数字红利、促进数字经济发展。上海数据交易所采用公司制架构,围绕打造全球数据要素配置重要枢纽节点的目标,构建"1+4+4"体系:紧扣建设国家级数据交易所"一个定位";突出准公共服务、全数字化交易、全链生态构建、制度规则创新"四个功能";体现规范确权、统一登记、集中清算、灵活交付"四个特征"。上海数据交易所面向数据流通交易提供高效便捷、合规安全的数据交易服务,同时引导多元主体加大数据供给,培育发展"数商"新业态。

2022年1月1日起施行的《上海市数据条例》提出公共数据授权运营机制,参照公共资源特许经营的模式,由上海市政府办公厅采用竞争方式确定被授权运营主体,运营主体可在授权期限和范围内以市场化方式运营公共数据,提供数据产品、数据服务并获得收益。获得公共数据授权运营的机构由上海市大数据中心实施日常监管,由上海市政府办公厅组织制定公共数据授权运营管理办法,明确授权标准、条件和具体程序要求,建立授权运营评价和退出机制。

资料来源:上海数据交易所.关于我们[EB/OL].[2022-11-15]. https://www.chinadep.com/about.

案例 1-2 贵阳大数据交易所

作为中国首个国家大数据综合试验区,贵州省已率先建成中国第一个省级政府数据集聚、共享、开放的系统平台,以大数据与实体经济深度融合赋能传统产业转型,设立了全球第一个大数据交易所。贵州省还制定了《贵州省大数据发展应用促进条例》,这是中国首部大数据地方法规,将大数据产业发展纳入法制轨道。2017年,贵州出台《贵州省政府数据资产管理登记暂行办法》,以加强全省政务服务实施机构数据资产的管理,真实反映全省政府数据资产状况,保证政府数据资产的信息完整、全面、准确,这也标志着贵州省成为全国首个出台政府数据资产管理登记办法的省份。

贵阳大数据交易所是中国第一家以"大数据"命名的交易所,于2015年4月14日完成首批大数据交易。2022年5月27日,贵阳大数据交易所正式对外发布数据交易规则。该规则采用自动计价模式,若数据买方应约价不低于卖方挂牌价,则按照交易所自动撮合成交,成交价为买方应约价格;对于不能自动成交的应约,卖方可选择能接受的应约完成交易,成交价为买方应约价;系统还对数据设定了折分原则,以应对数据买方不一定需要全部数据样本的情况,这时系统会自动报价,而后自动撮合成交。贵阳大数据交易所基于底层数据,通过对数据进行清洗、分析、建模,再使结果可视化,实现了原始数据"可用不可见"、数据产品"可控可计量"、流通行为"可信可追溯",解决了数据交易在隐私保护和数据所有权方面的问题。

资料来源:贵阳大数据交易所. 贵阳大数据交易所[EB/OL].[2022-11-15]. https://www.gzdex.com.cn/.

1.4 数据资产管理活动职能

1.4.1 数据资产管理概述

数据管理的概念由来已久,其内涵也不断丰富,最早可以追溯到对传统非电子化的各类载体记录的符号、文字、图案等信息的管理。20世纪中叶以来,随着计算机和互联网相关技术的发明与快速发展,计算机系统采集和存储了越来越多的电子化数据,亟须有效的数据管理技术,各类数据库技术的发明就是支撑数据管理的有效方式。随着信息技术的不断发展及其在各行各业的深入应用,各类面向行业和领域业务的信息系统诞生,如办公自动化(office automation,OA)系统、企业资源规划(enterprise resource planning,ERP)系统、客户关系管理(customer relationship management,CRM)系统、人力资源管理(human resource management,HRM)系统以及各类管理信息系统(management information system,MIS)等,数据的形式和内容更加丰富,数据量不断增长,数据应用需求更加多元,这一时期数据管理更多聚焦业务领域和决策目标。随着云计算、物联网、人工智能、边缘计算、第五代移动通信技术(5th generation mobile communication technology,5G)等新一代信息技术的快速出现和广泛渗透,数据呈现出规模性(volume)大、多样性(variety)、价值性(value)、高速性(velocity)等新特征,人们对数据价值的认知更加深刻,数据管理面临的新挑战更大,数据的资源性和资产性特征愈加明显,数据资产管理的理念、内涵、目标和价值更加清晰。数据资产管理的发展历程如图 1-1 所示。

扩展阅读 1-4
大数据环境下,
如何做好企业数据资产的管理

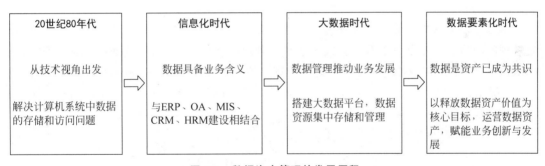

图 1-1 数据资产管理的发展历程

数据资产管理是在数据资产化背景下,在数据管理基础上的进一步拓展和升级。数据资产管理与传统数据管理的主要区别体现在三个方面。

1. 管理视角不同

数据管理是对数据资源的收集、整理、组织、存储、传输和加工过程进行信息挖掘,并将这些信息作为行动和决策的依据。数据资产管理强调数据是一种资产,并对这种资产的价值、成本、收益等方面展开全生命周期的管理。

2. 管理职能不同

传统数据管理包含数据治理、数据架构管理、数据开发、数据操作管理、数据安全管理、数据质量管理、参考数据和主数据管理以及元数据管理等职能。而在数据资产管理中，数据标准管理也被纳入数据资产管理职能，针对数据的应用场景需求和平台建设情况，还增加了数据价值管理等职能。

3. 管理要求不同

在数据资源向数据资产转变、数据资源管理向数据资产管理转变的背景下，相应的管理组织架构和制度规范等也在发生转变。与传统数据管理相比，数据资产管理要以更完善的组织架构、更专业的管理团队和更细致的管理制度来确保其规范性、安全性和有效性。

在互联网时代，对个人或组织来说，并非所有的数据资源都是数据资产，只有那些能够为个体或组织带来直接或间接价值的数据资源才是数据资产。将数据资源转化成数据资产实现价值创造，以及实现数据资产的保值增值，都离不开有效的数据资产管理。数据资产管理就是为实现特定的数据资产增值目标，支持数据驱动的管理决策，对数据资产及其价值创造过程进行的计划、组织、领导、协调、控制等一系列管理活动。数据资产管理的内涵和外延不是一成不变的，而是随着人们对数据以及数据资产认知的不断深化而发展演化的。数据资产管理的技术、范围和目标等也随着数据规模、数据理念、数据挖掘技术、数字经济模式等的发展而演变。数据资产管理通过系统化、全过程的管理方式实现数据的可得、可用和好用等目标，并实现数据资产价值的最大化，以解决组织在数据价值挖掘过程中所面临的诸多问题。

1.4.2 数据资产管理基本架构

随着人们对数据认知的不断深入，以及数据规模的持续增长和数据形态的日益复杂，数据管理的内容也在不断发展和丰富。关于数据管理的理论框架，国际数据治理研究所（Data Governance Institute，DGI）于 2004 年提出了数据治理框架（Data Governance Framework），如图 1-2 所示；DAMA 于 2009 年发布了数据管理知识体系（Data Management Body of

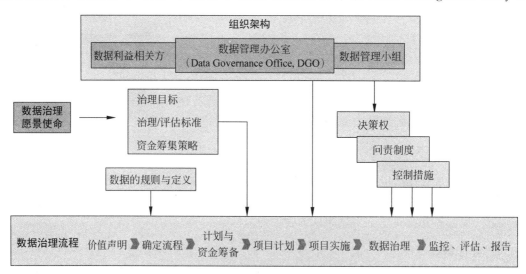

图 1-2 DGI 提出的数据治理框架

Knowledge,DMBOK),将数据管理划分为数据治理、数据架构管理、数据开发、数据操作管理、数据安全管理、参考数据和主数据管理、数据仓库和商务智能管理、文档和内容管理、元数据管理和数据质量管理10个领域;2017年,DAMA对数据管理模型进行了更新,DMBOK 2.0将其扩展为11个管理职能,分别是数据架构、数据模型与设计、数据存储与操作、数据安全、数据集成与互操作、文件和内容、参考数据和主数据、数据仓库和商务智能、元数据(meta data)、数据质量等。此外,高德纳(Gartner)公司、国际商业机器公司(International Business Machines,IBM)等企业也相继提出了数据管理能力评价模型。

2018年3月,《数据管理能力成熟度评估模型》(*Data Management Capability Maturity Assessment Model*,DCMM)(GB/T 36073—2018)发布,成为首个数据管理领域的国家标准。DCMM是一个综合框架,从标准规范、管理方法论、评估模型等方面对数据管理进行多维评估。DCMM的核心评价维度及能力域如图1-3所示。

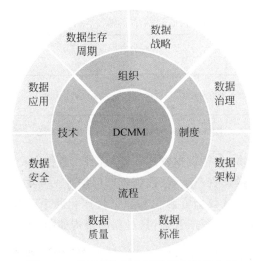

图1-3 DCMM的核心评价维度及能力域

DCMM将组织内部数据能力划分为8个重要组成部分,描述了每个组成部分的定义、功能、目标和标准。其中,8个核心能力域对应的28个能力项如表1-4所示,DCMM等级划分及主要特征如图1-4所示。

表1-4 DCMM 8个核心能力域及28个能力项

能力域	能力项	能力域	能力项
数据战略	数据战略规划	数据应用	数据分析
	数据战略实施		数据开放共享
	数据战略评估		数据服务
数据治理	数据治理组织	数据安全	数据安全策略
	数据制度建设		数据安全管理
	数据治理沟通		数据安全审计
数据架构	数据模型	数据质量	数据质量需求
	数据分布		数据质量检查
	数据集成与共享		数据质量分析
	元数据管理		数据质量提升

续表

能　力　域	能　力　项	能　力　域	能　力　项
数据标准	业务术语	数据生存周期	数据需求
	参考数据和主数据		数据设计和开发
	数据元		数据运维
	指标数据		数据退役

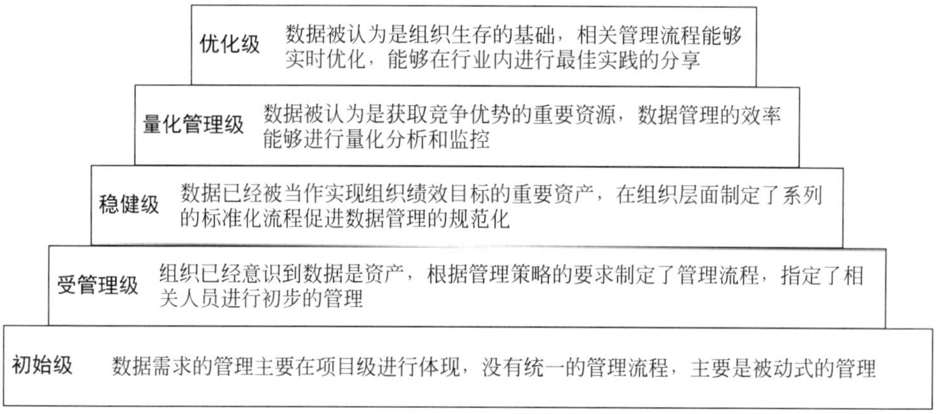

优化级
数据被认为是组织生存的基础，相关管理流程能够实时优化，能够在行业内进行最佳实践的分享
量化管理级
数据被认为是获取竞争优势的重要资源，数据管理的效率能够进行量化分析和监控
稳健级
数据已经被当作实现组织绩效目标的重要资产，在组织层面制定了系列的标准化流程促进数据管理的规范化
受管理级
组织已经意识到数据是资产，根据管理策略的要求制定了管理流程，指定了相关人员进行初步的管理
初始级
数据需求的管理主要在项目级进行体现，没有统一的管理流程，主要是被动式的管理

图 1-4　DCMM 等级划分及主要特征

数据资产管理内容丰富，包括数据资产化框架设计、数据资产归类、数据资产确权、数据资产评估、数据资产定价、数据资产运营、数据资产保护等。其中，数据资产评估包括质量评估、价值评估、风险评估等。从数据资源化和数据资产化两个阶段的角度，可以进一步划分数据资产管理的内容，理解数据资产管理，其过程和架构如图 1-5 所示。

数据资产管理
数据资产
数据资源
原始数据
数据资产化
数据资源化
活动职能
数据价值评估
数据资产流通
数据资产运营
数据质量管理
数据标准管理
主数据管理
数据模型管理
元数据管理
数据开发管理
数据安全管理
保障措施
战略管理
组织架构
制度体系
平台工具
长效机制

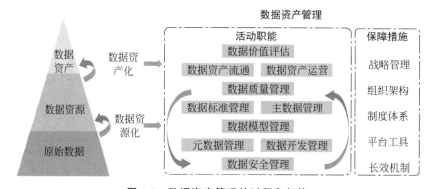

图 1-5　数据资产管理的过程和架构

1.4.3　数据标准管理

数据标准是一种规范性约束，用来保障数据的内外部使用和交换的一致性与准确性。数据标准应用包括数据模型设计与开发、数据质量稽核等。数据标准管理是结合制度约束、过程管控、技术工具等手段制定和发布由数据利益相关方确认的数据标准，以达到推动数据

标准化、提升数据质量的目标。

数据标准管理的关键活动包括：①数据标准管理计划，即明确数据标准管理负责人与参与人，采集并调研数据标准需求和现状，构建组织级数据标准分类框架，制定并发布数据标准管理规划与实施路线；②数据标准管理执行，即基于数据标准分类框架定义数据标准，依据数据资产管理认责体系进行数据标准评审并发布，依托平台工具在数据模型设计与开发、数据质量稽核等环节应用数据标准；③数据标准管理检查，即及时检查数据标准的适用性、全面性，依托平台工具检查并记录数据标准应用程度；④数据标准管理改进，即通过制定数据标准维护与优化的路线图，遵循数据标准管理工作的组织结构与策略流程，各参与方配合进行数据标准维护与管理过程优化。

1.4.4 数据模型管理

数据模型用于抽象现实世界的数据特征，描述一组数据的概念和定义。数据模型管理是指在信息系统设计阶段就参考逻辑模型，使用标准化用语、单词等数据要素设计数据模型，并在信息系统建设和运行维护过程中，严格按照数据模型管理制度，审核及管理新建和存量的数据模型。数据模型根据其应用范畴分为组织级数据模型和系统应用级数据模型。组织级数据模型包括主题域模型、概念模型和逻辑模型三类，采用组织架构指导建立组织级数据模型，并采用一体化建模的方法，是提升数据模型业务指导性和质量的有效方式。系统应用级数据模型包括逻辑数据模型和物理数据模型两类。

数据模型管理的关键活动包括：①数据模型计划，即确认数据模型管理的相关利益方，采集、定义和分析组织级数据模型需求，遵循数据模型标准与要求设计数据模型；②数据模型执行，即参考逻辑数据模型开发物理数据模型，保留开发过程记录，根据数据模型评审准则与测试结果，经数据模型管理的参与方评审无异议后发布并上线该模型；③数据模型检查，即确定数据模型检查标准，定期开展数据模型检查，保留数据模型检查结果，建立数据模型检查基线，确保数据模型与组织级业务架构、数据架构、信息技术架构的一致性；④数据模型改进，即根据数据模型检查结果，召集数据模型管理的相关利益方，明确数据模型优化方案，持续改进数据模型设计方法、架构、开发技术、管理流程、维护机制等。

1.4.5 数据质量管理

数据质量指在特定的业务环境下，数据满足业务运行和管理决策的程度，是保证数据应用效果的基础。数据质量管理是为了衡量、提高和确保数据质量的规划、实施与控制等而运用相关技术手段进行的一系列活动。衡量数据质量的指标体系包括完整性、规范性、一致性、准确性、唯一性、及时性等。

数据质量管理的关键活动包括：①数据质量管理计划，即确定数据质量管理相关负责人，明确数据质量的内部需求与外部要求，参考数据标准体系定义数据质量规则库，构建数据质量评价指标体系，制定数据质量管理策略和管理计划；②数据质量管理执行，即依托平台工具管理数据质量内外部要求、规则库、评价指标体系等，确定数据质量管理的业务、项目、数据范畴,开展数据质量稽核和数据质量差异化管理;③数据质量管理检查/分析,即记录数据质量稽核结果,分析问题数据产生原因,确定数据质量责任人,出具质量评估报告和整改建议,持续监测全流程数据质量,监控数据质量管理操作程序和绩效,确定与评估数据质量服务水平;④数据质量管理改进,即建立数据质量管理知识库,完善数据质量管理流程,提升数据质量管理效率,确定数据质量服务水平,持续优化数据质量管理策略。

数据质量管理要遵循"源头治理、闭环管理"的原则。其中,源头治理主要指采用"数据开发管理一体化"理念,在新建业务或 IT 系统过程中,明确数据标准或质量规则,并与数据生产方和数据使用方确认,常见于对数据时效性要求不高或核心业务增量数据等场景。闭环管理主要指形成覆盖数据质量需求、问题发现、问题检查、问题整改的良性闭环,如图 1-6 所示,对数据采集、流转、加工、使用全流程进行质量校验管控,根据业务部门数据质量需求持续优化质量管理方案、调整质量规则库,构建数据质量和管理过程的度量指标体系,不断改进数据质量管理策略。

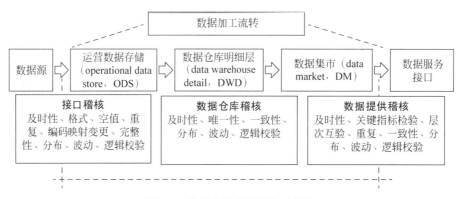

图 1-6 数据全流程质量校验管控

1.4.6 主数据管理

主数据是组织中需要跨系统、跨部门共享的核心业务实体数据。主数据管理是对主数据标准和内容进行管理,实现主数据跨系统的一致、共享使用。

主数据管理的关键活动包括:①主数据管理计划,即定义主数据的数据模型、数据标准、数据质量、数据安全等要求和规则,并明确以上各方面与组织全面数据资产管理的关系,依据数据模型明确主数据的业务范围、唯一来源系统与识别原则;②主数据管理执行,即通过平台工具实现核心系统与主数据存储库的数据同步共享;③主数据管理检查,即检查主数据的质量并记录主数据检查的问题,以保证主数据的一致性、唯一性;④主数据管理改进,即总结主数据管理问题,制订主数据管理提升方案,以提升主数据质量及管理效率。

主数据具有价值高、稳定性强、数量少但影响范围广等特点,将主数据管理作为数据资产管理的切入点,可以覆盖数据资产管理全流程,因此主数据也有"黄金数据"之称。与主数据所描述的对象不同,参考数据是指用于对其他数据进行分类的数据。参考数据管理是对定义的数据值域进行管理,包括采用标准化术语、代码值和其他唯一标识符对每个取值的业务定义,对数据值域列表内部和不同列表之间的业务关系进行控制,以及实现相关参考数据的一致、共享使用。

1.4.7 元数据管理

元数据是关于数据或数据元素的数据,以及关于数据拥有权、存取路径、访问权和数据易变性的数据。元数据管理是关于元数据的构建、存储、整合与控制等一整套流程的集合。元数据管理是数据资产管理的重要基础,是为获得高质量、整合的元数据而进行的规划、实施与控制行为。

元数据管理的关键活动包括:①元数据管理计划,即明确元数据管理的参与方,采集元数据管理需求,确定元数据类型、范围、属性,设计元数据架构,并制定元数据规范;②元数据管理执行,即采集和存储元数据,可视化数据血缘,通过非结构化数据建模、自动维护数据资产目录等应用元数据;③元数据管理检查,即元数据质量检查与治理,实施元数据治理执行过程规范性检查与技术运维,保留元数据检查结果并建立元数据检查基线;④元数据管理改进,即根据元数据检查结果,召集相关利益方并明确元数据优化方案,制订改进计划以持续改进元数据管理的方法、架构、技术与应用等内容。

元数据贯穿于数据资产管理的全流程,是支撑数据资源化和数据资产化的核心。首先,元数据从业务视角和管理视角出发,通过定义业务元数据和管理元数据,增强业务人员和管理人员对数据的理解与认识。其次,技术元数据通过自动从数据仓库、大数据平台、提取-转换-加载(extract-transform-load,ETL)中解析存储和流转过程,追踪和记录数据血缘关系,及时发现数据模型变更的影响,有效识别变更的潜在风险。最后,元数据可作为自动化维护数据资产目录、数据服务目录的有效工具。图数据库可以有效提升元数据血缘关系的存储和分析效率,具有良好的展示实体关联关系的特性,且技术相对成熟,已逐步应用至元数据血缘分析中。

1.4.8 数据开发管理

数据开发是指将原始数据加工为数据资产的各类处理过程。数据开发管理是指通过建立开发管理规范与管理机制,面向数据、程序、任务等处理对象,对开发过程和质量进行监控与管控,使数据资产管理的开发逻辑清晰化、开发过程标准化,增强开发任务的复用性,提升开发的效率。依托统一的数据开发平台,可以从技术侧和管理侧提升数据开发管理效率。

数据开发管理的关键活动包括:①数据开发管理计划,即制定数据集成、开发和运行维护规范;②数据开发管理执行,即设计集数据集成、程序开发、程序测试、任务调度、任务运维等功能于一体的数据开发工具,根据数据集成规范进行数据的逻辑集成或物理集成,根据数据使用方的需求进行数据开发;③数据开发管理检查,即监控数据处理任务的运行情况并及时处理各类异常;④数据开发管理改进,即定期进行数据集成、开发、运维工作复盘,并以此为基础对相关规范持续更新迭代。

案例1-3 中国工商银行数据开发管理

中国工商银行从2002年开始建设数据集市,当时主要使用Oracle类单机版的关系型数据库。随着数据量不断增加,2014年,中国工商银行正式基于Hadoop技术建设了大数据平台,构建企业级数据湖及数据仓库。2017年,随着AI技术的兴起,其又开始建设机器学习平台,2020年开始建设数据中台和高时效类场景。

中国工商银行搭建了大数据开发工作站和研发与测试管理系统,对数据开发过程进行效率管控。在大数据开发工作站中创建生产工作区,与常规生产运行资源、数据资源等解耦隔离,构建"端到端"的数据服务流水线。在现有Hive、MPPDB等批量加工的基础上,进一步满足流式数据加工、联机数据访问服务的开发场景,将编程语言由SQL(结构查询语言)向Spark、Python等扩展。研发与测试管理系统建立了数据开发需求管理指标,包括各需求项的平均周期、开发前置时间、开发节奏等。此外,采用"统计过程控制"(statistical process control,SPC)的理念,使用统计方法对开发过程与任务进行实时质量监控。相较于2020年第三季度,2021年第三季度中国工商银行数据需求的平均研发周期大幅缩短,数据需求响应效率提升60%左右。

资料来源:CCSA TC601大数据技术标准推进委员会,中国信息通信研究院云计算与大数据研究所.数据资产管理实践白皮书(5.0版)[R]. 2021.

1.4.9 数据安全管理

数据安全是指通过采取必要措施,确保数据被有效保护、合法利用,并且能够保障数据持续安全。数据安全管理是指在组织数据安全战略的指导下,多个部门协作确保数据安全状态的一系列活动,包括建立组织数据安全治理团队,制定数据安全相关制度规范,构建数据安全技术体系,建设数据安全人才梯队等。

数据安全管理的关键活动包括:①数据安全管理计划,即理解组织内外部数据安全需求与监管要求,制定涵盖数据安全工作的基本原则、数据安全管理规则和程序、内外部协调机制等方面的数据安全管理制度体系,并且明确处理规则、合规审计制度、跨境传输安全评估体系等个人信息保护管理制度,定义并发布数据分类分级标准规范;②数据安全管理执行,即依托平台工具识别敏感数据,应用数据安全分类分级标准规范,根据数据的敏感级别部署相应的数据安全防控系统或工具,例如,权限管控、数据脱敏、数据防泄露、安全审计等;③数据安全管理检查,即监控数据在采集、存储、传输、加工、使用等环节的安全、隐私及合规状况等,并进行组织内外部数据安全审计;④数据安全管理改进,即总结数据安全问题与风险,评估数据安全管理相关标准规范的适用性、有效性,持续优化数据安全管理过程。

数据安全分类分级是数据安全管理的基础性、关键性工作。《中华人民共和国数据安全法》(以下简称《数据安全法》)从国家层面明确了数据安全分类分级对于建立数据安全制度的重要性,其中第21条明确提出"国家建立数据分类分级保护制度"。此外,2019年5月正式发布的《信息安全技术 网络安全等级保护基本要求》(GB/T 22239—2019)中提出网络运营单位"应根据资产的重要程度对资产进行标识管理,根据资产的价值选择相应的管理措施";"应对信息分类与标识方法作出规定,并对信息的使用、传输和存储等进行规范化管理"。2020年3月30日,《中共中央 国务院关于构建更加完善的要素市场化配置体制机制的意见》中明确提出"推动完善适用于大数据环境下的数据分类分级安全保护制度,加强对政务数据、企业商业秘密和个人数据的保护";金融、证券、工业、电信等行业都出台了相应的数据分类分级指南,以数据资产分类为基础,结合敏感数据分级规则,形成数据资产安全分类分级标准。2016年9月28日,贵州省质量技术监督局发布《政府数据 数据分类分级指南》(DB 52/T 1123—2016),定义了政府数据的分类分级原则和方法。该指南按照科学性、稳定性、实用性、扩展性的分类原则,将政务数据划分为主题、业务、服务三种类型,同时,根据数据敏感程度将数据划分为非敏感数据、涉及用户隐私数据、涉及国家秘密数据三类,形成不同数据资产类型下的数据等级管控要求。图1-7为数据安全分类分级流程与结果。

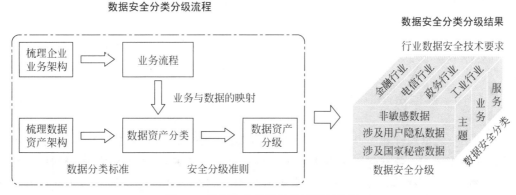

图1-7 数据安全分类分级流程与结果

此外,个人信息保护是数据安全管理的重要内容。《中华人民共和国个人信息保护法》(以下简称《个人信息保护法》)将自然人姓名、出生日期、身份证件号码、生物识别信息等全面纳入保护范围,为组织确定了个人信息保护范畴与要求。数据安全管理要系统性地识别业务涉及的个人信息处理活动,充分掌握个人信息收集、存储、流通等活动,并将个人信息保护作为数据安全标准规范的建立依据。数据资产流通要在确保个人信息安全的前提下,引入安全多方计算(secure multi-party computation,SMPC)、联邦学习(federated learning,FL)等隐私计算技术。

案例1-4 厦门市大数据安全开放平台

大数据安全开放平台是能够为社会公众提供统一业务办理网站的大数据安全开放网站系统,是解决数据主体数据被使用的授权、鉴权、存证的统一第三方授权系统,是解决安全开放过程规范化问题、可追溯管理的大数据安全开放管控系统,还是解决安全计算问题的大数据安全开放安全算力系统。厦门市大数据安全开放平台由厦门市信息中心建设管理,该平台为社会公众、企业获取可公开的政府数据资源提供了统一通道,平台第一批开放了39个部门800余万条数据记录、789个数据集、327个服务接口,涵盖信用服务、交通运输、市场监管、生态环境、地理空间、生活服务等22个领域主题。

厦门市大数据安全开放平台不仅是全国首个大数据安全开放平台,也是全国首个采用数据"安全屋"技术开展政务大数据安全开放应用的平台,使海量的数据可以安全合规开放。数据"安全屋"技术通过沙箱技术、堡垒机、审核流程等保证数据安全性,从网络、数据、业务多层次建立数据安全保障机制,实现了数据所有权与使用权分离,做到数据"可用不可见"。数据"安全屋"技术还支持多样且丰富的数据源,以创造更高价值。用户可以在线完成数据申请、数据授权、数据分析、操作监控和审计、结果使用等操作。

在大数据安全开放平台上,依据公共数据资源敏感程度,可以将数据开放分为普遍开放和授权开放。为进一步提高数据隐私安全保障,更好地保护数据主体的权益,厦门市大数据安全开放平台还搭建了基于区块链技术的统一第三方授权平台,实现了基于区块链的全流程审计、基于计算沙箱的实时操作监控和历史回放、基于结果使用规范的访问限制,全方位保证数据的使用安全,确保数据授权过程安全可信。厦门市利用该平台使政务大数据安全开放,打破了信息的壁垒,让数据提供方更有安全感,让数据需求方更有获得感,为政务大数据开发利用提供了保障。基于该平台已衍生出了政务决策、普惠金融、商业选址、交通出行、医疗卫生等多个场景化应用。

资料来源:厦门市大数据安全开放平台.平台简介[EB/OL].[2022-11-20]. https://data.xm.gov.cn/opendata/other/#/about_platform.

1.4.10 数据资产流通

考虑交换数据属性和交换主体的不同,可以将数据资产流通划分为数据共享、数据开放和数据交易等形式。数据共享是指建立统一的数据共享机制,打通组织各部门间的数据壁垒,加速数据资源在组织内部的流动。数据开放是指组织向社会公众提供易于获取和理解的数据。特别地,对于政府而言,数据开放是指公共数据资源开放,对于企业而言,数据开放是指公开企业运行情况、推动政企数据融合等。数据交易是指交易双方在安全合规的前提下,通过合同约定,开展以数据或其衍生形态为主要标的的交易行为。在数据交易中,并非所有交易都以货币进行结算,在遵循等价交换的前提下,"以物易物""以数易数"或"以数易物"等方式都可能存在。

对于具备公共属性的数据,在组织体系内部流通属于数据共享,如政府机构之间的数据交换,在组织体系外部流通属于数据开放,如公共数据向社会公众开放。对于具有私有(商品)属性的数据,在组织内部流通属于企业数据共享,如企业部门间的数据交换,在组织外部流通属于数据交易。数据共享和数据开放应充分考虑数据使用者的需求,形成需求清单,明确数据流通的合规要求和潜在安全风险,建立数据安全分类分级标准,利用技术工具对数据资产流通过程开展安全防护。在数据采购方面,确定各业务线的数据采购需求,明确数据采购的必要性,构建可信外部数据分布图谱,并对数据供应商进行可信度评估,集中管理采购数据类别及报价。在数据交易方面,评估当前数据交易环境,制定年度数据服务产品清单,形成基本的数据定价标准、交易流程标准、交易合同模板,使用交易平台或数据流通技术执行交易过程,同时,根据数据交易市场的变化,优化数据交易模式、定价规则、交易平台。

案例1-5　青岛海洋数据交易平台

为解决海洋数据供需不匹配问题,提升数据共享意识,打通数据交易渠道,满足科研院所、海洋物联网企业等主体的数据需求,推动实现海洋数据多样化应用,青岛市大数据发展管理局支持青岛国实科技集团有限公司建设海洋数据交易平台,打破上下游数据壁垒,带动多源数据融合和深度价值挖掘,培育第三方数据服务商,活跃行业数据交易市场。

海洋数据交易平台面向各类海洋科研机构以及相关企业,开展海洋地质、地形地貌、水文气象、遥感影像等海洋数据交易。平台利用区块链技术精选数据确权,实现数据所有权和使用权分离,为数据确权探索新路径;通过系统监测和专家知识并行确保数据质量,提高数据审核效率,确保数据"可用、好用";构建海洋数据资产价值评估体系预估数据价值,结合实际交易过程确定交易价格,为数据资产定价提供参考。截至2022年7月,青岛国实科技集团有限公司海洋数据交易平台已有地波雷达实时观测、海洋预报、海洋牧场观测三类数据,数据存储量约100 T,初步实现了数据交易,交易金额达30万元,激发了海洋数据市场活力。

资料来源:中国信息通信研究院. 中国数字经济发展报告(2022年)[R]. 2022.

1.4.11 数据价值评估

数据价值评估是指通过构建价值评估体系,计量数据的经济效益、业务效益、投入成本等活动,是数据资产管理的关键环节。狭义的数据价值是指数据的经济效益,广义的数据价值是在经济效益之外,考虑数据的业务效益、成本计量等因素。从内在价值、成本价值、经济价值、市场价值四个价值维度出发,可以建立数据资产价值评估体系。

1. 内在价值

内在价值是指数据本身所蕴含的潜在价值,通过数据规模、数据质量等指标进行衡量。评估数据资产内在价值是评估数据资产能力的基础,对数据资产其他维度的价值评估具有指导作用。

2. 成本价值

成本价值是指数据获取、加工、维护和管理所需的财务开销。数据资产的成本价值包括获取成本、加工成本、运维成本、管理成本、风险成本等。数据资产成本价值评估可用于优化数据成本管理方案,有效控制数据成本。

3. 经济价值

经济价值是指对数据资产的运用所产生的直接或间接的经济收益,通过货币化方式计量数据资产为企业带来的效益。数据资产的经济价值评估可以指导数据资产管理策略,为组织数据资产管理提供决策支持。

4. 市场价值

市场价值是指在公开市场上售卖数据产品所产生的经济收益,由市场供给决定数据资产价值。随着数据产品需求的增加以及数据交易市场规则的建立,从市场价值维度建立数据资产价值评估体系的可行性与准确性逐步提升。

1.4.12 数据资产运营

通过数据资产运营,对数据服务、数据流通等情况进行持续跟踪和分析,以数据价值评估为参考,从数据使用者的视角出发,全面评价数据应用效果,建立科学的正向反馈和闭环管理机制,促进数据资产的迭代和完善,适应和满足数据资产的应用和创新需求。

统一的数据服务平台可以屏蔽底层数据的技术细节,在底层数据平台升级或迁移过程中,减小对业务的影响,从而提高数据链路构建和运行的效率,缩短数据使用者获取数据的时间,减少数据在不同角色中传递的信息损耗。因此,数据资产运营可以通过使用统一平台、丰富数据使用形式、构建数据生态等途径提供数据服务,进而提升数据服务效率,提升数据资产运营效果。此外,政府还可以采取公共数据授权运营的方式,由市场主体作为数据运营管理方或数据交易中介,缓解政府部门公共数据运营压力,提升公共数据运营效率。

1.5 数据资产管理的保障措施

1.5.1 战略管理

扩展阅读 1-5
数据资产管理概要

战略是为指导组织持续稳定发展而进行的长期发展规划和资源配置等一系列行动。在互联网时代下,数据战略已成为组织开展精益数据资产管理的基础,指导数据资产管理工作的长期高效开展。如图 1-8 所示,数据战略管理是指通过对数据战略进行规划、执行和评估,确立数据资产管理的中长期目标和管理活动优先级,明确需要的资源投入总量和资源分配机制,并使数据战略始终契合组织的业务战略。

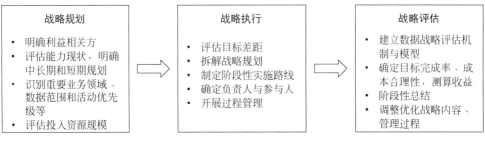

图 1-8 数据战略管理流程与要点

数据战略规划是战略管理的首要环节和基础性工作,是数据资产管理的指导蓝图。要通过评估组织当前的数据资产管理能力,结合组织发展规划和 IT 发展规划,明确数据战略规划的中长期和短期发展目标、管理原则、主要活动,识别重要业务领域、数据范围和活动优先级,确认投入的资源规模。数据战略执行作为战略管理的中间环节,是战略规划落地的有效保障。数据战略执行通过对数据战略规划进行拆解,制定阶段性提升计划与实施路线,明确各项活动参与团队,并根据实际执行情况及时调整短期数据战略规划。数据战略评估是优化组织数据战略管理、提升数据战略指导作用的必要手段。通过从目标完成率、价值收益率、成本合理性等维度评估数据战略内容、管理过程,提升数据战略规划和数据战略执行的有效性。

1.5.2 组织架构

实施组织级统一化、专业化数据资产管理的基础就是建立全方位、跨部门、跨层级的数据资产管理组织架构,这也是数据资产管理责任落实的保障。一般来说,数据资产管理组织架构包括决策层、组织协调层、数据资产管理层、工作执行层四个层级:①决策层作为数据决策方,由组织首席信息官(chief information officer,CIO)、首席数据官(chief data officer,CDO)担任,负责制定数据资产管理决策、战略和考核机制;②组织协调层由虚拟的数据资产管理委员会承担,负责统筹管理和协调资源,细化数据资产管理的考核指标;③数据资产管理层由数据资产管理办公室承担,作为数据资产管理的主要实体管理部门,负责构建和维护组织级架构,包括业务架构、数据架构、IT架构等,制定数据资产管理制度体系和长效机制,定期开展数据资产管理检查与总结,并向组织协调层和决策层汇报;④工作执行层由业务部门和IT部门共同承担,负责在数据项目中落实数据资产管理工作,与数据资产管理层协同参与各项活动。

在人员方面,数据资产管理对人才的复合型能力提出了更高的要求。首先,数据资产管理人员应具备良好的数据架构、数据安全、法律法规相关技能,涉及数据架构师、数据安全人员、数据合规人员等角色。其次,数据资产管理人员应具备较高的业务理解能力,涉及数据标准管理员、数据质量管理员、主数据管理员等角色。再次,数据资产管理人员需具备基本的市场洞察与运营能力,与数据生态多方、数据使用者建立良好的合作互动机制。最后,由于数据资产在交易市场中的产品设计、定价规则、流通技术需求增多,数据资产管理人员需具备一定的金融学、经济学、密码学知识。

集中式管理与联邦式管理是数据资产管理的两种典型组织模式,主要区别在于数据管理专员集中于数据资产管理层或分布于各个业务部门。集中式数据资产管理组织架构如图1-9所示,集中式管理对各业务线数据独立性要求较低、数据相关性要求较高,采用数据

图1-9 集中式数据资产管理组织架构

仓库、大数据平台等技术,适用于中大型企业。联邦式数据资产管理组织架构如图1-10所示,联邦式管理对各业务线数据独立性要求较高、数据相关性要求较低,采用数据经纬(data fabric)技术,适用于中小型企业或集团型企业。如表1-5所示,集中式管理与联邦式管理在特点、技术、适用对象等方面存在差异。

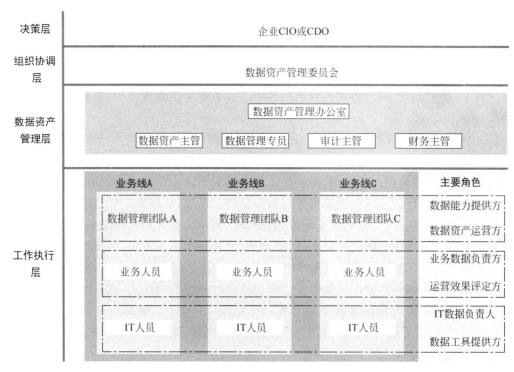

图1-10 联邦式数据资产管理组织架构

表1-5 集中式管理与联邦式管理比较

组织形式	特 点	优势/劣势	适用企业	适用技术
集中式	各业务线独立性较低、数据相关性较高数字技能在各个业务线分布有所不均	优势:组织级统一数据资产管理;全面提升数据资产管理能力 劣势:与业务结合不足,敏捷性较低;投入资源大、见效慢	中大型企业	数据仓库、大数据平台
联邦式	各业务线独立性较高、数据相关性较低数字技能在各业务线分布相对均衡	优势:与业务结合,敏捷性较高;投入资源小、见效快 劣势:数据管理团队人员缺口大、技能培养投入大	中小型企业、集团型企业	data fabric

在实践层面,这两种管理和组织模式并没有严格意义上的优劣之分,集中式并不意味着完全的集中管理,联邦式也不意味着完全分散的管理。组织要根据自身数据资产管理基础能力与组织架构决定选用某一种模式,也可以采用集中式与联邦式融合的模式。在理论层面,目前联邦式管理逐渐成为趋势。一方面,由于场景化数据资产应用越发普遍,数据分散管理需求正在增长,从业务端构建数据资产管理团队将有助于理解业务的数据需求,数据直接服务于业务,进而大幅提升数据价值时效性。另一方面,随着数据规模扩大和复杂性的持

续提高,基于data fabric的计算和存储架构为数据分散管理提供了技术支持。相较于集中式处理,这种分散处理方式能在一定程度上降低成本,并辅助组织在错综复杂的业务关系网中建立准确、全面、清晰的数据分布图谱。

1.5.3 制度体系

数据资产管理制度体系通常分层次设计,依据管理的颗粒度,制度体系可划分为组织级数据资产管理总体规定、管理办法、实施细则和操作规范四个层次。由于数据产生于业务,数据流转依赖业务,因此,数据认责机制对于统筹协调数据资产管理、加强各方对于数据资产管理的认可具有较强的积极作用。

图1-11为数据资产管理制度体系架构,基本内容包括:①数据资产管理总体规定,从数据资产管理决策层和组织协调层视角出发,包含数据战略、角色职责、认责体系等,阐述数据资产管理的目标、组织、责任等;②管理办法,从数据资产管理层视角出发,规定数据资产管理各活动职能的管理目标、管理原则、管理流程、监督考核、评估优化等;③实施细则,从数

图 1-11 数据资产管理制度体系架构

据资产管理层和工作执行层的视角出发,围绕管理办法相关要求,明确各项活动职能执行落实的标准、规范、流程等;④操作规范,从工作执行层的视角出发,依据实施细则,进一步明确各项工作需遵循的工作规程、操作手册或模板类文件等。

案例 1-6　商业银行数据资产管理制度体系

平安银行大数据平台存放银行所有的数据,是业务挖掘的核心资产。为解决数据开发与用户隐私之间的矛盾,平安银行修订了《平安银行数据安全管理办法(2.0 版)》,并启动无感数据安全项目,以保障数据安全、提升开发效率。根据基础数据、指标数据、外部数据等数据类别设定数据认责原则,确定不同参与角色在数据生命周期各环节的责任,建立数据认责矩阵,并将数据认责机制与考评激励措施相结合,进一步确保数据资产管理相关方的"责权利"对等。

2019 年,交通银行正式成立了数据管理与应用部,负责牵头建立企业级数据治理体系,推动企业级数据中台建设,以数据赋能全行数字化转型。交通银行为响应理论本地化、实践策略化需求,在总体规定、管理办法的基础上,建立了"工作手册"机制,作为数据资产管理工作落地的重要抓手和关键突破口。工作手册覆盖数据资产管理多项活动职能,主要从各项活动实施的需求背景、方案策略、执行过程等方面着手,对自身实践项目进行客观陈述、深入分析,总结问题与经验。工作手册不仅沉淀为内部培训的实战材料,形成团队的共有知识和经验,更重要的是作为典型业务案例,对于长期指导和优化数据资产管理工作具有重要意义。2021 年,交通银行制定了《交通银行股份有限公司"十四五"时期(2021—2025 年)数据治理规划》,由董事会战略委员会负责对数据治理规划执行情况进行定期监督和评估。

资料来源:CCSA TC601 大数据技术标准推进委员会,中国信息通信研究院云计算与大数据研究所.数据资产管理实践白皮书(5.0 版)[R]. 2021.

1.5.4　平台工具

数据资产管理平台工具位于大数据平台上层,为各项数据资产管理活动职能的执行提供技术保障。数据资产管理平台工具在各项数据资产管理活动职能中按照规划—执行—检查—处理(plan-do-check-act,PDCA)流程保障过程流畅、安全。

从管理视角出发,数据资产管理平台工具支持 PDCA 流程:①规划环节,通过角色分配和权限管理落实数据认责体系,支持需求管理,以及对数据资产规模、分布、可信度、安全性等现状进行评估;②执行环节,支持标准规范的新增、修改,以及数据开发、任务编排、任务运维等;③检查环节,支持对数据模型一致性、标准规范应用程度、问题数据处理情况、数据安全响应结果等进行跟踪;④处理环节,支持逐个标记问题并生成改进建议,统计检查数据,形成知识库,量化改进过程,实现闭环管理。

从开发视角出发,数据资产管理平台呈现一体化形式。通过打通数据模型管理、数据标准管理、数据质量管理、数据安全管理、元数据管理、数据开发相关平台工具,支持数据模型设计与开发遵循标准规范,实现数据质量源头管理,并对数据资产开发全流程进行监控,确保开发过程流畅,提升开发过程的规范性。

1.5.5 长效机制

数据资产管理是一项长期性、战略性、系统化的工作,为保证各项数据资产管理活动有效开展,统筹推动数据资产管理工作顺利进行,不断巩固和加强数据资产管理效能,分工清晰、标准明确、流程规范、奖罚分明的长效机制至关重要。在数据战略管理、组织架构和制度体系的基础上,培训宣贯、绩效考核、激励机制、审计机制、数据文化等长效机制,是数据资产管理活动持续高效运行的重要保障措施,如表1-6所示。

表 1-6 数据资产管理长效机制

长 效 机 制	具 体 措 施
培训宣贯	设置培训课程
	内外部经验交流
	优秀案例分享
绩效考核	设计评价指标
	定期组织检查
	检查关联薪酬
激励机制	建立发展路线
	纳入现有晋升机制
	设立相关评比奖项
审计机制	组建设计团队
	审计岗位职责、制度体系、数据活动
数据文化	优化数据服务方式
	提升数据素养
	培养数字技能

1. 培训宣贯是数据资产管理理论落地实践、流程执行运作的基础

通过组织员工参与数据资产管理培训课程、案例分享,进而加强行业内、外部单位先进经验沟通与交流,促进员工提升技术水平。通过建立多层次、多形式、全方位的宣传和培训体系,加强员工对数据资产管理的认识。

2. 绩效考核是确保数据资产管理各项工作落实到位的关键举措

通过建立数据资产管理绩效考核机制,可以检验数据资产管理各个环节的效果。通过日常考核与定期考核相结合、自动考核与人工考核相结合等方式,开展常态化、全面性问题巡检,将问题处理结果与员工薪酬关联,以确保数据认责体系的有效执行。

3. 激励机制是提升组织数据资产管理部门工作积极性,推动数据资产管理良性发展的重要手段

建立员工职业发展通道,设立数据资产管理相关奖项,将数据资产管理纳入现有晋升、薪酬、职位资格等体系范畴。

4. 审计机制是保障数据资产管理按既定规划和规范执行的有效方式

由审计部门、监管部门牵头,数据资产管理部门、技术部门、业务部门参与组建审计团队,引入第三方审计机构,依托相关审计平台,对岗位职责、制度体系、管理活动开展审计。

5. 数据文化是组织开展数据资产管理的核心价值观和最终驱动力

优化数据服务方式,降低数据资产管理参与门槛,开展多类型数据技能培训和比赛,可以加深员工对数据的认识,提升员工对数据的兴趣。

本章小结

不同时期、不同主体对于数据的概念界定有所不同。数据资产的概念已经超出了传统信息资产中数据资产的定义,具有更加广泛的内涵和外延。基于各行业、各领域的数字化特点和需求,目前已形成了面向不同行业、领域的数据资源,这些数据资源具有复杂性、决策有用性、高速增长性、价值稀疏性、可重复开采性和功能多样性等特征。与劳动力、土地、资本等传统生产要素相比,数据要素具有非稀缺性、非均质性和非排他性等方面的独特性。数据资产管理包括数据资源化和数据资产化两个阶段,其中,数据资源化是数据资产化的必要前提,而数据资产化是发挥数据要素价值、培育数据要素市场的必由之路。本章还着重介绍了数据资产管理与传统数据管理的主要区别,数据资产管理的过程和架构,以及数据标准管理、数据模型管理、数据质量管理、主数据管理、元数据管理、数据开发管理、数据安全管理等数据资产管理的主要活动职能。本章总结了战略管理、组织架构、制度体系、平台工具、长效机制等数据资产管理保障措施,以保证各项数据资产管理活动有效开展,支撑数据资产管理实践。

习题

1. 如何理解数据资产与传统信息资产的区别?
2. 结合实例说明数据资源的主要特征。
3. 如何理解数据作为新型生产要素所具备的独特性?
4. 可以从哪些方面衡量数据质量?
5. 简要阐述数据资产管理的各个阶段之间的关系。
6. 参考数据、主数据、元数据三者的关系和区别有哪些?
7. 分别从数据资源化和数据资产化角度阐述数据资产管理的过程与架构。
8. 结合实例分析在数据资产管理中如何保障数据安全。
9. 数据资产价值评估应注意哪些方面?
10. 如何理解数据资产管理的内涵?

即测即练

第 2 章 数据资源确权

2.1 数据资源确权概述

2.1.1 数据资源确权相关概念

1. 数据权属

数据权属包括:国家层面的数据管理权、控制权、防护权、反制权、司法权等权力,企业层面的数据采集、存储、迁移、分析、交易、分配等权利,以及公民层面的基本数据权、人格权、财产权等权利。一个数据集作为数据资产,首先要持有一定的数据权属,可以是所

扩展阅读 2-1
太阳鸟时评:让数据的活水更加激昂澎湃

有权、使用权、勘探权等,只有拥有了数据资源的数据权属,才有可能让数据成为数据资产。当前,数字经济正与实体经济加快融合,数据权属问题的重要性更加凸显。只有明确了数据权属关系,才能进一步明确数据权利的主体和边界,并在数字经济与实体经济深度融合以及消费互联网到产业互联网转变过程中,明确数据的所有权、使用权、管理权、分配权等权利配置,才能确立数据资产的价值评估标准,合理进行征税、股权配置、市场交易、收益分配等。数据滥用、数据垄断将削弱数字经济发展的活力与动力。数据所有权源于数据的财产属性。然而,数据所有权的确定十分困难。目前,国内外针对数据确权的法律、制度和方法仍比较缺乏。相对而言,国家所有的数据的权属比较明确,而个人所有的数据的权属则难以获得法律保障。个人数据包括肖像数据、直接识别数据、间接识别数据等。数据能被复制多份且成本较低,数据的使用不会造成数据的损耗和数据质量下降,因此数据所有人向数据使用人授予数据的使用权是一种十分经济的做法。但也正是数据的这些特点使得数据使用权通常不允许二次转授,即使用人 A 获得数据的使用权后,不能再将该数据的使用权授给使用人 B。于 2018 年 5 月 25 日生效的欧盟《通用数据保护条例》(General Data Protection Regulation,GDPR)对个人数据权进行了详细的描述。其在第 3 章中规定了数据主体拥有的多项权利,包括数据主体的知情权、访问权、纠正权、被遗忘权、限制处理权、反对权、拒绝权、自主决定权、数据携带权等。其中,被遗忘权近年来受到较多关注。被遗忘权可以概括为:数据主体有要求数据控制者删除关于其个人数据的权利,控制者有责任在特定情况下及时删除个人

数据。简单来讲,如果一个人想被世界遗忘,相关主体就应该删除有关此人在网上的个人信息。

由于数据的产生可能涉及多个主体,这使得如何界定数据的权属成为一个难题。例如,在电商平台购物产生的行为数据是由购物者、电商平台、第三方支付平台等共同生产的,每个生产主体都应该分享数据的所有权,但目前只有平台拥有该数据资产;银行的数据也是由客户、银行等共同生产的,电信的数据是由通信用户和电信运营商等共同生产的;电子病历的数据是病人、医生及医院等共同生产的,虽然属于各个数据产生的主体,但是医院不能像电商平台那样随意使用或开发这些数据,因为病历数据通常不涉及数据权益的主体问题,而涉及病人的隐私问题。现实中,隐私是受法律保护的。

当前,已有一些相对成熟的数据资源确权的方法,如已经在市场上运作和流通的某些典型行业的数据产品及科学数据出版等,其运作方式与确权方法为数据资源确权的实际工作提供了有价值的借鉴。目前在市场上运行和流通的典型行业的大多数据产品都是由物理形态的产品数字化而来的,如音乐、图片等,它们的权属比较清楚。科学数据出版也是数据确权的一种方法。科学数据出版可以采取一系列保障措施、环节步骤和技术支撑措施,更好地保障数据权益,保障数据生产者和拥有者的信誉以及合法利益,增加数据再利用的价值。

数据资产的所有权是不可转移的,数据的生产者和拥有者可授予分销权、转授权、使用权等。为此,需要建立一个专门的数据权属登记管理机构,负责明确数据资源的权属,并制定相应的数据资产流通标准和机制。只有在数据权属登记管理机构注册登记的数据资源,才能确认其权属,取得数据市场的流转许可,方可进入市场进行流通。登记数据资源是数据拥有者对数据权属的宣称与主张,数据权属的登记管理机构应从制度、环节、技术手段等方面对数据资源的权属进行保障。企业和个体的数据必须通过登记注册后,方能确认权属,并在数据市场上进行交易且受到法律的保护。已经注册的数据资产的侵权行为属于法律范畴,由相关的法律法规来解决,并不在技术上进行要求。数据权属登记管理机构应当在遵循相关法律法规、行业标准、数据自身特点和数据市场规则的前提下,建立数据资产流通的标准与运行机制。数据权属登记管理机构登记注册的数据资源会被分配一个唯一版权标识符,为数据资源的流通、交易和监管提供便利,有利于创造良好、有序的数据市场环境。

案例 2-1　任某诉百度公司被遗忘权案

任某作为原告起诉提供网络数据服务的百度公司,这是我国出现的第一例关于"被遗忘权"的案件。

原告任某曾经于2014年7月在无锡某公司从事过教育服务管理,但在2014年11月认为此公司声誉不好遂与该公司签订了解除雇佣关系的合同,不再担任公司的任何职位。但后来原告于2015年4月使用百度搜索引擎检索自己的名字时,在相关搜索的网页中仍出现了任某与上述无锡某公司绑定的词条。更让任某不满的是,词条中大量出现了该无锡公司是骗子公司等负面词汇。任某认为自己早已与该无锡教育公司解除了劳动合同关系,不再任职,百度却仍将自己的名字与该公司关联,这一行为极大地损害了自己的名誉权、姓名权、隐私权及作为一般人格权的"被遗忘权",因此起诉到法院,要求被告百度公司撤销任某名字与该无锡教育公司的所有关联词条,并赔偿损失、赔礼道歉。而被告百度公司一方则认为,其作为专门提供网络检索服务的公司,只是履行了本职工作,将具有客观性事实上传至网络,并未对事实进行虚假捏造,认为其行为合法并没有实质侵害到原告任某的人格利益。经审判,一审法院认为原告对于被遗忘权的诉讼主张,虽然事实清楚明确,证据也充分,但在当时我国没有完善的法律法规来支撑此项权利的行使,因此不予支持,法院驳回了任某的起诉请求。任某不服一审判决结果,提起上诉,但二审法院作出了相同的裁判,维持原判。

任某诉百度公司案系我国被遗忘权案件的第一例,具有深远的法律价值和意义。该案件不仅显示出被遗忘权的重要性,更为我国探索构建被遗忘权制度提供了启示。

2. 数据主权

1) 国家享有数据主权

数据主权是指国家在其政权管辖地域内对个人、企业和政府所生产、流通、利用、管理等各个环节的数据享有至高无上的、排他性的权力。数据主权主要包括两方面内容:一是数据管理权,即国家对其领土内的一切数据,包括传入和传出的数据及其所产生的事务具有管理权,相应地,也具有与此事务相关的司法管辖权;二是数据限制权,即国家有权通过对领土内的数据采取一系列措施,以保护数据免受侵犯、篡改、销毁等危险,保证数据的独立性和真实性。对数据主权进行定义能够保障国家与国家之间的数据进行更好的流通,对于国家内部的数据流通,则主要由数据权利规定。

主权国家在其所拥有的网络信息和数据治理上具有宪法权力,其实质就是主权国家是数据的主权享有者。在2013年爆发"棱镜门"事件后,不同国家的数据安全的独立性遭到了霸权国家的侵犯,但并没有实质性地影响各国利用自己的法律来保护自身数据主权的独立。在保证公民和企业的数据权和自由的同时,国家也从隐私权入手,对国家机关在数据领域的权力滥用进行了严格的控制,并对本国数据的跨国流通进行了适当的限定。

2) 公民享有数据权利

与数据主权不同,数据权利的主体是公民。从法律层面进行定义,数据权利是指主体以某种正当的、合法的理由要求承认主张者对数据的占有,或要求返还数据,或要求承认数据事实或行为的法律效果。数据权利主要包括数据人格权和数据财产权两方面内容,分别具有人格权属性和财产权属性,具体见表2-1。数据人格权更注重个人隐私和使用数据资源的权利,而数据财产权则更注重保护数据财产所有人对数据财产的占有、使用、收益与处分的权利。数据主权和数据权利的区别如表2-2所示。

表2-1 数据权利的两种属性

属　　性	内　　　　　容
人格权属性	自然人的数据,如身份证号、家庭住址、日常生活分享等内容体现了自然人的人格尊严和人身自由,《中华人民共和国民法典》(以下简称《民法典》)第990条规定,"自然人享有基于人身自由、人格尊严产生的其他人格权益"。因此,当数据涉及自然人所享有的姓名权、名称权、肖像权、名誉权等内容时,数据权利就被赋予了人格权属性
财产权属性	数据的财产权属性直接体现了数据的经济价值,这种权利可以进行转移。数据的经济价值在数字经济时代得到充分体现,如互联网企业利用数据对用户进行画像,进行定制化推送,增强用户黏性,获取收益。数据权利的财产权转移可以通过数据交易来完成

表 2-2　数据主权和数据权利的区别

区别方式	数据主权	数据权利
主体	国家	公民
主要内容	数据管理权和数据限制权	数据人格权和数据财产权
重点保护权益	数据安全	个人隐私和对财产的占有、使用、收益、处分的权利

3. 数据产权

扩展阅读 2-2
评淘宝诉美景公司大数据产品不正当竞争案

不同于数据主权和数据权利,数据产权保护的重点,既不是国家安全,也不是个人信息权利,而是数据生产者,即用户和经营者的财产性权利。简单来说,数据产权关注的是数据资源在市场中的配置问题,与只关注个体财产权益的数据财产权有所不同。部分学者研究数据资源确权时,以数据产权为分析基础。有学者认为产权与所有权不同,它并不是一种绝对的权利,而是不同的所有权主体在交易中形成的权利关系。实际上,这是一组权利,包括使用权、排他权和处置权等。这组权利既可以属于同一个主体,也可以分属于不同主体,这取决于权利如何被配置。也有学者以法律和经济的紧密联系为出发点,认为数据资源确权可以被理解为对数据产权的确权。他们认为数据产权能够将数据人格属性和数据财产属性统摄在"财产利益"或"经济利益"之中,而不是像数据权利那样将数据人格属性和财产属性分开讨论。此举使数据资源确权不必纠缠于人格权路径或财产权路径的选择,而是将重点放在经济利益上。不同于数据权利中的财产权,数据产权的本质并不是人和数据的关系,而是用户和各类运营者之间的财产权利关系。目前,学术界对数据产权并无完整且清晰的界定。经济学意义上的数据产权与法律意义上的财产权实际上存在差别,要定义法律意义上的数据产权,不仅需要思考财产权中的排他性权益与数据自由流通权益的平衡,也需要考虑赋予企业权利后与个人信息权益的平衡。

此外,如果考虑人格财产利益,可以将数据产权定义为:数据生成者对基于合法途径和行为获得的数据,享有包括人格财产利益和财产性利益在内的利益受益或受损的权利。此定义将数据资源的归属者解释为"数据生成者",数据生成包括人类主观能动性干预的数据产生和机器通过算法等技术衍生数据。当涉及主观能动性时,数据资源的主体就是用户;当涉及机器生产时,数据资源的主体就是企业。这里"用户"和"企业"的角色可以由自然人、法人、非法人组织或政府来扮演。

4. 数据使用权

1) 政府数据的使用权

各个国家的政府和机构,都有向社会免费开放的数据库。作为政府公开的数据,它本身就是一种纯粹的公共产品,既是非竞争性与非排他性的,也具有正外部效应。因此,在数据资源使用的过程中,并不会发生"公地悲剧"。在一定程度上,政府数据的使用权归属于整个社会。

政府数据公开是政府的责任,其实质是提高全社会的数据资源使用效率,进而降低对物质和能量资源的消耗。开放政府数据可以为用户提供快速读取和实时分析服务的海量平行数据库,有助于数据分析师和数据科学家对大数据进行管理和分析。公开政府数据对于提高政府透明度、加强公众对政府的监督、提高政府管理水平和效率、推动社会改革、改善社会福祉等方面具有重要意义。

2) 企业数据的使用权

企业拥有的数据一般可看作企业经营的核心部分,或者被归类为知识产权。特别是在大数据时代,数据的重要性更加突出。由于企业的数据不具有竞争性而具有排他性,因此不能与其他企业或社会成员无偿分享,只能通过数据市场的供需平衡来进行交易。

由于数据可以无限复制和共享,因此数据的流通与使用并没有降低其价值,数据库的建设者或数据的拥有者可以持续从数据中获利,因此数据产权的焦点已不再是数据的控制和占有,而是数据的流通与使用。数据的利用率越高,数据所有者所能获得的利益就越大,也会给其使用者带来更大的利益。百度、腾讯、阿里巴巴等拥有海量数据的企业都在为自身平台的用户提供数据分析的服务,并且逐步向金融、环保、交通、医疗等领域的数据分析应用拓展。也有很多企业协助有数据的企业来开发利用数据,其中最具代表性的就是埃森哲、IBM等IT顾问及服务性企业,它们将大数据视为一种资源,这种资源要想创造价值,就必须提升"加工能力",通过"加工"实现数据的"增值"。

2.1.2 数据资源权属的主体

根据数据资源主体的不同,将数据资源划分为个人数据资源、企业数据资源和政务数据资源,下面以具体形式讨论数据资源权属问题。

1. 个人数据资源

个人对其拥有的数据资源享有相应的合法权利。个人数据和个人信息既有相通之处,又存在本质区别。"信息"二字决定了数据具有"提取"和"分析"功能。根据 ISO(国际标准化组织)的定义,"数据"是"信息"的一种形式化方式的体现,以达到展示、交互或处理的目的。《民法典》第111条规定了"自然人的个人信息受法律保护"。第127条单独规定了"法律对数据、网络虚拟财产的保护有规定的,依照其规定"。我国针对数据和信息分别出台了《数据安全法》和《个人信息保护法》。

2. 企业数据资源

企业数据资源具有交易性质,与政务数据资源和个人数据资源均存在紧密联系。与政务数据资源和个人数据资源相比,企业数据资源的概念目前尚未在法律层面被确定。《深圳经济特区数据条例》规定,企业作为市场主体,对合法处理数据形成的数据产品和服务,可以依法自主使用,通过向他人提供获得收益,依法进行处分。其中,"数据产品和服务"体现了企业数据资源的交易性质。在数字经济时代,互联网企业迎来关键的发展节点。《中华人民共和国网络安全法》(以下简称《网络安全法》)第10条规定:网络运营者在开展经营和服务活动时,要维护网络数据的完整性、保密性和可用性;第22条规定:网络产品、服务具有收集用户信息功能的,其提供者应当向用户明示并取得同意;第29条还规定:国家支持网络运营者之间在网络安全信息收集、分析、通报和应急处置等方面进行合作。综上所述,企业,尤其是互联网企业,在收集和使用数据、提供数据产品和服务时,需要注意规避相关的法律风险。在司法实践中,法官多引用《中华人民共和国反不正当竞争法》(以下简称《反不正当竞争法》)对企业数据资源纠纷进行判决。

3. 政务数据资源

在开始探讨政务数据资源的权利归属前,首先要明确政务数据资源的公共财产属性,该属性决定其不同于其他数据资源。政务数据资源不仅在行政管理领域发挥作用,同时也属于公众共有财产。国家取得政务数据资源的所有权,并不代表政府可以随意使用政务数据资源。《深圳经济特区数据条例》第 2 条第 5 款规定:"公共数据,是指公共管理和服务机构在依法履行公共管理职责或者提供公共服务过程中产生、处理的数据。"从这一点出发,政务数据资源可以被认为是政府履行公共职能时具有的公共数据资源。由于政务数据资源具有公共财产属性,故在确定其权属归于国家后,还要考虑到数据资源的开放共享问题。目前,我国各地政府纷纷展开了尝试。贵州省政府于 2020 年 9 月制定了《贵州省政府数据共享开放条例》,旨在推动政府数据共享开放,加快政府数据流通。山东省政府于 2020 年 2 月施行了《山东省电子政务和政务数据管理办法》,积极向社会提供数据开放服务。

2.1.3 数据资源确权的必要性

1. 数据资源确权是数据资产化的基础

扩展阅读 2-3
杭州国际数字交易中心揭牌 双赛道发力赋能实体经济

数据作为一种"使用非损耗"的资源,不具有一般物品作为资源时的稀缺性,但这并不影响它的经济属性。数据是一种生产要素,虽不能直接用于生产经济物品,但是却能在生产过程中发挥重要作用。同其他生产要素一样,数据资源的确权也十分关键。

只有当数据资源权属得到确定,其占有、收益与处分等相关内容才能界定清楚。从会计的角度,没有明确的数据权属,数据资产就难以进入企业的财务报表;从法律的角度,没有明确的数据权属,数据滥用的问题就难以解决;从数据的管理和使用角度,没有明确的数据权属,数据质量问题将无法解决。

2. 数据资源确权是数据交易和流通的前提

任何物品要实现交易,首先都需要确权,数据同样如此。

由于数据复制成本相对生产成本要小得多,所以数据便于被复制和传播,从而容易导致数据使用者损害数据所有者的权益。只有在确定了数据的权属后,才能对数据进行估值,再进行交易和流通。

3. 数据资源确权是保障数据安全的重要手段

长期以来,数据权属难以清晰界定。互联网用户每天产生的大量的数据,到底是归互联网公司所有,还是归用户个人所有?从法律角度讲,个人信息归个人所有,但事实上用户很难完全拥有这些数据。而互联网公司往往通过用户协议、个人信息保护协议等,约定了用户产生的数据归企业所有。数据权属界定不明,导致了信息滥用、大数据杀熟、网络诈骗、非法数据交易等侵害个人信息的问题。

4. 数据资源确权是数字经济发展的必然结果

一方面,数据经济发展使其应用领域扩展越发快速,如大数据、云计算等新型科技兴起。这将导致有关数据资源的权利义务关系变得更加错综复杂,此时仅仅依靠技术本身解决这些技术纠纷是不够的,还需要建立起一系列制度,如构建数据产权制度以解决相关问题。另一方面,构建起数据资源确权制度,将有利于引导数据资源向更健康、更广阔的方向发展,为数据跨境流动提供更严格的制度保障。

案例 2-2　抖音与腾讯之间的反垄断诉讼

2021 年 2 月 2 日,字节跳动旗下的抖音平台向北京市知识产权法院递交诉状,起诉腾讯涉嫌垄断,要求法院判令腾讯停止这一行为并赔偿抖音经济损失及合理费用 9 000 万元。这也是自 2020 年底《关于平台经济领域的反垄断指南(征求意见稿)》公布以来,国内首例发生在互联网平台之间的反垄断诉讼。2 月 2 日晚,腾讯方面作出回应,称抖音相关指控系恶意诬陷;同时,指责抖音违规获取微信用户个人信息,侵害平台生态和用户权益,并表示将起诉对方违法侵权。随后,抖音再发声明,驳斥了腾讯的说法。抖音指出,腾讯封禁抖音等相关产品达 3 年之久,涉及数亿用户。微信封禁最初的理由是"短视频整治",而在整治期间,腾讯自己却推出十几款短视频产品,腾讯所谓的"恶意构陷"没有任何依据。对此,腾讯方回应称禁封抖音是因为其通过各种不正当竞争方式违规获取微信用户个人信息。表面上这是互联网反垄断大战,然而案件的背后,反映出的是数据所有权问题,尤其是针对个人数据的保护问题。抖音的开发公司字节跳动在随后的一份声明中指出:"用户对自己的数据拥有绝对的控制权,这应该超越平台的权利。"它认为这些用户的数据并不属于腾讯所有。但是腾讯表示在用户同意微信收集和使用其数据后,该数据就由腾讯和用户共有,腾讯有权控制这些数据。在数字经济时代,用户数据就是一种重要的数据资源,谁拥有大量的用户数据,谁就占据了行业的关键位置。诚然,用户数据属于用户自己,但当时国内尚无相关法律规定,这些数据的所有权关系该如何进行改变或者转移。

2.2　数据资源确权的发展历程

2.2.1　国外数据资源确权的发展历程

对于数据主权,不同国家和地区大同小异,都实施严格的数据管理制度。如美国的《出口管理条例》(*The Export Administration Regulations*)就对部分重要数据进行了许可管制。俄罗斯则要求互联网运营商将数据储存在本国境内。而对于个人数据权利的规定,各国和地区则给予了不同的关注程度。以下将主要介绍欧盟、日本和美国对个人数据权利的规定。

1. 欧盟数据资源确权的措施

2018年5月25日,欧盟《通用数据保护条例》开始全面实施。《通用数据保护条例》是在1995年《数据保护指令》(95/46/EC)的基础上修订的,对保护自然人享有的数据权利作出了规定,统一了欧盟各成员国内部不同的数据法律制度。《通用数据保护条例》对数据权利主体、数据控制和处理者以及监管机构等主体的权利义务进行了规范,主要有11章,包括99条内容。

与1995年的《数据保护指令》相比,《通用数据保护条例》的改进主要体现在以下三个方面。

第一,《通用数据保护条例》的主体适用范围更广。

其中规定涉及欧盟公民所拥有的资料或者向欧盟公民提供商品或者服务的公司皆适用于《通用数据保护条例》,具体客户包括欧盟公民、欧盟供应商或者雇用欧盟员工、涉及欧盟人员的组织、机构或企业。

第二,《通用数据保护条例》扩大了个人数据保护的范围。

"个人数据"在其中被解释为"任何可以直接或间接识别的自然人的信息"。例如,涉及个人身份的资料如电话号码、车牌,涉及个人生物特征的指纹、脸部识别,涉及个人电子记录的Cookie、IP(网际互联协议)地址等。

第三,《通用数据保护条例》赋予了相关主体更多的数据权利,包括知情权、数据访问权等。其中关于个人数据权利的规定如表2-3所示。

表2-3 《通用数据保护条例》规定的个人数据权利

权利内容	具体解释
知情权	企业在收集用户数据之前要征得用户的同意,使消费者知道自己数据将要被收集。用户针对自己数据的使用情况,仍有继续了解的权利
数据访问权	用户有权要求访问其个人数据,公司必须免费提供个人数据的副本,并根据要求提供电子格式
数据限制权	对数据准确性存在争议或企业非法利用数据时,用户有权禁止企业使用其个人数据(如由于技术限制或者出于公共利益不宜删除时)
被遗忘权	用户有权要求数据控制者删除其个人数据,控制者有责任在特定情况下及时删除个人数据
数据携带权	用户可以自由地将其个人数据在不同的信息服务提供者之间进行转移
反对权	当数据控制者基于其合法利益(legitimate interest)或基于公共利益处理个人数据时,用户有权直接拒绝

2. 日本数据资源确权的措施

日本对2005年颁布的《个人信息保护法》(*Personal Information Protection Act*)进行全面修订,于2017年正式实施修订稿。《个人信息保护法》主要分为4个部分,共7章。与欧盟《通用数据保护条例》类似,日本的《个人信息保护法》采用"识别说",将"个人信息"解释为"与生存着的个人有关的信息中,可以识别出特定个人的信息(包括可以比较容易地与其他信息相比照并可以借此识别出特定个人的信息)"(第2条)。这个定义与大部分国家的思路保持一致。与其他国家的规定相比,日本《个人信息保护法》中的"知情-同意原则"存在差异。对于一般的个人信息(不包括受政令规定的、为避免发生针对本人的人种、信条、社会身份、病历、犯罪经历、因犯罪而被害的事实及其他方面的不当歧视、偏见等需注意的个人信息),该法没有规定数据收集者在使用数据前必须取得用户同意,而是选择将其使用信息的行为默认为同意,只有当用户事后不同意或拒绝时才能停止该使用行为。此规定简化了信息的收集和使用流程,更加适应信息高度流通的情景。

3. 美国数据资源确权的措施

在联邦层面,美国拥有近40部关于个人信息保护的法律。1973年,美国卫生、教育与福利部的《录音、计算机与公民权利》(Records, Computers and the Rights of Citizens)报告提出"公平信息实践法则",确定了美国个人信息保护的基本原则。1974年《隐私法案》是美国个人信息保护的综合性法律,明确规定了联邦政府机构处理个人信息行为。同时,美国根据不同领域的特点制定了各个领域的个人信息保护规范,如表2-4所示。

表2-4 美国联邦层面个人信息保护的重要规范

年 份	名 称	主 要 内 容
1973	美国卫生、教育与福利部的《录音、计算机与公民权利》报告	提出"公平信息实践法则",作为数据保护制度的基石,明确个人信息知情权、同意权和更正权等,成为1974年《隐私法案》的基础
1974	《隐私法案》	规范联邦政府机构处理个人信息行为,平衡公共利益与个人隐私保护
1984	《有线通信政策法》	禁止闭路电视经营者在未获得用户事先同意的情况下利用有线系统收集用户的个人信息
1984	《电视隐私保护法》	规定录像带销售或租赁公司消费者的隐私权利
1986	《电子通信隐私法》	不仅禁止政府部门未经授权的窃听,而且禁止所有个人和企业对通信内容的窃听
1996	《健康保险携带和责任法》	规定个人健康信息保护规则,如只能被特定的、法案中明确的主体使用并披露
1996	《电信法》	规定电信经营者要保守客户的财产信息秘密
1998	《儿童网上隐私权保护法案》	规范网站等运营者对13岁以下儿童个人信息的收集和处理行为
1999	《金融服务现代化法案》	规定金融机构处理个人私密信息的方式

在美国,加利福尼亚州是第一个出台本州隐私法案的地区。2018年6月28日,该州通过了《加利福尼亚州消费者隐私法》(California Consumer Privacy Act,CCPA)(以下简称《消费者隐私法》),该法于2020年正式生效。促使这部法律出台的原因之一是全球范围内的大规模数据泄露事件频繁发生,如2018年3月被披露的剑桥分析公司(Cambridge Analytica)滥用数据丑闻,这引起了公众对数据隐私问题的高度关注。

美国并没有在联邦宪法中直接规定隐私权是一项宪法性权利,而是在司法判例中确认了隐私权的基本权利性质。进一步地,《消费者隐私法》表明了隐私权是加州宪法中的一项基本权利,其保障个人对自己的数据信息拥有控制权。该法案规定了消费者对于个人数据所拥有的权利,主要包括:①数据访问权。消费者有权要求企业披露所收集的个人信息。②数据删除权。消费者有权要求企业删除从消费者处收集的个人信息。③选择退出权。消费者在任何时候都有选择不出售个人数据的权利。除此之外,法案还对企业的义务进行了规定。《消费者隐私法》禁止企业对行使权利的消费者产生歧视(nondiscrimination rules),即相关企业不能对行使该权利的消费者拒绝出售或提供服务、对此类商品或服务设置不同的价格或提供质量较低的商品或服务。

案例 2-3　剑桥分析数据滥用事件

2018 年 3 月,媒体曝光了剑桥分析公司从一家名为"全球科学研究"的公司手里购买了大量 Facebook 用户数据,显然未得到用户同意,并利用这些数据进行用户特征刻画。当地时间 5 月 23 日,美国社交媒体平台 Facebook 的母公司 Meta 首席执行官马克·扎克伯格(Mark Zuckerberg)被美国华盛顿特区总检察长卡尔·拉辛(Karl Racine)起诉,拉辛指控扎克伯格直接参与了与剑桥分析公司相关的数据泄露决策。在事件得到证实后,Facebook 公司在 2019 年 7 月与美国联邦贸易委员会(Federal Trade Commission,FTC)达成了和解协议,并认罚 50 亿美元。据悉,这是在当时相关法律适用范围内所能达到的最高罚款金额。

据了解,早在 2007 年,Facebook 就开始把网站用户和关系数据开放给第三方的软件开发者,以此调动企业和软件开发者参与建设 Facebook。通过这一模式,Facebook 进入快速增长的轨道,但也因此,为后续一系列的隐私问题埋下祸根。

2.2.2　国内数据资源确权的发展历程

2021 年,我国制定了《数据安全法》和《个人信息保护法》两部单独的法律。《数据安全法》对于确立数据主权具有关键性作用。《数据安全法》在总则中指出,国家保护个人、组织与数据有关的权益,保障数据安全,维护国家主权、安全和发展利益。《数据安全法》遵循以下三个原则。

1. 数据主权

数据主权是国家独立地享有对领域内数据的最高占有权、管理权、使用权。该原则体现了国家对境内和境外开展数据活动安全性的监管,有利于维护数据主权。

2. 重视数据安全和发展

《数据安全法》第 19 条规定,国家建立健全数据交易管理制度,规范数据交易行为,培育数据交易市场。这表明,保护数据安全并不是要将数据禁锢起来,而是要为数据资源流通提供良好的环境。

3. 政府主导、协同治理

《数据安全法》强调了包括中央国家安全领导机构(第 5 条)、各行业主管部门(第 6 条)、公安机关(第 6 条)、国家安全机关(第 6 条)、国家网信部门(第 6 条)以及有关主管部门(第

12条)等在内的10个政府部门主体的参与职责,明确了它们在保障数据安全上的权责关系,体现了政府部门在数据安全协同治理中的主导地位。

《网络安全法》第76条首次对"个人信息"作出了定义。"个人信息,是指以电子或者其他方式记录的能够单独或者与其他信息结合识别自然人个人身份的各种信息,包括但不限于自然人的姓名、出生日期、身份证件号码、个人生物识别信息、住址、电话号码等。"根据此规定,若某些信息能够识别出特定人的身份,且这些信息可以通过特定人进行关联,则可以判定这些信息属于个人信息。同理,数据是信息的必要载体,当采用"个人数据"的称谓时,关注的重点是数据作为信息的记录形式所呈现出的特点,即可被收集与处理的特性。而当采用"个人信息"的称谓时,关注的重点就不是形式,而是其所承载的内容,即个人基于数据所享有的相关权利。

《个人信息保护法》对自然人的数据权利进行了规定。在权利方面,该法规定自然人享有对其个人信息的知情权、同意权、查阅权、删除权、更正权与补充权等权利。在义务方面,该法规定个人信息处理者,包括组织和个人应当合法合理地处理个人信息,并采取措施保障所处理的个人信息的安全。《个人信息保护法》最重要的原则之一是自然人的"知情-同意原则"。该法第44条指出,"个人对其个人信息的处理享有知情权、决定权,有权限制或者拒绝他人对其个人信息进行处理;法律、行政法规另有规定的除外"。此规定赋予了自然人对其个人信息活动中所产生的利益的知情权和支配权,从数据收集源头就重视保护用户的个人数据权利。

在实际案件中,法官往往要引证多部法律条文进行判决。目前,虽然我国直接针对数据资源确权出台的法规较少,但是相关立法工作却一直在稳步推进中。《数据安全法》首先从立法层面规范了我国境内数据处理活动,是数据领域的基础性法律。除此之外,继《网络安全法》、《中华人民共和国电子商务法》(以下简称《电子商务法》)、《中华人民共和国刑法修正案(七)》(以下简称《刑法修正案(七)》)、《民法典》等法律法规后,我国针对个人信息保障着手制定了《个人信息保护法》。可以预见,在两部针对数据和信息领域的基础性法律正式出台后,数字经济将会朝更规范的方向发展。表2-5为我国在数据和信息领域的主要法律法规汇总。

表2-5 我国在数据和信息领域的主要法律法规汇总

发布时间	法律文件名称	效力级别	重要性
2009年	《刑法修正案(七)》	法律	完善了惩治侵害个人信息犯罪的法律制度
2012年	《全国人民代表大会常务委员会关于加强网络信息保护的决定》	有关法律问题和重大问题的决定	确立了个人电子信息保护的主要规则
2013年	《中华人民共和国消费者权益保护法》(以下简称《消费者权益保护法》)	法律	明确了消费者个人信息保护的主要规则
2016年	《网络安全法》	法律	保障网络数据安全,维护网络空间主权
2018年	《电子商务法》	法律	制定了电子商务数据信息的规则
2020年	《民法典》	法律	将个人信息受法律保护作为一项重要民事权利

从表 2-5 可以看出，我国从《刑法修正案（七）》到《消费者权益保护法》，再到《网络安全法》和《民法典》，在多个领域分别对数据活动进行了规定。其中出现较多的是针对个人信息的保护，如《消费者权益保护法》中规定了用户享有知情权，《民法典》赋予了公民个人信息受法律保护的民事权利。

除了中央之外，地方也在对数据资源确权进行立法探索。从 2016 年开始，贵州、天津、海南、山西、吉林、安徽以及山东等地颁布并实施了相关的法律法规，然而这些法律法规的适用范围大多只限于公共数据和政务数据，对个人数据的规定几乎没有涉及。2021 年 6 月 29 日，深圳市通过了《深圳经济特区数据条例》，规范数据活动，保护自然人、法人和非法人组织数据权利和其他合法权益。该条例第一次在我国公开文件中明确解释了"数据权"概念，并对不同主体所享有的数据权进行了详细的规定，是我国地方立法的一次积极探索。数据权包括个人数据权、公共数据权与市场主体数据权，具体内容如表 2-6 所示。

表 2-6 《深圳经济特区数据条例》的数据权内容

数 据 权	分 类	主 要 内 容
个人数据权	数据知情权	自然人对其个人数据的处理享有知情权和决定权
	数据处理权	除法律、法规另有规定外，自然人有权拒绝数据收集、处理者处理其个人数据及衍生数据
	数据限制权	自然人有权对不完整的数据提出异议并请求相关必要措施
	数据被遗忘权	自然人有权请求数据收集、处理者及时删除关于其个人数据的权利
公共数据权	国家的数据权	公共数据属于新型国有资产，其数据权归国家所有
市场主体数据权	市场主体的数据权	市场主体对其合法收集的数据和自身生成的数据享有数据权，可以依法自主使用

深圳市率先颁布《深圳经济特区数据条例》，上海市紧随其后。2021 年 9 月 30 日，上海市第十五届人大常委会第三十五次会议对《上海市数据条例（草案）》进行了审议，并面向社会广泛征求意见。此举将会为上海进一步建设成数字政府提供保障。

在我国实践中，个人和企业、企业与企业之间的信息数据纠纷事件呈现出不同特征。由于个人在使用数据产品时，常常需要与经营者签订契约，但也仅仅是"签订"，并不能对相关条例作出更改，这使用户处于被动地位。在适用法律时，法院可能会更偏重保护的失衡。在实践中，法院大多数时候会根据实际案情在个人权益和经营者权益之间权衡。同时，对于企业之间的数据资源纠纷，司法判决也多会根据实践情况进行调整。但无论是选择何种法律，我国法院在进行判决时都会着重考虑数据资源作为重要信息对经营者的重要性，保障经营者开展正常的经营活动。

随着新一代信息技术与经济社会加快融合，数据成为国家战略性资源。国务院于 2015 年印发了《促进大数据发展行动纲要》（以下简称《行动纲要》），开始了大数据建设的部署。《行动纲要》主要部署了三方面任务，包括加快政府数据开放共享、推动产业创新与保障数据安全。围绕这三个主要任务，我国后续又出台了相关政策，如表 2-7 所示。

表 2-7 数据资源主要政策内容

发布时间	发布机关	文件名称	主要内容
2016 年	国务院办公厅	《国务院办公厅关于促进和规范健康医疗大数据应用发展的指导意见》	提出了健康医疗大数据的基本原则和发展方向,制定了相关规则
2018 年	国务院办公厅	《国务院办公厅关于推进电子商务与快递物流协同发展的意见》	推动解决电商和快递物流之间的数据互通难题,促进数据共享
2018 年	国务院办公厅	《国务院办公厅关于印发科学数据管理办法的通知》	保障科学数据的安全,发挥科学数据在大数据时代下科技创新的引领作用
2020 年	中共中央、国务院	《中共中央 国务院关于构建更加完善的要素市场化配置体制机制的意见》	要加快培育数据要素市场,推进政府数据开放共享,加强数据资源整合和安全保护

国家鼓励加快培育数据要素市场,推进政府数据开放共享,加强数据资源整合和安全保护。这些政策都与《行动纲要》的主旨相契合。

2.3 数据资源确权的主要方式

2.3.1 基于实物权属的数据资源确权

数据权属问题是数据资产化过程中的关键,目前法律和规制都尚未给出有效的界定与解决办法,使得在数据资产化过程中数据资源确权存在一定的困难。在当前针对数据资源确权开展的实践工作中,有些数据资源确权方式是相对可行和值得借鉴的。目前市场上典型行业的数据产品,大多数是音乐、影视、电子书等单一类型的数据产品。这一类型的数据产品大部分由相应的实物产品数据化而来,其运作机制和确认方式也都是在实物产品的基础上沿袭和发展而来的,因而权属相对比较明确。

以音乐数据产品为例,大多数音乐数据产品都是由磁带、黑胶唱片等传统音乐产品数字化而来,并能保持其原来的权属。在整个音乐产业链中,有很多的环节,从最初的创作到最后的发行并在市场流通,都会牵扯到版权问题。其中,音乐作品的版权人主要是音乐创作人和音乐出版商。一般而言,在音乐作品创作完成之后,创作者(通常是作曲者和作词者)就拥有该作品的著作权,并成为该作品的初始版权人。初始版权人会把自己的一部分或者所有的版权转让给音乐出版商,以出版和发行音乐作品而获得一定的服务和赞助。由于音乐的传播具有广泛性、使用具有即时性,且需求量较大,音乐作品版权人难以把握其使用状况。因此,应倡导集体管理,以更好地保护版权人的合法权益。音乐著作权的集体管理组织有许多,如美国作曲家、作家和出版商协会、美国广播音乐公司、欧洲戏剧作家与作曲家团体、中国音乐著作权协会等。音乐作品版权人有权将其部分或所有的音乐作品版权委托给集体管理组织,由其承接相关的权利。一般情况下,只有在取得音乐的机械复制权许可后,音乐作品才可以被制成唱片或其他形式。音乐产品初始版权人主要指音乐唱片的生产者(如演唱者、词作者、作曲者、编曲者、歌曲制作人等),而初始版权人往往会将作品的所有版权转让给唱片公司。

随着技术的发展,音乐数据产品逐渐成为大数据时代音乐作品的主要呈现形式,许多传统音乐产品都被数字化为音乐数据产品进行传播和流通。相应的版权制度也在原有的基础上进行了发展和完善。以美国为例,2018 年的《音乐现代化法案》(Music Modernization Act)就是为了使音乐版权制度能更好适应新技术的发展、保障版权人的利益而颁布的,其结合了音乐产业界关于音乐数据产品实践积累的多年成熟经验,沿袭和发展了美国原有相关音乐版权制度。该法案提升了制作录音制品法定许可的数字环境适用性,设立了一个非营利性的机械许可集体组织(Mechanical Licensing Collective),给出了针对音乐数据产品的法律许可机制,建立和维护了一个有关音乐作品权属信息的公共数据库等。可采用版权标识码等确权方法来更好地保护和确认音乐版权,比如用于文本作品标识的国际标准文本编码(International Standard Text Code,ISTC)、用于音乐作品标识的国际标准音乐作品编码(International Standard Musical Work Code,ISWC)、用于录音和音乐录像制品出版物标识的国际标准音像制品编码(International Standard Recording Code,ISRC)等。这些标识码都具有唯一性、永久性和国际性,为后续发行流通过程中的追踪和维权提供了依据。例如,一位作词人创作了一首歌可以申请 ISTC,当歌词被作曲人谱成歌曲并成为音乐作品后,可以申请 ISWC,当该音乐作品被录制成音乐产品后,可以申请 ISRC 等。

音乐数据产品是音乐作品在新技术条件下一种新的呈现形式,它从运作机制和确定方法上继承和发展了传统的音乐产品,权属比较清晰。与音乐数据相关的还有诸如影视、电子书等单一的数字产品,这些数字作品大都是由传统的产品演变而来,继承和发展了传统产品的版权制度;在对应的传统产品转换为电子数据后成为数据资源,其相应的权属是明确的。这类数据产品是作品的知识产权载体,它们的所有权归属于原知识产权人,原知识产权人或其代理人将包含作品复制发行等各项使用权以及转授权等在内的独占或非独占许可授权给数据产品服务商(销售平台),数据产品服务商得到授权后就可以将这些数据产品的使用权、转授权等作为其数据资产评估入账,实现了数据资源确权。

2.3.2 基于数据出版的数据资源确权

就数据资产化而言,数据出版是数据资源确权的一种有效方法。数据出版最初是指科技数据出版。科技数据出版通过一系列的保障措施、环节步骤和技术支持,可以有效地保护数据权益,保障数据生产者或拥有者的信誉和合法权益,提高数据重用的价值。科学数据出版是为了在数据开放共享过程中保护科学家的工作成果和创造积极性,将科学研究数据公开出版以便其他科研人员和机构使用,其主要目的是在科学数据的开放分享中,维护和保护科学数据生产者的相关利益,如著作权和所有权。很多国家、国际组织和机构制定了支持数据出版和科学数据开放共享的政策,如联合国教育、科学及文化组织的《开发和推广开放获取政策指南》、科学欧洲关于研究出版物的开放获取原则等。

科学数据出版通过同行评议、数据永久储存、数据引用等方式,有效地防止了出版的数据被伪造和篡改,保证数据的真实性和完整性,从而维护数据的价值和质量不被损害,最终能够保障数据生产者或拥有者的信誉和合法权益。同行评议是一种能够对数据出版质量进行有效监控的手段,主要对数据的科学性质量、数据集的技术性质量等进行评价,数据的科学性质量主要是通过同领域专家评审,而数据集的技术性质量(如数据格式标准化、元数据完整性等)主要由数据专家评审。数据永久储存可以有效地阻止数据被篡改,确保数据的完整性,主要是能够长期地保存和永久获取出版数据,这样使用者在访问和追溯出版数据时就会很方便,数据永久储存的专业性使得该项工作由专业的数据中心来处理。数据引用是一种保证数据生产者或拥有者知识产权的方法。引用方式主要包括独立出版数据进行直接引用以及通过对数据论文或数据出版物的引用间接实现对数据集的引用等。通过数据引用可以明确数据的来源与归属,确保数据的真实性,便于数据的查找。

科学数据出版通过数据对象标识符(digital object identifier,DOI)和相关技术等规范数据引用,实现数据生产者或拥有者对数据著作权、所有权宣示的目的。其中,数字对象标识符的应用较为广泛。1998年,国际DOI基金会成立;2003年,国际科学技术数据委员会(Committee on Data for Science and Technology,CODATA)、德国全国委员会和德国科学基金会(Deutsche Forschungsgemeinschaft,DFG)联合启动"科学数据出版与引用"项目,使用DOI和统一资源名称(Uniform Resource Name,URN)对有用数据集进行永久标识;德国国家科学技术图书馆于2005年注册了科学数据DOI;2009年,DataCite成立,致力于研究数据出版标准流程、制定引用规范以及为科研数据提供唯一标识服务。2012年,DOI被国际标准化组织正式批准为国际标准(ISO 26324)。DOI具有唯一性、永久性、动态更新等特点,在科学数据出版中能追溯、引用获取、链接和永久标识相关数据,有利于出版数据的知识产权保护。

目前,科学数据出版主要包括通过出版机构进行数据出版和通过非出版机构进行数据出版两种基本途径。

通过出版机构进行数据出版的途径与传统的论文出版途径较相似,由像杂志社这样具有出版资格的机构对数据进行出版。这种途径的数据出版形式比较多样,有的作为传统论文的附件进行数据出版,有的采用数据论文出版的形式间接地将数据进行公开。作为传统论文的附件进行数据出版就是科研人员开展相关科学研究工作时,除了形成论文这样的研究成果,也会产生有价值的科学研究数据,这些数据是论文本身的重要依据和延续,因此在发表论文的时候,作者会被要求同时上传对应的科研数据。数据论文出版可以描述为科学研究进入"第四范式"时代,科研人员进行相关科学研究工作越来越依赖数据,生产了大量数据,数据本身也成为科研的重要成果,成为科研人员专门研究和描述的对象。数据论文专门描述科学数据本身,对其内容、价值、功能等关键信息进行介绍,是一种新的学术出版物,具有一定的格式、结构规范和标准。

通过非出版机构进行数据出版主要由高校、科研机构或相关学术组织等建立的数据存储机构进行。这些机构大多拥有雄厚的资金和技术实力,在数据存储、管理和监督方面拥有优势,但由于这些机构是研究机构而非出版机构,在出版专业性方面相对欠缺,对数据描述的规范化和标准化方面的要求也参差不齐。这种途径的数据出版形式以数据单独出版为主。根据存储对象的来源和类型的不同,数据存储机构可分为通用型数据存储机构和特定型数据存储机构两种类型。通用型数据存储机构对存储的数据的来源和类型没有特定要求。有些高校的数据存储机构是对全球开放的,如哈佛大学,它的数据存储机构就支持全球科研人员进行数据出版;有些数据存储库对数据的学科领域没有要求,如figshare、Zenodo、

Dryad 等,它们接受各学科领域数据的存储,并对各学科领域数据进行同行评议和开放。特定型数据存储机构对存储的数据的来源和类型有特定要求。有些高校的数据存储机构仅向特定科研人员开放,如普渡大学的数据存储机构就只支持隶属于普渡大学的科研人员或者参与普渡大学科研项目的科研人员的数据出版;有些学科领域有公认或专设的数据存储库,如 Ecological Archives 数据存储库、国家地球系统科学数据共享平台、美国国家冰雪数据中心等。

2.4 数据资源确权的难点与对策

2.4.1 数据资源确权的难点

当前,对于数据资源确权的相关法律法规仍处于探索阶段,数据资源确权在概念、机制、实践等方面尚存在模糊性和不确定性。概括来说,数据资源确权有以下几个方面的难点。

1. 数据资源确权的概念模糊

数据在经济社会发展中的价值和作用不断提高,可以带动经济的转型和发展,是促进经济社会发展的一项重要资产。但是在数据收集、存储、使用、加工、传输、提供、公开等各个环节中,数据权属一直没有得到明确的界定,这已经成为数据行业健康发展的一个重要障碍。

1) 目前数据资源权属关系不明确

对"数据权"的理解可以有多种,可以是数据主权和数据权利,也可以是数据产权等。不同的理解使政务数据、个人数据与企业数据权属关系的主体也不一样。对于政务数据,其权属关系较为明晰,属于国家所有。从国家层面来看,数据资源权属首先涉及的是一国数据主权的问题。数据主权是国家数据权属在对外行动中的一种具体表现形式,通常被视为国家对其政权管辖领域内数据的管理控制、开发利用、安全保护的权力。数据产生后,通过网络进行传播与复制的代价非常低廉,各国想要重复使用数据,充分挖掘其内在利用价值,同时又担心其他国家收集并使用本国的数据,对国内产业及国家安全造成严重的影响,从而导致数据主权问题。举例来说,在美国政府与微软公司关于爱尔兰数据中心的数据索取权的案件中,爱尔兰指出美国应该通过国际条约和国际合作来取得爱尔兰境内的数据,而不应该侵犯其数据主权。《数据安全法》于 2021 年 6 月通过,其中明文规定,在中华人民共和国境外开展数据处理活动,损害中华人民共和国国家安全、公共利益或者公民、组织合法权益的,依法追究法律责任。对于个人数据,个人享有数据收集和处理过程中的合法权利。对于企业数据,数据资源的权属关系一般体现在企业间的反不正当竞争纠纷中。在不同场景下,企业数据的所有权和使用权可能会发生变化。在确定数据的归属主体后,若无法进一步明确主体所享有的权利,则又会导致一系列纠纷。例如,华为与腾讯微信之间曾因为抓取用户数据产生纠纷,华为首次在荣耀 Magic 手机上尝试人工智能应用,根据用户的聊天信息自动加载相关信息,然而在抓取微信数据时,腾讯却以侵犯用户隐私为由拒绝提供。

2) 数据资源确权在何为"数据"的问题上存在争议

例如,《个人信息保护法》提到个人信息是以电子或者其他方式记录的与已识别或者可识别的自然人有关的各种信息,不包括匿名化处理后的信息。然而有学者认为,个人信息的界定不仅要考虑其"识别性",还要在动态中考察数据之间的"关联性",匿名信息在特定的情境中并不足以保障个人信息的安全。因此,对个人信息的解释应结合实际情况进行考虑。

3) 数据资源权属的界定困难

从内部管理的角度来说,数据资源权属的界定不明,给国家的数字治理与产业监管造成了一定的影响。从一定意义上来说,数据资源确权是政务数据、企业数据等领域建立数据采集、数据开放共享、数据交易流通、数据安全保护等全链条数据治理体系的必要条件。企业和政府都在探索通过个人数据保护、数据交易、数据共享等措施来促进数据的流通与使用。平台企业也可以通过自身的基础服务能力来促进形成流量优势和数据集中优势,从而实现对其他相关的业务的延伸。由于尚未建立政府与企业之间的数据共享机制,政府部门基于监管职能或者是公共服务需求都难以利用企业的数据,从而不利于政府数据治理能力的提高和数字治理现代化的发展。

案例 2-4 中国 Cookie 隐私第一案

2013 年,朱某在家中和单位使用电脑浏览相关网站,其间通过"百度搜索引擎"网站对关键词进行了搜索。之后,他发现在该网站搜索过后,特定的网站上就会出现与他搜索过的关键词有关的广告。对此,朱某认为该搜索引擎的提供者百度网讯公司擅自记录和跟踪了自己的搜索记录,已经侵犯了自身的合法权益。因此,朱某将百度网讯公司告上了法院。

该案例为国内有关 Cookie 技术与隐私权纠纷的第一案,在经过两次审理后,法院最终判决"百度网讯公司的个性化推荐行为不构成侵犯朱某的隐私权"。其实,百度网讯公司的这种个性化推荐服务就是利用 Cookie 技术实施的"精准营销",而该技术几乎是所有网络特性化服务的前提和基础,比如淘宝的购物车、手机导航和定位、即时聊天工具的使用、网络邮箱等应用的记住密码等。法院之所以认为这样的个性化推荐服务行为不构成对隐私权的侵犯,最主要的一个原因是通过该技术收集的数据信息具有匿名化特征,不符合"个人信息"可识别性要求。

两次审理遵循的法律逻辑相反。一审判决认为,个人隐私应包含个人的私人活动和私有领域。朱某利用特定词汇在百度进行网络搜索的行为,将在互联网空间留下私人活动的轨迹,这一活动轨迹展示了其个人上网的偏好,反映个人的兴趣、需求等私人信息,在一定程度上标识个人基本情况和个人私有生活情况,属于个人隐私的范围。因而,一审判决百度网讯公司构成侵犯个人隐私。但是在二审中,法院认为 Cookie 技术是当前互联网领域普遍采用的一种信息技术,网络服务提供者将个性化推荐服务依法告知用户即可。同时,网络用户亦应当努力掌握互联网使用技能,提高自身适应能力。显然,二审更重视保护数据生产者对数据资源收集和处分的权利。

2. 数据资源确权的机制不成熟

1) 基本范畴的模糊性

在传统的信息产业中,生产者和消费者在平台的两端,消费是一种"用户-平台-用户"的平台经济模式,通过第三方平台交换电子出版物、发布原创内容、买卖应用与服务。几乎所有的生产者和消费者都以成员的形式参加了社区建设、资源共享和信息交换。这是互联网时代的特点,也是信息互联网中最基础的支付方式:由第三方平台通过信用转移与角色转换,为生产者与使用者搭建桥梁,推动交易的产生,进而获取信息和信用的转换效益。数字经济时代下,生产者和消费者往往趋于一体,商品和服务的生产者也是消费者,直接交易的需求量也在不断增加。第三方平台正逐步从"信用中介"转变为"信息中介"。平台的商业运作日益依靠用户所产生的信息,如推荐、商业情报分析等。然而,生产者、消费者和中间商的区别日益模糊。个体用户尚未认识到其数据主权,且缺乏对其隐私权的强烈保护,成为导致数据确权的工作进展缓慢的重要原因。

2) 缺乏数据治理

新型数据权利理论更多地侧重于数据的控制权与所有权,而忽视了数据使用与治理之间的协调。数据收集、存储、处理和使用的每个环节都会带来新的社会性问题。对数据的控制将造成"数据孤岛"。产权问题导致数据分散,对建立更有价值的大数据资源是不利的。但是,大数据的价值取决于"全样本"分析。单一或者片面的数据,其价值有限。一方面,企业可以利用定价数据来控制市场价格,形成垄断行为。另一方面,"大数据杀熟"又会损害消费者的利益。匿名数据并不能百分之百地保障其安全性,仍可以还原个人信息。平台企业也可以对匿名数据进行分析,从而对其"数字人格"进行重构。"数字霸权"是由滥用数据资源造成的。当企业拥有了对海量的数据的控制权,它们也就拥有了极大的权力。平台治理面临的主要问题是如何对平台所行使的公权力进行规范。同时,大量的数据和复杂的算法也对监管工作提出了新的挑战。

3) 相关法律法规的不完善

财产权益已成为各大平台企业等主体获取数据并将其作为自身资产的动机,而"谁收集,谁负责"的安全监管规定,实际上已变成"谁收集,谁所有"的占有状况。我国现有法律及司法判例虽认可主体拥有数据的权益,但并没有明确在产生数据权益冲突时如何处理解决,这不仅会使个人对数据的所有权与企业财产性权利产生冲突,还会导致数据封锁、数据壁垒等问题。近几年,围绕数据的开发使用,出现了大量的纠纷案件,给"数字经济"的发展带来不利影响。此外,在数据使用规则和数据权属分割没有经过司法鉴定,涉及数据交易的相关法律仍存在空缺的情况下,数据交易的权益不能得到确切的法律支撑,对商业数据的不正当竞争或者垄断的判断依据仍不足。当前发生的纠纷主要依赖现行的《消费者权益保护法》《网络安全法》等相关法律法规来处理,而目前的法律法规却不能全面地作出解释。缺乏专门的法律惩罚与救济原则,容易引起企业之间的不正当竞争。而在我国,由于缺乏处理个人信息违法行为的行政惩处等先导机制,仅仅依靠刑事责任的判决很难构成联合执法。《民法典》在民事权利章节首次确认将数据作为一项民事权利,从而给予数据法律保障。应当指出,法律仅做了原则上的规范,确认了数据属于财产权益,并未就数据的权利内容及具体的分配原则进行深入的制度设计。这条规定在一定程度上也是各有关主体获得数据的动力,特别是促使各企业主体进行大规模的数据采集和利用,使之成为自身财产性权益,使大量的数据汇集到头部企业,产生了数据集中的问题。同时,我国现行法律对数据权属的分配规则尚不明确,《民法典》总则所确定的依法对数据进行保护的理念,促使我国的司法实践趋向于维护企业的数据权益。

3. 数据资源确权实践的阻碍

(1) 数据资源确权在跨境数据流通中存在困难。在国际交流中,各国制定的法律并不完全相同,如有些国家更加强调隐私和安全,有些国家更看重数据自由流通等。对于跨境数据流动,若监管力度过大,会使国际服务贸易难以正常开展。若监管力度过小,有可能对各国的数据主权造成侵害。除了监管力度大小不同外,监管目的是保护数据安全还是数据利益也是各国在数据资源确权方面的一大分歧。

(2)数据资源确权的相关法律制定存在困难。不同国家对个人信息的定义范围不同。各国对"个人信息"的定义常常追求"全覆盖",这就导致在实践中,几乎任何信息都可以具有"识别性"和"关联性"。调整对象过宽使法律在实际运用中存在困难,司法判例有时更加注重个人隐私,有时又更加注重数据资源的收集和使用。

(3)数据资源确权难以平衡各方利益。在数字经济时代下,不同主体对数据拥有不同的权益。当数据资源确权偏向任意一方时,其他几方的权益难免受到影响。如欧盟《通用数据保护条例》中对个人信息的严格保护就可能使企业在收集和使用数据时受到过度限制,这明显不利于数据的自由流通和发展。但当企业缺少监管时,个人信息的隐私权又可能受到侵犯。因此,在维护市场活动有序进行的前提下充分开发数据资源的价值,平衡好各方的利益,是落实数据资源确权的关键。

2.4.2 完善数据资源确权的对策

为了深化理论基础研究,分析应用框架,有必要解决当前数据资源确权中存在的各种问题。必须明确数据财产属性和数据权利属性,确立数据确权划分机制并健全监管机制完善数据确权。

1. 明确数据财产属性和数据权利属性

在进行数据确权时,首先要确定数据究竟具有哪些权利,以及应当引用何种配套的法律法规来加以保障。

扩展阅读 2-4
多方探索融合创新赋能 营造数字生态治理新环境

《民法典》第 127 条确定了数据的财产属性,但未确定对数据的法律保护路径。如何理解数据这一不同于传统的民事财产客体,进而为数据财产提供适宜的法律保护,保障公共利益的同时促进数据生成、采集和利用,在理论与实践方面有待进一步探索。从我国财产权制度发展的角度来分析,财产权的范畴并不是僵化的,而是根据社会的发展需要不断更新、丰富与调整。如知识产权、股权等的出现,需要国家建立相应的法律体系对其进行保护,这表明我国以传统物权与债权为核心的财产权的范畴得以扩大。因此,在确认数据财产权以及配套相应的法律保障体系时,可以考虑将数据列入无形资产的范围。

2. 确立数据确权划分机制

一是在数据主体分类的基础上,探讨如何划分数据权属的标准,以解决企业之间不良竞争和用户个人信息隐私保护的问题。根据已有的实践经验和社会认知,可以把数据按照不同的主体分为个人数据、企业数据和政府数据,在界定其概念范围的前提下,尝试对数据权属作出规定。比如,《网络安全法》《个人信息保护法》等法律中,对个人数据进行了界定,其概念的范围也较为清晰。政府数据是指由国家政务部门在行使职权、履行职责过程中获取和产生的资料、文件、数据、图表等信息,并以某种方式进行存储和记录。相对于个人数据和企业数据而言,其采集和管理的主要是国家资源,具有鲜明的公共产品属性。所以,可以把它看作属于国家或集体。二是增强用户对自身数据的控制权。为了解决企业、用户、国家等主体间的权利关系,数据确权的关键在于保障"人"的权利。为此,必须从立法层面给予个体用户更多的数据权利以增强其在数据产权中的话语权。三是按照数据分类和主体分类对数据权属进行界定。

3. 健全监管机制完善数据确权

应对数据权属面临的挑战,必须健全和完善相应的法律法规制度,并充分发挥好政府行政监管的职能。

一是提升企业数据处理的透明度,尤其是在数据共享的过程中。强化对企业数据收集的监管,使其在数据的加工过程中做到公开、透明,不能默许或强制确认用户的个人信息,并保证用户的知情权和选择权;同时,要求各企业在相关协议中对用户数据共享的主体和范围进行清楚的说明,并将数据分享的范围限制在用户授权的范围之内。二是加强对大型企业的数据整合处理,杜绝数据的集中化。目前,各大平台都充分发挥数据量和算法技术优势,增强了对数据的共享与整合,从而实现了对数据的集中甚至垄断。在实际监管过程中,要强化对企业的数据集中的实质性审核,避免通过收购、兼并等方式来进行大规模的数据集中化。三是加强对数据的监管,增强对用户个人信息的保护。虽然我国已在个人信息保护工作上取得了一定的成效,但是面对不断出现的新问题,需要从长远的角度来看,采用"专项整治和长效治理相结合"的监管方式,"全过程、全链条、全主体"的监管模式,切实提高公民个人信息保护的监管水平和监管力度。

本章小结

数据要成为资产,必须有明确的权属主体。本章围绕数据资源确权,介绍了数据资源确权的基本概念以及国内外数据资源确权的发展历程;探讨了数据资源确权的主要方式,并分析了数据资源确权的难点和对策。数据资源确权的基本概念主要涉及数据权属、数据主权、数据产权和数据使用权等。数据权属问题是数据资产化过程中的关键步骤,当前数据资源确权的主要方式可以分为基于实物权属的数据确权和基于数据出版方式的数据确权。在数字经济时代,为了使数据资产得到更好的开发和利用,支撑数据产业更好地发展,解决数据资源确权问题刻不容缓。

习题

1. 简要介绍数据权属的内容。
2. 结合具体实例,分析为什么要进行数据资源确权。
3. 简述数据产权的内容。
4. 分析政务数据、个人数据和企业数据权属关系的区别。
5. 分析数据主权和数据权利的区别。
6. 分析国外完善数据资源确权的典型举措。
7. 简述数据资源确权的主要方式。

8. 结合具体实例,分析数据资源确权存在哪些难点。
9. 从法律和实践两个层面,分析如何完善数据资源确权。
10. 从不同视角讨论大数据时代如何维护自己的数据权益。

即测即练

第 3 章 数据资产评估

3.1 数据资产评估概述

3.1.1 评估原则

数据资产评估是指对组织内数据资产现状及质量、价值等进行定性和定量评价的活动。在开展数据资产评估过程中应遵循一定的业务准则,为数据资产评估专业人员在执行资产评估业务过程中的专业判断提供技术依据。在具体的工作中应遵循供求、最高最佳、替代、预期收益、贡献、评估时点和外部性等原则。

1. 供求

供求关系会影响数据资产价值。在数据资产定价时,均衡估值是需求和供给共同作用的结果,尽管数据资产定价随供求变化并不呈固定比例变化,但变化的方向具有规律性。

2. 最高最佳

最高最佳是指法律上允许、技术上可能、经济上可行,经过充分合理论证,使数据资产的价值最大化。这一原则强调应以最佳用途及利用方式实现其价值。

3. 替代

替代是指价格较低的同质数据资产对其他同质数据资产具有替代性。这一原则要求评估人员从购买者的角度进行评估,因为评估值应是潜在购买者愿意支付的价格。

4. 预期收益

预期收益是指在数据资产评估中,数据资产的价值可以不按照其过去形成的成本或购买价格决定,但是必须充分考虑它在未来可能为其控制者带来的经济效益。资产的市场价格主要取决于其未来的有用性或获利能力,未来效用越大,评估值越大;相反,一项资产尽管在取得时花了很大的成本,但目前却无多大效用,则评估值不会高。这一原则表明应当基于数据资产对未来收益的预期加以确定。

5．贡献

贡献是指若数据资产是资产组合的构成部分，该数据资产的价值取决于它对其他相关的资产或资产整体价值的贡献，而不是孤立地根据其自身的价值来确定；也可以根据当缺少该项数据资产时，对相关资产或资产整体价值下降的影响程度来确定其评估值。

6．评估时点

市场是变化的，数据资产的价值会随着市场条件的变化而不断变化。为了使数据资产评估得以操作，同时保证数据资产评估结果可以被市场检验，在资产评估时，必须假定市场条件固定在某一时点，即评估基准日。此原则是对交易假设和公开市场假设的一个反映，数据资产评估是对随着市场条件变化的动态资产价格的现实静态反映，这种反映越准确，评估结果就越合理。

7．外部性

数据资产评估中的外部性是指会给相关权利主体带来自身因素之外的额外收益或损失，从而影响数据资产的价值，对数据资产的交易价格产生直接的影响。数据资产评估应该充分关注外部性给被评估数据资产带来的损失或收益以及这种损失或收益对数据资产价值的影响。

3.1.2 评估目的

数据资产评估的目的，是明确数据资产评估行为及结果的使用要求与具体用途。评估范围的界定、价值类型的选择和潜在交易市场的确定等方面可能会受到不同评估目的的影响。若用于交易变现行为的评估，则该数据资产的使用价值取决于市场的交换条件和需求者对其使用价值的判断。若用于投资行为的评估，则只是考虑该资产在被投资主体中是否有用及其有用程度。对无形资产进行评估的目的包括以下几种。

1．资产管理的需要

完善企业资产管理。以财务报告为目的的无形资产评估成为企业资产管理的重要环节。对有形资产的评估、管理与应用，多年来企业自身已经形成了一套比较科学有效的制度，其资产量在相关财务报告中已得到了充分的体现。但是一个企业到底有哪些无形资产，其价值量如何，作为企业的管理者如果不清楚，就形成了资产管理的盲点。只有充分揭示这部分资产的真实价值，才能做到心中有数，进而变被动管理为主动管理，使之规范化，以保证企业资产的完整性。

为经营者提供管理信息、决策依据。无形资产的价值主要体现在无形资产的培育、发展情况，企业的创新能力和赢利能力，企业资源的利用状况和利用效率，企业可持续发展的潜力，企业管理水平的高低等。评估的过程是资产清查的过程，重点在于发现企业在资产管理、经营过程、资本结构、企业效率和盈利能力等各个方面存在的问题和不足，努力解决或为企业提供建设性的意见和建议,有利于经营者对无形资产投资作出明智的决策,合理分配资源,减少投资的浪费。

2. 品牌建设的需要

激励和教育员工,增强企业凝聚力。在品牌营销时代,企业不但要向公司外的人传达品牌的健康状态和发展趋势,更重要的是向公司内所有阶层的员工传达品牌信息,培养员工对本企业的忠诚度,以达到凝聚人心的目的。

无形资产价值传播是扩大企业影响、展示企业发展实力的有效手段。随着企业形象问题逐渐受到企业界的重视,名牌商标的宣传,已经成为企业走向国际化的重要途径。所以对商标、品牌等资产的评估及宣传是强化企业形象、展示发展实力的重要手段。

无形资产价值评估有利于销售渠道的拓展和特许经营体系的扩张。在发展加盟商的过程中,了解无形资产价值可以使盟主企业在介绍自己的品牌时有据可依,从而使潜在加盟商对本企业有比较准确的判断依据,还可以让潜在加盟商看到本企业的发展潜力,增强加盟信心,所以进行无形资产价值评估对于特许经营盟主企业显得尤为重要。

为无形资产侵权赔偿提供价值依据。在知识产权的行政保护特别是侵权诉讼中,商标权、专利权评估后有利于对侵权行为所造成的损失进行量化、认定赔偿额度,为权利人打假维权提供索赔依据,有利于维护企业的合法权益。

3. 资本运作的需要

利用无形资产增资扩股、对外投资、作价入股,实现低成本扩张。企业要保证投资行为的合理性,必须对企业资产的现时价值有一个正确的评估。企业在改制、合资、合作、联营、兼并、重组、上市等各种经济活动中以技术、商标权等无形资产投资已很普遍。对于出资方来讲,用无形资产投资可以减少现金支出,以较少的现金投入获得较大的投资收益;可以扩大使用注册商标的商品或服务项目的生产经营规模,进一步提升商标价值,增强企业产品或服务的市场竞争力。评估的结果既是投资者与被投资单位进行投资谈判的重要依据,也是被投资单位确定其无形资产入账价值的客观标准。

(1)资产交易的需要。在转让、拍卖、许可使用等情况下应对无形资产价值进行评估,为交易双方提供客观、公正的价值依据。

(2)激励投资者信心。无形资产价值一经权威机构评估确定,将会深入人心、潜移默化地影响人们对它的认识和接受度,一方面,能够推动企业规模、效益的迅速增长并分散经营风险;另一方面,也可以使资本市场对企业的价值和发展潜力有较正确、积极的认识,增加与投资者的交易机会并提高交易效率。

(3)工商注册、质押贷款。《民法典》第十八章第二节规定,可以转让的注册商标专用权、专利权、著作权等知识产权中的财产权可以出质。产权人及银行对知识产权的价值评估存在差异,这就需要无形资产评估机构为其评估客观的公允价值。

(4)经济谈判的需要。合资合作方看中的往往不是机器设备、厂房等有形资产,而是技术、商标、资源等无形资产。即使不需要以无形资产作价入股,这些无形资产经过评估量化,也可以在经济谈判中增加砝码,占据有利地位。

3.1.3 评估假设

数据资产评估假设是依据现有知识和有限事实，通过逻辑推理，对数据资产评估所依托的事实或前提作出的合乎情理的推断或假定。数据资产评估假设也是数据资产评估结论成立的前提条件，在评估过程中可以起到化繁为简、提高评估工作效率的作用。

数据资产评估假设的选择和应用应具有合理性、针对性、相关性。其中，合理性要求评估假设都建立在有一定依据、合理推断、逻辑推理的前提下，设定的假设都存在发生的可能性，假设不可能发生的情形是不合理的假设。针对性要求评估假设针对某些特定问题，这些特定问题具有不确定性，评估人员可能无法合理计量这种不确定性，需要通过假设忽略其对评估的影响。相关性要求评估假设与评估项目实际情况相关，与评估结论形成过程相关。常见的评估假设有交易假设、公开市场假设、最佳使用假设、现状利用假设、原地续用假设和持续使用假设等。

1. 交易假设

交易假设是数据资产评估得以进行的一个最基本的前提假设。交易假设假定所有待评估数据资产已经处在交易过程中，评估师根据待评估数据资产的交易条件等模拟市场进行估价。一方面，交易假设为实施资产评估创造了条件；另一方面，它明确了资产处于市场交易中，即资产评估的外部环境，因为资产评估不能脱离市场条件而单独进行。

2. 公开市场假设

公开市场假设是数据资产评估中的一个重要假设，其他假设都是以公开市场假设为基本参照。公开市场假设假定数据资产可以在充分竞争的市场上自由买卖，其价格高低取决于一定市场的供给状况下独立的买卖双方对数据资产的价值判断。公开市场假设旨在说明一种充分竞争的市场环境，在这种环境下，数据资产的交换价值受到市场机制限制并由市场行情决定。

3. 最佳使用假设

最佳使用就是指市场参与者实现一项数据资产的价值最大化时该数据资产的用途。使用最佳使用假设时需要考虑数据资产确定其最佳用途的限定因素，包括法律上允许、技术上可能、经济上可行，经过充分合理的论证，能使该项数据资产实现其最高价值的使用。法律上允许是指数据资产的该种用途不违反法律、法规的规定，不侵害社会公众利益。技术上可能是指数据资产的这种使用在目前社会技术状态下是可能的，不存在暂时无法克服的技术障碍。经济上可行是指对于数据资产的这种用途，经济上的投入是合理的、可以承受的。

4. 现状利用假设

现状利用假设，与最佳使用假设相对应，一般在资产只能按照其现实使用状态评估时选用，而不管其现状利用是否为最佳。该假设是根据数据资产目前的利用状态及使用方式对其价值进行评估。当然，现状使用方式可能不是最佳的。

5. 原地续用假设

原地续用是指一项资产在原来的安装地继续被使用,其使用方式和目的可能不变,也可能改变。原地续用的价值要素一般应该包括设备的购置价格、设备运输费和安装调试费等。如果涉及使用方式及目的变化,还要根据委托条件确定是否考虑变更使用方式而发生的成本费用。

6. 持续使用假设

持续使用假设是对资产拟进入的市场条件及在此市场条件下的资产使用状态的一种假定性描述或说明,首先是基于被评估资产正处于使用状态(包括正在使用和备用)的事实;其次根据有关数据推断这些资产还将继续使用下去。持续使用假设既说明了被评估资产面临的市场条件或市场环境,也说明了资产在评估时点及评估过程中的状态。

3.1.4 评估要素

数据资产评估框架的设计,借鉴了传统资产评估和无形资产评估的方法论体系,但有待结合数据的特性进行完善和优化,以更具备数据资产评估的场景适应性和目标实现性。因此,数据资产评估框架从梳理影响评估的关键因素出发,将评估要素的维度归纳为质量和价值,质量维度即质量要素,价值维度包括流通要素、成本要素和应用要素。评估要素从规划框架、评估内容、评估指标和备选参数等方面为评估方法的设计提供思路和依据。

1. 质量要素

质量要素是数据资产在特定业务环境中符合和满足数据应用程序的程度。一般而言,质量要素评估维度包括准确性、一致性、完整性、规范性、及时性、可访问性等。其中,准确性是指数据资产与真实事物及事件的接近程度;一致性是在不同数据集之间描述相同事物的相同程度;完整性是指应收集的数据资产在实际收集的数据之间的比例;规范性是指数据资产符合国家或行业数据标准的程度;及时性是指数据资产生成和应用之间的实际时间长度;可访问性是指数据使用者可以清楚地识别和使用数据资产的难易程度。

2. 流通要素

流通要素是指数据资产在市场流通过程中,其价值受到供求关系、历史交易情况等的影响。供求关系指稀缺性和市场规模,供求关系的变化影响数据的价格波动;历史交易情况是指数据集所在行业交易时点的居民消费价格指数,会影响数据资产的价值走向。

3. 成本要素

成本要素是指数据资产从产生到评估基准日所发生的总成本,主要包括规划成本、建设成本、维护成本和其他成本等。

1) 规划成本

规划成本是指数据生存周期整体规划所投入的整体成本,包含数据生存周期整体规划所投入的人员薪资及相关资源费用,如工资、部门预算支出和规划项目费用等。

2) 建设成本

建设成本是指在数据采集、数据存储、数据开发、数据应用等方面投入的成本。

(1) 数据采集成本:包括主动获取费用和被动获取费用两种方式。主动获取费用即向数据持有人购买数据的价款、注册费、手续费、服务费等,通过其他渠道获取数据时发生的市场调查、访谈、实验观察等费用,以及在数据采集阶段发生的人工工资、打印费、网络费等相关费用。被动获取费用即企业生产经营中获得的数据、相关部门开放并经确认的数据、企业合作共享的数据等所需要的费用,以及开发采集程序等相关费用。

(2) 数据存储成本:存储库的构建、优化等费用。

(3) 数据开发成本:信息资源整理、清洗、挖掘、分析、重构和预评估等费用;知识提取、转化及检验评估费用;算法、模型和数据等开发费用。

(4) 数据应用成本:开发、封装并提供数据应用和服务等产生的费用。

3) 维护成本

维护成本是指数据维护投入的成本,包括以下几个方面。

(1) 数据质量评价费用,包括识别问题和敏感数据等费用。

(2) 数据优化费用,包括数据修正、补全、标注、更新、脱敏等费用。

(3) 数据备份、数据冗余、数据迁移、应急处置等费用。

4) 其他成本

其他成本是指在软硬件、基础设施、公共管理等方面投入的成本。

(1) 软硬件成本:与数据资产相关的软硬件采购或研发及维护费用。

(2) 基础设施成本:机房、场地等建设或租赁及维护费用。

(3) 公共管理成本:水电、办公等分摊费用。

4. 应用要素

应用要素是指数据资产在使用过程中,对数据价值产生影响的要素,包括使用范围、使用场景、预期收益、预期寿命、折现率和应用风险。

1) 使用范围

数据资产的使用范围可以按照行业、领域、区域进行区分。

(1) 数据可应用的行业。

(2) 数据可应用的领域、应用场景等。

(3) 数据可应用的区域,如行政区划。

2) 使用场景

使用场景是指使用方式、开放程度、使用频率、更新周期等,同样的数据在不同使用场景下的价值会不同。

(1) 使用方式:提供数据服务的方式,如数据订阅、应用程序接口(application programming interface,API)、访问接口等。

(2) 开放程度:分析对象的行业信息特点,制定针对性的价值评估策略。

(3) 使用频率:数据在既定时段内被访问、浏览、下载的次数。

(4) 更新周期:数据更新的一定时间段单位,体现数据活性。

3）预期收益

预期收益是指数据在使用过程中产生的经济价值和社会价值,其中,经济价值又分为直接经济价值和间接经济价值。社会价值是通过数据服务于社会和组织进而创造的社会效益,数据的应用给社会、环境、公民等带来的积极作用和综合效益,对就业、增加经济财政收入、提高生活水平、改善环境等社会福利方面所做贡献的总称。社会价值可用于衡量使用范围为暂不允许获取经济收益的行业和领域的数据资产价值,如政务数据、公共数据、科研数据等。其评估维度包括且不限于以下几个方面。

（1）替代成本,即不通过数据开放等方式免费获得该数据资产,而通过其他付费渠道获取时,所需支付的费用。

（2）以应用主体获得该数据资产后,融合应用产生新的经济收益为变量构建模型,所得的结果值作为费用。其主要衡量该数据的引入对新产生的经济收益的贡献权重。

（3）社会效益评估得分、分值或百分比为变量构建的模型所得的结果值作为费用,例如,由数据共享价值、政府治理价值、数据产业价值和数据环境价值等加权得到。数据共享价值,如数据访问、浏览、下载等价值;政府治理价值,如政府治理效率、透明度等价值;数据产业价值,如产业的就业、税收、升级等价值;数据环境价值,如数据的生态、营商、健康环境等价值。

4）预期寿命

预期寿命应综合考虑自然收益期和合规收益期。

（1）自然收益期：在无任何风险和合规期限要求的假设下,待评估数据资产还能产生价值的剩余时间。

（2）合规收益期：存在合规期限要求下,待评估数据资产还能产生价值的剩余时间。

5）折现率

折现率应综合考虑无风险收益率和风险收益率。

（1）无风险收益率：把资金投资于没有任何风险的数据资产所能得到的收益率。

（2）风险收益率：由拥有或控制数据资产的组织承担风险而额外要求的风险补偿率。

6）应用风险

应用风险包括管理风险、流通风险、数据安全风险、权属风险、敏感性风险和监管风险等。

（1）管理风险：在数据应用过程中,管理运作中信息不对称、管理不善、判断失误等影响应用的水平。

（2）流通风险：数据开放共享、交换和交易等流通过程中的风险。

（3）数据安全风险：数据泄露、被篡改和损毁等风险。

（4）权属风险：数据权属的不确定性对应用和价值发挥造成的影响。

（5）敏感性风险：数据因使用不当而产生的损害国家安全、泄露商业秘密、侵犯个人隐私等风险。

（6）监管风险：法律法规、政策文件、行业监管等新发布或变更对应用产生的影响。

案例3-1 全国首个数据要素产业园区落地德阳市

2022年6月8日,"四川数据要素产业园"授牌暨德阳市数字经济招商引资项目签约仪式在德阳举行。四川数据要素产业园是全省首个以"数据要素"为核心产业的园区，该园区的建设标志着四川在全国数据要素市场化配置改革领域市场化、产业化迈出了坚实的第一步。

四川数据要素产业园作为全国首个以"数据要素"为核心产业的园区，是德阳市推动大数据发展的创新之举和务实战略，是德阳市积极完善数据市场体系、探索数据资产运营的重要布局，必将推动德阳市进入数字发展的快车道。在本次合作中，三方将紧紧围绕数据要素价值创造这一主线，在德阳市开展数据资产评估标准试点应用，共同打造数据资产评估标准试点城市，积极提升政府、企业等各主体的数据资产评估服务能力，探索建立数据资产融资、持股、债券发行等数据资产评估应用示范模型，并向全国推广。同时，拟建设数据资产评估运营服务平台，形成从数据注册、数据评估到价值评估的全生命周期服务体系，保障数据资产评估业务的正常运营。

数据资产评估是保证数据要素有序流通和价值挖掘的重要抓手。作为德阳市首批数据资产评估合作伙伴，优易数据多年深入研究，不仅是国家标准的牵头编制单位，也是国家数据资产评估服务平台的建设和技术支撑单位，在数据资产评估方法和系统领域拥有20多项专利，并与地方政府联合落地数据资产评估中心和工程技术研究中心；在服务能力、实施能力、标准制定、产品开发、技术创新、平台建设等方面实现了全方位覆盖，得到了众多政府和企业客户的高度认可。

3.2 数据资产评估流程

3.2.1 评估准备

1. 明确业务基本事项

数据资产评估机构受理资产评估业务前，应明确评估业务基本事项，综合分析和评价自身专业能力、独立性和业务风险，从而确定是否开展评估。

需要明确的基本事项包括：①委托人、产权持有人和委托人以外的其他资产评估报告使用人；②评估目的；③评估对象和评估范围；④价值类型；⑤评估基准日；⑥评估报告使用范围；⑦评估报告提交期限及方式；⑧评估服务费及支付方式；⑨委托人、其他相关当事人与数据资产评估机构及其资产评估专业人员在工作配合和协助等方面需要明确的重要事项。

受理数据资产评估业务应满足专业能力、独立性和业务风险控制要求，否则不得受理。

2. 项目背景调查及订立业务委托合同

为对质量和价值评估所需工作量进行判断，并规范数据资产评估委托合同的订立、履行等行为，数据资产评估机构受理评估业务应与委托人依法订立资产评估委托合同，约定双方权利、义务、违约责任和争议解决等内容。应收集对质量和价值评估工作量进行判断所需要的基本信息。

数据资产评估委托合同应主要包括：①数据资产评估机构和委托人的名称、住所、联系人及联系方式；②评估目的；③评估对象和评估范围；④评估基准日；⑤评估报告使用范围，包括资产评估报告使用人、用途、评估结论的使用有效期及评估报告的摘抄、引用或者披露；⑥评估报告提交期限和方式；⑦评估服务费总额或支付标准、支付时间及支付方式；⑧数据资产评估机构和委托人的其他权利和义务；⑨违约责任和争议解决；⑩合同当事人签字或者盖章的时间和地点。

订立数据资产评估委托合同时未明确的内容，资产评估委托合同当事人可订立补充合同或采取法律允许的其他形式作出后续约定。

3. 编制评估计划

数据资产评估计划涵盖内容繁多，就要求数据资产评估专业人员根据资产评估业务具体情况编制资产评估计划，合理确定计划的繁简程度。数据资产评估计划主要包括：①数据资产评估目的及相关管理部门对评估开展过程中的管理规定；②评估业务风险、评估项目的规模和复杂程度；③评估对象及其评估要素；④评估项目所涉及数据资产的结构、类别、数量及分布状况；⑤委托人及相关当事人的配合程度；⑥相关资料收集状况；⑦委托人、数据资产持有人或被评估单位过去委托资产评估的情况、诚信状况及其提供资料的可靠性、完整性和相关性；⑧评估专业人员的专业能力、经验及人员配备情况；⑨与其他中介机构的合作、配合情况等。

在评估工作推进过程中，前期资料收集不齐全、现场调查受到限制或委托人提供的资料不真实，工作推进后发现需要进一步补充资料和增加现场工作时间，从而造成未能按计划完成进度，或在业务推进过程中发现未预料到的数据资产类型或者业务形态，导致原计划的评估技术思路无法满足需要，又或委托人经济行为涉及的评估对象、评估范围、评估基准日发生变化而导致评估计划不能如期推进，应尽快与委托人、其他相关当事人进行沟通、调整计划。调整计划要兼顾评估效率和工作质量的原则，充分利用已有的工作成果，评估计划调整可以使成本降到最低水平。

3.2.2 评估执行

1. 进行评估现场勘察

进行评估现场勘察是指通过评估现场调查获取数据资产评估业务需要的资料，了解评估对象现状。其应满足的具体要求包括：①数据资产评估机构及其数据资产评估专业人员可根据需要进行实地勘察及在线评估勘察；②现场调查手段主要包括询问、访谈、核对、监盘、勘察等；③现场调查方式包括逐项调查、抽样调查，根据重要性原则进行选择。

2. 收集整理评估资料

数据资产评估专业人员依据资产评估业务具体情况收集数据资产评估资料，梳理数据资产的综合信息，为评定估算提供全面的信息支持。其应满足的具体要求包括：①收集的资料包括委托人或其他相关当事人提供的涉及评估对象和评估范围等资料,以及从政府部门、各类专业机构和市场等渠道获取的其他资料;②委托人或其他相关当事人提供涉及评估对象和评估范围的必要资料并进行确认,确认方式包括签字、盖章和法律允许的其他方式,保证资料的真实性、完整性、合法性;③依法对评估活动中使用的资料进行核查验证,方法包括观察、询问、书面审查、实地调查、查询、函证、复核等;④超出自身专业能力范畴的核查验证事项,委托或要求委托人委托其他专业机构出具意见;⑤对于无法实施核查验证的事项,在工作底稿中予以说明,并分析其对评估结论的影响程度且在评估报告中予以披露。如对评估结论产生重大影响,不得出具资产评估报告。

3. 选择评估方法

选择评估方法是指依据具体评估项目的目的、评估对象特征、选用价值类型,结合评估资料的可获得性、法律法规及评估规范的具体要求,确定适当的评估方法。

评估方法选择,实际上包含不同层面的数据资产评估方法的选择过程,即三个层面的选择。

(1) 评估技术思路层面,即分析不同评估方法所依据的评估技术的思路的适用。
(2) 选择实现评估技术的具体技术方法。
(3) 对运用各种技术评估方法所涉及的技术参数的选择。

在评估方法选择中,注意以下因素,并有以下的建议。

(1) 评估方法的选择要与评估目的、评估时的市场条件、被评对象在评估过程中所处的状态,以及由此所决定的资产评估价值类型相适应。
(2) 评估方法的选择受到评估对象的类型、理化状态等因素制约。
(3) 评估方法的选择受到各种评估方法运用所需的数据资料及主要经济技术参数能否收集的制约。
(4) 资产评估人员在选择和运用评估方法时,如果条件允许,应当考虑多种基本评估方法在具体评估项目中的适用性,如果可以采用多种评估方法,不仅确保满足各种方法使用的条件要求和程序要求,还应当对各种评估方法取得的价值结论进行比较,分析可能存在的问题并做相应的调整,确定最终评估结果。

4. 评估测算及结果分析

评估测算及结果分析是指依据选用的评估方法,汇总整理分析评估资料,对评估结果进行测算,分析评估结果的合理性。其应满足的具体要求包括:①保证测算过程正确;②测算前后逻辑保持一致。

5. 内部审核确认

内部审核确认是指按照评估机构的质量控制制度,对评估报告进行审核确认。其应满足的具体要求如下。

(1) 参与审核的人员具备相应的知识和技能。
(2) 涉及实质专业技术问题时与项目技术人员沟通一致,必要时修改评估报告。
(3) 对评估报告注重审核的内容及效果,具体审核的内容主要包括以下几点。

① 评估程序履行情况。
② 评估资料完整性、客观性、适时性,评估方法、评估技术思路合理性。
③ 评估目的、价值类型、评估假设、评估参数及评估结论在性质和逻辑上的一致性。
④ 评估计算公式及计算过程的正确性及技术参数选取的合理性。
⑤ 当采用多种方法进行评估时,需审查各种评估方法所依据的假设、前提、数据、参数可比性。
⑥ 评估结论合理性。
⑦ 评估报告合规性。

3.2.3 出具报告

1. 与被评估方交换意见

数据资产评估机构及其数据资产评估专业人员将评估报告初稿呈交委托方提出意见。对委托方提出意见的确认,应在不影响评估结论的情况下独立判断。

2. 出具评估报告

数据资产评估机构及其数据资产评估专业人员应就与委托方交换意见修改报告并重新履行内部审核程序,出具评估报告,并告知委托人或其他的评估报告使用人合理应用评估报告。数据资产评估机构及其数据资产评估专业人员应满足的具体要求包括:①数据资产评估报告反映数据资产的特点;②在编制数据资产评估报告时,不得违法披露数据资产涉及的国家安全、商业秘密、个人隐私等数据;③若未经委托人书面许可,数据资产评估报告的内容不得向第三方提供或者公开,且报告内容不得被摘抄、引用或者披露于公开媒体,法律、行政法规规定及相关当事人另有约定的除外;④告知委托人或其他的评估报告使用人,按照法律、行政法规规定和资产评估报告载明的使用目的及用途使用数据资产评估报告;⑤明确评估结论的使用有效期。通常,只有当评估基准日与经济行为实现日相距不超过1年时,才可以使用数据资产评估报告。

3.2.4 档案归集

数据资产评估机构要整理工作底稿、数据资产评估报告和其他相关资料,从而形成评估档案。数据资产评估机构及其数据资产评估专业人员应满足的具体要求包括:①按照法律、行政法规等相关规定,建立健全评估档案管理制度,严格执行保密制度,妥善、统一管理数据资产评估档案,保证评估档案安全和持续使用;②记录评估程序履行情况,形成工作底稿,工作底稿通常分为管理类工作底稿和操作类工作底稿;③在资产评估报告日后一定时期内将工作底稿、评估报告及其他相关资料归集形成评估档案,并在归档目录中注明文档介质形式;④底稿真实完整、记录清晰、重点突出,反映资产评估程序实施情况,支持评估结论;⑤不得对在法定保存期内的资产评估档案非法删改或者销毁。

3.3 数据资产评价系统

3.3.1 数据真实性评价

数据真实性评价是从数据集是否有可靠来源、是否被破坏、是否能客观反映真实事物等角度开展评估和判定的。数据的真实性是数据价值的基础和前提，只有数据真实可靠，才能对其加以利用，从而挖掘出价值。

数据是否真实可以从以下三个方面来评价。

1．可靠性

对数据集的来源是否可靠进行判定，通过对数据集的所有者信息、备案登记信息、标识符、数据提供者信息、合法性等进行确认，评价数据来源的真实程度，从而确认数据的可靠性。比如对于某网页发布的数据的可靠性，可根据数据的发布者、服务器地址信息、备案信息、安全监测信息、网站认证信息、网站处罚和举报记录等进行判断，并给出评价结果。

2．失真度

对数据集是否被破坏进行判断，如增加、删除、修改数据等。数据集被破坏到一定程度，则会导致数据与真实情况产生严重偏差，进而造成数据的失真。数据集在存储过程中会受到物理破坏，在传输过程中会受到外界干扰，在操作过程中会出现异常操作等，这些都可能对数据集造成破坏，使数据集有不同程度的缺损，进而引起失真。如果一个数据集能很好地反映真实情况，没有被增删改等，那么该数据集是齐全完备的，没有失真。

3．可信度

对数据集的内容客观性、可证实性等开展评价，能客观反映事物、规范性强、来源权威且知名、产生的时间可核实的数据往往可信度较高。如果数据在已知或可接受的范围内，那么数据的可信度高。可信度评价一般针对非数值型数据，如媒体信息、商品评价内容等。

3.3.2 数据使用性评价

数据使用性评价是对数据集是否有用、是否够用、是否可用进行评价。数据的使用性是数据资源内在价值所在，可从数据使用的角度评价数据集是否具备使用价值。

对于数据使用性的评价，可以从以下三个方面进行。

1．有用性

对数据集是否有用作出判断，包括数据自身是否具有价值、数据集适用的范围和对象、数据集的价值实现可能性等方面。数据价值因人而异，会受到应用需求和业务场景的影响，这体现了数据有用性的相对性。数据集有一定的适用性，特定的用户和领域更能体现、发挥数据集的价值与作用。对于一个数据集是否能实现其预期价值，以及价值实现的难易程度等,可以使用现有的技术、方法、资源等进行综合判定。

2. 够用性

对数据集是否够用进行判断。数据是否够用一般存在数据不够用、数据够用、数据超出够用等情况。数据是否满足应用需求、能否达到预设期望是判断数据是否够用的依据。若某个数据集不能满足应用需求、不能达到预设期望,则说明这个数据集不够用;若某个数据集能够满足应用需求、达到预设期望,则说明这个数据集够用;在数据够用的情况下,若数据集能达到超出预期的效果,则说明这个数据集超出够用。

3. 可用性

对数据集是否可用进行判断,包括数据是否被允许使用、数据能否被访问使用等方面。数据是否被允许使用涉及数据权属和隐私等方面的问题,数据能否被访问使用主要涉及技术方面的问题。可用的数据通常指能被访问、能被机器读取或可编程的数据。

3.3.3 数据质量评估

1. 数据质量的评估维度

扩展阅读 3-1
国家统计局四川调查队系统:更好发挥统计监督职能作用

数据质量评估是对数据进行科学的分析和评价的过程,以确定数据是否满足生产、业务流程、应用的质量要求,是否能够实现预期用途。数据是否好用与数据质量高低有关,这也直接影响数据价值的大小,高质量的数据才能保证数据价值的挖掘和创造。

数据质量高低的衡量标准有很多,当前可供使用的质量评估维度就有 20 多个,其中常用的主要有以下四个。

(1)准确性:数据的正确性和可鉴别的程度。例如,某一用户希望开通一个网上银行账号,被要求提供本人身份证号码加以验证,如果证件号码被验证通过,则说明存储在数据库中的数据值是正确的。准确性需要一个权威性的参考数据源,从而将数据与参考源进行比对。

(2)一致性:存储在不同地方的同一数据在概念和使用上是等价的,具有相同的值或相同的含义。数据一致性通常指关联数据之间的逻辑关系是否正确和完整。

(3)可访问性:指数据能否被读取,或者数据被读取后能否被读懂。

(4)时效性:也称及时性,是一个与时间相关的维度。数据从产生到获取再到利用,都可能有一个显著的时间差。

数据质量评估除了以上四个常用的维度,还包括相关性、适应性、可审计性、可读性、唯一性和授权等。

2. 数据质量的影响因素

数据资产质量管理是对支持业务需求的数据进行全面质量管理,通过数据质量相关管理办法、组织、流程、评价考核规则的制定,及时发现并解决数据质量问题,提升数据的完整性、及时性、准确性及一致性,提升业务价值。

影响数据资产质量的因素主要包括以下四个方面。

（1）信息：由此引起的数据质量问题主要有元数据描述及理解错误、数据度量的各种性质得不到保证以及变化频度不恰当等。

（2）技术：主要是指由于具体数据处理技术环节的异常造成的数据质量问题。数据质量问题的产生环节主要包括数据创建、数据获取、数据传输、数据装载、数据使用、数据维护等。

（3）流程：是指由于系统作业流程和人工操作流程设置不当造成的数据质量问题，主要来源于系统数据的创建流程、传递流程、装载流程、使用流程、维护流程和稽核流程等各环节。

（4）管理：是指由于人员素质及管理机制等造成的数据质量问题。如人员培训、人员管理、培训或者奖惩措施不当导致的管理缺失。

3.3.4 数据价值确认

1. 数据价值的体现

数据资产化的研究和实践受到广泛关注，其中一个重要原因是数据中蕴含着价值。从数据的使用角度来看，数据资产价值主要体现在数据是否有用、数据是否够用、数据是否可用、数据是否好用等方面。

扩展阅读 3-2
培育大数据交易市场 我国加快建设数据要素价值体系

1）数据是否有用

数据是否有用具有以下三层含义。

（1）数据自身是否具有价值。数据自身是否具有价值是指数据是否描述了现实世界的事物，这直接决定了数据是否有用，如果数据集自身没有价值，那么它肯定是无用的。

（2）数据是否满足用户需求。在数据自身具有价值的前提下，"是否有用"就要看数据是否满足用户的需求、能否给用户带来价值。一个数据集自身有价值，但可能不满足某种应用需求，那么对于有这个需求的用户而言，这个数据就是无用的。

（3）数据价值实现的可能性。若数据自身有价值，同时满足用户需求、能给用户带来价值，那么数据"是否有用"就看其价值是否有实现的可能。如果一个数据的价值实现受到各种条件制约，实现难度很大，投入大于收益，或者根本就无法实现，那么这个数据也被认为是无用的。

2）数据是否够用

若有用的数据不够用，则会影响数据价值实现。关于数据是否够用，可以分为以下三种情况。

（1）数据不够用。若某个数据集不能满足某一应用需求、不能实现预设期望，就可以说这个数据集是不够用的，需要使用更多有用的数据集。

（2）数据够用。数据可以满足应用需求、达到预设期望。

（3）数据超出够用。数据超出了决策问题所需的数据量，这会带来浪费。

3）数据是否可用

数据是否可用主要指数据能否被使用，有以下两层含义。

(1) 数据是否被允许使用。其主要涉及数据权属和隐私、伦理方面的问题,没有权属的数据不允许被使用,侵犯隐私、有悖伦理的数据也不允许被使用。

(2) 数据能否被访问使用。其主要涉及技术方面的问题,包括数据是否可以被访问、能否被机器读取、是否可编程等。在网络空间中,不可访问、不可机读或不可编程的数据皆不可使用。

4) 数据是否好用

可用的数据是否好用决定了数据价值的高低。数据是否好用的问题与数据质量有关,主要表现在以下两个方面。

(1) 数据使用过程。在使用数据时,若能十分方便地对数据进行访问、读取、编程,或能很好地使用现有技术分析挖掘数据,那么可以认为数据是好用的。

(2) 数据使用效果。通过使用数据,可以很好地满足某个应用需求、达到预设期望,那么也可以认为数据是好用的。

2. 数据价值的影响因素

数据价值确认指对数据的价值进行可靠测算,并给出相应值。数据价值确认是数据交易和流通的需要,更是数据资产化的要求。数据价值确认可以采用数据资产价值评估等方式。

影响数据价值的因素有很多,主要包括以下三个。

(1) 完整性:指数据描述反映事物全貌的程度。积累的数据越多、越完备,数据完整性越高,其潜在价值就越高。完整性高的数据集更能反映事物的概况及其发展规律,有助于提高人们认识事物的水平和能力,从而进一步发掘和创造更多的价值。

(2) 稀缺性:指其他机构或组织拥有相同或相近数据资源的可能性。数据的稀缺性越高,其商业价值潜力越大,可能带来的利益越多。有些数据资源生产和存储的成本非常高,使得该数据资源比较稀缺;有些数据资源本身具有独特性,使得该数据资源比较稀缺。

(3) 需求性:指数据的潜在市场需求。数据的市场需求越高、用户支付意愿越强,其商业价值潜力越大。市场需求可以引导数据生产者对数据资源进行生产和开发,对数据资源的流动分配起到一定作用。

3.4 数据资产评估方法

3.4.1 数据质量评估方法

良好的数据质量是实现数据价值的决定性因素之一。质量高的数据才能保证数据价值的挖掘和创造,质量低的数据可能会带来巨大的经济损失。数据质量的不稳定将大大降低数据的可信度,从而降低数据的应用价值。影响数据质量的因素有很多,既有技术方面的因素,也有管理方面的因素。为了更好地掌握数据的质量情况,需要开展数据质量评估。

数据质量评估主要采用定性评估、定量评估和综合评估等方法。定性评估方法主要依靠评判者的主观判断;定量评估方法提供了一个系统、客观的数量分析方法,使得结果更加直观和具体；综合评估方法则是结合两者的评估方法，能够将两者的优势充分发挥。

1. 定性评估方法

定性评估方法通常依据一定的评价准则与要求，结合评价目的和用户对象的需求，从定性的角度对数据资源进行描述和开展评价。制定和建立相关评估标准与指标体系，由评价者，如专家、用户、第三方等对评估对象开展质量评定，并给出各种指标的评价结果。通常，定性评估标准和指标体系需由某领域的资深专家组或专业组织来制定和建立。定性评估方法包括用户反馈法、专家评议法、第三方评测法等。

1）用户反馈法

用户反馈法是由用户根据自身对数据质量的需求，参照评估标准或指标体系对数据资源开展质量评价。此方法中的用户是评价者，通常用户会获得相应的指标体系和评价指南，在评价机构的协助下开展数据质量评价工作。

2）专家评议法

专家评议法是由某领域的专家组成评委会对数据的质量是否符合标准或满足需求给予评价。此方法中的专家是评价者，通常评价指标体系和方法都由专家进行设计，专家对数据进行质量评价，并给出评价结果。

3）第三方评测法

第三方评测法由独立于数据买卖双方及数据管理方之外的机构或组织，依据建立的数据质量评价指标体系，按照一定的评价程序和步骤，开展数据质量评价，并给出评价结果。

2. 定量评估方法

定量评估方法从客观量化的角度，使用数量分析方法对数据资源进行优选并开展评价。定量评估方法使用的数据分析方法更体系化、更具客观性，给出的结果更加直观和具体。通过计算评价指标对网络空间中的数据资源质量开展定量评价。

开展数据质量评估时，定量评估方法一般针对需要评测的质量维度，确定评估要素，进而给出定量化的评价指标，建立评价体系。根据定量评价指标，通过定量分析和测试，给出统计结果，得到数据质量定量评估结果。

3. 综合评估方法

综合评估方法有机地结合了定性评估方法和定量评估方法，以充分发挥两者的优势，对数据资源的质量进行评价。综合评估方法包括层次分析法、模糊综合评价法、云模型评估法和缺陷扣分法等常用方法。

1）层次分析法

层次分析法是托马斯·L.萨蒂（Thomas L. Saaty）在20世纪70年代初开发的一种结合定性和定量的决策方法。该方法在经济计划和管理、行为科学、军事指挥、医疗、教育、运输等领域都有广泛应用，在处理复杂决策问题上非常实用和有效。层次分析法的核心是对被评价的数据资源进行优劣排序、评价和选择，从而为评价主体提供定量化的评价依据。

2）模糊综合评价法

模糊综合评价法以模糊数学为基础，应用模糊关系合成的原理，将一些边界不清、难以量化的因素定量化,通过建立隶属函数对事物作出一个总体的评价。该方法在军事、信息安全、环境监测、天气预报等领域都有所应用。模糊综合评价法的核心是在确定评价因子及其权值的基础上,运用模糊集合变换原理,使用隶属度描述各因子的模糊界限。构建评价模型是应用模糊综合评价法的关键,评价模型包括因素集、评价集、隶属矩阵和权重的合成,之后进行复合运算就可以得到综合评价结果。

3) 云模型评估法

云模型评估法将概率论和模糊集合理论结合起来,通过特定的构造算法,构造定性概念与其定量表示之间的转换模型,并揭示随机性和模糊性的内在关联性。云模型评估法比较适用于模糊性和随机性共存的质量问题。首先建立评价标准、权重集和评价集,然后生成二级指标的综合云评估,最后进行指标集的综合评估,得出结论。

4) 缺陷扣分法

缺陷扣分法指计算并使用单位产品(数据或信息)的得分值来评估产品质量的方法。该方法操作简单方便,但仅适用于部分专业领域,如对空间数据等结构化数据的质量评价,在需要对数据质量进行全面综合评价时并不完全适用。根据数据缺陷的严重程度,缺陷被划分为以下三种:极重要质量元素不符合规定的严重缺陷、重要质量元素不符合规定的重缺陷,以及一般质量元素不符合规定的轻缺陷。使用缺陷扣分法进行质量评价时,首先需要根据缺陷扣分标准,得到单位产品的所有一级质量特征得分;其次计算单位产品的得分;最后划分单位产品的质量等级,得出结论。

3.4.2 数据价值评估方法

数据资产价值评估是对数据价值的测算和体现,是数据价值确认的重要方式。在评估实践中,结合具体行业和场景的评估需求,采用适当的量化方法来处理评估对象的评估要素,从而获得合理的评估值。

选择评估方法时应考虑的要素主要包括:评估目的和价值类型,评估对象,评估方法的适用条件,评估方法应用所依据数据的质量和数量,其他因素。评估方法主要包括市场法、成本法、收益法和组合法。

1. 市场法

市场法是指在市场上寻找多个与评估对象相同或类似的参考数据资产作为比较对象,通过分析比较对象的成交价格和交易条件,对价值影响因素和交易条件存在的差异作出合理的修正,从而确定被评估资产价值的评估方法。市场法是根据替代原理,采用比较或类比的思路及方法估测资产价值的评估技术方法。采用市场法应有活跃的公开市场,并且市场上有可比的资产及其交易活动。可比主要体现在功能、市场条件和成交时间三个方面,其中,功能上的可比主要体现在用途、性能的相同和近似上,市场条件的可比主要体现在市场供求关系、竞争状况和交易条件的相似上,成交时间的可比主要体现在与评估基准日相近,或时间对资产价值的影响可调整上。因此,在采用市场法评估数据资产时,首先需要收集市场上与评估对象相似或相近的可参照数据资产,接着选择会对评估对象的价值产生较大影响的因素作为评估对象与可参照数据资产间的比较因素,再对两者的比较因素逐一对比并进行适当调整,最后综合分析数据资产的评估结果以确定评估对象的价值。

$$数据资产评估价值 = 可参照数据资产价值 \times \sum 修正系数 \tag{3-1}$$

$$修正系数 = \frac{被评估数据资产的比较因素值}{可参照数据资产的比较因素值} \tag{3-2}$$

市场法在个人数据价值评估的相关领域已有一些较好的应用实践。使用市场法评估数据资产价值,不仅简单有效,而且能客观真实地反映市场情况,具有较高的接受度,但需满足一定的前提条件。

2. 成本法

成本法是指以成本费用来衡量、形成数据资产的劳动过程中所发生的消耗,评估其所体现价值的方法。使用成本法评估资产时,被评估资产应是可再生或可复制的,随时间推移、价值贬损,要充分准确地认识被评估资产的特征、结构、功能等方面,并且被评估资产必须与假设的重置全新资产有一定的可比性。

数据资产具有可复制性,且复制成本远低于生产成本。由于数据载体会老化而不会损耗,数据资产价值会出现贬值或增值的情况。当前,评估数据资产的价值时需要准确了解数据资产的特征、结构、功能等,而数据资产基本由多种类型的数据组成,这给数据资产价值评估带来了困难。基于此,成本法的适用范围较小,通常在某组织内部或评估协议特别约定等情况下使用。

$$数据资产评估价值 = 数据资产重置成本 - 数据资产贬值 \tag{3-3}$$

数据资产重置成本是指在现行市场条件下,重新生产或购进与被评估数据资产相近或相似的数据资产所需的成本。数据资产贬值是指在此重置成本的基础上,社会进步、经济环境变化、时效性和稀缺性降低等带来的数据资产的价值贬损。

采用成本法进行数据资产价值评估,方法简单易懂,更多的是从数据资产出售方的角度出发,需要对数据资产的特征、结构、功能等各方面有充分的认识和掌握,但是全面估算其价值贬损存在一定难度。

3. 收益法

收益法是指预计评估对象的预期寿命、选取合理的折现率、将其预期收益折现以确定现值的方法。使用收益法进行资产评估时,评估对象的未来收益、预计收益所对应的风险以及预期寿命可以预测或计量。收益法的假设是数据在未来具备盈利能力,具有内在的固有价值。收益法较适合以投资为目的的资产评估和进行整体资产评估,更注重资产的未来收益能力。

$$数据资产评估价值 = \sum_{t=1}^{n} \frac{数据资产各预测期的未来收益}{(1+折现率)^t} \tag{3-4}$$

其中,t 表示预测期数。

随着时间的推移,数据资产有一定的升值空间而不是折旧,从而使得数据资产的投资潜力巨大。然而,由于数据资产的类型众多,对数据资产的价值进行评估面临很大挑战。因此,利用收益法进行数据资产的价值评估虽然是可行的,但是在实际应用中仍然存在一些操作上的困难。

此外，采用收益法进行价值评估更多的是从数据资产购买方的角度出发，需要对数据资产的未来收益、带来的风险及预期获利年限进行预测和计量，对其未来收益以及带来的风险进行估算存在一定的主观性和困难。

4. 组合法

数据资产的一些特性使采用上述三种评估方法对数据资产进行价值评估时存在一定的局限性和不适用性，某一评估方法只能实现部分特定条件下具有某些特征的数据资产价值评估。三种数据价值评估方法比较分析如表 3-1 所示。

表 3-1 三种数据价值评估方法比较分析

评估方法	优 点	缺 点	实施难点	适 应 场 景
成本法	容易掌握和操作	对价值的估算往往偏低	很难算准数据的全生命周期成本	不以交易为目的
收益法	能真实反映业务价值	偏主观	预期收益预测难度大	适用于数据消费方
市场法	能反映资产目前市场状况，易被买卖双方接受	对市场环境要求高、评估难度大	前提条件不具备，无法有效采用该方法	适用于活跃的数据市场，以交易为目的

市场法、成本法和收益法这三种评估方法之间具有一定的互补性。例如，采用收益法进行数据资产价值评估时，对其未来收益以及带来的风险进行估算是困难的且缺乏依据，如果能与市场法相结合，选择可参考的数据资产，就可以获取可参考数据资产的相关内容并将其运用于被评估数据资产，从而确定被评估资产的收益价值。因此，当满足采用不同评估方法的条件时，数据资产评估专业人员应当选择两种或两种以上的评估方法，通过综合分析形成合理的评估结论。

3.5 数据资产评估保障

3.5.1 数据资产评估的保障措施

扩展阅读 3-3
北京推动数字经济全产业链开放发展

围绕数据共享或交易等流通活动，需要建立相应的流通机制，完善相关的保障体系，如服务保障、管理保障、技术保障等。

数据资产实现流通和增值的前提是数据资产得到多方面的严格审计，包括数据验真、数据保障、数据调查和风险评估，同时，数据资产权利人的各项权利应得到保障。其中，数据资产流通与增值管控系统可以满足用户对数据安全接入、加密存储、数据挖掘的合约管控、数据产品交付等过程中的数据资产防护需求，保障数据资产权属、资产合法使用等价值，以及文件全生命周期追溯。同时，数据资产流通与增值管控系统提供数据应用过程跟踪、数据泄露分析与回溯，对于部门间数据发放与安全工作检查具有重要作用。

数据资产评估平台作为在线平台，数据资产安全性保障是一个重要的领域。区块链平台通过数据防护、内容安全等国际先进的核心安全技术，除了给平台自身增防加固，还对外提供水印、脱敏、区块链交易、数据防护与回收等安全能力,贯穿数据接入、汇集、存储、分析、导出、外发、回收等数据的全生命周期。数据资产评估平台建设从数据标记水印系统、敏感数据脱敏系统、区块链交易系统、平台数据防护系统与数据回收系统五大系统层面保障数据资产评估平台的安全防护。其中,数据标记水印系统实现在各种应用场景下的数据验证、数据权属等认定功能。敏感数据脱敏系统实现敏感数据自动分析,具有敏感数据定义知识库、内置敏感数据检测与脱敏引擎、敏感信息分布管理与加密保护等功能。区块链交易系统实现业务安全、数据资产化、交易公证、数据流通管控策略等功能。平台数据防护系统和数据回收系统实现平台数据安全防护和数据安全回收。

3.5.2 数据资产评估的技术保障

技术保障应融合资产评估领域和信息技术领域的一系列关键技术和算法模型,构成跨界创新、扩展性强的完整技术体系。技术保障具体要求包括:①集成并提供多类数据资产评估算法,涵盖常见和基础的数据资产评估模型,对影响数据资产价值的主要因素进行量化处理,最终得到合理的评估值,如基于重置成本的动态博弈法、基于回归算法的市场价值法、基于数据知识图谱的智能关联分析法等;②使用区块链技术和智能合约技术,保证数据在收发、处理和评估的过程中,不受数据泄露、数据遗失、数据篡改等风险威胁,实现数据资产评估全流程可信、可监控、可追溯;③结合知识图谱和人工智能技术,解决数据资产质量评估、市场价值回归分析、数据集聚类及分类、数据集相关性评估等业务问题。

当前,资产评估行业内存在信息、数据来源途径多样,缺乏统一标准的问题,随着信息化技术飞速发展,资产评估与信息化技术的联系越来越紧密,而数据资产评估更是建立在信息化技术的发展基础之上的,数据资产评估强而有力的技术工具就是统一、专业的信息标准体系,构建专业数据库和信息系统,以此突破时间、地域限制,规范数据资产评估的信息获取、方法选择、参数修正等标准,并整合行业内的数据资产评估信息资源,为数据资产评估具体工作提供方便、可靠的参考依据。

数据库建设就是为数据资产评估提供科学的信息判断,在其他资产评估中已经形成了如机电产品价格信息数据库、法律法规数据库等基础数据库,而数据资产本身具有数据化信息属性,在进行数据资产评估时数据库建设具有一定的优势。数据资产评估信息化系统就是利用数据库、信息处理、区块链等高新信息技术,结合数据资产评估方法,能够有效收集、处理及分析数据资产评估的数据,并通过信息系统实现管理部门的有效监管职能。

随着新一代信息技术的创新和应用普及,社会信息化程度不断加深,各种统计数据、交互数据、传感数据等迅速被生成。近年来,互联网上的数据量快速增长,成为数据资产评估发展的现实条件和基础。所以,对于数据资产评估来说,传统的资产评估技术和工具已无法满足需要,必须进行数据资产评估技术方法的革新,借助更高水平的信息化处理工具,才能使数据资产评估效率和水平得到提升。

1. 数据资产评估核心技术

1) 算法模型

数据资产评估体系集成并提供多类数据资产评估算法,涵盖常见和基础的数据资产评估模型与算法,服务于数据资产评估应用,如基于重置成本的动态博弈法、基于回归算法的市场价值法、基于数据知识图谱的智能关联分析法等。通过适宜的数据资产评估模型对影响数据资产价值的主要因素进行量化处理,最终得到合理的评估值。

2) 区块链

利用区块链技术对数据的来源、类别进行监测和分析,采用水印标记技术确定数据资产权属关系。建立数据资产安全防护系统,保证数据在收发、处理和评估的过程中,不受数据泄露、数据遗失、数据篡改等风险威胁,保证数据在可信、可监控的范围内进行评估,保证数据在安全的链上进行评估。通过引入数据标记与追踪、区块链与智能合约、加密与防复制以及环境监测技术等,确保数据资产评估报告的唯一性。

3) 知识图谱

知识图谱本质上是语义网络,是一种基于图的数据结构,由节点和边组成。在知识图谱中,每个节点表示现实世界中存在的"实体",每条边为实体与实体之间的"关系"。知识图谱是关系最有效的表示,是把所有不同种类的信息连接在一起而得到的一个关系网络。知识图谱系统的主要目的就是帮助用户从繁杂的文本、数字等信息中获取相关知识,自动化、智能化地构造由与业务相关的各类概念、实体组成的知识网络。作为一个相对新的领域,知识图谱通过业务数据的关联及全局校验等管理能力,在提高数据质量和数据服务效率方面价值巨大。同时,知识图谱能够以更合乎人的交流习惯的语义查询方式实现数据智能化服务。知识图谱系统功能包括实体抽取、关系抽取、知识图谱存储、知识表达与推理等。

4) 自然语言处理

自然语言处理(natural language processing,NLP)引擎对数据资产中的文本数据进行词嵌入处理,获取文本的向量特征,用于后续基于文本向量的计算和建模。自然语言处理引擎融合无监督分词、文章特征提取、权重计算、文本相似度计算、词语共现、观点提取、模式提取、语义消歧等技术,对文本深层语义进行处理和理解,从更精细的粒度来解析文本含义,从而提高数据资产的价值。

5) 机器学习

机器学习用于解决数据资产市场价值回归分析、数据集聚类及分类、数据集相关性评估等业务问题。对于各类业务数据中的数据特性,如维度、数量、分布等,选择适当的机器学习模型,能够更好地满足数据资产评估过程中涉及的查询、推荐、评估的辅助决策需求。

6) 其他人工智能应用

(1) 对非结构化数据的采集和关键信息的提取。非结构化数据由于没有固定的数据范式,可从几个已知的属性来构建对标的物的描述,从而形成对标的物结构化的描述。随着自然语言处理、深度学习等人工智能技术的发展与成熟,目前有更多的工具和方法被用来处理非结构化数据。

文本数据:如果某个特征可以获取的所有值是有限的,如性别只有男、女两种,就可以非常容易地转化为数值类数据。其他文本类数据可借助自然语言处理相关技术获取。

图片数据:目前的深度学习技术相对成熟,包括图片的分类、图片的特征提取等,精度已达到产品可用的成熟度。

音频数据:可通过语音识别转换为文字,最终归结为文本数据的处理。

视频数据:可通过抽帧转换为图片数据来处理。

(2) 维护元数据,帮助实现元数据的整合。管理好元数据的质量在元数据的迁移和整合过程中都非常重要。人工智能在元数据质量维护的过程中扮演着"技术者"的角色,而不是一个"管理者"的角色,它通过设定元数据质量规则,从而提取可靠的质疑阈值,并且能够消除在元数据存储或数据字典中重复、不一致的元数据。

元数据的整合是在组织内部或在组织外部,采集相关的技术元数据和业务元数据,并将其存储进元数据存储库的过程。此过程如果通过自动化方式实现,能够降低人力成本。人工智能能够解决质量控制和语义筛选等方面的问题,对于自动化过程起着关键作用。

(3) 定义数据质量评估规则,提取数据质量评估维度。数据质量改善贯穿于整个数据生命周期的工作过程,从数据源头剔除有问题数据难度较大,因为数据源众多且数据质量难以控制,如果直接从数据源头实现达标会导致成本大大提高。因此,对各个业务线上数据流的数据质量应依据业务期望值,有针对性地进行改善。机器学习可以提取有效的数据质量评估指标,最大限度地实现该指标下的数据质量的提升。同时,监督学习、深度学习也将实现对数据清洗和数据质量的效果评估,进而改善转换规则和数据质量评估维度,并随着数据量和业务期望值的逐渐变化,使数据质量提升方案动态更新。

2. 数据资产评估相关技术

1) 基于数量目录和血缘追溯的数据资产管理技术

在数据资产交易的过程中,数据资产会被重复使用,分析结果也会被再利用。当某个数据资产发生变化时,如失效、禁用、权限变更、隐私泄露等,将会涉及一系列的查找和追溯问题,通过交易日志追溯将是一个复杂和漫长的过程,且识别困难、容易发生遗漏。通过研发数据资产目录构建、数据资产交易指纹、数据资产血缘图谱模型、数据资产交易血统溯源、基于血缘追溯的权限管控等关键技术,可提供一种快速便捷、无遗漏的数据管理与追踪方式,实现对数据资产交易的管理。

(1) 数据资产目录构建。针对数据资产行业、业务属性等不同特征进行分级分类,构造可灵活定义的数据目录树,数据资产将依据其属性被挂接到不同节点中,并将各数据源与数据资产目录树中的各节点进行关联,使更新的数据资产自动匹配到目录节点中,实现数据资产目录的自动化扩展,根据数据资产安全等级设置开放级别,面向不同权限的用户进行开放、使用及交易等。

(2) 数据资产交易指纹。针对每一次数据资产交易,记录交易所涉及的数据资源、交易时间、关键数据集、分析结果集等数据交易资源,通过 Hash(哈希)算法产生数据资产交易指纹,将数据资产交易指纹和数据交易资源进行分离存储,通过数据资产交易指纹可以唯一追查到确定的数据交易。存储方式包括集中存储和分布式存储。

(3) 数据资产血缘图谱模型。对数据资产目录中的数据集和数据项、数据交易产生的数据集和数据项等元数据,根据时间序列和关联关系,建立数据资产血缘图谱模型,形成父-子关系的树状血缘图谱。图谱中任一节点均可追溯其亲代和子代,从而识别任一数据资产的产生和被利用的数据链,当数据资产发生变化时,能够实时识别其影响的深度和广度,从而加强对数据资产使用的管理。

(4) 数据资产交易血统溯源。通过建立数据资产血缘图谱,将数据资产交易指纹关联到图谱中,形成多层次的网状结构,任一数据资产均可检索到其本身和子代所关联的数据交易,任一数据交易均可检索到利用其结果集的所有数据交易,使所有交易不再是孤立的存在,从而实现全面的数据资产管理。

(5) 基于血缘追溯的权限管控。通过数据资产血缘图谱,在任一数据资产节点建立细粒度的权限控制,从而使其子代继承其权限和属性,在数据权限实时管控引擎中对数据交易资源访问进行精细的权限控制,避免数据源头追溯不当而引起的安全问题。

2) 可配置的数据质量修复融合技术

针对单一指标的质量修复方法难以解决数据交易及交易过程中数据来源多样化和应用需求多元化的问题,通过研究可配置的数据质量修复融合方法,在数据质量评估结果的基础上,统一定义数据质量修复策略。针对不同的质量问题,可自适应、动态组合多种质量修复方法,对数据质量进行综合修复。该关键技术主要包括以下三个方面。

(1) 数据质量修复策略定义语言。针对数据资产评估过程中出现的各种质量问题,在分析不同质量修复算法特点的基础上,研究基于可扩展标记语言(extensible markup language, XML)的数据质量修复策略定义语言,形成可灵活定义和配置不同数据质量修复算法相互协同的文件。

(2) 数据质量修复融合架构。研究可动态组合不同种类数据质量修复算法的灵活架构,主要包括:通过对各种算法的抽象和封装,实现修复算法的模块化;建立数据质量修复的管道过滤器体系结构,将各种算法及算法之间的接口转换作为相对独立、可复用的对象,实现算法模块的动态组合。

(3) 数据质量修复的多算法融合方法。通过基于启发式和规则的方法,根据不同质量修复算法的特点、基于 XML 的数据修复策略配置文件,自动或半自动地选择不同种类的质量修复算法,实现可自适应的多算法融合,综合修复数据评估报告提出的质量问题。

3) 数据脱敏技术

数据脱敏是对各类数据所包含的自然人身份标识、用户基本资料等敏感信息进行模糊化、加扰、加密或转换后形成的无法识别和推算演绎,难以识别出原始用户身份标识等的新数据,这样就可以在数据资产评估环境中安全地使用脱敏后的真实数据集。借助数据脱敏技术,屏蔽敏感信息,并使屏蔽的信息保留其原始数据格式和属性,以确保应用程序在使用脱敏数据的过程中是安全的。

数据脱敏方式有可恢复与不可恢复两类。可恢复类指通过一定的方式将脱敏后的数据恢复为原来的敏感数据,此类脱敏规则主要指各类加解密算法规则。不可恢复类指使用任何方式都不能恢复脱敏后的数据被脱敏的部分,可分为替换算法和生成算法。

脱敏方案包括静态数据脱敏(static data masking, SDM)和动态数据脱敏(dynamic data masking, DDM),二者区别在于是否在使用敏感数据时进行脱敏。静态数据脱敏是指对原始数据进行一次脱敏后,结果数据可以多次使用,适合使用场景比较单一的场合。动态数据脱敏是指在敏感数据显示时,针对不同用户需求,对显示数据进行屏蔽处理的数据脱敏方式,要求系统有安全措施确保用户不能够绕过数据脱敏层次直接接触敏感数据。

(1) SDM。SDM 是保护静态数据中特定数据元素的主要方法,这些"元素"通常包括敏感的数据库列或字段。静态数据脱敏通常用于非生产环境和对数据及时性无要求的应用场景,如软件开发、测试过程中,需要将数据从一个生产数据库复制到一个非生产数据库。若涉及一些商业性敏感数据或客户安全数据,为保证敏感数据不泄露,需要对真实数据进行改造并提供测试使用,且不违反系统规则。

静态数据脱敏通常是在数据从物理文件加载到测试数据库表时进行的,在敏感数据从生产环境脱敏完毕之后,再在非生产环境中使用,如图 3-1 所示。

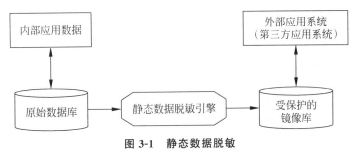

图 3-1 静态数据脱敏

静态数据脱敏是一种传统的数据脱敏模式。系统需要一次性地从原数据库中导出数据,对这些数据进行脱敏操作,得到脱敏后的数据,脱敏后的数据可以从数据库导出,也可以存放于镜像库中,用于测试开发或者对外发布。

静态数据脱敏技术通常维护两份数据,一份为原始数据,另一份为脱敏后的数据。原始数据用于内部系统的访问,脱敏后的数据可提供给外部应用系统访问。静态数据脱敏的特点是一次性导出计算。在进行脱敏的时候就能够访问所有待脱敏的数据,根据这些数据的特点制定最优的脱敏策略,可以达到最小信息损失和最优的脱敏效果。

(2) DDM。DDM 是指对数据进行动态的、实时的脱敏。动态数据脱敏通常用于生产环境,它在用户查询到敏感数据时,在不对原始数据做任何改变的前提下,实时地对敏感数据进行脱敏,并将脱敏后的数据返回给用户。相对而言,动态数据脱敏是更加常见的一种脱敏方式。

动态数据脱敏是在用户或应用程序实时访问数据的过程中,依据用户角色、职责和其他 IT 定义规则,对敏感数据进行屏蔽、加密、隐藏、审计和封锁,确保业务用户、合作伙伴等各角色用户安全访问和使用数据,避免潜在的隐私数据泄露导致的安全风险,如图 3-2 所示。

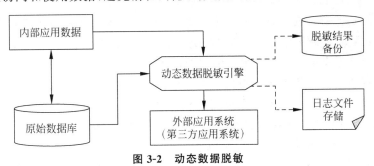

图 3-2 动态数据脱敏

在动态数据脱敏模式下,系统会根据数据访问需求以及访问者的身份对数据进行实时脱敏操作,而不会把脱敏后的数据存储起来。此外,动态数据脱敏模式还会依据不同的数据类型设置不同的脱敏规则和脱敏策略,并根据不同访问者身份设置不同的脱敏粒度,控制敏感数据的访问权限。

用于动态数据脱敏的数据,既可以来自内部应用系统,也可以来自原数据库。动态数据脱敏引擎根据外部应用系统的访问需求实时地获取数据并进行脱敏操作,将脱敏后的数据提供给外部应用系统使用。动态数据脱敏通常有两种部署模式,即代理模式和主动服务模式。在代理模式下,外部应用系统以原来的方式访问企业内部数据,数据脱敏引擎自动地进行脱敏操作,此操作对用户透明,适合部署于现有的IT系统上。相对于代理模式,主动服务模式的开发难度较低。在主动服务模式下,数据服务由动态数据脱敏引擎提供,用户则要匹配对应的接口以获得数据。

3. 数据资产评估核心算法

1)基于规则元数据的数据质量评价模型

由于数据质量是一个相对的概念,在不同的时期、不同的领域,数据质量有着不同的定义和评价标准。针对数据质量种类繁多、形式繁杂等问题,以数据质量约束规则库为基础,研究建立起一套完整、全方位、以规则元数据为基础的数据质量评价模型。

基于规则元数据的数据质量评价模型构建包括五个支撑元模型,分别是数据字典元模型、约束规则元模型、函数扩展元模型、评价元模型和评价结果元模型。

(1)数据字典元模型。数据字典元模型存储描述实体的元模型数据,包括描述数据库信息的数据源、描述数据表所属专业的信息、描述数据源中表信息的数据项及描述表中字段信息的数据项。

(2)约束规则元模型。所有的数据质量约束规则以及规则与实体数据之间的关系都存储在约束规则元模型中。在数据质量评估过程中,通过函数扩展元模型从规则元模型中提取相应的数据质量约束规则,然后计算出数据质量的各个指标信息。约束规则元模型中引用的数据质量对象信息来自数据字典元模型。

(3)函数扩展元模型。函数扩展元模型主要包括两部分:质量指标的扩展元模型和约束规则的扩展元模型。通过对这些函数扩展元模型的定义,为将来系统的可扩展性提供必要的元数据支持。

(4)评价元模型。评价元模型存储了用于数据质量评价的各个函数的信息,包括数据质量指标、数据质量约束规则和函数之间的映射关系,以及评价的各个过程的信息。评价元模型是评价过程的基础。在数据质量的每个评价过程中,调用相应的处理函数进行相应操作,分析相应的数据质量约束规则并实现对应数据质量指标的评价。

(5)评价结果元模型。评价结果元模型中存储了数据质量评价指标信息和数据质量评价结果信息。评价结果元模型为用户提供了一个良好的系统展示结果,在每次评价过程中,评价结果元模型都会记录相应数据质量指标信息和评价结果的日志信息,包括评价过程中产生的过程信息、违反约束规则的数据信息、运行错误的数据信息等。

2)基于系列元模型的数据质量评价算法

依据上面定义的评价指标算法,以五个元模型为基础,数据质量评价算法的流程描述如下。

第一步:以完整性为例,先定义完整性约束规则以及约束规则与元模型之间的映射关系。

第二步:利用第一步的结果,找到所有与完整性相关的表间的关系,并找到过滤条件信息。

第三步:通过第二步得到的表间的关系,遍历整个实体数据库,得到不符合条件的问题数据。

第四步：在评价元数据库中获得函数信息、约束规则信息和它们之间的关系与评价的流程，结合第三步中获得的问题数据，通过公式计算出评价指标的结果，并将其记录到评价结果数据库中。

第五步：查看评价结果，包括评价过程、约束规则的日志信息、约束规则的错误信息和完整性评价信息。最后，利用图形化界面将结果展示出来。

4．数据资产评估相关算法

数据脱敏算法的选择与具体的业务逻辑相关，围绕姓名、证件号、银行账户、金额、日期、住址、电话号码、E-mail（电子邮件）地址、车牌号、企业名称、工商注册号、纳税人识别号等敏感数据，学术界和业界目前已经研究形成了一系列成熟算法，比较有代表性的脱敏算法如下。

1）替代算法

替代算法是将原始数据中的敏感信息用伪装数据替换掉的一种方法。为确保敏感数据的安全性，使用的伪装数据必须是不可逆的，也就是无法反向还原的。替代是数据脱敏方法中最普遍的方法，它的主要措施有：一个常量替换（敏感数据被一个唯一的常数值替代），查表替换（根据特定的运算法则或从替代词典中随意选择），参数化替代（以敏感数据为输入，通过一定的函数映射转换获得脱敏后的数据）。在实际应用中，选取替代算法，既要兼顾业务需求，又要考虑算法效率。替代算法虽能保证较高的安全性，但替代后的数据常常会丧失业务价值和缺少分析使用意义。

2）混洗

混洗是一种对敏感数据进行跨行随机交换从而破坏数据之间关联关系的脱敏方法。混洗可以在很大程度上确保业务数据信息的有效范围、统计特征等，在经过脱敏处理后仍与原始数据保持一致，但也会降低一定的安全性。一般情况下，混洗适用于需要保持数据特征的大数据集合的情况。对于小数据集，采用混洗方法得到的数据能够被其他信息还原，因此并不适合。混洗的效率主要取决于混洗算法，但是高效的混洗算法往往不能取得令人满意的混洗效果。为了对数据进行混洗，需要获得全部的数据，因此并不适合对流式的数据进行处理，这也是传统混洗算法一个很大的局限。

3）加密

加密是指利用密码学对原始数据进行加密，并提供数据恢复功能，通过密钥协商或其他方式获得原始数据。常见的加密方法包括 SHA2（安全散列算法 2）、SM4、AES（高级加密标准）、FPE（格式保留加密）、对称和非对称加密算法。加密算法的可逆性，将导致一定的安全风险，如密钥泄露或加密强度不足导致被暴力破解。一般来说，加密强度高的加密算法对计算能力的要求较高，对于大数据集的来源会产生较大的成本。保留格式加密是脱敏应用中常用的加密算法，因为它可以在加密数据的同时保留数据格式，而且加密强度相对较低。

4）屏蔽

屏蔽是用掩饰符号对敏感数据的部分内容进行统一替换的一种方法，这种方法能够保持原始数据的大体形态，避免暴露其细节，如部分数据屏蔽、混合屏蔽、确定性屏蔽等。部分数据屏蔽将原数据中部分或全部内容，用"＊"或"♯"等字符进行替换，遮盖部分或全部原文；混合屏蔽将相关的列作为一个组进行屏蔽，以保证这些相关列中被屏蔽的数据保持同样的关系,如城市、省、邮编在屏蔽后保持一致;确定性屏蔽确保在运行屏蔽后生成可重复的屏蔽值,可确保特定的值(如客户号、身份证号码、银行卡号)在所有数据库中屏蔽为同一个值。

5) 乱序

乱序是指重新随机分配敏感数据列的值,混淆原始数值和其他字段之间的联系。这种方法不影响原始数据的统计特征,如该列的总金额不会与原始数据存在差异。

6) 空值插入/删除

空值插入/删除是一种删除敏感数据或将其置为空值的方法,也是最简单的一种脱敏方法。

3.5.3 数据资产评估的平台保障

扩展阅读3-4
四届数博会"数谷贵阳"成果之花遍地开

平台应将数据资产评估框架和评估方法、流程等通过软件系统来固化、落地和验证,为评估工作的申请与执行提供规范、可靠、智能的工具和环境支持。

1. 数据资产评估的监管工作

1) 数据资产评估流程监管

数据资产评估流程监管贯穿资产拥有方发起评估申请、评估机构进行可行性认定、多层级评估任务执行,以及分派评估团队等过程。应当提供在线的审核审批能力,支持数据资产评估任务申请、多因素多层次审批的监管。

2) 数据资产质量评估监管

数据资产质量评估监管是指对数据完整性、准确性、有效性、时效性、一致性等数据质量维度的评估监管,需具备监管在线质量评估工具、控件化、参数可配置、量化评估结果等能力,支持多任务并行处理与可视化监管能力;需制定质量评估量化评判与处理的规范,并依据数据资产质量的差异,执行不同的处理。

(1) 数据资产质量极差:不具备流通、开放的价值,暂停数据资产评估任务,由资产拥有方优化后再度评估。

(2) 数据资产质量较差及一般:可进行流通、开放使用,评估结果作为资产价值评估的依据。

(3) 数据资产质量较优:具有较高的商业及研究价值,推荐对外流通、开放,评估结果作为资产价值评估的依据。

3) 数据资产价值评估监管

数据资产价值评估是指针对数据资产的基本信息,包括行业领域、数据体量、鲜活度、稀缺度、数据质量等特性,通过成本法、收益法、市场法等数据资产价值评估模型,进行资产商业价值和研究价值的量化过程。数据资产价值评估需参考价值评估模型,并具备数据资产定价能力。

(1) 数据资产价值评估模型:集成成本法、收益法、市场法等通用数据资产价值评估模型,提供可视化前台配置、执行能力,并提供在线管理、调度能力,用于在线进行数据资产价值评估,提升数据资产评估效率。

(2) 数据资产评估定价:制定数据资产价值评估策略与规范,围绕数据体量、数据结构、鲜活度、稀缺度等,量化资产价值,并提供在线价值量化工具。

4) 数据资产评估沙箱监管

数据资产评估沙箱是指针对每一例数据资产评估任务,提供独立的数据资产评估沙箱空间,支持对数据资产评估模型、质量评估、价值评估等工具的调用,一方面保障数据资产评估任务的独立性、隐私性;另一方面通过对沙箱权限的监管,保障数据资产评估过程中的数据安全性。

5) 数据资产评估监控与审计监管

数据资产评估过程是指对评估任务过程的监控、分析,应当具备对人员动态、数据动态的多维度监控分析能力,用于加强评估任务规范化、安全性管理。

6) 数据资产评估报告监管

数据资产评估机构在执行资产评估任务后,需出具具有行业权威性的报告,详细描述数据资产的质量、价值及分析依据,并对资产商业价值提出定价建议及依据。

2. 数据资产评估平台

1) 数据资产评估平台的定位

数据资产评估是数据资产管理的重要组成部分。对数据资产的研究主要来自IT服务和大数据这两个体系。一方面,围绕IT服务管理和IT治理对数据治理开展相关的研究;另一方面,在大数据参考架构、大数据技术和产品等方面的基础上,推进数据交易流通和数据开放共享的研究。

数据资产与数据治理、数据开放共享以及数据流通交易等密切相关。数据资产是经过治理的,具有资产属性的有价值的数据。数据资产的管理需要参考和引用数据治理理论。数据治理有助于数据的融合应用、开放共享、资产化运营管理。在数据要素的基础上,数据资产管理更强调其资产视角,更加关注其成本、定价、收益、价值等维度,数据资产的标准化也更有益于交易流通,如图3-3所示。

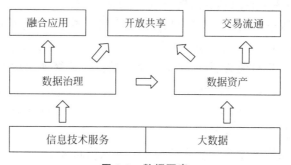

图3-3 数据要素

上述技术体系的关系,决定着大数据平台、数据治理平台、数据资产管理平台、数据资产评估平台之间的关系,尤其是数据资产评估的工具和平台在其中的定位问题。从数据资产管理的视角,上述工具和平台可统称为数据资产管理实施工具。

从阶段来看,数据资产管理实施工具的技术路线可以分为初级治理、中级治理和高级治理三个阶段,不同阶段的工作、目标及实施内容不同,如图3-4所示。目前数据资产管理工作刚开始,尚处于初级治理阶段。

图 3-4 数据资产管理实施工具的技术路线

(1) 初级治理:数据质量治理。通过应用元数据、数据标准、数据质量、元数据质量治理技术,提炼数据,提升数据质量,形成数据资产治理"原料"。

(2) 中级治理:数据资产治理。通过应用数据安全、合规、共享、管控等治理技术,加工数据治理"原材料",形成具有可流通、可交易等商品属性的数据资产。

(3) 高级治理:数据价值治理。通过数据交易、服务、洞察和模式创新等治理技术,促进数据流通,产生数据价值。

从实践上看,数据资产管理实施以平台治理为抓手,以大数据平台为对象,以数据管理、共享为核心,统筹面向组织的数据治理、数据应用、数据资产管理的统一应用平台建设,将组织、制度、管控、流程等治理要素融合到平台中。目前,新一代大数据平台都已经开始集成大数据治理、数据资产管理(含评估)的技术和功能模块。

2) 数据资产评估的功能要求

(1) 数据资产登记及目录管理。数据资产登记的功能包括:定义数据源、连接数据源、采集数据,组成数据集,定义数据集的各类属性,产生数据资产并登记到数据资产目录中。

数据资产目录管理应满足的具体要求包括:①建立数据资产目录,记录数据资产信息要素;②建立数据资产目录管理的权限、版本和发布等控制机制;③结合数据资产其他管理过程的实施,保障数据资产目录信息及时有效。

(2) 数据质量评估与管理。数据质量评估与管理以数据标准为数据检核依据,以元数据为数据检核对象,通过向导化、可视化等简易操作手段,将质量评估、质量检核、质量整改与质量报告等工作环节进行流程整合,形成完整的数据质量管理闭环。

(3) 评估方法管理。评估方法管理包含对评估方法的管理和对专家的管理。

对评估方法的管理包括:市场法算法及参数管理,层次分析算法及参数管理,收益法算法及参数管理和成本法算法及参数管理。

对专家的管理包括专家个人信息管理和专家领域信息管理。

(4) 系统管理。系统管理支撑整个系统的安全和权限等,提供整个系统的模块管理、校色管理、权限管理、字典管理等。

3. 数据资产相关平台

数据资产相关平台包括数据资产管理平台、数据资产登记平台、数据资产运营平台等。

数据资产管理平台应从技术架构、建设方案、访问接口、技术要求、测试要求等方面对数据资产管理的相关技术产品和管理平台进行规范,明确功能性、非功能性和标准依从性等要求,针对大数据的特性提供自动化、智能化的技术保障和支撑。

数据资产登记平台支撑数据资产登记机构的工作,功能应包括:对数据资产登记申请、受理、审核、登簿、发证等登记工作的流程管理,相关操作的自动化辅助,工作协同支持和日志管理等,能够记录数据的权属信息和交易属性等。

数据资产运营平台面向数据资产交易流通、数据资产证券化、数据资产抵押贷款、数据资产投资入股等潜在的运营模式,为各类模式下数据资产运营的增值能力、安全管控能力、审计追溯能力、绩效评价能力等的构建提供技术支撑。

本章小结

数据资产评估主要涉及评估原则、评估目的、评估假设和评估要素四个方面,数据资产评估流程主要包括评估准备、评估执行、出具报告和档案归集等环节。基于数据资产开发利用的视角,数据资产价值主要体现在数据是否有用、是否够用、是否可用、是否好用等方面。数据资产价值评价体系主要由数据真实性评价、数据使用性评价、数据质量评估、数据价值确认等构成。数据真实性评价要对数据集是否有可靠来源、是否被破坏、是否能进行客观反映等开展评估和判定;数据使用性评价要对数据集是否有用、是否够用、是否可用进行评价;数据质量评估要对数据进行科学的评估,以分析其满足开发和应用质量要求的程度;数据价值确认是对数据进行可靠的估值并给出具体价值。

习题

1. 简述数据资产评估的目的。
2. 简述数据资产评估假设的主要内容。
3. 简述数据资产评估的流程及其主要内容。
4. 从哪些方面评价数据是否真实?
5. 数据资产的评估要素包括哪些内容?
6. 简述数据质量的主要影响因素。
7. 数据质量评估主要有哪些方法?
8. 分析数据价值评估方法的优缺点和适用场景。
9. 数据资产的价值主要体现在哪些方面?
10. 简述数据脱敏技术。

即测即练

第 4 章 数据资产定价

4.1 数据资产定价概述

4.1.1 数据资产的价值与价格

价格与价值是两个不同的概念,价值是一个物品价格确定的基础,价格是物品价值的一种外在体现。物品的使用价值表现为一个物品能"为人所用",即具有一定的效用。除了使用价值以外,物品的供求关系也会影响其价格。但这种价格影响关系是在商品处于完全竞争条件下起作用的,如果竞争条件发生改变,这种关系就会被打破。比如,在垄断市场下,物品的定价权全部掌握在垄断方的手中,价格与价值之间的依附关系被打破,此时价格不再围绕着价值上下波动。

对于数据资产而言,其价值会受到使用场景的影响,不同场景下其价值的影响因素有所不同,价值也不相同。对于一个领域内的数据资产,当被用于不同的场景时,其价值就有所不同。

与实物资产相比,数据资产价格的影响因素可能更多也更复杂,除了价值和供求关系以外,数据资产的自身特性也会影响其价格。一方面,数据资产发生交易以后,它的所有权和使用权可能仍保留在数据供给方的手中,并不一定会发生转移或让渡;另一方面,数据资产的价值也不会随着交易次数的增加而减损,可以发生多次交易。一般来讲,数据资产的价格远低于其价值。

数据资产价值评估和定价并不是完全孤立的,可以将二者视为数据资产价值管理过程中的两个独立阶段。数据资产的价值评估与定价是完全不同的两种行为。数据资产的价值在一定的周期内是保持不变的,所以数据资产的价值评估实质上是一个静态的过程;而数据资产的定价主要针对的是数据资产的价格,由于价格会受到诸多因素的影响,所以数据资产的定价就变成一个不断调整的动态过程。虽然同属于数据资产管理过程,但数据资产价值评估应该处于数据资产定价的前置阶段。数据资产在不同应用场景下所体现出的不同的价值实质上是数据资产不同的价值维度。数据资产定价实质是在价值评估的基础上,结合数据资产价值不随着交易而减损的特性并考虑其供求关系而进行的。

4.1.2 数据资产定价的必要性

数据资产定价的必要性主要包括现实紧迫性、数据资产发展趋势要求以及市场发展的需要三个方面。

1. 现实紧迫性

数字化转型是企业与其他组织适应现代社会发展的必经之路,数据本身对企业的生产与发展意义十分重大,大量堆积的历史与实时数据要求数据拥有者寻求一个成熟的数据交易市场。然而数据拥有者和数据需求者难以达成数据交易共识,迫切需要一个成熟的数据资产定价框架来支撑。

2. 数据资产发展趋势要求

经过长期的经验积累,如今的数据处理工具丰富多样,使用十分便捷。而数据处理方法与工具的成熟也反过来催生对数据资源量的需求。对于私有数据来说,许多数据开发者有大量的数据需求,这就会产生数据交易的可能性。随着数据资产的不断发展,数据交易定价的需求会越来越大。

3. 市场发展的需要

一般的实物资产具有量的固定性,一般的无形资产在一定的使用条件下也具有同一性。除了初始的获取成本极高,后续参与交易以后,数据的获取成本会快速下降,并且会随着交易次数的增多而持续下降,甚至最终变为 0。除了获取成本以外,数据的保护成本也很高。对于私有数据,只要参与了市场交易,后续对数据的保护就会变得十分困难。数据资产具有一定的财产属性,包含使用权、所有权等各种权益属性,其合理定价需要各种市场主体的参与。

4.1.3 数据资产定价的难点

不只是数据资产的自身特征,数据资产的价值差异、不确定性、流转特点以及其所处的外部环境等都会导致数据资产定价更为复杂。

1. 数据资产特征多样

数据的规模、类型、产生和更新的时间、来源等都是数据作为一项资产所具有的特征,而这些特征或多或少会对数据资产定价产生影响。数据资产的分类过程也会受到数据资产的多样性的影响,这一影响还会延续到数据资产的定价过程中。一般来讲,数据资产具有以下特征。

1) 数据资产价值模式多样

数据资产可以被视为某种信息资源,它能为数据资产拥有者的决策行为提供依据;而数据资产通过交易等形式还能为数据资产拥有者带来直接的货币型收益。无论是哪种价值模式,数据资产的价值都只有在拥有者使用它时才会得到体现。

2)数据资产形式多样

不管是以实物形式存在的数据,还是以电子形式存在的数据,甚至是作为其他资产依附的数据资源,都可以作为数据资产。

3)数据资产无形性

数据的存在依赖一定的载体,如移动硬盘、计算机硬盘与存储器等,所以数据资产一般不具有实物形态。数据资产的价值通常与存储它的介质无关,所以我们不能将数据资产具体到某一实物形态,它是一种抽象化的存在。

2. 数据资产价值差异

不同场景下同一数据资源表现出的价值可能具有明显差异,因此同一数据对于不同的数据购买方需要不同的定价策略。例如将一个记录平台内用户消费支付习惯的数据集,出售给用于学术研究的组织或个人,与出售给用于建立新的销售平台的组织或个人时其效用是完全不同的,价值量差异巨大,二者愿意出具的价格也将悬殊。所以数据产品的定价会产生一个很大的问题,即不同用户最终的交易定价差异巨大,同一数据集的价格区间很大,新的数据需求方很难通过历史价格来估算数据集的价值。正因如此,一旦数据的历史价格被公开,则很容易造成消费者对价格的不满,数据定价面临很大的压力。

扩展阅读 4-1
南方电网公司发布能源行业央企首个数据资产定价方法 电网数据资产可"明码标价"

进一步来说,即使不同的购买方将同一个数据集用到同一个用途中,但由于数据价值的体现还会受到数据使用方数据挖掘方法的影响,数据集最终所发挥的价值也不完全相同。这种价值差距也会影响数据购买方的心理价格预估,进而影响数据的定价与交易过程。例如,将某一地区大量的可再生能源发电数据用于新建可再生能源电站出力的预测,由于各公司所采用的预测模型不完全相同,某些公司将本身拥有的历史经验融入训练模型可能大幅提升该数据集的价值。

3. 数据资产价值具有不确定性

数据资产的价值本身就具有一定的不确定性。产生这种不确定性有以下几个方面的主要原因。

(1)大数据可以用来预测这点是毋庸置疑的,然而并不能保证其预测的准确性就一定高于已有的决策方法。维克托·迈尔-舍恩伯格(Viktor Mayer-Schönberger)认为大数据的预测功能是数据应用的核心,他认为随着数据处理技术的不断发展,现如今依靠人类认知进行判断的领域工作最终都会被计算机基于数据的预测取代。但他又认为大数据的特征不在于精确性,而在于混杂性,基于数据的预测是一种相关关系而非因果关系。从这方面来讲,基于数据的预测并不能完全取代人类的决策,即使这种预测形式具有很高的正确概率,也不能说明它在各种情形下的决策都是正确的。实验与研究中不乏数据带来错误决策的例子,也就是说数据并不总是发挥正面作用。

(2)对于已经成熟的决策体系,很难将数据整合进去。例如,对于一个企业而言,将已有数据和现行的决策系统进行整合可能是一项十分复杂的工程。没有确定的场景与服务对象,数据就只是数据,对数据主体而言毫无用处。对于没有实现结构化的一般数据而言,很难利用现行技术高效地融合。即使是结构化数据,与技术的融合也并不等同于可以直接整合到应用层面的决策支持过程中。想要数据的价值得到体现,必须结合具体的场景,将数据转化为实际的服务形式,而这种转化过程离不开各方主体对原有数据的持续加工。这也是为什么绝大部分的需求方购买的是数据主体企业基于数据的产品或服务,而不是数据本身。也就是说,对于数据主体而言,自己所拥有的数据并不能成为一种资源或资产,只有这些数据经过与需求的整合形成具体的场景中的产品或服务,才能真正成为数据主体的资产。

(3)数据的价值确定过程不等同于基于数据的标准化产品的确定过程。以企业为例,要想一个产品形成大规模的流转,这种产品一定是经过标准化的、摆脱供需双方的个性化因素。只有这样,这种产品的价值才能保持相对稳定,才不会随着供需双方的改变而改变。然而脱离具体场景的数据很难体现其价值,所以标准化的产品也不能脱离具体的场景。对于数据的供给侧而言,所供给的数据一般都具有高度的场景特征相关性。而对于需求侧的用户而言,他们的需求往往只需要整体数据的一小部分就能得到解决,基本不涉及对数据整体的开发利用。数据库是数据产品的典型例子,对于一个数据库而言,所涉及的各种数据的标准化程度很高,然而购买数据库整体的用户大多都用不到全部的数据库,这就造成对于同一数据库,不同购买方会形成差距巨大的服务与使用费用。

除了数据本身特性造成的不确定性以外,数据脱敏后的价值流失也会带来不确定性。数据集的敏感程度与数据集的潜在价值具有很强的相关性,一般数据敏感程度越高,其潜在价值就越大。如果能通过一个或一组数据定位到具体对象,我们就将这种数据称为敏感数据。敏感数据不一定都是大量数据,比如在学生数据库中包含学生学号的数据集就属于敏感数据,因为这组数据可以直接定位到一个具体的学生。那些非法出售的用户隐私数据,并不一定包含一个用户的大量信息,然而这些信息都包含大量的用户隐私,具有很高的敏感性,如将一个学生的姓名、学号、联系方式、校内住址甚至身份证号打包成组的一个数据集,很容易被不法分子利用从事违法犯罪活动。但敏感数据如果被合理利用则不会构成违法行为,例如浏览器厂商所存储的大量用户的缓存数据,可以被用来作为市场营销的数据基础。

案例4-1　Apple公司的应用跟踪透明度功能

苹果公司于2021年4月26日在iOS 14中发布了应用追踪透明度(App tracking transparency,ATT)功能,它立即对依赖广告收入的公司产生了影响。这是一个简单的对话框,当你第一次启动应用程序时会弹出。在你开始使用该应用程序之前,你会收到一条警报,询问你是否允许它跟踪你在其他公司的应用程序和网站上的活动。单击允许,跟踪将继续。但是选择"询问应用程序不跟踪",该应用程序将被禁止跟踪你的活动。

这似乎是一件小事,但对于像Facebook这样依赖广告的公司来说,跟踪是一项大生意。在苹果公司推出应用跟踪透明度功能近12个月后,一项新的分析预测,其第二年将对广告商造成重大干扰,Facebook、YouTube等将集体损失约160亿美元。根据Meta首席财务官戴夫·韦纳(Dave Wehner)的说法,"iOS的整体影响是我们2022年业务的逆风……大约100亿美元。"该股在周四开盘时遭受重创,最初使Facebook市值蒸发了2 000亿美元。

早在ATT实施之前,苹果公司就在Safari中建立了强大的反跟踪保护,而谷歌公司坚持不出售个人信息,并通过多种方式关闭Chrome和搜索中的跟踪。此外,谷歌公司还创建了自己的ATT版本作为其安卓操作系统的一部分,并在Chrome中创建了一个名为Topics

的新的无Cookie广告系统,该系统涉及短期、手工策划的数据分析。

ATT对Facebook的影响远大于其他所有公司。尽管有一个广告活动与之抗争,并且有一个页面解释了允许广告跟踪将如何支持依赖广告接触客户的企业,但仍有不成比例的iPhone用户选择关闭跟踪。

早在2020年1月14日,谷歌公司就声称将会在两年时间内删除其旗下谷歌浏览器的第三方缓存数据,并称这一行为是为了更大限度地保护用户的隐私。在此之前,火狐浏览器以及苹果公司的Safari浏览器都已经使用了此功能。数据公司的举措体现出各公司已经开始重视用户的隐私数据,然而,反对的声音更说明了数据市场对这些数据的需求巨大。

资料来源:新浪科技. iPhone打击精准广告,四大平台损失百亿美元[EB/OL].(2021-11-01)[2023-06-01]. https://finance.sina.com.cn/tech/2021-11-01/doc-iktzscyy2986401.shtml.

正是因为敏感数据的这一特性,对于敏感数据的使用大多都要经过脱敏处理,这是数据行业发展的必然要求。但敏感数据之所以拥有如此大的价值,正是因为其隐私属性,对这些数据进行脱敏处理以后,其价值量会大大降低,脱敏后的数据的定价会大幅下滑。针对这一问题,需要从顶层设计隐私数据的收集处理以及使用方案,既要保证用户的隐私不被泄露,也要保证能满足广告行业精准投放的需求。

综上所述,正是由于数据的价值具有相当大的不确定性,单独的数据很难成为一种标准化的产品或服务。一个基于数据的产品只有经过标准化,具有相对确定的使用或交易价值,才有可能在市场内长久流通。数据并不像一些产品具有使用价值,也不像货币那样具有交易价值,很多数据的价值是不确定甚至是难以确定的,所以很难通过信息披露来确定数据的价值。正因如此,即使通过法律手段进行了数据的财产化确权,也不能使数据交易的供需双方的信息成本与交易成本大幅降低。

4. 数据资产流转难以限制

扩展阅读4-2
一个可定价的数据资产时代到来!

传统的生产要素如资本、土地等具有的常规物理属性并不在数据资源中体现。数据的本质是信息,数据从产生到使用这个总的过程中任一阶段发生了变化都可能影响数据最终的价值。由于数据本身的特性,售出的数据可以无限地复制到其他地方,并且不受时间与空间的限制。数据是瞬息万变的,大量的历史数据可能由于数据源的变化在顷刻间毫无价值,这些历史数据就不再具有交易的属性。而对于隐私程度很高的敏感数据,其价值量虽然很大,但不能直接进入数据市场流转,不能直接参与交易。

数据交易完成以后,数据拥有者的数量就会上升,并且数据交易发生得越多,数据的拥有者就越多,这会导致数据不能从刚开始出售便保持统一的定价。即使通过限制售出数据的转让来保持数据的私有属性,但数据本身的可复制性导致数据售卖方不可能监视到购买方对数据的使用行为,无法根本阻止其二次交易过程。

总而言之,数据资产本身的独特性,造成了数据资产的定价过程十分复杂,很难寻求一个统一的定价方法来对数据资产进行定价。

5. 数据交易市场环境尚不完善

数据交易虽然经过了一段时间的探索,但其市场环境与商业模式尚不成熟,在数据资源的整合与交易的过程中依然存在相当多的问题,这些问题都会成为数据交易发展的阻碍。要推进数据交易的发展,对于数据交易环境的规范必不可少,需要形成一套行之有效的数据管理与交易的标准。而这套标准的制定过程会涉及许多问题,如:数据的交易过程中应如何处理所涉及数据的开放与共享?如何制定共享或交易的统一标准?数据的归属使用权利应该如何划分?不同的数据又该如何分级?

数据交易环境的构建离不开数据交易各方的参与,交易环境的营造一方面可以为交易过程中的监管者角色提供依据,另一方面也可以为交易双方的交易过程提供参考和标准。虽然数据的价值确定不太可能形成一个统一的标准,但交易形式的多样化可以促进更多的交易者参与到交易过程中,这就促使更多的交易形成。对于数据交易平台而言,它可以为数据交易双方提供数据价值参考,帮助交易双方确定交易的价格,以此来促进交易的形成。而有些数据的价格可能难以评估,这些数据需要供需双方达成共识,一起确定交易的价格。交易平台可以提供交易双方都可接受的形式来确定价格。还有一些数据虽然总量很大,但分散在各处,不能有效地整合在一起,对于这些数据,交易平台可以发挥中介的优势,将多个甚至所有数据供给方的数据收集整合起来形成数据池,对数据池进行整体定价,通过数据池向有某一特定需求的数据需求方提供相关数据,平台可以通过数据的转售来获取利润。对于数据需求较大的数据需求方,还可以参考数据库的形式,将数据池整体通过收费的形式向数据需求方开放,此时需求方可以自由使用平台资源池的数据。数据交易的形式不是一成不变的,更加灵活的交易形式也会促成更多的定价模式,这会促进交易的进行,既能让数据交易公平公正进行,又能提高数据交易的效率。

4.2 数据资产定价的影响因素

4.2.1 数据资产价值的影响因素

数据资产具有很强的自身独特性,与其他资产有着很大的区别。一方面,数据资产的建设周期没有一个具体的限制,甚至是无穷无尽的,这就导致数据资产的价值很难被准确估计;另一方面,数据的价值量并不一定与数据的规模成正比。数据资产的这些自身独特性使数据资产的价值受到多种因素的影响,这些因素甚至是不断变化的,一般来说,数据资产的价值会受到以下几个因素的影响。

1. 数据资产的质量

数据资产的质量体现在数据资产的多个不同维度,数据是否真实、是否有残缺、所有数据能否保持一致等各个方面都是数据资产质量的体现。质量高的数据资产通常具有更高的价值,一般表现在数据资产所透露的信息能真实准确地刻画出数据所描述的主体的形象,这种数据资产对于数据的使用者来说效用非常大,能够引导使用者作出正确的决策。而对于包含虚假数据信息的数据资产而言,它不仅会透露无用甚至错误的信息,还会引导数据使用者作出错误的决策。

2. 数据资产的稀缺程度

市场中某一数据资产拥有者的多少会直接影响数据资产的价值大小。对于数据供给方而言,如果数据市场中只有很少甚至只有一个该数据资产的拥有者,那么这项数据资产的稀缺程度就很高,相应地其数据价值也会很大。一般来讲,基于企业自身业务形成的数据资产都具有较高的稀缺性,但公有数据如城市天气信息、地理信息等构成的数据集的稀缺性却很低。

3. 数据资产的生产成本

数据资产的形成过程需要投入很大的成本,其成本主要包括初始获取成本和后期处理成本两部分。一方面,初始获取成本除了包括数据的收集过程产生的成本以外,还包括数据的存储成本,如收集数据的传感器的购买成本、无法直接采集的数据的人工采集费用等都会包含在其中;另一方面,由于采集的原始数据很难直接反映我们需要的信息,绝大多数的原始信息都需要后期诸如聚类、回归等的处理才能具有数据资产应有的属性,因此数据的后期处理成本也需要体现在数据资产的价值之中,这包括:数据处理系统或软件的初始建设成本,数据处理系统或软件的更新成本,数据的日常维护费用等。

4. 数据资产的效用

数据资产可以为人所用,这是数据资产价值的主要体现,具体来讲,数据资产所透露出的信息可以为经济活动中的决策过程提供参考和指导。数据资产对于想要盈利的企业的价值直接体现为它可以为企业带来更多的收益;即使是对于非营利性的组织团体,数据资产的价值也可以体现在提高组织效率、降低组织成本等方面。可以直观地根据数据资产为使用主体带来效用的大小来评估数据资产的价值。

数据资产所带来的效用并不能只通过数据资产本身的质量来评估,同一数据资产在不同的应用场景下会带来不同的效用。数据资产可以有不同的数据来源,也可以有丰富多样的应用场景,当数据资产被用于不恰当的应用场景当中时,数据资产的效用就发挥不出来,不能以这样的结果认为数据资产的价值较低。一般来说,来源于特定领域的数据资产应用于该领域时,往往能带来效率的提升,然而将这种数据资产跨领域运用时,其效用就可能会大打折扣。例如,对居民区域的用电行为进行监测与建模,所形成的数据资产可以用于该区域的用电量调控与电量的供给预测,从而提高区域居民的用电舒适度。然而,如果将这项数据资产直接用于工业领域的负荷调控,就可能得出错误的调控指令,严重的还可能影响工业领域的生产进度,进而影响该区域企业的利润水平。总而言之,数据资产本身的属性特征与所应用的领域关联程度越高,其所体现出的效用价值就会越大。所以当对一项数据资产进行价值的评估时,若通过其产生的效用来评测其价值量,必须结合数据资产具体的应用领域与应用场景。

5. 数据资产的权属

数据资产的权属界定是一个十分复杂的问题,数据市场中包含数据供给方、数据需求方以及双方交易平台等多个主体。各主体在数据交易的过程中有着不同的关注点,对于数据供给方来说,由于他们是数据资产初始的拥有者,其更关注数据资产是否会在交易中被平台或者需求方滥用,又或者其数据在交易过程中能否得到保护;对于数据需求方来说,原始数据资产并不是其关注的重点,他们更关心自己通过该数据资产所挖掘出的信息是否会泄露;而对于双方交易的平台提供者,他们更希望交易能在自己的平台下顺利进行,对于数据资产价值大小并不太关注。政府应建立专门的数据管理部门来对集中的数据进行管理,除此以外,由于数据权属界定不清的情况下数据的交易无法进行,数据权属的界定应该在数据交易之前完成,这样才能界定清楚哪些数据的权利应当归属于数据的供给方,而哪些基于数据的成果是在数据交易后产出的,应当归于数据需求方。

4.2.2 数据资产价格的影响因素

数据资产的成本、市场结构、需求、竞争等都会对数据资产的价格产生影响。

1. 成本

数据成为资产需要经过一系列的转化过程,数据资产的成本指的是数据在资产化过程中所产生的各种成本的总和。数据资产的成本是定价时必须考虑的因素,主要包括生产成本和管理成本两大方面。

数据资产是由数据组成的,极易复制且成本较低,导致其生产成本主要集中在数据资产原始生产过程中。比如,大制作电影的成本动辄上亿元,比起后续复制,更多的生产成本集中在影片原始件的生产制作上。数据资产管理成本主要涵盖数据存储管理、数据资产目录维护、数据安全、数据备份等方面的运营管理支出。显然,相较于数据资产生产和管理的固定成本,数据复制的变动成本要低得多,所以数据资产是一类高固定成本、低变动成本的资产。

由于数据资产具有高固定成本、低变动成本的特点,且数据的流动性与传播性较好,所以容易形成规模效应。数据资产的复制件都是同质的,没有老化损耗的问题,在条件允许的情况下,可以根据需要不断复制生产,而复制生产的单位成本是趋同的。数据资产的这些特性使卖方在策略得当的情况下获得高毛利率成为可能。

2. 市场结构

市场结构决定了卖方的定价自由度。不同的市场条件下,市场中的竞争者具有不同的竞争强度,现代微观经济学据此将市场划分为四种类型。

1) 完全竞争市场

一些市场或行业的市场集中度很低、产品同质、市场信息完备,不存在任何进入与退出壁垒,这种市场被称为完全竞争市场。完全竞争市场只是一种理论的抽象,在现实经济中,这种市场所要求的条件是很难完全具备的。现实生活中多数农产品市场与这种市场状态比较接近。

2) 完全垄断市场

市场或行业内产业绝对集中,市场上的产品没有任何替代品,进入、退出壁垒很高的市场或行业被称为完全垄断市场。与完全竞争市场一样,完全垄断市场也是一种在现实中很难出现的市场,因为在现实经济中,任何一种产品往往有多种替代品,尽管可能替代程度较低或只是潜在替代。这些替代品的存在是导致市场竞争的关键因素。

3）垄断竞争市场

垄断竞争市场中一般包含多个企业,但每个企业的市场占有率都不高,市场的总体产业集中度不高。产业市场上的产品存在一定的差别,这种差别体现在质量、外观、商标、售后服务、品牌和声誉等方面。产品差别的存在,使市场呈现出一定的垄断性,而市场产品又具有一定的替代性,以及产业市场内企业较多,从而导致市场具有一定程度的竞争。垄断竞争市场的进入与退出壁垒都比较低,企业的规模相对不大,原始投入资本也较低,新企业进入和原企业退出市场都相对容易。垄断竞争市场是一种比较接近现实经济状况的市场结构。

4）寡头垄断市场

在这类市场或行业,产业集中度较高。市场中仅包含为数不多的企业,市场中的相关产业基本上被这些少数企业所控制。一方面,这种市场的进入和退出壁垒相对较高,新企业很难在踏入这个产业时与原有企业进行竞争;另一方面,对于行业内的这几个少数企业来说,由于保持企业的业内知名度与销售渠道需要大量的资金支持,其退出的壁垒也会较高。现代市场经济国家的许多重要产业部门都呈现出这种市场结构形态。

对于数据资产而言,完全竞争市场结构几乎是不存在的,垄断竞争市场和寡头垄断市场较为常见。

3. 需求

用户需求是影响数据资产价格制定的一个重要因素。只有当数据资产能够满足用户的需求时,用户才会有支付意愿,这样的数据资产才卖得出去且卖个好价钱。

数据资产满足用户需求,主要包括两个方面：一是数据资产价值方面,即数据资产若对用户而言是有用的、够用的、可用的,那么它就能够满足用户的需求。二是用户的感知价值方面,即用户对数据资产价值的感知程度,当设定价格低于用户所认识的价值时,用户才会对其价值有感知,才会有支付意愿。数据资产具有"体验型"特点,用户只有在使用或体验后才知道其价值高低。

从价格和需求的关系来讲,需求曲线显示出一定时期不同价格水平下的需求情况,一般来说,需求和价格呈反向关系。当数据资产需求富有弹性时,可以根据情况通过价格调整引起需求变动,从而获得更高的总收益。由于数据具有易复制性,数据资产生产的单位成本较低、传播性较强,这一特点虽然会对数据资产的稀缺性造成影响,但会促使数据资产内容需求的增加,数据资产内容质量越高,价格就越高。

4. 竞争

对数据资产进行定价时,需要考虑竞争对手的因素。买方往往根据具有同等竞争性的数据资产价格来判断某种数据资产的价值。竞争对手的战略、成本、价格,以及相关产品和服务等,都可以作为卖方自身定价的依据和参考。

当前占据市场领导优势甚至是处于垄断地位的卖方,也要有危机意识。在经济全球化不断发展及信息技术日新月异的大背景下,潜在竞争对手不仅来自同行,还很可能来自一些跨国、跨界、跨领域的非数据资源型企业,卖方要维持现有的领先优势,防止潜在竞争对手进入,就需要把现有优势转移到数据资产内容增值上,保持目前优势的长久性和持续性。

数据资产的边际成本很低,初期可以定价很高,但当利润大到吸引竞争者进入市场后,会出现大幅降价的情况,甚至会出现"零"价格的现象。为了防止数据资产价格趋于零,进而导致微乎其微的利润或负利润,在价格下行的情况下,卖方往往采取措施限制供应量。这也是数据资产不可能有完全竞争的市场结构的原因。新经济中出现过以极低的价格甚至免费进行商品售卖的现象,这主要是依据此类商品的边际成本进行定价引起的。由于竞争,同质化的数据资产价格会出现快速下降甚至免费的情况。

5. 其他

数据资产的价格制定除了要考虑上述因素,还需要考虑其他因素,如政策因素、环境因素、组织因素等。

政策因素:很多国家为了维护市场秩序、保证公平竞争、保护消费者利益,颁布了相关法律法规,并监督定价的公平性。如美国的《谢尔曼反托拉斯法》(Sherman Antitrust Act)、《克莱顿法》(Clayton Act)、《罗宾逊-帕特曼法》(Robinson-Patman Act),我国的《中华人民共和国反不正当竞争法》《中华人民共和国价格法》《中华人民共和国反垄断法》等。

环境因素:环境因素极大地影响着价格的制定,外部经济环境的繁荣和衰退、各种日新月异的新技术的出现,以及治理管理的要求等都会对价格制定造成影响。

组织因素:企业自身实力、品牌形象,以及期望的目标价格等都会影响价格的制定。

案例 4-2　网络安全审查办公室对中国知网启动网络安全审查

网络安全审查办公室有关负责人表示,依据《中华人民共和国国家安全法》《网络安全法》《数据安全法》,按照《网络安全审查办法》,2022 年 6 月 23 日,网络安全审查办公室约谈同方知网(北京)技术有限公司(以下简称"知网")负责人,宣布对知网启动网络安全审查。据悉,知网掌握着大量个人信息和涉及国防、工业、电信、交通运输、自然资源、卫生健康、金融等重点行业领域重要数据,以及我国重大项目、重要科技成果及关键技术动态等敏感信息。

这并非国家层面第一次对知网进行整治。2022 年 5 月 13 日,国家市场监督管理总局就曾依法对知网涉嫌实施垄断行为进行立案调查。

作为国内最大的学术电子资源集成商的知网,此前其被诟病的最大焦点,在于其收取下游用户高额"知识付费"的同时,却并未获得上游作者的知情同意,更未支付相应报酬。

2021 年 12 月,中南财经政法大学退休教授赵德馨,因不满知网在未获得作者授权的情况下,擅自使用作者学术成果,并对外售卖而展开维权。最终,赵德馨教授在知网涉及的 100 多篇著作全部胜诉,并获赔 70 余万元。

不仅如此,诸多大学等高等教育机构也对知网公开质疑,甚至宣布暂停使用。红星新闻记者梳理发现,从 2012 年到 2021 年,至少有 5 所高校宣布暂停使用知网。如在 2016 年,武汉理工大学、北京大学都曾停用知网,原因分别为"续订价格涨价离谱"和"不向商家过分涨价行为轻易妥协";到 2021 年,集美大学、南京师范大学也曾因价格涨幅问题停用知网;2022 年 4 月 20 日,中国科学院也宣布停用知网数据库,一大重要原因仍为"续订价格涨幅过高"。

资料来源:网络安全审查办公室对知网启动网络安全审查[EB/OL].(2022-06-24)[2022-12-23]. http://www.cac.gov.cn/2022-06/24/c_1657686783575480.htm.

4.3 数据资产定价策略

4.3.1 常见的数据资产定价策略

扩展阅读 4-3
关于数据资产的
经济学思考

基于影响定价的因素,卖方可以采用不同的定价策略来制定价格。定价策略多种多样,但核心目标是通过定价来获取利润、提高市场占有率、应对竞争等,从而保证卖方的利益最大化。

1. 基本定价策略

通常情况下,定价时会将价格设置在生产成本和用户的价值感知这两个极端的价格之间,然后依据其他外部因素给出具体价格。除了特殊的战略目的,低于成本的定价不会长久,这是因为这种定价方式不仅使卖方无利可图,还会给其带来损失。因此,生产成本限制了价格的下限。此外,若用户认为价格超出了价值,就不会购买数据资产,因此用户对数据资产的价值感知限制了价格的上限。基本定价策略包含三种基本的定价方法。

(1)成本导向定价。这是以成本为基础的定价方法,通常以数据资产及其相关产品为导向,根据要生产的产品所需的如生产、运营、销售等成本,结合目标回报率来制定价格。这个价格通常是能弥补成本并实现目标利润的。成本加成定价、盈亏平衡定价、目标利润定价等都属于成本导向定价的方法。

(2)竞争导向定价。这是以竞争为基础的定价方法,通常以竞争对手为导向,根据竞争对手的战略、成本、价格,以及数据产品和服务等制定价格。通常,竞争性数据产品是买方评价某种数据产品价值的依据。

(3)顾客价值导向定价。其以顾客需求和价值感知为导向,根据顾客的感知价值制定目标价格,再根据目标价格来指导数据产品的生产,从而满足顾客的需求。高价值定价、价值增值定价等都属于顾客价值导向定价的方法。

2. 考虑数据资产价值的定价策略

对于数据资产的使用价值,不同的用户有不同的评价。基于此,对不同的用户采用不同的定价策略。

1920年,英国著名经济学家阿瑟·塞西尔·庇古(Arthur Cecil Pigou)提出价格歧视理论,该理论划分了一、二、三级价格歧视。之后,有经济学家给这三类价格歧视取了一个更生动的名字,将一级价格歧视称为个性化定价,二级价格歧视称为版本划分,三级价格歧视称为群体定价。

(1)个性化定价,即向每位用户出售数据资产及其相关产品时会采用不同的价格。在互联网上,即便面对众多对象,这种"点对点"的精准定价也比较容易实现。平台网站通过用户的网站历史行为数据、社交关系、兴趣点等数据更精准地了解和分析用户的需求与喜好,从而给出个性化的价格。如谷歌、百度等网络平台都给顾客投放个性化的精准广告;汤森路透(Thomson Reuters)等数据提供商针对客户特征定制价格等。

(2)版本划分,即以不同的版本、不同的价格向不同的市场提供数据资产。根据如分辨率、操作速度、格式、容量、完整性等不同的维度对数据资产进行版本划分,并给出不同的定价策略。例如,Netflix等在线电影服务提供商根据视频的不同分辨率划分了3个不同的版本,并给出不同的价格,分别是无高清8.99美元/月、高清12.99美元/月、超高清15.99美元/月;对于爱奇艺等视频网站,用户开通VIP(贵宾)会员后,观看视频就不会被广告打扰。其中,捆绑是一种特殊的版本划分形式。如Microsoft Office就为不同的用户群体划分了不同的版本,包括专业版、小型企业版、家庭学生版、标准版等。以Microsoft Office 2019的家庭学生版和专业版为例,家庭学生版只有Word、PowerPoint、Excel 3个组件,专业版除了这3个组件,还增加了Access、Publisher等,以满足不同的用户需求;不同版本的价格也不同,可采用"一揽子"定价策略等来制定价格。

(3) 群体定价,即对不同群体的消费者设置不同的价格。不同群体对数据资产的价值认识存在偏差。针对如老人和学生等价格敏感的消费群体可采用折扣与津贴定价策略,给出一定的价格优惠,如Apple Music就开设了学生价格,即对学生打折。此外,地理位置也是划分群体的一个依据,可以采用地理定价策略、国际市场定价策略等,根据不同的国家、地区来设定价格,如许多软件产品采用本土化定价方式。数据资产存在网络效应,即数据越多效果越好、效果越好数据越多,我们称其为"数据引力效应",这类似于经济学中的"正反馈"。当用户置身于数据资产的网络效应之中,转移成本会被提高,从而使其忠诚度得到提升,所以这种定价方法能更好地锁定用户。

案例4-3　Netflix改主意了:在印度降价

2021年12月,Netflix公司下调在印度的流媒体服务价格,这是该公司自5年前在印度推出流媒体服务以来首次降价,以便与迪士尼公司、亚马逊公司展开更激烈的竞争。

Netflix在一篇博文中说,用户在一台设备上观看内容的基本套餐价格将下调60%,降低至每月199卢比,合2.62美元。仅使用手机的套餐价格将下降1/4,至149卢比。各种套餐的总价将下降18%~60%不等。Netflix在声明中说,新价格是"真正的'金钱抢劫'"。

多年来,Netflix的产品定价远远高于在印度的竞争对手迪士尼和亚马逊等公司,该公司给出的定价高的理由是说英语并观看英语娱乐节目的印度家庭收入要高得多。亚马逊Prime Video每月收费179卢比,合2.36美元,但与Netflix不同的是,它允许用户使用同一个账户在多个设备上同时观看内容,并提供更便宜的年费套餐方案。迪士尼＋Hotstar提供年度付费计划,用户可以以1 499印度卢比、合19.76美元的价格观看所有4K内容。迪士尼在2021年的收益电话会议上表示,迪士尼＋1.16亿用户中,Hotstar所占比例不到40%。Netflix和亚马逊公司没有按国别公布数据。

2018年时,Netflix表示,在印度可能会迎来下一个1亿用户。当时,该公司CEO(首席执行官)雷德·哈斯汀斯(Reed Hastings)在接受路透社采访时表示,公司没有在印度降价的计划,并补充称:"我们不存在定价问题。"Netflix此前曾表示,2021年将是其在印度市场规模最大的一年,将推出40多部新影片,其中包括由好莱坞著名演员主演的电影、单口相声节目和原创电视剧。

资料来源:Netflix下调在印度的流媒体服务价格5年来首次降价[EB/OL].(2021-12-15)[2022-12-23]. http://www.fayiyi.com/design/20211215/69174.html.

3. 考虑数据资产独特性的定价策略

数据资产是否具有独特性会影响定价时采用的策略和方法。

当市场上存在与某个数据资产同类同质的产品,且该数据资产与其他数据资产在效果上差异不大时,就不具有独特性。通常,如天气温度测量数据、电话黄页等通过采集现实空间数据形成的数据资产,以及企业工商信息数据、证券行情数据、新闻资讯数据等通过公开方式获得的数据资产等数据相对易得或生产模式易重现的数据资产,都较难具有独特性。这种情况下,卖方可采用的战略是利用数据的规模效应来占据更大的市场份额,从而获得成本和价格优势,快速占领市场,形成市场领先优势。具有实力的领先者可以采用低价策略,先发制人地占领市场,如采用市场渗透定价策略等。先期占领市场的领先者为了巩固已有的市场地位,在价格方面,通常采用不定期降价的方式来警告潜在进入者,以表明其捍卫地位的决心。但这并非长久之计,而且新竞争者进入后的降价最后很可能会引发价格战,这样势必对市场结构造成破坏,因此掠夺性定价被多国法律禁止。领先者要考虑的是如何在现有的优势基础上,提高数据资产的独特性,使之价值更高,形成差异化产品。

当某个数据资产在市场上很少有,甚至占有垄断地位时,该数据资产就具有独特性。在这种情况下,卖方原则上可以制定很高的价格以获得高额利润,但高利润必然吸引更多的潜在进入者,进而有损卖方领先的市场地位,因此卖方一般会采用限制性定价策略,即短期牺牲一部分利润,制定的价格不足以对潜在进入者形成吸引力,这是一种短期非合作策略性行为。卖方虽然拥有具有独特性的数据资产,但也要有警觉性,要多关注新技术的发展和市场需求的变化,确保独特性是被需要的,优势是长期稳定的。

4.3.2 基于博弈论的定价方法

博弈论是描述各博弈主体之间的互动行为的一门科学,又被称为对策论。博弈论的应用十分广泛。博弈具有对抗或竞争属性,一般需要至少两个博弈主体。这些主体具有不同的目标,遵守同一规则,每个主体都要考虑其他人可能的行为来决定自己的行为。博弈可能是静态的,也可能是动态的,甚至可能是持续进行的。

博弈论中有一些常用术语,下面对这些术语做简要介绍。

(1)参与人。参与人即参与到博弈中的各博弈主体,每个主体为了实现自己的目标或是争取自身利益最大化而选择不同的行动方案。参与人可以是个人或者团体。

(2)参与人的策略。参与人的策略指的是参与人在参与博弈的过程中根据具体的情况所选择的行动方案。策略可能是具体的行动方案,也可能是不同的行动方案的概率组合。

(3)效用函数。效用函数用来描述参与人所选择的策略能给参与人带来的效用值的大小,不同的行动方案可能会带来大小不同的效用值。效用值可以为负,表示行动方案的选择会为参与人带来损失。效用函数不一定是连续的,有可能是离散的。每个参与人都有自己的效用函数,但所有参与人的效用函数不一定是互知的。

将数据定价表示为博弈过程时,该博弈包含数据供给方、数据需求方以及中间人三个参与主体,每个参与主体都想要自己的成本最低和收益最大,主要有三种常见的基于博弈的定价模型,下面将展开介绍。

1. 基于非合作博弈的定价

在非合作博弈中,所有参与人的利益是相互冲突的,不可能以联盟的形式增加所有人的收益。

数据交易市场中所有卖家具有竞争关系,每个卖家为了售出自己的数据进行定价,但在定价过程中还要考虑其他卖家的定价,可以描述为一个非合作博弈过程。在一个包含 n 个博弈主体的博弈 (V,π) 中,每个博弈主体都有多个定价策略,该策略空间用 V 表示,所有人策略空间的笛卡儿积表示为 $V=V_1 \cdot V_2 \cdot V_3,\cdots,V_n$,所有人的策略空间确定以后,效用函数也会随之确定,用 $\pi=(\pi_1(v),\cdots,\pi_n(v))\in R^n$ 表示。v_i 表示博弈主体 i 的某一个定价策略,当每个参与人的策略都确定时,可以用 $v=(v_1,v_2,v_3,\cdots,v_n)$ 表示所有人的策略集合。对于每个参与人而言,只有其他所有参与者的策略都确定了以后,才能知道自己的最优策略。我们用 $v_i'=(v_1,\cdots,v_{i-1},v_{i+1},\cdots,v_n)$ 表示除了参与人 i 以外的其他人所选择的定价策略的集合。所有人的策略确定下来以后,就会有一个最终的收益集合 π 与之对应。对于所有参与者而言,如果在其他所有参与者的策略不改变的前提下,只通过改变自己的定价策略不能增加自身的收益,那么我们就称该策略集合 $v^*=(v_1^*,v_2^*,v_3^*,\cdots,v_n^*)$ 达到了纳什均衡,表示为

$$\forall i, v_i \in V_i: \pi_i(v_i^*, v_i^{*'}) \geqslant \pi_i(v_i, v_i^{*'}) \tag{4-1}$$

当达到纳什均衡以后,所有参与者都没有动机去改变自己的定价策略。这是因为对任何一个参与者而言,其目前的策略在其他人策略不发生改变时能给自己带来最大的收益。由于一个博弈过程最终可能存在 0 个或者多个纳什均衡状态,如果要采用非合作博弈模型进行数据交易的定价,需要保证建立的博弈模型有且只有一个纳什均衡。

2. 基于斯塔克伯格博弈的定价

要想建立的非合作博弈模型达到纳什均衡,需要所有人的定价策略都是公开的,这是很难实现的。在大多数情况下,斯塔克伯格博弈更为常见。在这种博弈模式下,一个跟随者卖家在等待另一个领导者卖家发布自己的价格战略,跟随者根据领导者的价格战略进行相应的调整,以此来决定最优的价格。

在斯塔克伯格博弈中,第一个领导者卖家(卖方 1)决定自己的价格战略,第二个跟随者卖家(卖方 2)观察后决定其价格战略。由于卖方 2 在看到 V_1 后决定了其价格战略,因此这是一个完全的信息动力学博弈过程。对于卖方 1 来说,他在制定定价策略时卖方 2 的策略还未制定,没有参考信息。而卖方 2 的策略 V_2 是基于卖方 1 的策略 V_1 所制定的,可以称为 $V_1 \to V_2$ 的映射。与其他的模式相比,采用斯塔克伯格博弈模式,领导者可以得到更多的回报。在斯塔克伯格博弈中,所有的参与者都可以获得最大的收益,特别是领导者可以使他们的收益最大化。

然而基于斯塔克伯格博弈的数据定价也有一定的缺点:这种博弈模式需要一个数据供给主厂商首先公布自己的报价,然而在实际生活中所有的数据供给者都不愿意首先公布自己的定价策略,这就造成数据主厂商确定困难甚至无法确定,因此难以应用于数据交易市场。

3. 基于讨价还价博弈的定价

该博弈模型是指两个以上的参与者商定怎样分发一件物品,要想达成分配协定,必须进

行协商。在一个单一的数据交易过程中,如果双方都同意某个特定的数据产品的售价,那么这次交易就可以进行。

在这种定价方法中,r_o代表用户的保留价格,这个报价是数据供给方出售数据时被允许的最低价;r_c代表数据需求方的预留价,即数据需求方在采购数据时被允许的最高价;数据供给方和数据需求方各自提供其定价战略p_o和p_c。数据供给方希望找出最佳的价格战略p_o^*,以获得最佳的利润$\pi_o(p_o^*,r_o) \geqslant \pi_o(p_o,r_o),\forall p_o$。与此类似,数据需求方也希望能通过自己的最佳报价策略p_c^*得到自己的最大收益$\pi_c(p_c^*,r_c) \geqslant \pi_c(p_c,r_c),\forall p_c$。可以预见,若最终的决策结果中$p_c^* \geqslant p_o^*$,那么最终数据的交易价格$p=k \cdot p_c^* + (1-k) \cdot p_o^*$,$0 \leqslant k \leqslant 1$,这就得到了该模型下的纳什平衡解$(p_o^*,p_c^*)$。

在复杂的协商环境中,基于讨价还价博弈的定价是一种有效的定价方法,通常被应用到资源分配的许多场景下。然而,由于在竞价博弈中,供给方和需求方必须进行协商,而这一过程往往耗费时间且耗费大量的人力物力,因此也很难将此模式用于数据交易。

4.3.3 基于拍卖的定价方法

将数据放在拍卖会中是一种常见的数据交易形式。通常而言,拍卖是一种以市场为导向,以买方和卖方之间的报价为目标的定价方法,通过拍卖可以确定商品的价值。目前,关于拍卖的理论和实践在许多方面都有很广、很深的探索。在非对称的经济条件下,拍卖方式既简洁,又具有全面的界定,既保证了公平性和有效性,又保证了销售者的利益,因而在处理大数据问题时表现出了极大的潜能。在对大数据交易中有关拍卖的理论进行综述前,首先对其进行简要的阐述。

(1) 竞标者:竞标者是在市场上进行竞标和采购的人,也就是买家。在数据的交易中,通常数据需求方都是以买家的身份出现的。

(2) 拍卖商:拍卖商作为中介,其职能类似于中间商,其职责是运作拍卖过程、决定赢家、付款及分发。

(3) 卖家:是指想要销售自己的数据来获得收入的个人或组织,如数据持有者。

(4) 竞标人的评估:竞标期间,竞标人和卖家都要评估他们所需或销售的每组数据的价格。另外,根据卖家在拍卖期间的决策,评估值可以高于或低于最后结算价。

(5) 结算价格:在竞标完成后,买方和卖方商定的最后的成交价就是结算价格。整个过程有竞价报价和要价报价两种形式。卖家可以提供自己的报价,竞标者也可以提供报价。而最后的成交价,是拍卖公司通过对最优的目标,如社会利益的最大化的确定而决定的。

根据竞标者和卖家数量的不同,拍卖模式可以简单划分为单卖家多竞标者的单边拍卖模式以及多卖家多竞标者的双边拍卖模式。图4-1展示了基于拍卖的数据交易市场的一般框架。

1. 单边拍卖

在单边拍卖中,卖家将报价递交给拍卖行,由拍卖行按各种拍卖方式来决定最终赢家。它的市场结构展示在图4-2中,一般情况下,拥有数据的人是"资源占优的一方",而最后的成交价格决定权由数据拥有方和被称作"信息优势方"的投标者共同掌握。

图 4-1 基于拍卖的数据交易市场的一般框架

图 4-2 单边拍卖的市场结构

1) 第一报价密封拍卖和第二报价密封拍卖

第一报价密封拍卖和第二报价密封拍卖是两种主要的方法。在第一报价密封拍卖过程中,投标人以一种封闭的方式单独投标,出价最高的人中标,得到拍卖产品,最后的成交价 $p_F = \max\limits_{p \in P} p$,$P$ 为投标人的投标集合。第二报价密封拍卖,也叫 Vickrey 拍卖(维克瑞拍卖),投标人也是以单独的方式进行投标,仍然是出价最高的人最终中标,但其需要支付的价格是所有投标者中第二高的价格而不是自己的出价,即 $p_F = \max\limits_{p \in P \setminus (p_i)} p$,其中 p_i 是获胜者在竞标时出具的价格。

即使有很多实际使用的第一报价密封拍卖方式,其弊端也很明显。首先,竞标者难以确定应该怎样进行报价;其次,在竞标过程中,卖家和竞标的设计者往往无法预料竞标结果,无法确保竞买方不形成同盟,而不对称的信息又会妨碍竞标的公正;最终,在竞标中获胜的人往往出现"赢者诅咒",即如果所有的竞标者对所竞拍的数据资产价值具有准确的估计并以此设置自己的投标价格,那么最终报价最高的人可能要付出超过数据资产本身价值的价格赢下竞拍。

所以在这种方式下,每个竞拍者都是风险中性的,都会基于这样的考虑:报价绝对不能高于自己对竞拍数据的估价。若某位竞拍者预期花费 100 元收集和获取大数据,他绝对不会报价 120 元去赢得竞拍,这样他的预期收益为负。竞拍者同时会综合考虑自己赢得竞拍的概率和赢得之后的预期收益,报价越高,赢得竞拍的概率就越大,但预期的收益也会越小;报价越低,赢得的概率越小,但预期的收益会越大。因此,在风险中性的假设下,每位竞拍者都需要在赢得竞拍和预期收益之间进行权衡,寻找最佳的竞价策略。

在第二报价密封拍卖中,各投标人的优势战略在于让投标人的报价与自身对商品的预估价值相等,所以说在这个时候,诚信是投标人最好的选择。

假设某个竞拍者对竞拍数据的真实估价为 100 元,那么他的报价有以下三种可能。

(1) 当报价为 100 元时:当其他竞拍者的最小报价小于 100 元,假设为 90 元,那么此竞拍者获胜,预期收益为 10 元;当其他竞拍者的最大报价大于 100 元,假设为 120 元,那么此竞拍者不会获胜,同时他的预期收益为 0。

(2) 当报价大于 100 元为 120 元时:当其他竞拍者的最小报价介于 100 元和 120 元之

间时,假设为 110 元,那么此竞拍者将获胜,但是同时预期收益为负,他将输掉 10 元;当其他竞拍者的最小报价大于 120 元或者小于 100 元时,此时报价 100 元和 120 元没有区别。因此,报价高于 120 元不如直接报价为 100 元。

(3) 当报价小于 100 元为 80 元时:当其他竞拍者的最小报价介于 80 元和 100 元时,假如为 90 元,此竞拍者将输掉一次机会,如果此时他的报价为 100 元,他本可以获胜且预期收益为 10 元;当其他竞拍者的最小报价大于 100 元或者小于 80 元时,报价 80 元和报价 100 元没有任何区别。因此,报价 80 元不如直接报价 100 元。

所以,竞标者所提供的报价是真实可靠的,而且可以确保最后的竞标结果属于出价最高的竞买人,这种封闭式的竞标是帕累托的。

理论上,二级封闭的竞标是理想的,它符合下列要求。

(1) 强烈的动力保障:第二报价密封拍卖具有优势战略的激励。

(2) 高效保障:第二报价密封拍卖制度可以实现最大限度的社会利益。

(3) 效率:第二报价密封拍卖可以在一个多项式的输入数量时间内实现。

然而,在拍卖过程中,竞标者之间形成联盟,竞买方与竞买方之间的串通,竞买方的道德品质低下等问题,都会对竞标的效力产生一定的制约。

2) VCG 拍卖

VCG(Vickrey-Clarke-Groves,维克瑞-克拉克-格罗夫)拍卖是维克瑞拍卖的一种广泛的形式,它把维克瑞拍卖的单一项目的形式转变成了多项竞标。假定在一个市场上有 M 个产品要销售,第 i 件产品用 t_i 来表示,则产品集可以表示为 $T=\{t_1,t_2,\cdots,t_M\}$,其中市场内还有 N 个投标方,第 i 个投标方用 b_i 表示,则投标方的集合表示为 $B=\{b_1,b_2,\cdots,b_N\}$。VCG 竞标的基本原则是,赢家必须赔偿 $N-1$ 投标者在得到该项目时所产生的社会价值的亏损。比方说,在维克瑞拍卖中,假设所有投标人都是真投标,赢家给其他投标人带来的社会价值的损害等同于第二高投标,而这正是维克瑞拍卖的付款原则。所以,在 VCG 拍卖中,按照 VCG 竞标的原则,投标方出价 $v_i(t_j)$ 最高者 b_i 将得到拍卖产品 t_j,该投标方须付出以下费用:

$$P = V_{N\setminus\{b_i\}}^{M} - V_{N\setminus\{b_i\}}^{M\setminus\{t_i\}} \tag{4-2}$$

其中,V_N^M 代表 M 项产品所产生的社会价值。VCG 的拍卖所产生的是一个贝叶斯纳什平衡的结果。

虽然 VCG 拍卖理论上可以让竞价者"说真话",从而获得最大的利益,然而在实践中仍有许多问题。例如,难以求出利益最大化的结果。

3) 联合拍卖

在大数据的环境下,不同的用户对数据存在着不同的需求,单一来源数据的数据集不一定能够完全满足用户的需求,大多数用户需求往往用来源更广、量级更大的数据集才能满足。在此背景下,一种联合拍卖方法应运而生。在此模式下,卖家可以自由地将许多项目打包出售,由买家提出自己的要求和价格,卖家按照竞标中的限制和卖主的物品配置来决定最佳的价格,以此来决定谁是最后的赢家。与密封拍卖等常规拍卖方法比较,这种方式具有经济效率高、买家收益最大化、卖家收益最大化等优点。但是,在实际情况下,如何确定拍卖的最后赢家却是一个非确定性多项式(Nondeterministic Polynomially,NP)问题,这就使得在实际中难以找出最佳的竞标方案。

以上几种不同的竞标方法在实践中都存在各自的优势和不足,其中第一报价密封拍卖和第二报价密封拍卖因操作简便、保密等优点,在实践中得到了更多的应用。参加竞标的双方可以根据不同的需要而采用不同的竞标方法。

首先,必须采取一些激励措施,才能最大限度地保障个人的隐私权,同时鼓励用户共享数据。而差分隐私则是一种度量隐私权的方法。例如,可以对个人信息进行定量,从而使个人信息成为一种可以被用来进行拍卖的替代品。

其次,在数据交易中,"聪明的"出价人会操控竞标流程,造成虚假出价。例如,竞价者可能会创造多个不同的身份标识,从而操纵竞标结果。

在最初以拍卖为基础的数据资产定价中,大部分的拍卖数据都是以卖家自己经营的方式出售,拍卖过程中买方的信息是公开给卖方的。此外,当大量的用户想要参与到拍卖过程中时,各种拍卖用户可能会选择不同的拍卖平台,这样会使拍卖与交易的过程存在诸多不便。因此,构建一个统一的基于互联网的第三方数据交易系统是一个有效的解决途径。

2. 双边拍卖

在实际生活中,双边拍卖是一种常见的拍卖方法,在证券交易所、智能电网等领域得到了广泛的运用。在一个双边拍卖中,多个拥有和需要数据的人会在同一时间将自己的报价递交给拍卖商,其市场结构如图 4-3 所示。

图 4-3 双边拍卖的市场结构

只有在数据拥有方的报价 p_o 低于数据需求方的报价 p_c 时,双方才能确定最终的成交价。拍卖的流程大致是这样的,每个数据拥有方在自己想要出售的商品上都会存在一个边际费用 MC,而数据拥有方的利润就是商品的价值 P 和边际费用之差($P-MC$),数据拥有方的目的就是获取最大的利润。在此期间,每个数据拥有方必须与其他的数据拥有方进行竞价,如果没有成功,其利润将为 0。每个数据需求方都有一个边际利润 MR,数据需求方的利润就是边际利润和商品的价值之差($MR-P$),需求方同样希望得到最大的利益,也就是尽量低价购买,同时也要与市场上的其他需求方进行竞价,如果没有成功,买方的利润将为 0。对卖方来说,每次报价不得比前一次报价低,而且,对买方来说,每次报价都要比前一次更高。在一个有大量买方和卖方的交易中,一个商品的价格形成如图 4-4 所示。

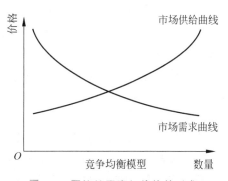

图 4-4 双边拍卖市场价格的形成

4.3.4 数据资产授权定价分析

目前已有一些数据资产及其相关产品在自由市场进行交易和流通,也形成了一些数据交易市场。在数据资产及其相关产品的交易中,可采用的定价策略和方法有很多。除了前面介绍的定价策略,数据资产买卖双方还可以采用协商价、销售分成等协议定价策略;一些有实力的数据产品出售方可采用市场价值定价法,通过高昂的初始价格和一段时间后的降价,逐层获取市场收益。

数据产品具有可复制性、可共享性、流动性和可扩散性,易于产生规模效应。由于数据产品的产权与使用权可以分开,企业在经营数据产品时,通常无须转让产权,只要取得使用权、转让权等相关的权益,便可以进行数据产品的分享,这是推动数字经济发展的重要因素。授权是指著作权人将其一部分权利转让出去,而被授予人从其授权中受益,并将授权所得以版权费的方式转让给授予人,所以,每个授权过程都应当有一个对应的价格。在数据产品的授权过程中,进行定价的方法主要有协议定价和明码标价。

1. 协议定价

协议定价,指的是买卖双方通过协商对数据产品的价值达成一致认可,从而确定数据产品价格的方式。在买卖双方对数据价值评价不一,以及对未来收益不确定的情况下,更多采用协议定价的方式。

在数据资产交易过程中,协议定价通常出现在数据供给方和数据产品经营平台之间。数据产品经营平台可以采用协商价格、销售分成和公允价值等方式进行交易。例如,苹果公司和其他的音乐公司签约,获得了音乐的著作权,通过分成的形式,向 iTunes 的音乐软件收取 70%~75% 的佣金;Amazon Prime Video 会一次性购买部分电影的著作权;Shutterstock 的网上图片买卖会针对不同的项目、不同的需求和不同的成本,提供不同的价格。

案例 4-4 iPod 发展最重要的创新:iTunes

iPod 出现之际,苹果公司正陷入亏损的旋涡当中,当时的 Mac 销量下滑了将近 40%,而史蒂夫·乔布斯(Steve Jobs)抓住市场机会研发了 iPod 这个音乐播放器。

iPod 一代就获得了很好的市场表现,2002 财政年度的营业额为 1.43 亿美元。到 2004 财政年度,iPod 在 iTunes 的帮助下,销售收入一跃达到 13 亿美元。在 2005 财政年度,iPod 销售额更是达到 45 亿美元,是苹果公司营收最高的一款产品。

一代的成功让苹果公司看到了商机,在不到一年的 2002 年 6 月就发布了第二代 iPod。第二代和第一代在外观上并没有什么很大的差别。不过第二代多了一些功能,包括对 Windows 平台的支持、更大的 20 GB 版本,操作盘也不是初代旋转操作的了,变成了有触感的。直到这个时候,iTunes Store 还没出现。

延续当时 iPod 的成功,苹果公司基本上每年都会发售新的 iPod 版本,2003 年 4 月,苹果公司发布了第三代 iPod,采用了触控式转轮设计,并上架了苹果音乐商店。每个用户可以用 0.99 美元的价格来下载单曲,听歌终于不用买一整张专辑了。硬盘也由之前的 5、10、20 GB 调整为 5、15、30 GB。跟着 iPod 第三代问世的就是后来一直到现在人们都在使用的

iTunes 媒体平台；2003 年 10 月，其推出了 Windows 版本。

iTunes 不只是一个音乐文件管理工具，还支持线上购买音乐内容。苹果公司花了很大的精力去与卖了十多年 CD(激光唱片)和磁带的音乐巨头沟通，让它们尝试数字化销售。不仅如此，苹果公司还开启了允许用户按单曲购买而不必一次性购买整张专辑的先河，而且采取了 0.99 美元/首的定价模式。

资料来源：iPod 发展最重要的创新：iTunes[EB/OL].（2022-05-17）[2022-12-23]. https://www.sohu.com/a/547947302_121217983.

2. 明码标价

明码标价是销售商将商品信息的定价公开的一种方法。在数据商品交易中，更多的是针对终端消费者的明码定价。因为终端消费者数量庞大，协议定价过程烦琐，而且合约的价格也有可能造成市场混乱，所以目前许多数据产品经营都采取了会员免费、按件付费、订阅付费等收费形式。终端消费者从该平台获取的数据产品是有限的，也就是"许可使用"，只允许消费者以一种特定的方式使用。比如，Kindle 可以让使用者阅读、做笔记、搜索等，但禁止印刷和复制电子图书的信息，也禁止转卖、出租以及分发。

4.4 数据资产定价体系

4.4.1 数据资产交易定价体系

1. 数据交易定价体系概述

现有的数据平台大多建立了自己的数据交易体系，然而大多数平台的数据交易体系并不完全相同，基于平台的交易体系也存在一些不足和改进空间。

1) 平台中常用的数据交易定价方法

2014 年 2 月 20 日，中国第一家大数据交易平台中关村数海大数据交易平台正式上线，紧随其后的大数据交易平台还有数据堂、DataMall 数据商城、北京大数据交易支撑平台、贵阳大数据交易所、华中大数据交易所、长江大数据交易所、武汉东湖大数据交易

扩展阅读 4-4
上海探路数据交易一周年，数据资产化之路走向何方？

中心、数多多大数据交易平台、通联数据商城、哈尔滨数据交易中心等。目前，各大数据交易平台对数据的定价方法有以下几种。

（1）平台预定价。若数据卖家不能决定数据的价值，可以请数据交易中心的专家帮忙进行定价，由数据交易平台的专家按照自己的数据品质评估标准，根据数据量、种类、完整性、时间跨度、实时性、深度、覆盖度、稀缺度等给出评估的结果，然后再与同类数据集中的历史成交金额进行比较，为卖家提供价格参考。

（2）自动计价。基于数据品种的实时自动定价，价格主要依赖数据样本数量和单个样本数据的指标项目的价值确定，定价依据包括数据种类、时间跨度、深度、完整性、样本覆盖和实时性等。这种定价方法有三种形式：第一种是"自动交易"，即当数据买家的出价达到或超过数据卖家的挂牌价时，该交易的成交价就是买家的报价；第二种是数据卖家选择交

易,即当无法自动交易时,卖家可以选择合适的价格与买家进行交易;第三种是数据分离,当买家只需要一部分数据样本的时候,系统就会自动进行拆分,然后自动进行交易。

(3) 竞标定价。之所以采取这样的方式,主要有两个方面的原因:一是某种类型的数据不可能进行大规模的复制,它的产权仅限于一个或几个用户,这样可以保障用户的权益。二是若数据买家有充分的自信,且不希望被竞争者获得,则可以与卖家进行竞拍。竞拍的原则可以是基于"平台的预先定价",也可以采取封闭的二级竞价方式,竞拍获胜者出价最高的一方,需要支付竞价中第二高的价格。

(4) 自由报价。自由报价是目前应用最广泛的一种数据交易方法,卖家有权决定自己的交易价格,这种方式下不同的卖家在数据的定价上会有很大的差异。

买家的自由报价被称作奖励价格,大部分的平台都会采用这样的方式,当买家需要定制自己的数据时,买家们会发布一个悬赏,然后邀请能够提供相关数据的卖家参与竞价,最后根据卖家的数据来选择。悬赏金额的大小完全由买家决定,而且具体的定价机制也不是很明朗。

(5) 协定价格。交易价格形成于数据买卖双方不能就交易数据的价值进行协商的环境下,数据交易平台和数据买卖双方分别充当中间人和交易双方,数据买卖双方经过多次协商,最终形成统一的价格。

(6) 捆绑价格。数据卖家可以利用捆绑的方式更好地推销自己的数据。例如,在售卖高价值的数据产品的时候附加一些其他数据。

2) 常用的数据交易定价指标

数据交易定价多是基于数据交易平台自身的数据品质进行评估,竞价定价是基于用户的数据服务的实际应用,自由定价、协议定价、捆绑式定价等尽管没有具体的定价规则,但也可以视为基于用户的数据产品的实际使用。总而言之,影响数据交易定价的主要指标包括以下几个。

(1) 数据质量评估。除了多个抽样的数据样本量外,其他都是以单个抽样为对象的指标:一是样本量,当样本量较大时,其价值越高;二是数据类型,包括报表型数据、多维分析型数据以及其他数据类型,这些不同类型的数据对应不同的数据价值;三是数据的完整性,其完整度越高,价值也越高;四是数据的时间范围,随着时间范围的扩大,其价值也会提高;五是实时性,即时的数据能够更好地反映出目前的状况,所以它的价格会更高;六是数据的深度,越深入的数据,就越有可能获得更高的价值;七是样本的覆盖性,可以用来表示数据的广度,数据的样本覆盖性越高,价值也越大;八是数据的稀有度,通常越稀有的数据越珍贵。

(2) 数据拆分。数据拆分指标是在数据质量评估指标的基础上衍生出来的,只从数据量、数据完整性等方面进行评定,价格通过系统自动计算。

(3) 历史成交记录。对于同一类型的数据,历史价格是一个很有参考意义的资料,同一数据集合中的历史交易记录越多,覆盖时间范围越大,其价格范围越趋合理。

(4) 数据的实用性。利用数据的投入和产出之差对数据价值进行评估。

2. 数据交易定价体系的不足

部分数据交易平台已经建立起一系列定价指标,但大多数的数据交易平台还没有明确的交易定价指标和具体的规则。数据交易系统的混乱和无序给整个数据交易行业造成了很大的冲击,即使卖家与买家具有交易意愿,交易也可能会因为没有一个可靠的交易系统而无法完成,恶劣的市场环境严重阻碍了数据交易产业的发展。

尽管数据质量指标和数据拆分指标已经有了许多二级指标,但是它们仅用于判断数据产品的价值大小,不可能给出数据的准确的定价范围;数据的历史价格指数可以真实地反映数据的供求状况,但是数据产品的不成熟和数据自身的复杂程度,使数据的使用效果不能得到充分的体现;即使是"实用性指标",也有一个致命的缺陷,那就是购买方可以通过数据商品获得更高的收益,而买家则受到自身能力、外部机遇等因素的制约,能否获得收益、获得多少收益都是一个未知数,因此,数据实用性指标就成为一张白纸。

目前的数据交易价格指标是由价值决定价格、供求价格和效用价格三个方面构成的,这些因素都是为了满足数据的需求而制定的,唯一欠缺的就是数据成本本身,这正是目前的价格指标的不足。

3. 数据交易定价指标体系的改进

1)数据的收集与加工过程所涉及的成本指标

在建立数据交易的基础定价标准前,首先要确定数据产品在进行数据交易前经过的流程。

数据收集。收集的主体大多是数据卖家。收集原始数据的方法有很多,目标不同,困难程度也不一样,比如,在一些技术水平较低的地方,为了得到相应的数据,不仅需要脑力劳动,通过计算机对数据进行处理,还需要数据收集者去实地进行考察。

原始数据加工处理。处理的主体包括数据卖家和数据处理平台。处理的方法包括脱敏、分类、数据清洗、模型分析等。一些原始数据有可能牵扯到用户隐私,必须首先进行脱敏处理。分类是为了便于数据买家识别和采购数据,但在我国目前并没有一个通用的分类方法。目前,脱敏数据经过分类后可以销售,但是经过更多的处理,可以进一步提升它的价值,并提升数据产品的吸引力。数据清洗占用了原始数据加工处理过程 50%~80% 的时间,是处理过程中最耗费时间的一个过程,耗费的人力、物力资源也非常大,处理过程包括删除/补充缺失数据、删除/修改数据、相关验证以及模型分析等。其中,模型分析是数据价值提升幅度最大的一步,可以体现出数据的应用趋势。通常情况下,经过模型分析后的数据资产更能引起数据买家的兴趣。经过对原始数据的收集和加工,这个过程中涉及的几个主要的数据成本指标包括:①人力资源指标,即员工职称等级费、员工时长工资等。②物力指标,即通信费用、交通费、被调查者的报酬、相关硬体的折旧费、正版收集及处理软体的费用、分析产品的知识版权费、电费等。③交易手续费,主要根据交易系统的收入来决定,通常是 30%~50%,数据堂官方网站上的提成是 30%。

2)数据交易的调整价格指标

(1)数据产品指标。其包括数据样本数量、种类、完整性、时间跨度、实时性、深度、样本覆盖度、数据稀缺性等;当某些数据量过大,无法满足传统应用程序接口需求时,必须采用U盘、光盘、移动硬盘等存储介质,存储介质和快递费用一般也计入数据传输成本;要考虑获取不同类型、不同时间段的指标数据及对其进行分解的成本,计入数据拆分成本。

(2)历史成交记录指标。对于同一类型的数据,按年度、季度、月度、周、日分别统计其最高、最低和平均成交价。

(3) 数据的实用性指标。这个指标目前是一种纯粹的理论研究,很难实施,必须有卖方、买方、数据交易平台三方的合作,卖方必须将自己销售的数据应用场景、成功应用案例等信息传递给买方;买方在购买资料后应立即对其进行反馈;数据交易平台会依据交互结果对相关的数据进行定价,并对活跃在其中的卖方和买方提供物质上的奖励,推动数据的整体价格调整向系统化、科学化方向发展。

3) 构建统一的数据交易定价指标体系

在此基础上,需构建一套统一的指标体系,该体系由成本指标和调整指标两大类组成。该体系的制定有赖于国家相关部门、非营利组织联盟、行业协会、高校、科研机构、企业等的共同努力。通过科学严谨的论证,并根据具体工作,排除不合理的因素,添加其他合理的指标,将整个指标体系量化。这些指标都是数据,它们要求有关人士通过数据的思考和软件手段将其具象化。

4.4.2 数据服务与数据产品定价

由于数据的固定费用和沉没费用,其边缘费用接近于 0,使常规的产品定价体系失去了作用。数据定价包括数据服务定价和数据产品定价。

1. 数据服务定价

随着对信息的认识越来越深刻,数据成为一种被普遍认可的服务。这些数据被视为珍贵的资源,经过分析和加工后,可以满足使用者的各种需要,从而产生决策的意义。在这一背景下,部分公司纷纷向数据分析业务转变,并逐步形成了一个成熟的数据市场。数据即服务(Data as a Service,DaaS)的定价是在实际应用中发展出来的定价策略,大致可以分成三种。

(1) 企业订购。企业订购是常见的一种定价方式,供应商通过收取一定费用的形式在特定时期和预定期限内为企业提供数据业务。比如,AggData 的定位信息是以一个固定的价格出售的,但是它也会以预订方式向用户发送公司的其他商业信息;Datacoup 可以向用户提供各种信息以收取费用,Facebook、领英(LinkedIn)、谷歌等公司收取其用户的网上账户的费用。该方式与捆绑价格相似,并不以某一种商品为基础,而将多种数据以不同的形式包装起来,这样既能获得更高的收益,又能更好地吸引更多的使用者。但是,在用户的要求越来越多元化、越来越复杂的今天,这种方式必然导致大量的数据资源的浪费。

(2) 数据类型定价。数据类型定价是一种以 DaaS 为基础的定价,它根据不同的数据种类或者本身的特性来划分 DaaS 价格。比如,微软 Azure 为研究者们收集公共卫生事件的研究资料,而美国海洋和大气管理局则向气象员们发布各种价位的陆地气象综合资料。该模式的困难是:企业的分级经营过程比较烦琐,要有目标地细分市场,要有目标顾客,所以实现过程比较困难。

(3) 基于容量的定价。基于容量的定价是根据所能获得的数据量来进行分级的。这种价格模型对那些数据使用较少的用户是有效的。亚马逊网络服务基于容量定价或以用户为单位收取费用。基于容量定价更能保障销售者的权益,例如,采用双倍价格可以确保厂商的费用收回。但是,当边际费用为 0 时,基于容量定价就会丧失其可信性,并且该模式没有从需求的视角来考量使用者的权益。另外,已有的一些调查结果表明,在市场竞争中,以用户为单位收取费用可以获得较高的收益。这种方式的优点是易于实现。

另外,在数据交易市场中,除了以上三种不同的定价方式之外,还有免费、统一费率、免费增值等方式。在这些方式中,免费方式可以通过提供免费数据来获取可能的顾客,并且更加灵活,但是没有直接利润;而在统一费率方式下,使用者可以在一定的时间周期中无限地利用这些数据服务,虽然交易价格低廉,但是却缺少针对使用者的弹性;免费增值是利用免费的基本业务来获取客户,然后以额外的付费方式获取利润。

2. 数据产品定价

由于不同行业对数据的要求不断提高,各种数据商品在网络中进行交易的数量不断增加,用户对数据的要求也日趋多元化。积极的数据交易可以有效地解决"数据孤岛"的问题,使其具有更大的规模效益和更大的增值空间。基于 DaaS 的价格理论,目前已出现两种新的数据产品定价方式。

扩展阅读 4-5
普华永道于 2022 数博会发布《数据资产价值与数据产品定价新思考》,助力我国数字经济高质量发展

1)以版本为基础的定价

以版本为基础的定价机制是以垄断企业为基础的一种价格差别化战略。数据产品的发布可以根据数据特性或者用户需要来进行,二者都可以实现市场细分,增加利润。比如一些软件公司推出的软件产品,分为学生版和专业版,这就是针对不同客户群的定价。另外,数据产品的复制费用较低以及购买方的异质性,导致了数据打包定价的形式被广泛使用,如为了获得更高的收益而将不同品质的数据产品进行打包。要想进一步细分,可以把数据产品的发行版本打包为一个视图,根据使用者选取来指定一个定价。利用预先设定的视图价格,可以对买家的任何询问进行自动的定价,从而防止了套利的发生,进而发展一种基于无套利、无披露、无后悔三种特征的线性聚集交互查询模型。设置一个元组的价格,然后通过该元组产生一个最小的视图来满足使用者的需求,也可以对任何的询问进行定价。但是,这一改进的基于查询的价格仍然有很多问题:首先,单一的元组自身没有任何意义,因此所产生的数据的价格是没有任何吸引力的;其次,没有一个清晰的视图的选取和价格计算的方式,这给实际的运行带来了困难;最后,本模式为脱机模式,且数据的快速更新使预先设定的定价不能涵盖新产生的数据。

2)以效用为基础的定价

以效用为基础的定价是指根据数据本身的特性和使用价值来确定价格。以往的价格都由卖家控制,只注重厂商的利益,而忽略对顾客的使用价值。以顾客的认知价值为基础可以建立一个以顾客为中心的价格模型。以顾客意向为基础的价格对数据供给者的长期效益是非常有益的,其核心是怎样对这种意向进行定量化。而数据的品质往往影响使用者是否愿意付费,所以经常使用质量评估指标作为衡量数据效用的指标。以效用为基础的价格兼顾了数据本身的价值和用户的使用效益,具有公平性和透明度。但是这种方式也有一定的缺陷:首先,仅从质量角度出发,容易忽视如数据量等其他一些关键的要素;其次,资料质量的维度与其中关联性很难定量。

4.4.3 不同数据定价方法的比较

1. 数据资产的价格模式

根据数据的定义,数据价格对象可以分为数据服务、数据产品和数据资源三大类别。基于导向性定价法,可以将定价方法分为成本导向、客户导向、市场导向、利润导向和基于生命周期五种不同的定价方法。

1) 成本导向

基于成本的价格,优先考虑数据成本的回收,多数是卖家占优势。其包含大部分服务定价,例如固定费率、容量定价、免费增值以及数据资产的成本法等。

2) 客户导向

以客户的价值观念和需求的强弱为基准,注重在需求方面对使用者的效用进行评估,包括数据资产的收益法以及基于效用的定价等。

3) 市场导向

通过同类产品在不同市场上的价格的比较,综合考虑市场供需情况进行定价,对比较成熟、灵活的交易市场较为适用。其包括基于博弈论的定价方法等。

4) 利润导向

根据公司的利益来确定价格。在数据定价方面,其主要体现在根据用户的喜好和使用意向采用差别化的定价方式,如版本定价中基于查询的定价,会根据用户的需求进行报价。

5) 基于生命周期

以数据的生命周期特性为基础,对数据进行动态定价,包括对数据的分阶段定价、实物期权法等。由于数据的价格会在不同的时期有所变化,所以动态定价方法是非常重要的。

2. 数据定价方法比较

表4-1从定价原理、适用范围以及优缺点方面对成本法、协议定价法、市场法、收益法、基于质量的定价方法以及基于查询的定价方法进行了比较分析。

表4-1 主流数据定价方法比较

定价方法	定价原理	适用范围	优点	缺点
成本法	依据成本价值论,将重新获取相同数据的重置成本作为数据的评估价值	价值难以量化且成本容易计量的情况;不以交易为目的的情况,如政务数据	容易把握和操作	• 成本量化较难,无法计算成本在单位数据上的均摊; • 成本和收益对应性弱,价格估算偏低
协议定价法	基于博弈论,数据买卖双方通过协商,对价格达成共识	成本和收益难以量化的情况、买卖双方价值估计不一致的情况、数据针对性较强的情况	操作简单方便、易被双方接受、成交率较高	• 交易效率低; • 由卖方主导,忽视数据效用; • 买卖双方信息不对称,估值易出现偏差

续表

定价方法	定价原理	适用范围	优点	缺点
市场法	依据均衡价值论,以市场中可比参照物的市场价格为基础进行调整得到估值	市场成熟、活跃、交易案例多、易找到可比案例的情况	能反映供求关系等真实市场情况,定价公平客观	• 目前数据市场不成熟,交易案例少; • 由于数据产品的高度个性化,很难找到具有代表性的个案; • 校正因子很难决定
收益法	依据效用价值论,将数据的预期收益现值作为数据估值	预期收益确定且可量化的情况,更适用于数据买方对数据估值	考虑数据利用与时效性,以体现数据的实际价值	• 收益难以预测,难以量化; • 定价偏向于主观因素,难以判断贴现值
基于质量的定价方法	根据效用价值理论,把数据质量视为影响用户使用效率与数据成本的重要因素	适用于对质量需求不高的数据	在充分考量用户的使用效益和数据本身的价格时,价格是公开公正的	• 数据质量维度及其之间关系的确定很困难 • 数据质量非其价值唯一的影响要素 • 数据质量维度以及质量维度间的关系难以量化
基于查询的定价方法	本质是差异化定价,设定元组价格,由元组生成满足用户查询需求的最小视图,实现任意查询定价	存储在结构化或者非结构化数据库中的待交易数据	定价灵活,对任意查询自动定价,保证了用户的自由购买权	• 由于单一的元组自身没有任何意义,价格缺乏说服力; • 该方法计算精度要求高,然而可用性较低; • 对新生成的数据难以覆盖

为充分展示各种定价方式在各个角度的特征和优越性,在前面的定价方法的基础上,可以初步建立一个定价区间在前、定价策略在后,兼顾市场供需与实时反馈的数据定价过程,如图4-5所示。在提供数据时,必须保证数据的收集成本能够被完全地弥补,所以以成本为

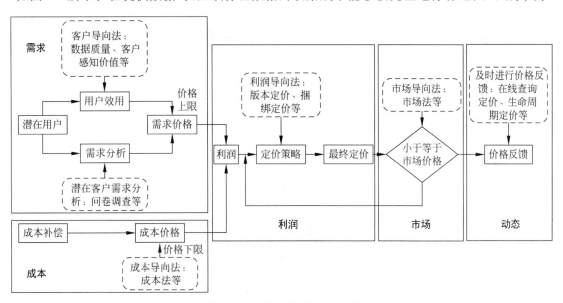

图4-5 考虑多种因素的数据定价一般流程分析

基础的定价方法所得出的价格就是避免数据供给者损失的最低价格。而在这期间,市场的供求关系也不容小视。在对客户的数据需要和使用效用进行研究的基础上,了解其购买意向,从而确定其价格的最大值。在以上定价范围内,厂商可以采取更多的定价策略,从而获得最大的收益。由于信息技术的不断完善,信息技术将会在供需关系的基础上起到调控的作用。在这个时候,应该以其他类似的市场数据成交历史为参照,因为这些数据只在没有超过市价的情况下才是有竞争性的。以上四个模块也适用于制定一般商品的价格,对于数据商品,同时还要考虑数据的时间属性,所以要确保对制定的价格的反馈,通过基于查询的定价方法来实现。

本章小结

数据资产的价格与价值是两个不同的概念,在一定程度上,可以把数据资产的价格作为其价值的一种外在体现。数据资产定价是数据资产流通、数据产品流通、数据要素市场运行的前提,当然,数据流通交易也可以产生一个市场定价。各种因素的作用,导致数据资产定价是一个十分复杂的过程,数据资产定价的过程中有一系列的难点存在。随着数字化进程的不断加快,对数据资产进行定价具有十分重要的现实意义。数据资产定价受到多种因素的影响,数据资产的价值与价格具有不同的影响因素。由于数据资产的特殊性,除了市场上常见的定价策略以外,数据资产还可以采用基于博弈论与基于拍卖等的定价方法进行定价。由于数据的特异性,数据资产定价体系以及具体的定价方法都是值得关注的问题。

习题

1. 简述数据资产的价值与价格之间的联系和区别。
2. 结合实例,阐述数据资产为何需要定价。
3. 数据资产定价的难点主要有哪些?
4. 数据资产的价值与价格的主要影响因素分别有哪些?
5. 价格歧视主要有几种定价方式?
6. 什么是数据资产的独特性?对于具有独特性的数据资产应采用何种定价策略?
7. 基于博弈的定价方法有哪些特点?
8. 基于拍卖的定价主要有哪几种形式?
9. 数据产品授权过程中的定价方法主要有哪些?
10. 基于导向性定价法,可以将定价方法分为哪几种?

即测即练

第 5 章
数据资产运营

5.1 数据资产运营概述

5.1.1 数据与数据产品的流通

1. 数据流通概述

数据流通主要包括开放数据、共享数据、交易数据等。

(1) 开放数据。开放数据是向所有想要利用数据的人公开数据,不受版权、专利、控制机构等方面的制约。

(2) 共享数据。共享数据是指使用不同计算机、不同软件的使用者,可以对他人的数据进行不同的运算和分析。

数据共享源于科研数据的分享。数据共享的内容是限定数据的使用者、使用者的时间与位置,其目的在于限定数据给某些使用者使用,是数据公开的有限版本。比如,银行个人信贷资料的使用者仅限于本人与银行。

(3) 交易数据。在实际中,数据交易是数据持有者基于法律规定根据市场的交易规律进行的。由于没有明确的数据交易的概念,数据交易被视为一项贸易行为,至今仍缺乏相关的立法基础。

图 5-1 所示为数据流通过程中的数据资源。

全球范围内较大体量的数据公开最早可追溯到 2009 年,美国官方网站 www.data.gov 是早期数据公开最具代表性的例子。在美国整个数据公开过程中,前期的工作重点是政府的信息披露,这一阶段开始将各类报告和政策成果公之于众;数据披露是信息披露的升级版本,在信息披露的基础上,将报告和政策制定的原始数据同步进行披露,其核心是对社会公开。我国数据公开起步的标志是 2015 年 8 月 31 日《行动纲要》的发布,其中明确了要实现数据的开放与共享。

目前,大多数有关数据开放与共享的技术都侧重于解决信息公开所带来的个人信息泄露问题,而未对用户的信息权利损失予以足够的重视。如果数据需求方非法获取数据并进行传播,会造成数据拥有者所有权的损失,因此人们不愿公开分享数据。目前的数据开放与

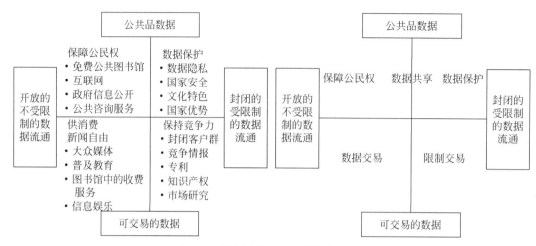

图 5-1 数据流通过程中的数据资源

共享技术在充分公开的情况下很难对用户的信息权利进行有效的保护。实现数据流通,必须在数据模型、数据结构、数据管理等方面构建以"数据开放"为目标的数据组织及处理方法。由于数据的战略意义和业务价值日益凸显,在不损失数据所有权的情况下,公开分享是一种可持续的开放共享。在数据自主开放模型中,数据拥有者对数据进行存储和管理,外界使用者可以进行数据的访问,但是无法对数据进行复制和下载,这种方式保证了数据的公开不会损失数据拥有者对数据的所有权。数据自主开放模型能够有效地缓解长期以来困扰数据公开的信息权利损失问题,降低了资源的损耗,是数据开放与共享发展的一个重要方向。

从某种意义上来说,在公众网站上公布的信息是属于所有人的,谁都有权利去利用、处理和出售。通过数据公开可以更好地利用数据资源,为人类的生产生活带来更多的便利。

2. 数据产品流通概述

扩展阅读 5-1
数据资产运营:
发掘数据价值
"金钥匙"

由于数据产品具有共享和可复制的特性,数据流通实质上是一种许可,因而其价格也就是一种许可价格。数据产品的形态、使用授权、产品流转以及数据产品的发行单位等都是数据产品在流通过程中需要考虑的问题。

1)数据产品的形态

大量的数据产品都是对原始的实体商品进行数字化处理得到的。比如音乐、电影、图片、电子书等,其物理实体都是真实存在的。一般来说,通过实体商品进行数字化处理的大部分数据产品都是直接通过实体形式转换而成的。而像网络小说、股票行情分析等这些在网络上的数据产物,都没有相应的实体商品,属于一种新型的数据产物。可以预计,在将来,没有实物商品形式的数据会更多,如同一主体的微信、微博、抖音等数据集合起来形成的数据产品,具有鲜明的个体属性。那么,这些数据产品应当以何种形态被计量、估价以及在市场上流通,是一个迫切需要处理的问题。

2)数据产品的使用授权

关于数据产品的权利属性,作为产品流通的末端,终端消费者需要的基本是消费权或者使用权,并不需要其他权限。2009 年 7 月中旬,Amazon 运营的 Kindle 电子书服务从所有购买某一版本的乔治·奥威尔(George Orwell)的作品《一九八四》(*Nineteen Eighty-Four*)和《动物农场》(*Animal Farm*)的用户终端存储中删除了上述两本电子书,引发广泛反对。这个事件说明数据产品使用授权方面还存在严重的问题。

当前,数据产品基本上是人为定价的,缺少基本的定价方法和理论依据。例如,Kindle 上的电子书价格为每本 0.99 美元、1.99 美元、2.99 美元、3.99 美元、4.99 美元、14.99 美元等;Netflix 平台上的订阅服务依据视频分辨率分为无高清 8.99 美元/月、高清 12.99 美元/月、超高清 15.99 美元/月等。

3) 数据产品的流转

音乐、电影、图片、电子书等数据产品都是从实体商品中产生的,其所有权问题在实体商品的形态上就已确立。然而,更多以前没有实体商品形式的数据,是在互联网上直接生成的,这类数据的所有权界定被称为"关于数据产权问题"。虽然有理论称"数据非天然,情理上属于生产者",但对于多人产生、涉及个人隐私、公共安全等问题的数据,其所有权就不能轻易定义。如果数据来源的产权不明确,无法确定其所有权,就会导致数据产品的流转问题。比如,2019 年 4 月,全球六地同步公布了首张黑洞照片,此后许多网民以所公布的照片为基础进行了二次创作,这其实是对照片所有者知识产权的侵犯,该事件后续也不断引发热议。

4) 数据产品的发行单位

数据产品所有权的界定应当通过其发行单位来完成,但是由于国内专业的数据产品发行单位较少且发展还不太成熟,因此大多数的数据产品的产权归属问题仍未能得到有效解决。数据发布是数据所有者对数据的著作权和所有权的宣称,它的作用在于对数据的知识产权进行记录,以保障数据的质量和用户的合法利益。但是如果对数据进行公开,意味着这些数据谁都可以获得,就失去了稀缺性,也就减少了数据流通产生的收益。

3. 数据产品及其特征

数据产品是一种新兴的产品,它同其他物品一样是以市场为导向的,通过人们的获得、使用或消费来达到特定需求。

数字经济背景下的数据产品一般包括数字内容、数字终端设备、数字运营平台等。在现实生活中,手机、平板电脑等产品在市场上的流通是没有问题的,但是对于所谓的"数据产品"来说,却存在着产品形态和定价机制等问题。

在生产过程中,数据的产生可以分为两类:一是有形商品的数字化,二是直接加工数据。

1) 有形商品的数字化

大多数的数据制品都是通过实体商品,也就是原始的商品形式来呈现的,如把传统书籍变成电子书籍、把 CD 里的歌曲变成数字的音乐。

2) 直接加工数据

一些数据产品直接通过数据资源进行生产加工,如以大量的机票价格为基础、以大量历史市场数据为基础或者以股票市场数据为基础的各种预测系统。

与实体商品相比,数据产品是可重复利用的。数据产品的共享是指一种数据可以与他人分享,但提供者仍享有该数据的所有权,也就是说数据的权属与使用是可以分开的。数据产品的可复制性是指数据产品易于复制,而且其复制费用非常低,该特性为数据产品的分享提供了有力支撑。

数据的共享也为数据产品的共享提供了方便。由于其易于复制,可以将数据产品复制为若干个不同的拷贝,且其属性不会产生任何差别。这就是数据商品和传统商品之间的区别之一,也是其吸引人的地方。因为数据产品具有较高的制作费用,但其复制费用低廉,所以易于产生规模效益。大部分的数据产品都属于经验产品,消费者试过之后,再来辨别产品好坏、价值高低。如音乐数据产品,要先让观众亲身体会,方能确定自己的喜好;还有天气预报的数据,只有日期到来,才能判断之前的预测是否准确。

5.1.2 数据资产运营的意义

扩展阅读 5-2
激活数据资产:
以改善营商环境的视角

在数据被视为一项资产之前,产生于企业各类经济活动中的数据都如同副产品被搁置,价值没有被深入发掘。以互联网行业为例,在互联网发展的早期,互联网企业并未认识到数据的重要性,数据往往被视为存储器、服务器的"负担",需要定期清理。直到人们对大数据的认知和重视程度不断加深,隐藏在冰冷机器中的"钻石"——数据资产,才开始熠熠生辉。

唯有使数据在实际运用和流转中发挥其作用,才能真正地变成数据资源。对这些数据进行合理的分配与使用,可以增加其经济价值,并保证和推动各种业务的发展。

数据资源经营的核心是数据价值的实现,让数据和所生成的信息变成一种可被认可的价值,并对其进行分析和发掘,从而实现用户价值、群体价值和社会价值。其主要思想是将数据视为一种新型的财产形式,将原有的资产管理制度标准等应用到数据资产的管理过程中。

数据资产运营是充分发挥数据价值的必经之路。数据资产管理通过解决释放数据价值过程中面临的诸多问题,以体系化的方式实现数据的可得、可用、好用,用较小的数据成本获得较大的数据收益。通过数据资产管理,可全面掌握数据资产现状,提升数据质量,实现数据互联互通,提高数据获取效率,保障数据安全合规,让数据价值持续释放。

1. 数据资产运营推动地方数据财政增长

数据资产就像是蕴藏在深处的"地下水",不通过一些特定的方法和手段,很难对其直接利用。数据资产运营是对数据资产进行激活和进一步开发的有效策略,就像管道可以直接连接地下水与地面的使用者,数据资产运营可以通过专门的技术手段对数据进行聚合和激活开发,从而推动数据相关应用的真正落地,实现经济快速增长,维持地方财政支出。

2. 数据资产运营是推进公共服务个性化的重要手段

在市场经济和社会力量不断完善与发展的过程中,各种不同主体的参与将对公共服务事业提供强大的助推力。而随着大众的需求逐渐呈现出多元化,公共服务部门逐渐提供定制式的服务。运用数据资源对政府数据进行激活,可以有效地整合政府资源,解决部门分割、资源约束、协作困难等问题,实现数据的流畅和实时地更新,实现资源的分享和跨行业的协作,有效地使用现有的资源,以实现对公共服务实时、准确地响应。

3. 数据资产运营为政府治理能力现代化提供决策依据

政府作为国家的主要代表,政府治理能力的提升是提高国家治理能力与整体凝聚力的关键所在。一方面,数据资产运营为政府部门分析原有数据,发现和利用现有的各种决策信息提供了依据和先决条件;另一方面,整合、挖掘和共享这些信息,提高了政府在宏观调控、市场监管、社会管理和公共服务等方面的协调能力,进而提高了政府整体管理效率。

4. 数据资产运营是政府提升社会管理水平的重要抓手

数据资源的运用,克服了多个部门对当地社会治理的技术壁垒,最大限度地挖掘、利用信息,可以有效解决信息的"孤岛"问题,降低不同部门间信息交流的成本,缩短交流的距离。相关数据资产的有效整合为信息公开、意见反馈等提供了技术支撑,为社会主体参与社会管理提供了有效平台,使当地政府能够直接、高效地响应民意和社会需要。

5. 数据资产运营为构建智慧城市奠定基础

一座城市要想实现可持续发展,数据资源是一个不可或缺的助推力。数字化城市的发展方向是:"数据网络"将是一座城市的"第五道网络",就像自来水、电网、燃气管道、道路网等重要的网络一样不可或缺。数据网络持续不断地为整个社会的运行提供无穷无尽的信息。数据资产运营是将城市数字化的引擎,它运用大数据技术对城市进行全面的分析与应用,实现城市公共事业的便捷化、城市管理精细化、现代产业的深度整合,以此保障城市正常、高效运转,最终保障城市经济社会健康可持续发展。

6. 数据资产运营助力实现转型升级和高质量发展

实现经济转型升级,必须做大做强新兴产业集群,实施大数据发展行动,运用新技术、新业态、新模式,大力改造提升传统产业。具体来看,传统产业所存在的能耗大、产业链竞争力不足、技术附加值不高、边际效益递减等问题都是目前产业集群面临的挑战。数据资产运营将原来被搁置的数据变成了一种有效的管理手段,这一过程还可以与本地的经济特点相融合,提高数据的使用效能,避免重规划、轻运营的问题;通过发掘数据与传统行业结合的方式来培养新型、跨界的新型商业模式,可以极大地提高数据资产在行业中的价值,构建新的竞争优势,从而提高城市的发展水平和质量。

7. 数据资产运营为数字经济发展提供价值要素

以数据资源为核心要素、融合创新为典型特征的数字经济革故鼎新,大势已现。用数据资产运营方式发掘数据所蕴含的信息,可以使传统行业在数字化时代进行整合和革新,不仅能培育经济新动能、提高数据资产带来的经济效益、改善民生增进社会福祉、促进治理现代化、实现城市跨越式发展,还可以催生一系列大数据新业态和新模式,促进产业结构优化升级、助推数字经济发展。

5.2 数据交易

5.2.1 数据交易相关概念

1. 数据交易的定义

数据交易是指以对等收费的形式对数据资源的所有权、使用权或收益权进行转让的行为。

数据交易可以具体定义为以下六种模式。

（1）用户可以免费使用数据资源中的所有数据。

（2）用户可以免费使用数据资源中的部分数据，然而想要使用更多的数据，需要向数据供给方付费。

（3）用户根据数据量的多少付费，只购买一部分的数据资源。

（4）用户事后付费，根据自己的使用量向数据供给方付费。

（5）用户按时间付费，如为每周、每月甚至每年的数据库使用付费，在付费时间区间内，用户可以自由访问数据库的所有内容。

（6）用户以基础费用购买数据库中的部分数据，当数据使用量超出标准以后，用户需要额外支付费用以继续使用。

数据交易作为一种新型的商业模式，得到了理论界和产业界的广泛重视，有关的理论和实践工作也层出不穷。数据交易的产权保护、数据安全与隐私保护、数据质量与定价策略、数据交易模式与机制建设等是数据交易领域的重要内容。数据的所有权归属问题是数据交易的先决条件和依据，数据的主体可能是多个，且数据具有可重复使用等特性，使得数据与以前的产品相比具有一定的差异，从而导致数据出现所有权归属、数据产权界定以及授权合法性等问题。数据交易的关键问题是保证数据的安全、防范数据的泄露以及保证数据的稀缺程度。数据交易的一个重要意义是以市场交易的方式对数据进行价值估量，因为数据与实物具有完全不同的特征。数据交易过程中，买方需要了解和掌握数据的质量，卖方需要掌握和改进数据的质量，数据中介需要对数据质量进行监控和管理，交易三方合作，才能制定出一个合理的价格，以促进交易的公正进行。由于需要建立健全数据交易体系，所以如何建立数据的交换方式和机制一直备受关注。

2. 数据交易市场的定义

数据交易市场一般指的是数据产品进行买卖的场所。数据市场这个术语先于数据交易市场被提出来，用来指代所有从事数据产品业务活动的中介机构。广义的数据买卖也包含数据买卖的各方。数据市场中最具代表性的交易者可以分成三种：数据提供者、数据需求者以及数据市场拥有者。数据提供者提供数据并设定对应的价格。数据需求者根据需求和提供者所设定的价格购买他们所需的数据。数据市场拥有者扮演着数据提供者与数据需求者的中间角色，他们与数据提供者进行价格谈判，并对数据处理进行管制。数据交易是一个狭窄的数据市场的交易平台。正在兴起的数据交易平台有美国的 Factual、Infochimps、Xignite 和 Windows Azure Data Marketplace 等，Windows Azure Data Marketplace 有 100

多个可出售的资料来源，Infochimps 有 15 000 个，Xignite 主要关注金融方面的信息。

贵阳大数据交易所是中国第一个大数据交易所，于 2015 年 4 月 14 日正式运作。在此之后，诸如西咸新区大数据交易所、武汉东湖大数据交易中心、华东江苏大数据交易中心等地方的数据交易中心也相继成立。北京市大数据中心于 2019 年 12 月正式挂牌，其目标是建设全球主要的数据贸易平台和数据的跨国交易中心；《上海市数据条例》规定，上海市应根据中国的政策在浦东地区建立数据交换中心，实现其实体化运作。

5.2.2 数据交易主要方式

1. 数据交易对象模式

数据交易对象模式主要有数据用户模式、数据供应商模式和数据服务商模式三种。数据用户模式是指企业内运用大数据进行策略决定或为其他的商品和服务提供支持的一种模式；数据供应商模式是指以用户为对象、以数据为商品进行销售的一种模式；数据服务商模式是指企业通过数据分析并销售数据分析成果的方式，为数据应用程序、数据技术以及数据跨产业的协作提供支撑。

2. 数据交易权属模式

随着综合性、区域性数据交易中心的建设，数据交易的主要业务类型也逐渐成型，根据交易要素的不同，可以分为以下三类。

1) 数据产品的所有权交易

这种方式的本质是数据的所有权转让，数据的拥有者将丧失对数据的占有、使用、收益和处置的权力。在此模型中，购买者享有专有的所有权，其价格通常是通过收益法确定的，一般数据购买者要为此付出很高的费用。这种方式适合于大规模、私密化和高价值的数据。与其他的产权转让方式相似，如专利技术、著作权等，交易过程比较烦琐，需要通过登记和公证来实现。

2) 数据产品的使用权交易

这种方式反映了将某一数据的经济利益转让或者一种临时占有。常用的方法有特许使用、数据库会员出售、数据共享服务等。在非产权转移中，一般采用协议形式进行场外买卖，常用的收费方法包括计次收费、计时收费、会员席位收费、特殊适用范围的收费等。

3) 数据产品服务方式的交易

这种方式围绕着数据增值、数据定制以及为用户提供其他数据的需要而开展收费业务。根据客户的需要，一是向客户提供数据租售、数据采集和清理等基本的数据服务；二是提供数据处理与数据分析服务，除了提供数据的基础架构外，还提供数据计算、云存储、挖掘、可视性等各种数据服务，并为使用者提供数据的整合管理；三是知识性的服务，即提供硬件支持和软件服务的同时，提供全方位的个性化的解决方案，并深入地参与客户的商业活动。

3. 数据交易的典型方式

数据交易的典型方式包括以平台为基础的数据交易、以数据库为基础的数据交易、基于采集加工的数据交易以及基于经纪商的数据交易四种。

1) 以平台为基础的数据交易

平台数据交易是通过报纸、电视、网络等平台对有关公司进行宣传,使其在更多的受众和使用者中得以展示,从而提高其知名度和接受程度。传统的报纸、电视等媒介对各种商品进行的宣传,看似不是一种数据的买卖行为,实际上是一种广泛的数据交易和协作。但这种数据交易比较初级,报纸和电视都是针对一些特殊人群发布的,按时间段、时长收取广告费。在网络社会中,以流量和数据为基础的协作越来越具有多样性。网络可以为商家带来与传统媒介一样的流量和数据支撑,如淘宝、京东等网络公司可以为某一公司的网站带来巨大的访问量,如在本网站的主页上链接某公司的门户网站;在微信支付的网页上,其可以为商家打开小程序的业务门户;像百度这样的搜索引擎,可以利用如竞价排名等各种方式为不同的公司提供不同的业务。与此同时,互联网也可以为企业的客户带来个性化的业务服务,比如"千人千面"的商品介绍和购买经验。

2) 以数据库为基础的数据交易

数据库公司往往会把大量的数据集中起来,为使用者提供数据检索和数据集成等服务。比如中国知网、万方数据库、JSTOR 数据库、Lexis 数据库、Westlaw 数据库等,这些数据库往往会以购买著作权或其他方式收集论文、案例、法律法规,然后将这些数据整合起来,以满足大学等科研单位的需求。在商业领域,这样的公司还有不少。比如,基于企业信用记录的企查查,它通过深度学习、特征抽取和利用图表构造等技术,将有关的数据和信息传递给客户。针对普通使用者,企业可以提供通用的查询,而更高层次的使用者则需要购买 VIP 会员才能获得。另外,平台公司自身也可以建立数据库。比如,根据自己的数据,淘宝建立了一个为淘宝商户付费的"生意参谋"数据库。在这个数据库中,淘宝上的商户可以看到口径统一、计算全面准确的商店和产业资料,从而为企业的经营出谋划策。

3) 基于采集加工的数据交易

这种数据交易特指以数据为基础的科技公司进行的数据交易。在此类业务中,数据公司通过数据采集、标注、清洗等手段,为高技术领域的公司提供数据处理服务。比如,在无人驾驶中,数据采集和处理厂商会收集到海量的道路驾驶资料,并在真实的环境中标记出汽车的运动路线,从而为汽车的自动驾驶系统提供训练资料。对于智能语音服务,数据采集和处理厂商会收集到海量的不同方言、不同音色的语音资料,从而为人工智能提供训练资料,实现对不同语言的识别。在进行面部辨识时,资料采集和处理厂商会收集到相当数量的脸部资料,从而进行脸部辨识训练。在数据采集和处理过程中,厂商经常会从大量的语音、图像、文本等信息中,为用户进行数据的标识和定制。以数据堂的数据集产品为代表,其提供的数据集包含"20 万小时语音数据集,50 万小时图像视频,文字 4.5 TB,80 多种语言和方言""智能辅助标注技术""专业个性化数据收集与标注"等各种服务,用户包括华为、百度等众多国内外公司。

4) 基于经纪商的数据交易

这种数据交易是通过经纪商的参与而形成的。实际应用中,数据经纪商通常会为客户提供各种类型的服务。一些数据经纪商专门从事市场推广,建立一个包括个人年龄、地理位置、受教育程度、收入、网络记录、购买历史等数据的大型数据库,这些数据库可以为企业和使用者进行定向宣传与市场推广。数据经纪商也许会收集特定的装置标识或 IP 地点数据,在商家需要向特定区域发布一个广告时,数据经纪商会把这个广告推向特定的 IP 或特定地点。此外,一些数据经纪商也会将重点放在防范和控制上。举例来说,在放款前,银行可以通过咨询数据经纪商来判断借款人所说的信息是否真实、合法,以此来减少对欺诈行为的放款。在对合同驾驶员进行审查的过程中,网约车平台也会要求其提供相关的资料,以协助其完成对网络服务的保护。

5.2.3 数据交易安全及其风险管控

1. 数据交易中的安全问题

在数据交易中,安全隐患制约了数据资源的流动。数据交易安全可以分为数据质量安全、数据内容安全和数据流通安全三大类。现有法律法规尚未对交易权限进行清晰的界定,导致实际的交易中出现大量的安全缺陷。本节从数据质量安全、数据内容安全和数据流通安全三大方面进行了分析和总结。

在数据质量安全方面,从中国目前交易所的交易体系和规则来看,并没有对数据质量进行系统性的说明和规范。数据的合法性、真实性、准确性、一致性和完整性都是数据的重要组成部分,数据的收集、整理、分析、集成、传输和存储都是数据安全管理的关键与难点。由于数据交易与普通的货物交易具有不同的特性,所以数据的品质标准不需要通过交易平台来确定,可以通过交易双方之间的协议来确定数据的范围、形式、标准和产权等方面的问题,而交易所则充当中间人和监督人,监督并协助解决违约的问题。

在数据内容安全方面,主要涉及数据内容是否合规和数据的保密性质的判定。交易数据是否合规,取决于它所记载的信息是否会对国家安全、公共利益和个人信息的安全构成威胁。在法律方面,必须通过相关的法律法规合理地实现贸易的安全性和数据的流动,对涉及企业和人员的数据列出"负面清单",并对涉及商业机密和个人的数据进行严格的限制。从技术上来说,信息敏感技术和语义鉴别技术可以对数据是否合规进行验证,其效率远远超过手工筛选。同时,对用户的数据进行匿名处理也是一种很好的防范措施,将来可能会是一种利用私人信息获取用户隐私信息的方法。

在数据流通安全方面,目前最受关注的是数据的所有权问题。《民法典》对互联网上的虚拟资产的产权进行了专门的规定,以帮助不同主体进行数据所有权的界定。《数据安全法》从 2021 年 9 月开始施行,制定了数据的分级保护体系,明确了企业、个人、数据交

扩展阅读 5-3
广州互联网法院
公布涉数据及虚
拟财产典型案例

易中介、数据处理机构、重要数据处理方等多方面的数据安全保障。在数据的交易过程中,首先要确保公开交易的数据产品的来源合法,并确保产权清晰、没有纠纷;其次是对数据交易进行后的产权保护。第一类问题主要用于描述数据是否可以进行交易,这一过程要求卖家为这些数据的源头和拥有者提供一个合理的证据,而交易所则会对这些信息进行严密的审核。第二类问题主要存在于数据所有权的交易中。由于数据的可获得性与可复制性,如何保证数据产品所有权交割后真正所有权人主张权利的排他性往往成为实施难点,原所有人对转让后数据的使用权限的规制体系尚在探索中。

2．数据交易安全风险管控的主要技术

一些新兴技术可以被用于数据交易安全风险的管控过程中，这里介绍四种比较常见的信息加密技术，即差分隐私技术、同态加密技术、区块链加密技术以及数据水印技术。

1）差分隐私技术

差分隐私是一种以干扰技术为基础的隐私保护模式。差分隐私技术是在真实数据中加入一定的随机数，把确定的查询和分析结果映射成不确定的区域，以保证数据库中的个别数据的安全。在个人用户的个人隐私权保护方面，2018年中国华为技术有限公司首次将此项技术用于"用户体验改进计划"，只需综合运用数据进行全面的分析，即可消除干扰噪声。相对于同态加密、匿名化等加密技术，差分隐私具有更严密的数学依据，并对供给方的个人信息进行了严格的界定，加强了对数据交换信息的隐私性的保障。

2）同态加密技术

同态加密技术是指对文本等进行任意的函数转换，并且传输过程不需要解密，对转换后的输出进行解码可以得到与对应明文相同的结果。与普通的数据保密技术相比，同态加密技术更注重数据的安全性。用户利用这种技术，可以在不泄露原数据的情况下，对已有的数据进行加工。在分布式计算中，同态加密技术可以用于计算密文数据。

3）区块链加密技术

区块链能够根据储存区块的位置、储存时间、系统密钥等信息，实现对数据商品所有权的编码，并将该编码与对应商品进行捆绑，然后将交易的信息储存在区块链中，对数据的交易进行跟踪。腾讯云数字链是一个典型用于数据储存和流动的区块链技术，它首创了三种数据的交换：直接在链路上使用不对称的加密解密过程；在链上传播健全信息，关键控制信息；基于信任的数据传输方法。由于其具有存在性和可控性，数据流转的安全和可追踪性得到了很好的保证。

4）数据水印技术

该技术通过在数据产品中植入特殊的水印信息来保护数据产品的著作权和完整性，保证数据的归属一致及数据的泄露可追踪，减少数据流通与共享时遭盗用、侵权的风险。在实际操作中，贵阳大数据交易所采用"数据确权"模式，对数据进行编码和打印，并利用数据水印技术进行数据归属判断。该技术已经在数据确权、数据泄露排查等方面得到广泛的运用。

3．数据交易风险管控的主要制度

除了技术手段以外，一些制度的设立也可以帮助进行数据交易风险的管控，包括访问授权制度、数据交易征信名单和平台争议判定机制等。

1）访问授权制度

当前进行大型数据业务的平台大多是会员管理，并对其使用的权限进行了严密的控制。采用身份验证的方法，保证了数据的合法存取，对突发的恶意访问进行了有效的隔离，避免了数据被拦截的情况。

2）数据交易征信名单

各种类型的交易平台都可以加强对用户非正常使用情况的辨识，对其运行特点进行分析，建立数据供应商、需求方和中介机构三类信用记录，并按照不良行为的严重程度进行分级。

3) 平台争议判定机制

在数据流通和共享过程中存在的争议,应当设立争议的调节机制和权利判断体系。同时,要强化对基础平台的交易数据的存储和保存,以保证数据的可跟踪,并能迅速处理产权纠纷。建立纠纷认定的自动化体系,加强功能辨识,对交易前后进行全面的控制,尤其是在交易发生之前,对风险进行警示,并形成健全的纠纷调解制度。

5.3 相关商业模式

5.3.1 数据资源型的商业模式

商业模式与资产运营是紧密关联、密不可分的。商业模式是资产运营的核心基础。资产运营又是许多商业模式实现的主要途径之一。数据资源型的商业模式是指当企业拥有各类有形或无形的数据时,通过对已拥有的数据资源进行整理,所构成的一个逻辑上的商业模式。在数据资源型的商业模式中,每一构成元素都具有很强的依赖性,这种模式是将所拥有的数据资源作为商品进行销售来获得收益。

1. 数据资源型的商业模式的特点

数据资源型的商业模式,是基于传统产业的资源性业务发展而成的,但它是一种包含资源性、服务性和增值特性的战略新兴产业,具有很多新的特点。

首先,与传统工业中的自然资源相比,数据行业所占用的数据资源是可再生、非高污染的。数据资源是由大量、具有一定规模、具有多个逻辑性、具有高度集中性的数据结构和实体资料集合组成的。在全世界范围内,数据资源的数量是以几何倍数的速度增加的,并且随着科技的发展,越来越多的数据资料被存储起来,这将是一个无穷无尽的资源。当数据被处理成数据产品的时候,它的价值就会被保留,等下一次数据产品开发的时候继续发挥作用。在如今的信息公开时代,信息资源是不可垄断的,没有一个公司能够垄断信息。所以,选择这种商业模式的公司并不追求数量上的优势,而是专注于特定的行业。当某一公司拥有行业内最好的数据资源时,该公司就会得到更高的收益。

其次,数据行业高度依赖数据资源,企业的核心竞争力、价值诉求等因素都是基于数据的资源占据。在大数据时代,大量结构复杂、价值密度低、处理速度要求高的数据产生,催生数据行业。数据是数据行业的发展之源,数据所涉及的领域将会影响其加工与发掘的过程,也会影响其最终的呈现结果和形式,进一步还会影响数据公司所能招揽到的顾客。数据资源经过加工后以数据产品的形式显示出来,因而数据产品的来源同样是数据本身。

再次,数据行业的公司也需要考虑其地理位置的选择,它们虽然并不像其他传统工业企业那样需要考虑资源丰富、供应方便等因素去选择合适的公司地理位置,但毕竟数据资源十分依赖数据存储介质、传输设备等,所以需要考虑数据中心的地理位置等问题。由于经济的发展,信息产业的数据资源十分充裕,需要大量的数据处理工具以及相关人才。例如,国内现在的数据行业比较密集的地区基本上都在北京

扩展阅读5-4
从"资源"到"资产"用数据资产管理解锁数据新价值

和上海,一方面,这些地区是传统 IT 行业的聚集地,拥有丰富的数据资源和完善的基础设施;另一方面,周边大学、研究院所的集聚也对这些地区大数据行业发展在技术和人力上有很大的帮助。

最后,与不需要技术或行政投资的传统工业产品不同,由于数据产品具有较高的附加价值,数据行业必须进行更多的技术或管理投入,以便数据产品的生产与更新迭代。数据随着人类的诞生就已经产生了,在最初的数据管理过程中,对数据的操作就是进行数据的存储,但是随着时间的推移,数据已经不再是简单的数据流,可以通过以前的数据对未来进行预测,从而帮助数据主体作出正确的判断。所以,仅仅掌握这些数据并不能带来任何的收益,只有通过科技手段把这些数据资源转换成具有指导意义的数据产品,才能发掘数据资源的高增值属性,从而为自身获取更大的利润空间。

2. 数据资源型的商业模式的分类

按照对数据资源的占有形式,可以将其分为领域数据资源独占型和行业外数据资源共享型两类。

1) 领域数据资源独占型

这种模式是以领域中的数据资源为基础的,通常依赖于特定领域的特定数据管制需求,如金融业的垄断性、医疗领域的专业性等,在要素上是在某一领域中强化消费者目标群体、客户关系和合作伙伴网络等以形成排他性,在形成逻辑上属于战略控制,在价值上是以占领行业价值链为特点的。

随着信息技术的不断发展,无论是数据源的数量还是数据的总量,都是不断增加的,然而对某一特定的数据公司而言,并不代表其所掌握的数据资源越多其收益就越高。由于数据资源具有较小的价值性,制造数据产品就是要从海量的数据中剔除无用信息,以最准确的方式为顾客作出决定。原始数据拥有的噪声越小,就意味着对应数据产品的制造费用越低。一般来讲,即使数据厂商拥有大量的数据资源,但这些数据资源多为不相关的,其数据产品的制造费用反而会更高。作为一个专业的数据公司,想要为用户提供最好的服务,一个合理的起点应该是注重本领域数据资源的归集与整理。

根据数据的范畴,数据资源可以分为七大类型:科学数据、政务数据、互联网数据、金融数据、医疗数据、地理数据和贸易数据。数据公司本身要利用最小的成本占据领域数据,进而为用户提供数据分析支撑,以此建立自己的商业模式。

2) 行业外数据资源共享型

行业外数据资源共享是一种以行业外部的数据为基础的共享经营模式,它是从行业边缘对行业内部的公司进行价值改造的一种商业模式。例如通过消费者需求挖掘的品牌改造或经销渠道的要素功能提升等,在形成逻辑上属于运营类改进,在价值上实现的是对不同数据资源价值的补充。

许多数据企业不只基于挖掘客户所在领域的数据,它们还会利用自己的客户资源、政策走向、品牌塑造甚至是选址等一些非行业领域的数据资源为企业的决策提供支撑。

行业外数据资源共享型模式是基于数据资源的商业模式的主要形式,一家公司若在每个方向都想有所发展,势必降低公司的专业性,对公司长远发展不利,所以需要借助专业的数据公司来为客户提供个性化的业务。行业外数据资源共享型模式是基于企业自身的合作关系,以较小的成本取得各种数据资料,通过整合为企业提供最佳的业务模式。

5.3.2 内生能力型的商业模式

内生能力型的商业模式注重企业内部能力建设,从构成要素上看,一是企业的核心竞争力在于技术或专业化;二是人力资源、知识资产的比例高;三是价值主张、分销渠道等要素呈现多元化、多向度的特征。内生能力型的商业模式通常是大多数数据企业初创时会采用的模式。

1. 内生能力型的商业模式的特点

数据行业在新技术的驱动下蓬勃发展,数据存储、数据挖掘、数据显示等技术手段为数据资源的增值提供服务。和其他行业的固有实力相似,数据企业的内生能力也是一个不断发展壮大的过程,从技术上的突破到专业性的服务,再到建立公司自身的品牌,内在能力的提升不断为公司带来更多的利润。与其他行业比较,数据行业具有其自身的特征。

首先,数据行业已不仅以技术上的突破为重点,更以创新与信息技术为动力。开源早已占据了IT行业的主导地位,这些公开的技术很容易被应用到数据行业中,甚至无须耗费大量的资金去开发,只要将公布的底层技术稍加修改便可使用。在信息技术迅猛发展的今天,好的创意甚至可以比拟一项新的技术,创新可以持续提升数据产品价值,让数据产品与众不同。数据产品在领域里脱颖而出,就能让所属公司在市场竞争中脱颖而出。

其次,由于开放源码协同与工程众包,内生能力型的商业模式具有与以往不同的成本构成,其人力资源、知识资产等成本会大幅削减。众包是近年来兴起的一种业务模式,在数据行业中,协同外包是一种通过网络中已推广的技术进行成本削减的方法,通过网络雇用一批时间充裕、低工资要求的志愿员工来协作完成自己的业务,以此来缩小自己的核心员工规模,从而产生更多的利润。

再次,这种商业模式建立了以市场细分为基础的业务经营和多层面的综合经营战略。以往的行业都是以业绩为导向、基于产业链价值的经营转型,但是仅凭这样的经营还远远不足以支撑起数据行业。数据行业要根据顾客的需求为顾客定制产品,以差异化的产品满足不同顾客的需求,并与顾客建立更持久的客户关系。

最后,企业的价值获得不再单纯依赖于单一链条的创新或效益,而是通过各个行业链的相互补充来实现。数据行业的产业链与其他行业是有极大区别的,它的上下游产业链是一个有机的行业联盟,产业链的数据资源多是由上游掌握,于是产业链中其他中下游企业的利润分配也被上游控制,但基于数据资源本身的特点,中下游企业可以利用市场上的关键技术对上游数据资源进行加工再销售以赚取利润。

2. 内生能力型的商业模式的分类

内生能力型的商业模式可以分为技术主导型和持续积累型两种。在发展的早期阶段,由于具有特定的技术或专业优势,数据公司往往会先进行技术上的突破,再经过一段时期的不断积累,最终获得稳定的利润。

1）技术主导型

现在大多数的数据创业公司都采用这种模式，创业者大都是技术人员，他们对信息的理解都是建立在技术基础上的。对于技术主导业务的数据公司，其成本构成中，数据获取部分所占的比例常常很高，并且一般要求寻找一个好的合作伙伴来分享这些数据和技术。

技术主导的模式适合早期的数据行业的初探，数据行业早期产业化水平相对较差，各种基础建设还不够完善，市场还没有完全成型，数据创业公司可以利用技术上的优势来打造自己的品牌，从而获得更多的市场。以技术为主导的方式促进了企业的信息技术革新，持续推动企业的信息化发展。

大部分的数据创业公司可以采用技术主导的业务方式，即基于用户的具体需要，通过先进的技术为其量身定制数据产品。在这种业务模式中，技术研发费用占据了很大的比例，并且会形成行业联盟。

案例 5-1　上海大智慧股份有限公司

上海大智慧股份有限公司（以下简称"大智慧"）是一家专业的金融数据公司，它以软件终端为载体，以互联网为平台，及时提供专业的金融数据分析服务，已成为国内金融行业的领军人物。大智慧拥有雄厚的技术和研究力量，不断推出具有创意的产品，以迎合广大投资人的需要。大智慧开发的大智慧大数据终端，是集合1 000人团队、历时3年、根据国际高端金融数据服务标准、面向机构业务金融信息服务标准打造的新一代金融信息终端。该终端综合了大智慧的交易平台和大智慧的数据库，集行业内技术和研发力量于一体，7×24小时为客户发布国内及全球金融市场数据，是国内首款完美结合交易的金融资讯终端产品，用户可以通过终端提供的多维数据报表与行业分析工具以及Excel插件便捷地获取数据。该终端能够为金融机构、财经媒体、金融高校、政府部门、科研机构提供金融市场信息服务。公司紧跟移动互联网的脚步，发布了一款Level-2级别的手机专用版本，能够准确捕捉到个股异常，实时监测主力动态，便于投资者判断个股主力资金流向。

大智慧认为，在建立业务模型的时候，关键在于如何利用现有技术进行各种要素的规划和设计。在费用构成中，它的数据技术研发费用占了很大比例，而且大部分来自对资源所有者的技术支援，所以产生的费用也会转移到技术研发上。在合作关系因素上，因为技术条件较高，大学的研究组织因素是建立企业自身商业模式的重要组成部分；在顾客的价值因素上，企业的目标对象是与财务有关的组织或公司，利用自己的营销团队根据顾客的要求，为顾客量身定做数据产品，从而创造更多的收益。大智慧的商业模式如图5-2所示。

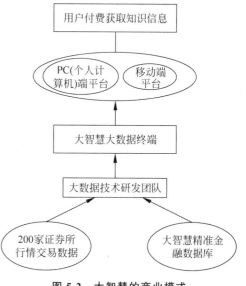

图 5-2　大智慧的商业模式

资料来源：上海大智慧股份有限公司.关于大智慧[EB/OL].[2022-12-23].https://www.gw.com.cn/about.shtml.

2）持续积累型

持续积累型模式是一个行业发展到一定阶段后的一种商业模式,即当一个公司以技术为突破口,并在一个行业中立足之后,随着时间的推移,不断进行品牌的口碑积累,以此获得更多利润。

持续积累型模式实际上是技术主导型模式的改进,它注重的是数据技术的研发和客户群体的维护,注重传播价值观,在不断维护现有客户群体的同时,通过新的产品开拓新的市场,以期获取更高的利润。

5.3.3 资本积累型的商业模式

资本积累型的商业模式以资本要素为中心、以市场规律为基础,通过运用市场规律来提高自己的价值。从构成角度讲,其是在战略层次上寻找与外部市场相融合的机遇。

1. 资本积累型的商业模式的特点

由于数据行业是一个资本密集的行业,它的发展需要庞大的资金支持,所以一般拥有良好资本运营能力的公司都能度过创业初期的起步阶段,最后发展壮大。数据行业是一种新的行业,资本积累型的商业模式与一般的行业没有太大的区别,其自身特点包括以下几个方面。

扩展阅读5-5
数据资产运营的
完整链路

1）资本的流动可以造成价值的增加

流动的资本可以为公司创造增值,资本的生命力在于流动,一定数量的资本,在各个时期都会产生不同的价格,现在一定数量的资本,其价格要高于将来的同量。数据行业大多都是小型的公司,资本流动很容易,它们会将自己的利润投到其他的地方,如进行技术革新或扩大顾客群,这样能确保自己的资本能够持续地为公司带来更多的利益。

2）通过提高资本的附加值来提高资本价值,使其价值最大化

企业的资本运营实质上是一种资本的投入与再生产,它是一种商品或劳务的价值创造,是工人和生产资料的有机统一,正是这一过程,最后实现了资本的增值。

3）风险与收益共存

任何一项投资行为都是有风险的,没有绝对的风险和回报。所以,在投资的时候,投资者要尽可能地避免风险,既要分散资本,又要从其他公司那里吸收资本,这样才能增加公司抵御风险的能力。

2. 资本积累型的商业模式的分类

资本积累型的商业模式可以分为股权投资型和企业并购型。

1）股权投资型

建立一家数据公司,必须有庞大的资金支撑,而国内的初创公司大多都是在技术上起步,资金并不多,所以想要建立起一家公司,首先要做的就是将自己的股份转让出去。企业在创业成功时,大多都会需要资金来支持自己的技术革新和运营,想要发展下去,就必须进行一次甚至二次融资。数据公司往往投资大、投资周期长、风险大,但是高风险往往就代表

高收益,而且股票投资这种形式的利润也很大,一是公司的红利,二是公司上市后的回报要比其他公司高得多。一旦一个数据公司自身有了足够的资金,那么它就可以入股,收购市场上一些初创公司的股票,逐渐形成一个稳固的联盟,提升公司的盈利能力。

建立这种模式需要一个具有良好发展潜力的公司,强有力的创业队伍、良好的组织架构以及先进的技术手段都会对公司的发展产生巨大的作用。所以,建立这种商业模式,必须以资金的投入为核心,以技术研发争夺更大的市场占有率。

案例 5-2　拓尔思信息技术股份有限公司的数据产品和服务

拓尔思信息技术股份有限公司(以下简称"拓尔思")通过整合"云平台+行业+服务"的模式,将大量的数据与 Hadoop 体系有机融合,在大数据采集、管理、分析挖掘、可视化等方面创新了许多与企业数据、机器数据、社会化数据相关的产品和业务。其产品服务体系如图 5-3 所示。

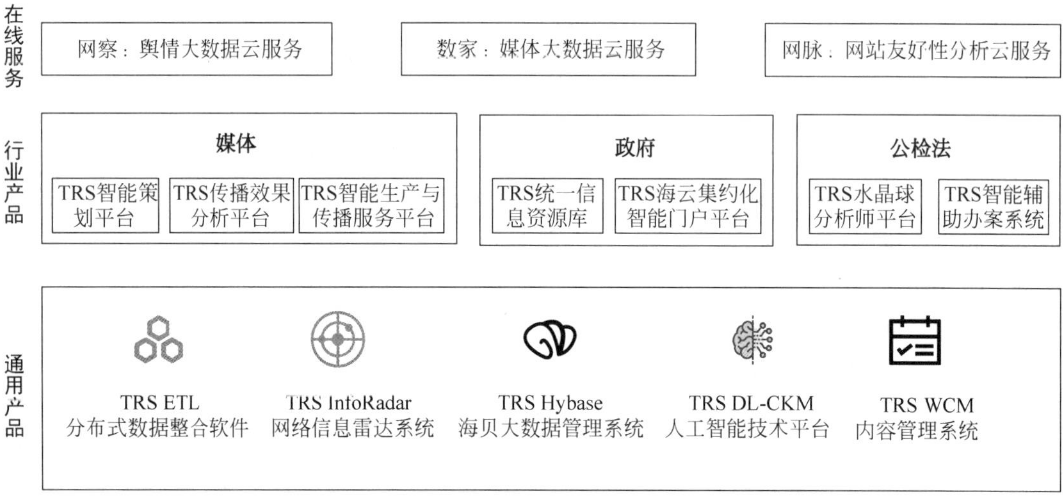

在线服务	网察:舆情大数据云服务		数家:媒体大数据云服务		网脉:网站友好性分析云服务	
行业产品	媒体		政府		公检法	
	TRS智能策划平台 / TRS传播效果分析平台 / TRS智能生产与传播服务平台		TRS统一信息资源库 / TRS海云集约化智能门户平台		TRS水晶球分析师平台 / TRS智能辅助办案系统	
通用产品	TRS ETL 分布式数据整合软件	TRS IntoRadar 网络信息雷达系统	TRS Hybase 海贝大数据管理系统	TRS DL-CKM 人工智能技术平台	TRS WCM 内容管理系统	

图 5-3　拓尔思产品服务体系

资料来源:拓尔思信息技术股份有限公司.公司介绍[EB/OL].[2022-12-23]. https://www.trs.com.cn/ljwm/gsjj/.

2)企业并购型

数据行业的持续发展,会导致大量的数据公司之间的重组与整合,这取决于资金的流动性和附加值。一个数据公司发展起来之后,单纯地依赖以前的商业模式很少能带来更多的收益,所以开发新的商业模式是不可避免的。一般来说,公司可以通过自身加大资本投入和借助并购来发展。这两种方式相比,并购更高效,因为这样可以节约大量的时间,在竞争中占据更大的优势,在减少进入壁垒的同时还可以借助并购来提高市场占有率或者拓展新的市场。在数据行业中,采用企业并购型模式的公司通常已经具备一定的规模并具有自身的品牌效应。大部分的收购方式都是通过融资方式进行的,即通过专门的投资基金或者风险投资公司来迅速获得大量的融资。所谓的"横向兼并",就是指在某一行业进行资金的集聚,从而快速地扩张其生产、提高其市场占有率、增强其竞争力、增加其利润。在并购时,通常是以股份形式进行的,这样公司就不必向外部支付资金,因而也就不会对公司的财务产生任何的不利影响。

5.4 数据要素市场

5.4.1 数据要素市场的基本概念以及运作模式

1. 数据要素的概念

如果数据进入生产活动中,那么它就成为一种生产要素。在过去经济发展过程中,数据之所以没有被单独作为一类生产要素,主要是因为数据往往和信息通信技术紧密结合在一起。信息通信技术的投资可以促进相关产业和整个经济的发展,而数据一直在这个过程中发挥着作用,因此将数据单独归为一种生产要素体现出对数字经济生产活动一种更加深刻和精细的认识。互联网平台企业收集的用户的个人数据本身不是一类产品,但是这些数据可以通过人工智能、大数据等算法被用于预测,从而帮助平台企业更好地开展生产活动,如广告服务产品、短视频推送产品、个人信用评级产品等的开发。数据的聚集可以帮助整个系统提升效率,因此如果互联网平台企业收集汇总大量用户的个人数据后将其用于经济的生产活动,那么这些个人数据就是数据生产要素。

2. 数据要素市场的概念

数据要素市场通过数据采集、存储、加工、流通、应用、交易、安全运行等资源配置活动,实现数据的价值变现和增值。数据要素依托要素市场完成资源配置,要素市场从本质而言是为供需双方提供交易的场所。要素市场要实现资源配置的功能,还必须建立要素定价机制、收入分配机制、交割基础设施等结构。数据要素市场可放在两部门经济循环模型中进一步释义。两部门是指居民和企业,居民向企业投入生产要素,企业向居民提供消费品,这两个环节分别对应要素市场和商品与服务市场两个独立供需闭环。在独立闭环中,供需双方以货币为媒介完成流通和分配。在商品与服务市场中,数据以嵌入商品或服务的形式存在,现行商品和服务流通交易的权属法律关系、定价机制、市场运行机制等底层逻辑基本可以适用。在要素市场中,首先,居民通过互联网渠道进行活动,留下消费记录、支付偏好、浏览记录、身份职业、交通出行、医疗健康等一系列个人信息,这些数据由为其提供服务的厂商采集;其次,厂商在对数据进行加工处理以后,将其作为生产要素,用于投入生产;最后,最终消费品将进入商品与服务市场。

3. 数据要素市场的主要运作模式

数据要素市场包括流通和分配两个重要环节,流通环节是数据要素产权或所有制的转移,分配环节是数据要素产生收入分配。

1) 从流通环节看,数据要素依托产权和所有制在各经济部门之间进行流通

一是数据要素的初次流通。数据要素来源呈离散型,政府部门、不同经济主体都可能控制和沉淀大量数据,这些数据汇总、整合、交叉匹配,具备投入生产的条件后,数据要素完成其初次分配。二是数据要素的二次流通。数据要素初次流通并不必然使其得到最大化利用,受限于初次流通主体的技术能力、运营方式,数据要素经过多次流通配置才能充分发挥其价值。例如,政府部门沉淀了交通、能源、金融、医疗等各行各业的大量数据,但是政府部

门不能直接将其投入生产，必须向社会开放和共享，才能将这部分数据转化为生产要素；部分企业数据维度较为单一、数据规模较小，或者缺乏必要技术进行数据应用，这些企业可以通过出售数据，将数据输送至其他企业，或者向其他企业购买数据或数据处理服务，来实现数据要素投入；部分大型企业，通过社交平台、电商平台、搜索引擎等连接供需双方的网络优势，以实现跨界经营。当体系内的数据规模、数据维度具备要素化的条件时，企业不仅可以将数据投入生产，还可以作为大数据供给方，成为生产要素流通的中心枢纽。

2）从分配环节来看，数据要素供给者依托价格体系获取报酬

一是数据要素收入的初次分配。初次分配由生产资料所有制决定，数据要素供给者可通过将数据要素投入生产获得相应报酬。在传统要素市场中，稀缺性及所有制决定传统生产要素可以依托市场供需关系进行定价，然而，数据不具备稀缺性，产权转移边际成本为零，且数据权属相对模糊，导致数据要素市场供需关系均衡缺乏稳定基础，定价机制运行受到影响。二是数据要素收入的再分配。再分配由政府通过征收数字税的方式，补偿数据要素供需双方，以及原始数据信息提供者之间的收益分配不公平。数字税征收核心考虑的是，依托互联网开展的跨境业务可以由远程方式提供，如将商业存在设立于税收洼地，可能造成税基侵蚀，影响税收公正。因此，数字税征收主要针对特定企业而非特定商业行为，缺乏对数据要素市场的普适性应用。

5.4.2 国内外数据要素市场发展现状

近年来，随着全球各国加快推进数据要素市场建设，国内外涌现出一批有一定影响力的数据交易市场。总体来看，国内外现有数据交易平台以 API、数据包、人工智能工具、数据定制等产品为主，交易的数据覆盖脱敏数据、模型化数据和智能化数据。部分平台还提供数据加工、数据应用、解决方案、数据质量评价、行业报告等产品和服务。

1. 美国

美国作为世界上最早发展数字经济的国家之一，构建了多样化的数据交易模式及较为完善的法律政策体系。具体而言：第一，加强数据资源整合。2009 年 4 月，美国联邦政府出台《公开政府指令》(*Open Government Directive*)，提出要建立"一体化"的政府数据服务平台；2012 年 5 月，"Data.gov"数据平台建立。此后，联邦及各州政府、职能部门及企业、社会组织等主体均可以将数据上传至该平台。联邦政府按照医疗、教育、经济、社会、生物、地理等不同数据类型分别设置不同的访问及开放权限，对各类数据进行整合。在开放和访问期间，数据控制主体还可以登录该平台对数据进行二次加工处理。第二，构建多元化的交易模式。当前美国数据要素市场交易主要有 C2B（消费者对企业）、B2B（企业对企业）和 B2B2C（企业对企业对消费者）三种模式，其中 B2B2C 是主要交易模式。C2B 交易模式是自然人将自身的相关数据上传到平台以换取相应的货币、积分或商品等利益，并将汇总的个人信息出售给买方；B2B 交易模式下，平台以中间人的身份为交易双方提供撮合服务；B2B2C 是平台作为数据经纪商购买或收集企业及个人数据，对外进行交易或与其他主体共享。第三，平衡产业利益和数据安全。美国政府主张数据跨境自由流动，导致在立法上对数据保护进展缓慢。

2. 欧盟

欧盟委员会一直以来都希望以立法等手段在欧盟内部建立数据要素统一大市场，解决成员国之间数据要素市场割裂等问题，同时强化自身的数字主权，摆脱对美国大型科技公司的依赖，具体而言：第一，完善数据流动的法律体系。2018年5月，GDPR生效，该法注重数据权利保护、产业利益、数据自由流动之间的平衡，对世界其他国家数据立法产生了深远的影响。但该法对个人数据保护较为严苛，使得欧盟本土数字企业获得的风险投资大大减少。第二，大力推进数据在欧盟范围内开放共享。2018年8月，欧盟委员会提出构建"欧盟数据空间"战略，推动教育、交通、医疗、农业、制造业、能源业等多个领域的公共数据与科研部门、私人部门共享。

3. 日本

日本数据要素交易市场是以"数据银行"为核心建立起来的市场体系。日本基于自身的数字经济发展现状及模式，创新性地提出"数据银行"交易模式，以此来释放个人数据的经济价值。数据银行作为市场主体，与个人签订协议，在个人数据商店对个人数据进行管理。在获得个人明确授权且知情同意的情况下，数据银行将个人数据作为资产在市场上进行交易。从交易的类型看，数据包括个人行为数据、个人金融数据、个人医疗数据、个人生物数据等；从业务流程看，数据银行类似于数据交易中心，承担经纪平台职能，先从个人处购买数据，然后进行交易和贩卖，但不对数据进行加工。当然，并不是所有的个人数据都可以通过数据银行交易，按照日本《个人信息保护法》的规定，个人生物、医疗健康等数据交易时除了需要个人授权和同意之外，还要求购买方出具保证书，明确其数据用途，且个人作为原始主体可以随时对购买方使用这类数据进行监督，一旦违背保证书的用途，数据银行须承担连带责任。日本通过打造数据银行体系，为个人数据交易构筑了流通的中介，促进了数据要素市场的发展。

4. 中国

自2015年8月国务院出台《行动纲要》以来，财政部、国家发展和改革委员会、农业农村部、工业和信息化部等多个部门相继出台了多个大数据产业、数据要素市场发展的政策文件，如2015年12月，中国农业部出台《农业部关于推进农业农村大数据发展的实施意见》；2016年3月，中国环境保护部出台《生态环境大数据建设总体方案》。在总体政策的推动下，数据要素交易平台纷纷建立，区域性的数据要素交易市场基本成型。除了这些政府主导的区域交易平台之外，中国数字头部企业也依托自身的数据优势，构建了各自的数据交易平台。在区域数据交易平台及数字企业交易平台的推动下，中国数据要素市场迈入高速发展时期。国家工业信息安全发展研究中心数据显示，2020年中国数据要素市场交易规模达545亿元，"十三五"期间，数据要素市场交易年均增速超过30%。同时，大数据产业的发展规模也急剧增长。中国产业大数据联盟数据显示，2020年中国大数据产业规模达到6 388亿元，与2019年相比增长18.6%。

5.4.3 数据要素市场的培育

1. 培育数据要素市场的意义

在数字化时代,数据既是重要的生产要素,也是基本的战略性资源。从社会治理的视角来看,这些数据可以在各种技术的应用中得到切实实施,促进产业转型升级,促进社会治理体系和治理能力的现代化;数据作为一种基本的战略性资源,通过数据的统计分析,可以为各种不同类型的市场主体全面赋能,从而产生各种新型的经济形式和经营方式,促进企业的组织和体制的创新,使社会更加高效、公平、有序。

培育数据要素市场可以争取数据技术的优势。随着"互联网+"战略的持续落实与深入,通过互联网提升整体竞争力、加强网络基础设施建设、依托互联网改造传统产业,形成了一种新的趋势。如果将互联网比喻为"血管",数据就是流淌其中的"血液",只有一个国家拥有足够的数据资源并加以利用,才可以在国际市场的数据问题上拥有话语权。

把数据作为一个重要生产要素,视其与土地、劳动力、资本和技术同等重要,显示出了对数据资源的重视。2019 年 11 月 26 日,中央全面深化改革委员会第十一次会议审议通过了《关于构建更加完善的要素市场化配置体制机制的意见》,该意见的出台支撑了数据要素的全面流通,可以促进对传统行业进行数字化转型的投入。

2. 加快培育数据要素市场的重点

加快培育数据要素市场应从以下几个方面着重发力。

1)构建数据交易法律体系与登记制度

按照试点先行、逐步推进的原则,鼓励有条件的地区先行先试,大胆探索,及时总结培育数据要素市场的好经验、好做法,积极探索数据交易市场制度和监管体制,提炼总结可复制、可推广经验,形成地方性的数据管理条例。在借鉴吸收地方成功实践的基础上,逐步完善数据要素市场顶层设计,重点在数据产权、资产定价、收益分配、安全保障等方面形成国家层面的规则指引和实施办法,出台数据交易领域全国性的法律法规和政策制度。借鉴不动产、专利、软件著作权等现有财产登记制度的成熟经验,结合数据要素的特点,构建具有中国特色、符合数据要素交易流通市场规律的数据资产登记制度。

扩展阅读 5-6
数据资产运营体系:数据资产价值评估

2)完善数据资产评估与定价机制

引导市场主体积极探索数据资产定价模式,以市场化机制为主、适度管控为辅,逐步形成成熟完备的数据交易价格体系。一是按照市场导向原则,鼓励交易主体按照资源稀缺程度、市场供需状况自动形成市场价格。二是借鉴传统要素定价模式,探索数据资产定价规律,倡导交易主体按照成本加成法、预期收益折现法、市场法等资产定价模式形成合理价格。三是建立第三方评估机制,通过引入第三方专业数据资产评估机构开展价值评估,为数据交易双方提供定价参考。四是政府引导与适当监管,针对价格难以达成一致或长期无法交易的数据产品,引导数据交易主体及专业机构共同探索数据资产合理定价,对明显不合理的交易价格进行适当监管,及时防范化解交易风险。

3）丰富数据产品市场化供给

多渠道引导潜在数据提供方上线交易数据产品，丰富数据产品和服务的市场供给。一是推动公共数据资源开放，由政务部门和公共企事业单位在依法履职或生产活动中生成和管理的公共数据资源是数据资源的重要来源，在确保安全的前提下，应逐步向社会开放。二是加强社会数据资源的开发利用，推动产业、互联网等领域数据标准化采集，通过加强政策引导、资金扶持、举办大赛、政府和社会资本合作等方式，提升社会数据资源开发利用程度。三是发展大宗数据资源聚合服务平台，探索依托权威平台聚合海量数据资源，对外统一提供数据产品和服务，鼓励腾讯、阿里巴巴、字节跳动等头部互联网企业以开放数据平台、开放应用程序编程接口等方式面向应用服务开发商、社会公众提供数据服务，实现数据要素流通和数据价值释放。

4）以应用场景驱动数据交易业务

从信息资源开发利用实践来看，数据交易流通不一定需要产权的转移，可以通过数据服务的形式实现。受法律法规、现实条件等方面的约束，原始数据的买卖和复制传输，往往难以控制数据的后续流向和使用范围，还容易产生数据泄露和安全等问题，所以往往难以持续发展做大。从现有数据交易机构的运营实践看，单纯的数据交易已经被证明不可持续，要通过培育大数据业务场景驱动数据交易业务，结合大数据的具体应用场景，在面向服务的应用实践中实现数据要素的流通和价值变现。因此，数据交易机构和服务平台的业务应坚持场景研究、应用示范、数据交易相互结合，充分发挥海量数据和丰富应用场景优势，形成规范有序、安全高效、富有活力的数据应用服务市场，以数据应用和增值服务促进数据要素交易流通。

5）加强数据交易新技术研发应用

应围绕数据交易的场景化应用、数据可追溯、交易可监管、数据防窃取等现实需求，加强数据可用不可见技术的研发创新，深化人工智能、区块链等新一代信息技术在数据交易领域的融合应用，鼓励数据交易机构探索建立可信执行环境，构建一个封闭安全的交易平台环境，将所有的数据提供机构、所有参与交易相关的数据源以及原始数据接入平台，使数据的使用方无须接触数据，只需将数据模型构建在平台上，就能使用数据并获取所需的数据应用服务。

本章小结

数据资产运营可以使数据资产的价值得到更好的实现。数据开放、数据共享和数据交易是当前实现数据流通的主要方式，是获取数据资源的主要途径。一些典型行业的数据产品已形成相对成熟的运营体系，一批专业开展数据运营业务的公司在市场上出现，基于数据交易平台的数据资产运营体系也逐步建立。数据交易是指以对等收费的形式，对数据资源的所有权、使用权或收益权进行转让。数据交易方式包括数据交易的对象模式、权属模式以及真实世界的数据交易。对于数据交易的安全风险需要有合理的应对措施。数据行业包括三种最具代表性的商业模式，分别是数据资源型的商业模式、内生能力型的商业模式以及资本积累型的商业模式。数据要素市场可以推动传统产业转型升级、助力商业模式创新、构造新业态，也是数字经济健康持续发展的重要保障。

习题

1. 简述数据流通的主要方式。
2. 数据产品的流通过程需要重点关注哪些方面？
3. 什么是数据产品？
4. 简述数据交易的对象模式和权属模式。
5. 数据交易的主要方式有哪些？
6. 简述数据交易可能面临的安全问题及其风险管控技术。
7. 简述数据资源型的商业模式的特征和类型。
8. 简述内生能力型的商业模式的特征和类型。
9. 简述数据要素市场的概念及其主要运作模式。
10. 数据要素市场培育需要重点关注哪些方面？

即测即练

第 6 章 数据资产安全

6.1 数据资产安全概述

6.1.1 数据资产安全的基本概念

当数据变成资产,便会出现权利和义务的对应关系,数据资产安全是指数据资产法律关系中的主体和客体的安全。从生成、传递、利用到销毁等,覆盖数据资产全生命周期的过程,都是各种法律关系的客体。例如,在数据资产生成法律关系中,数据资产成为

扩展阅读 6-1
《焦点访谈》
20220413 失算的
数据买卖

一个组织或个人的一项具有财产属性的"无形资产",保护财产是应有之义。数据资产安全还需要保护不同法律关系中的主体,主体作用于客体,或占有、使用数据资产,其合法权益的保护也应受到关注。

在数字经济背景下,数据资产的安全防护与传统的数据安全防护相比更加复杂,主要呈现出以下新特点。

1. 数据资产安全防护边界模糊

在数据资产化、资产数据化成为主流资产形态后,科学技术与海量用户数据有机融合,无缝连接物理世界和虚拟世界,传统的物理世界的边界定义模糊化,清楚地界定数据资产保护的边界变得越发困难;数据资产作为数据价值挖掘的产物,其应用于丰富的现实场景,系统间的数据交换呈现出指数级增长的态势,但传统的数据独立运行的常规安全能力规划方式,导致了严重的保护能力重复建设问题,增加了数据资产安全保护的难度。

2. 数据资产安全防护技术要求更高

当前针对"数据资产"安全防护的新技术的安全性考量不足,特别是一些本身存在安全性缺陷的底层资源型框架,数据资产安全防护的技术应用存在安全隐患;海量的数据资产安全防护本身是一种高密度的复杂计算,对实现安全手段的性能提出了更高的要求,传统将多种安全防护技术组合成一个单元的保护方式已经无法满足大数据环境下的数据资产安全

防护需求。

3. 数据资产安全防护内容类型多样化

数据资产的内容不单单包括常规的结构化数据，数据资产类型的多样化也是数据资产形态的应有之义。当前，大多数政府机构和企事业单位刚刚完成信息化结构的转变，对于占据组织的数据资产的绝大部分图片、视频文件、电子扫描件等非结构化数据，仅依靠传统"文件整体加密"这种简单的防护手段，越来越无法满足快速准确挖掘数据中资产价值的要求。

4. 数据资产衍生更加频繁

数据资产具有随着应用不断丰富而继续衍生的特性，传统诸如地理绘图、遥感标注、挖掘建模等带有应用场景特性的复合数据往往成为传统安全保护体系的盲区，需要更加灵活、更具有领域针对性的防护手段；数据资产的衍生推动了数据资产生态链的逐步形成，其中涉及的数据资产流通性问题导致其管理更加困难、权益划分更加复杂。

6.1.2 数据资产安全体系

针对数据资产安全，需要构建一套完整的资产维护机制，以确保数据资产的信息的完整可信。一般而言，数据资产安全体系主要包括数据资产安全的技术体系、管理体系、标准体系和法律法规四个方面。

1. 数据资产安全技术体系

它是为实现数据资产安全所采用的技术框架，从系统层保护技术、应用层保护技术、数据层保护技术、平台设施层保护技术和接口层保护技术等多个层次保障安全。以系统层保护技术为例，需要选用高保密性、成熟稳定的操作系统，从官方渠道下载和更新补丁，确保安全扫描软件的正常运转等。

2. 数据资产安全管理体系

它是将数据资产安全与管理运行架构结合起来，为实现数据资产安全所采用的管理措施，涵盖规划、设计、开发、运行、反馈、维护的安全管理生命周期流程，通过流程的循环，不断提高数据资产管理的各个环节的水平，包括数据资产保护目标、风险计量、保护需求、操作控制、系统监管和反馈等。

3. 数据资产安全标准体系

它是对数据资产安全保护技术和管理方法的机制、操作和界面的规范，从技术和能力方面以规范化的形式对数据资产安全相关的技术、运行、维护等具体操作流程进行规范化管理。完整的数据资产安全标准体系是数据资产实现规范化管理的重要基础和保证。

4. 数据资产安全法律法规

数据资产安全需要以强有力的法律保障为支撑，法律法规界定了数据资产安全保护必须遵循的原则,包括个人权利义务的法律约束、计算机网络安全通信的法规、数据资产保护技术与内容的管理方法、违法犯罪的处罚处理等法律依据。

6.1.3 数据资产安全的主要内容

数据资产安全不仅仅局限于数据资产本身的安全,而是数据资产从客户端到服务端传输的全过程安全。数据资产安全的内容主要包括硬件安全、软件安全、数据安全和运行安全四方面。

1. 硬件安全

硬件是传输数据、应用程序、服务和多媒体的网络组件,硬件安全主要指与数据资产安全保护相关的硬件设备正常运行,这些设备包括路由器、防火墙、交换机和负载平衡器等。

2. 软件安全

软件安全指操作管理系统、数据资产库存储系统、网络软件等软件及相关信息资料的完整性。其具体包括软件防内存攻击、软件防 API 违规调用、软件防拒绝服务和软件防追踪管理等。

3. 数据安全

数据安全指数据资产的资料或信息完整有效、使用合法、不被破坏或泄露。其包括数据资产采集、传输、存储、处理、共享、使用、销毁等。

4. 运行安全

运行安全指数据资产的使用合法、合规。其包括数据资产分级分类管理、数据资产安全监控管理、数据资产风险管理和数据资产应急响应等。

6.1.4 数据资产安全的主要策略

要实现数据资产的高效保护,数据资产的安全策略主要从技术和规则两个方面进行控制,底层技术不支持的安全机制,则需要集成其他技术框架进行解决,具体如图 6-1 所示。

扩展阅读 6-2
2022 中国数据安全十大发展趋势预测

1. 身份认证

当访问数据资产时,必须进行身份鉴别认证,防止非法窃取数据资产。其包括用户认证、服务认证、主机认证等。

2. 访问授权

拥有能够支持数据资产获取需要的申请和审批流程,保障数据资产获取安全。其包括访问控制表(access control list,ACL)、特定资源访问许可等。

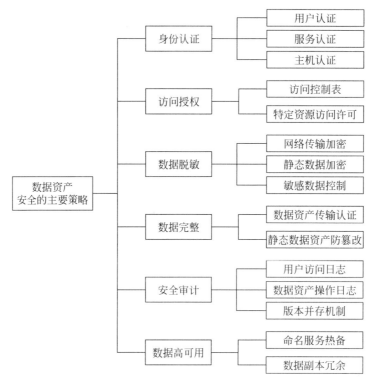

图 6-1　数据资产安全的主要策略

3．数据脱敏

为防止用户隐私信息、商业机密信息和企业内部数据资产泄露,在数据资产的传输、共享、展现等环节,对数据中台中的某些敏感数据资产进行脱敏处理。其包括网络传输加密、静态数据加密、敏感数据控制等。

4．数据完整

防止在数据资产传输、使用过程中出现不符合语义规定或错误信息的输入输出引发无效操作现象。其包括数据资产传输认证、静态数据资产防篡改等。

5．安全审计

通过实时、智能地解析对数据资产库服务器的各种操作,并记录在审计库中,以便日后查询、分析、过滤,实现对目标数据库系统的用户操作的监控和审计。其包括用户访问日志、数据资产操作日志、版本并存机制等。

6．数据高可用

主要是为了实现数据资产的价值最大化,通常指减少数据资产的不可用时间。其包括命名服务热备、数据副本冗余等。

6.2 数据资产安全保护技术

6.2.1 数据资产安全保护技术的分类

数据资产安全保护技术是指保证数据资产拥有者正常获取、传递、处理、利用和反馈数据资产信息,且不被未授权的他方获取和利用数据资产拥有者的数据资产信息的一系列技术的统称。数据资产安全保护技术主要包括以下几种。

扩展阅读6-3 企业数据资产保护的16个通用措施

1. 物理安全技术

物理安全技术主要体现在数据资产传递过程中的可靠性,增加、删除和更新数据资产硬件设备的安全性;物理设备防灾害和抗干扰能力,存储数据资产信息的硬件设备的运行环境和电力传输保障等。

2. 系统安全技术

系统安全技术主要体现在防范数据资产管理系统自身的不安全因素方面,如统一身份认证、访问控制权限、资产证书授权、系统保护和漏洞修复、系统软件的安全装配,以及安装正规的防毒杀毒软件等。

3. 网络安全技术

网络安全技术主要体现在对数据资产的授权访问的防范方面,包括网络身份认证、安全存储技术、传输加密技术、安全检索技术、远程访问授权、网络防病毒设施、隐私保护技术等。

4. 应用安全技术

应用安全技术主要指的是提供数据资产服务所应用的软件和数据资产的安全生产相关技术,包括网络安全扫描技术、防火墙技术、身份鉴别、入侵检测和响应、完整性验证控制等。

5. 管理安全技术

管理安全技术主要体现在对数据资产所涉及的技术和设备的规范管理上,包括安全管理制度,部门与人员的组织、培训与管理,密钥的认证、授权与管理,安全日常的管理,病毒监测、隔离和清除,以及容灾备份数据资产的恢复等。

6.2.2 常用的数据资产安全保护技术

数据资产的生命周期包括数据资产的产生、采集、存储、分析与使用、分享、销毁等诸多环节,每个环节都面临不同的安全威胁。其中,安全问题较为突出的是数据资产的存储、访问控制、检索、分析和使用过程的处理以及数据隐私保护等方面的问题,防范这些安全风险是数据资产安全保护的关键所在。

1. 安全存储与访问控制技术

在数据资产的存储和访问的过程中,人们希望确保数据资产只能被同意授权的用户访问和使用,即访问控制授权。当前数据资产的存储形式主要分为两种:本地存储和云存储。本地存储是指企业或组织建立自己的数据中心,并将所属的数据信息存储在数据中心,企业或组织可以完全控制数据的存储方式,但这种存储方式的硬件成本很高,所以主要被大型企业或组织采用;云存储是指企业或组织通过购买或租用第三方提供的存储资源,将数据资产信息存储在跨越多个服务器和位置的在线空间中的过程。相比本地存储,云存储的方式更加易于部署和维护,越来越多的中小企业或组织通过云存储而蓬勃发展。由于存储方式中承担存储服务的主体不同,其采用的访问控制技术也有较大的差异性,主要分为基于数据资产分析的访问控制技术和基于密码学的访问控制技术。

1) 基于数据资产分析的访问控制技术

(1) 基于层次聚类的角色挖掘。基于层次聚类的角色挖掘是将角色看作大量用户共享的一些数据资产的权限组合,并假设真实的角色定义已经正确且完整地隐含在当前的授权数据中,即所有人持有的权限都是有意义的,且已有的权限分配都是正确的。在该假设下,采用聚类的方法来发现角色。聚类是一种非监督场景下的发现数据潜在模式的经典方法。随着数字经济的快速发展,数据资产管理系统的用户基数日渐庞大,用户对数据资产所拥有的权限越多,这种对数据资产权限的潜在模式就越明显,采用聚类进行角色挖掘的效果就越好。

① 凝聚式角色挖掘。凝聚式角色挖掘方法将权限看作待聚类的对象,初始时将每个权限作为一个类簇,包括一个由权限和持有这些权限的用户组成的二元组 $c=<rights, members>$,其中 $rights(c)$ 表示 c 的一个权限集合,$members(c)$ 表示拥有 $rights(c)$ 的所有权限的用户集合。通过不断合并距离近的类簇完成对权限的层次聚类,其聚类结果对应候选的角色及它们的继承关系。两个权限类簇之间的距离由它们之间的共同用户数量以及它们所包含的权限数量决定。两个类簇的共同用户数量越多,且包含的权限数量越多,则两个类簇的距离越近。

② 分裂式角色挖掘。分裂式角色挖掘方法是将初始较大的权限集合不断地细分为更小的权限集合,从而形成由权限类簇构成的树。然而与一般分裂式层次聚类略微不同的是,它的初始类簇不是所有权限构成的一个集合,而是采用更有实际意义的多个"有用户持有的权限组合"。权限类簇分裂的方法是:对类簇所包含的权限集合求交集,若新产生的权限类簇没有用户持有,则不作为候选角色,否则将作为候选角色。根据求类簇交集的计算范围的不同,其又可以分为完全角色挖掘和快速角色挖掘。完全角色挖掘是针对所有的初始类簇和新产生的类簇求交集,而快速角色挖掘则只对初始类簇求交集,所以后者的效率非常高,但是只能发现部分候选角色。

(2) 生成式角色挖掘。将角色挖掘问题映射为文本分析问题,采用两类主体模式——潜在狄利克雷分布(Latent Dirichlet Allocation,LDA)和作者-主题模型(Author-Topic Model,ATM)进行生成式角色挖掘,从数据资产权限的使用情况的历史数据来获得用户的权限使用模式,进而产生角色,并为它赋予合适的权限,同时根据用户属性数据为用户分配恰当的角色。

① 基于 LDA 和 ATM 的角色挖掘。基本的主题模型认为语料库中的一篇文章是由一组词构成的集合,词与词之间无顺序关系。一篇文档包括多个主题,文档中的每个词都是由其中一个主题产生的。也就是存在两个多项式概率分布 θ 和 ϕ,θ 是一个文档中的主题分布,是一个主题对应的单词出现的概率分布。因此,一个文档可以按照如下步骤产生。

  a. 从文档 i 的主题分布 θ_i 中抽样生成的第 j 个词的主题 $z_{i,j}$。

  b. 从主题 $z_{i,j}$ 的单词分布 $\phi_{z_{i,j}}$ 中抽样产生的单词 $w_{i,j}$。

更进一步,LDA 模型认为 θ 和 ϕ 也应该满足一定的概率分布,而不是固定值,因此引入了 α 和 β 两个狄利克雷分布参数来完善文档的生成过程。从而,一篇文档的产生步骤就变成了如下过程。

  a. 从 α 中抽样产生文档 i 的主题分布 θ_i。

  b. 从文档 i 的主题分布 θ_i 中抽样生成文档 i 的第 j 个词的主题 $z_{i,j}$。

  c. 从 β 中抽样产生主题 $z_{i,j}$ 的单词分布 $\phi_{z_{i,j}}$。

  d. 从主题 $z_{i,j}$ 的单词分布 $\phi_{z_{i,j}}$ 中抽样产生的单词 $w_{i,j}$。

采用这种方法,多项式分布 θ 和 ϕ 分别由狄利克雷分布 α 和 β 产生,如图 6-2(a)所示。

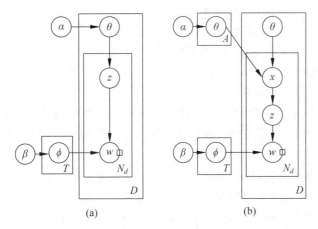

图 6-2 LDA 模型与 ATM 模型

(a) LDA 模型;(b) ATM 模型

ATM 模型是 LDA 模型的一种扩展,它认为不同的作者在选择主题时有不同的偏好,如图 6-2(b)所示。θ 是一个作者相关的主题分布,即反映了他在创作文档时选择主题的偏好。a_d 是一组要参与文档 d 撰写工作的作者集合,x 是从 a_d 中随机选出的一个作者。具体地,一个文档的产生步骤如下。

  a. 针对文档的 d 的第 j 个单词,从参与文档 d 撰写工作的作者集合 a_d 中随机选择一个作者 x。

  b. 从 α 中抽样产生作者 x 的主题分布 θ_x。

  c. 从作者 x 的主题分布 θ_x 中抽样生成文档 d 的第 j 个词的主题 $z_{d,j}$。

  d. 从 β 中抽样产生主题 $z_{d,j}$ 的单词分布 $\phi_{z_{d,j}}$。

  e. 从主题 $z_{d,j}$ 的单词分布 $\phi_{z_{d,j}}$ 中抽样产生单词 $w_{d,j}$。

按照上述步骤,就能够基于 LDA 模型和 ATM 模型生成一篇文档。这两个模型在角色挖掘问题中的应用是较为直接的。可以将访问控制日志看作包括多个文档的语料库,而日

志中用户 u 的权限使用记录就是语料库中的文档 u；将访问控制日志中的权限 p 看作单词 p，则用户 u 对权限 p 的使用次数 n 就可以看作文档 u 中单词 p 的词频 n；将角色 r 看作主题 r，则角色挖掘就转化为主题挖掘。更进一步，ATM 模型将文档的作者扩展到 LDA 模型中，考虑不同作者对于文档的主题选择具有不同的概率分布，将访问控制系统中用户的属性看作文档的作者后，可以利用 ATM 模型在角色挖掘中更为精准地根据用户属性来分配角色。

② 概率分布离散化方法。LDA 模型的输出为 n 个角色（主题）、用户（文档）到角色（主题）的映射 θ 以及角色（主题）到权限（单词）的映射 ϕ，即用户 u 属于角色的概率分布为 θ_u，角色 r 包含单个权限的概率分布为 ϕ_r。而对于角色挖掘来说，需要离散化这些概率分布，以获得角色到用户、权限到角色的二进制赋值。

通常可以采用 top-k 的方式对概率分布进行离散化。先将 θ_u 中的概率值按照降序排列，可以观察到一些急剧下降的点，然后将前 k 个概率值对应的角色赋予用户 u，剩下的角色将被忽略。类似地，可以选择 ϕ_r 中的前 m 个概率值对应的权限赋予角色 r。

（3）风险量化。风险量化是通过计算，以数值的形式评估数据资产的访问行为对数据资产拥有者可能造成的风险，它是实施访问控制的前提。

① 确定影响风险值的要素集合。比较常见的风险要素包括访问者和数据资产的安全级别、范畴、被访问数据资产的数量、数据资产之间的互斥关系以及访问目的与被访问数据资产的相关性。数据资产的敏感程度是企业或组织对该数据资产重要性的评估结果，敏感程度越高的数据资产，其重要性越高，所以访问它们所带来的风险就越大。通常情况下，企业或组织在实施信息安全建设时都会对数据资产的重要性进行评估。例如，在实施了强制访问控制模型的系统中，数据资产会被赋予敏感标记，这种敏感标记实际上就是数据资产重要性的体现。被访问数据资产的数量指访问者在一次访问请求中或一段时间内所访问的数据资产的规模。由于数据资产的访问行为所带来的风险会被累加，所以被访问数据资产的数量越大，累加的风险也越大。数据资产之间的互斥关系指两个数据资产存在如下关系，对其中一个数据资产访问后将不能访问另一数据资产，或者在访问另一数据资产时风险会急剧增加。互斥关系描述了多次访问行为的风险累加是非线性的。访问者的安全级别指实施了强制访问控制的系统中对访问者访问敏感数据资产时所能达到的安全性的评估。高安全级别的访问者在访问低安全级别或同安全级别的数据资产时，通常认为是没有风险的，或风险是可以接受的；而低安全级别的访问者访问高安全级别的数据资产时，通常认为这种风险不可接受。访问目的与被访问数据资产的相关性指在业务流程中访问者对数据资产的需求程度。两者的相关性越高，则访问者访问数据资产的风险越小，同时能够获得的收益也越高。

② 计算量化的风险值。目前，主流的计算方法分为基于概率论和模糊理论的静态方式以及基于协同过滤的动态方式两类。静态方式是指在一些信息系统中，部分风险要素是已经被衡量和评估过的，对这些风险要素的评估结果进行量化处理和计算，以得到量化的风险值。计算中所采用的风险要素的评估结果相对固定。其核心思想是风险量化值由危害发生的可能性和危害程度决定，通过风险量化值＝危害发生的可能性×危害的值计算。其中，危害发生的可能性是指该危害性的事件发生的可能性，这些事件主要指用户通过访问行为获取信息资源后对信息资源的误用、滥用甚至泄露。而危害的值是一个对危害程度的量化度

量,往往取决于信息资源的价值。信息资源价值的评估通常比较复杂,只能由企业或组织根据业务背景自行实施。因此,风险量化方法的主要任务是对危害发生的可能性进行量化计算。动态方式是指利用系统中用户的历史访问行为来构建正常用户的访问行为画像,并以此为风险量化的基准,计算每次用户访问行为与该基准的偏离程度作为风险量化值。访问行为偏离基准越大,则该访问行为产生的风险越大。

2) 基于密码学的访问控制技术

(1) 基于单发送者广播加密的访问控制。

① 参与方。参与方包括数据资产所有者和普通用户。数据资产所有者指拥有数据资产和完整的用户密钥树的主体,负责根据数据资产分享的目标对象,有选择地从用户密钥树中选择加密密钥对数据资产进行加密,并将加密结果通过广播发送给所有用户。普通用户指拥有用户密钥树中与自己相关的部分密钥,负责接收数据资产密文并利用自己持有的密钥解密数据资产的目标对象。

② 用户密钥树。用户密钥树中的所有密钥均为对称密钥。系统中的每个用户有一个自己的密钥,该密钥作为用户密钥树的叶子节点。用户被划分为多个分层的用户子集,每个子集代表一种接收文件的用户组合。每个子集都对应一个密钥。数据资产所有者持有整个密钥树,而普通用户只持有自己的密钥和包含自己在内的用户子集所对应的密钥。

③ 加密与访问控制。基于单发送者广播加密的访问控制是在对数据资产加密的同时完成授权的,并通过能否解密实现访问控制。数据资产所有者根据授权的目标用户情况选择恰当的密钥集对数据资产进行加密,使得授权的普通用户至少持有密钥集中的一个密钥来解密数据资产,而未授权的普通用户不能持有密钥集中的任何一个密钥。

(2) 基于公钥广播加密的访问控制。

① 参与方。参与方包括公钥服务器、数据资产所有者、数据资产服务者和用户。公钥服务器负责维护一个采用 complete subtree、subset difference 或 layered subset difference 方法产生的密钥集合,即将系统中的所有用户按照上述三种方法之一划分为子集,每个子集代表可能的数据资产接收者集合,为每个子集提供公私钥对,并将私钥(secret key,SK)安全分给其包含的用户。数据资产所有者负责对数据资产加密,并采用基于公钥广播加密技术对加密密钥进行分发,以实现对授权接收者的限定。数据资产服务者负责加密数据资产的存储,并向用户提供对数据资产的操作服务。用户也就是数据资产的访问者,只有被数据资产所有者授权的用户才能获得数据资产的加密密钥,并进一步解密出数据资产。

② 数据资产文件的产生和加密存储。

a. 数据资产所有者为新产生的数据资产文件 m 提供非对称密钥文件签名密钥(File Signing Key,FSK)用于对文件 m 签名,对称密钥文件加密密钥(File Encryption Key,FEK)用于对文件 m 加密。

b. 数据资产所有者用自己的主加密密钥(非对称)(Master Encryption Key,MEK)加密 FSK 和 FEK,产生密钥块(Encrypted Key Block,EKB),并将自己的 ID(身份标识号)标识在密钥块上。该密钥块是针对数据资产所有者的,其内容如图 6-3 所示。

图 6-3 数据资产所有者的密钥块内容

c. 数据资产所有者对密钥块、FSK 公钥、时间戳、文件名进行 Hash 运算,并利用自己的主签名密钥(非对称)(Master Signing Key,MSK)对 Hash 值进行签名,产生数据资产所有者签名块。

d. 数据资产所有者将密钥块、FSK 公钥、时间戳、文件名、数据资产所有者的签名块合并形成元数据 md-file。

e. 数据资产所有者用 FEK 加密文件 m,并用 FSK 私钥对文件 m 进行签名,产生加密后的数据资产文件结构 d-file。

f. 数据资产所有者将 md-file 和 d-file 一起发送给数据资产服务者进行存储。

③ 授权。假设数据资产所有者要将加密后的文件 m 分享给用户群组 X,则可以通过基于公钥的广播加密技术进行访问控制授权,具体步骤如下。

a. 数据资产所有者从数据资产服务者处根据文件名取回文件 m 对应的 md-file,并用自己的 MSK 验证 md-file 的数据资产所有者签名块。

b. 数据资产所有者从公钥服务器获取用户群组 X 对应的公钥集合,即用户群组 X 中的每个用户至少拥有该公钥集合中的一个公钥所对应的私钥。数据资产所有者用公钥集合中的每个公钥对数据资产文件的 FEK 进行加密,分别产生一个密钥块,并将公钥的 ID 标识在密钥块上,如图 6-4(a)所示。若对用户群组 X 的授权还包括读、写权限,则将 FSK 私钥和 FEK 一起加密产生密钥块,如图 6-4(b)所示。在这种情况下,读、写权限分别用 FEK 和 FSK 私钥表示,这样就实现了读、写权限的分离,即拥有 FEK 的用户能够读该数据资产,而拥有 FSK 私钥的用户能够写该数据资产。数据资产所有者将新产生的这些密钥块都添加到 md-file 中。

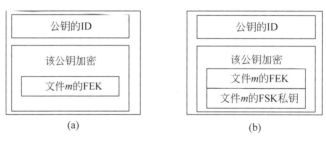

图 6-4 授权用户的密钥块内容

(a) 授权用户拥有对 m 的读权限;(b) 授权用户拥有对 m 的读、写权限

c. 数据资产所有者更新 md-file 中的时间戳,并用自己的 MSK 重新产生数据资产所有者签名块,然后将新的 md-file 发送给数据资产服务者进行存储。新的 md-file 如图 6-5 所示。

密钥块 (数据资产 所有者)	密钥块 (公钥A)	密钥块 (公钥B)	…	FSK公钥	时间戳	文件名	密钥块 (数据资产 所有者)

图 6-5 授权后的 md-file

④ 数据资产文件访问。授权用户 A 可以按照如下步骤访问数据资产所有者分享的数据资产文件 m。

a. 用户 A 从数据资产服务者处获得文件 m 的 md-file,并从公钥服务器获得数据资产所有者的 MSK 来验证 md-file 的签名以及时间戳。

b. 用户 A 根据自己持有的公钥 ID 来查找密钥块，并用该公钥对应的私钥进行解密，以获得该数据资产对应的 FSK(以及 FSK 的私钥)。

c. 用户 A 从数据资产服务者处获得文件 m 的 d-file，用 FSK 公钥验证签名。

d. 用户 A 用 FEK 解密 d-file 中的加密数据资产，完成数据资产的读访问。若密钥块中包含 FSK 私钥，则用户 A 能够进一步写 d-file 中的数据资产内容，再重新用 FEK 加密数据资产，并用 FSK 私钥产生新的签名。最后，用户 A 将更新后的 d-file 提交给数据资产服务者进行存储。

2. 安全检索技术

数据资产的价值在于开放和共享，如何利用安全检索技术在确保各参与方的隐私的前提下对数据资产进行更好的应用？安全检索技术基于密码学方法，利用特殊设计的加密算法或者协议，实现对数据资产的查询访问，同时保护数据资产的隐私内容。

1) 早期安全检索技术

(1) 隐私信息检索(Private Information Retrieval，PIR)技术。PIR 技术的研究主要针对公开数据库，其目标是允许用户在不向服务器暴露查询意图的前提下，对服务器中的数据进行查询并获取指定内容。根据服务器的数目以及用户与服务器之间的交互轮数的不同，可将 PIR 技术分为四大类：单服务器的、多服务器的、单轮交互的以及多轮交互的。

(2) 茫然随机存储(Oblivious Random Access Machine，ORAM)技术。ORAM 技术是面向秘密数据库的，其目标是在读、写过程中向服务器隐藏用户的访问模式。访问模式是指客户端向服务器发起访问所泄露的信息，包括操作是读还是写、操作的数据地址、操作的数据内容等。PIR 只考虑保护客户端的查询意图，整个数据库的内容对服务器是可见的；而 ORAM 技术则认为整个服务器的存储介质都是不安全的，因此要求数据是加密的，同时向服务器隐藏读、写两种操作。

2) 对称密文检索

在对称密文检索方案中，数据资产所有者和数据资产检索者为同一方。该场景适用于大部分第三方存储，一个典型的对称密文检索方案包括如下算法。

(1) Setup 算法。该算法由数据资产所有者执行，生成用于加密数据和索引的密钥。

(2) BuildIndex 算法。该算法由数据资产所有者执行，根据数据资产内容建立索引，并将加密后的索引和数据资产本身上传到服务器。

(3) GenTrapdoor 算法。该算法由数据资产所有者执行，根据检索条件生成相应的陷门(又称搜索凭证)，然后将其发送给服务器。

(4) Search 算法。该算法由服务器执行，将接收到的陷门和本地存储的密文索引作为输入，并进行协议所预设的计算，最后输出满足条件的密文结果。

对称密文检索的核心与基础部分是单关键词检索。目前，对称密文检索可根据检索机制的不同大致分为三大类：基于全文扫描的方法、基于文档-关键词索引的方法以及基于关键词-文档索引的方法。

3) 非对称密文检索

非对称密文检索是指数据资产所有者(数据资产发送者)和数据资产检索者(数据资产接收者)不是同一方的密文检索技术。与非对称密码体制类似，数据资产所有者可以是知道公钥的任意用户,而只有拥有私钥的用户可以生成检索陷门。一个典型的非对称密文检索过程如下。

（1）Setup 算法。该算法由数据资产检索者执行,生成公钥(public key,PK)和私钥。

（2）BuildIndex 算法。该算法由数据资产所有者执行,根据数据资产内容建立索引,并将公钥加密后的索引和数据资产本身上传到服务器。

（3）GenTrapdoor 算法。该算法由数据资产检索者执行,将私钥和检索关键词作为输入,生成相应的陷门,然后将陷门发送给服务器。

（4）Search 算法。该算法由服务器执行,将公钥、接收到的陷门和本地存储的索引作为输入,进行协议所预设的计算,最后输出满足条件的搜索结果。

4) 密文区间检索

对于加密的数值型数据资产,除了简单的等值检索以外,还有区间检索的需求。区间检索是重要的数据资产检索类型之一,例如可以使用 SQL 语句 select* from info where age>25 and age<29 来查找年龄为 26~28 岁的职工信息。理论上,任意区间检索都可以转换成多次等值检索(例如分别查找年龄属性 26、27、28 的职工记录),但是这会产生额外的隐私泄露,并且当检索区间较大或者数据资产精度较高时,会导致检索陷门的大小难以接受,因此该方法并不可行。

从分类逻辑而言,区间检索属于密文检索技术在特殊类型数据资产上的功能扩展,应该归到对称密文检索和非对称密文检索中。早期的密文区间检索方案主要基于桶式检索和传统加密技术,这些方案实现简单,但是在安全性和检索效率上有较大的缺陷,后续研究也比较少。当前主流的密文区间检索方案主要分为四类:①基于谓词加密;②基于矩阵加密;③基于等值检索;④基于保序加密。

3. 安全处理技术

数据资产的安全管理不仅体现在检索过程,还要确保在传递、分析、反馈等全过程中数据资产的安全。针对大数据环境的安全处理过程,本节主要介绍包括同态加密、可验证计算、安全多方计算、函数加密(functional encryption,FE)和外包计算(outsourced computation,OC)等技术。这些技术可用于数据资产安全处理的不同环境中,同态加密技术可用于处理加密数据资产而保证数据资产的机密性;可验证计算技术可用于处理数据资产并可检测计算的完整性;安全多方计算技术可用于参与方共同完成不同分布式计算,而参与方之间不会泄露各自的敏感输入,并可确保计算的正确性;函数加密技术可使一个数据拥有者只能让其他人获得其敏感数据资产的一个具体函数值而没有获得其他任何信息;外包计算技术可使计算资源受限的用户端将计算复杂性较高的计算外包给远端的半可信或恶意服务器来完成。

1) 同态加密技术

同态加密最早是由罗纳德·李维斯特(Ronald Rivest)等人于 1978 年提出,也称为隐私同态(privacy homomorphism)。其基本思想是:在不使用私钥解密的前提下,能否对密文数据资产进行任意的计算,且计算结果的解密值等于对应的明文计算的结果。同态性质本来被视为一种安全性缺陷,例如,RSA[以 Ronald Rivest、Adi Shamir(阿迪·萨莫尔)、Leonard Adleman(伦纳德·阿德曼)三人姓氏首字母命名]方案关于乘法的同态性质可用来伪造数字签名,但这种性质能够提供无信托计算、电子投票、保密信息检索等服务。

目前,全同态加密(fully homomorphic encryption,FHE)方案主要有两大类:一类是无限层全同态加密方案,也称无界自举型FHE方案,这是真正意义上的FHE方案,其典型代表是Gentry方案。由于这类方案采用基于同态解密的自举技术,所以无限层FHE方案理论上可以进行无限深度的同态操作,但付出的代价是同态操作的计算开销、密钥规模和密文尺寸都比较大。另一类是层次型FHE方案,其典型代表是BGV(以 Zvika Brakerski、Craig Gentry、Vinod Vaikuntanathan 三人姓氏首字母命名)方案。这类方案需要预先给定所需同态计算的深度d,以便可以执行深度为d的多项式同态操作,从而可以满足绝大多数应用需求。总的来讲,已有的FHE方案的构造仍未脱离Gentry当初的设计框架和思想,很多方法都是通过使用基础运算构建类同态加密方案,同时使用Gentry的技术(即压缩和自举)将其转化为全同态加密方案。将层次型FHE嵌套成无限型FHE,常见的做法仍然是基于同态解密的自举技术来实现。

2)可验证计算技术

可验证计算是一种使用密码学工具的方法,可确保外包计算的完整性,而无须对服务器失败率或失败的相关性做任何假设。定义在两个参与方环境下的可验证计算是最典型的情况。在这种情况下,有一个计算上弱的验证者(也称验证者、客户、顾客、外包者、委托方、接收者等)和一个计算上强的但不可信的证明者(也称证明者、服务器、被委托方、发送者等),验证者委托证明者完成某一工作。给定一个输入x和一个函数f,证明者期望产生一个输出y和一个关于$y=f(x)$的证明p,验证者可用p证实计算的正确性。其中一个合理性条件是,验证者用p验证y的正确性的效率必须高于其自身计算函数$f(x)$的效率,也必须高于证明者计算函数$f(x)$的效率。可验证计算方案的安全性必须满足以下条件:一个证明者伪造一个不正确的输出$y^* \neq f(x)$和一个证明p^*,使得验证者用p^*证实$y^*=f(x)$是不可行的。

概率检测证明(probabilistically checkable proofs,PCP)也称全息证明(holographic proof,HP),是构造大多数可验证计算的基础。PCP本身可视作论断合法性的证明,但这样做必须读取整个PCP,对计算上弱的验证者来说可能会因PCP太长而成为负担。PCP的特殊性质是验证者通过仅查看PCP的一个常数数量的随机位置就能检测PCP的合法性。这个方法能够工作是因为任何不合法的PCP必然在大量的位置上不一致,所以验证者可用很高的检测概率检测出其违法性。

只有PCP不能提供可验证计算,需要有一些方法使得证明者可产生和固定一个PCP而无须将整个串发送给验证者。证明者简单地将PCP存储起来并回答验证者的询问,是不可行的,因为证明者可通过改变响应验证者的询问的PCP部分进行欺骗。以PCP为基础构造的可验证计算的方法主要有以下三类。

(1)基于承诺的可验证计算。一个密码学承诺是一个数字对象,它将证明者和一个特定的论断绑定到一起而又不能泄露该论断。承诺可比论断本身更小。当证明者产生论断本身时,验证者使用承诺检测论断事实上是证明者早期所承诺的那个论断。如果证明者对整个PCP计算一个承诺c并将其发送给验证者,验证者可向证明者询问他所希望看到的PCP的部分,证明者不得不诚实地回答,这是因为如果证明者改变了验证者希望看到的PCP的部分,那么验证者就能告诉他,这与承诺c不匹配。

(2)基于同态加密的可验证计算。加法或乘法同态加密可用来取消验证者关于PCP的询问,但是仍然允许证明者回答验证者的询问。因为证明者仅仅看到加密形式的询问,而没有办法知道如何在对验证者的回答中适应他的 PCP。这种方法的一个优点是允许验证者的询问被重用,降低了验证所需要的交互量。

(3) 基于交互的可验证计算。这种办法允许证明者和验证者进行交互而不是要求证明者向验证者发送一个固定的串 p,交互使证明者向验证者说谎而不被揭穿变得很困难。验证者不是朴素地问关于在 PCP 具体位置的值的问题,而是以一种适合的方式进行询问,因此无须一个合法的 PCP,证明者最终将被迫自相矛盾。

3) 安全多方计算技术

安全多方计算的目的是使多个参与方能够以一种安全的方式正确执行分布式计算任务,每个参与方除了自己的输入和输出以及由其可以推出的信息外,得不到任何额外信息。

可将安全协议视作将 m 个输入映射为 m 个输出的随机过程。安全多方计算的定义方式可以回溯到零知识证明和语义安全的定义方式,如果敌手攻击实际协议所得与攻击理想模型所得相当,即称一个协议是安全的。此处理想模型是指存在一个所有参与方共同信任的可信方,在可信方的帮助下计算出协议的功能函数,将计算结果返回给相应的参与方。易见,理想模型是平凡的安全协议,那么敌手攻击实际协议所得与攻击理想协议所得相当,而理想模型是平凡的安全协议,攻击这样的平凡协议无所得,从而攻击实际协议也无所得,这样,原来的协议就是安全的。定义安全多方计算安全模型时需要考虑以下几个因素。

(1) 初始假设。在特定情况下假设每个参与者持有其他参与者的某些信息,如公钥等。

(2) 通信信道。假设敌手可以搭线窃听所有的通信信道。

(3) 计算能力。计算能力有界。

(4) 敌手攻击能力。敌手可分为自适应和非自适应两种。自适应敌手在协议执行过程中,根据当前收集到的信息决定入侵哪个参与方;非自适应敌手在协议执行之前就确定好要入侵的参与方集合。显然,自适应是比非自适应更为一般的攻击模型。另外,根据敌手控制参与方的方式,可将敌手分为恶意和半诚实两种。恶意敌手不遵守协议指令,半诚实敌手遵守协议指令,只是尽量收集并记录信息。

(5) 安全性定义的限制。协议是"不公平"的,即不诚实方可以中断协议执行,这样某些诚实方得不到期望的输出,但是可以探测出协议被不诚实方中断。这种安全性被称为允许中止的安全性。

(6) 不诚实参与方个数的上界。在某些情况下,只有诚实参与方占严格多数时,安全多方计算才可能实现。

4) 函数加密技术

函数加密是一类公钥加密方案,除了使用正规的秘密密钥解密数据资产以外,还有函数秘密密钥。函数秘密密钥不是用来解密数据资产,而是用来访问对应的函数在数据资产上计算的结果。更形式化地讲,秘钥生成算法(KeyGen)涉及一个函数 f 并返回一个密钥 sk_f,解密算法 $Dec(sk_f,c)$ 返回 $f(x)$,这里 $c=Enc(pk,x)$,是用公钥 pk 对明文 x 的加密结果,即密文,Enc 是加密算法。FE 必须确保拥有函数 f 对应的密钥的人没有获得关于数据资产 x 的比 $f(x)$ 更多的信息,FE 必须确保即使拥有多个函数对应的密钥的人也不能获得比对应函数的输出更多的信息,即能抵抗合谋攻击。

已有的 FE 方案大多数效率较低,难以在实际中应用,而且依赖很强的安全假设。

5）外包计算技术

外包计算允许计算资源受限的用户将计算复杂性较高的计算外包给远端的半可信或恶意服务器完成。云计算为外包计算提供了一个实际的应用场景。形式地讲，如果用函数 f 表示某个具体计算，用户拥有一个输入 x 并希望得到函数 f 在 x 处的值 $f(x)$，而用户的计算能力很弱，因此，用户需要租赁具有较强计算能力的服务器来帮助完成计算，用户先将 x 发送给服务器，服务器计算出 $f(x)$ 后，再将 $f(x)$ 返回到用户。

外包计算的研究主要集中在用户数据资产的安全性和隐私性以及如何验证服务器返回结果的正确性（也称完整性）。

6）对称加密技术

在对称加密算法中，数据资产（原文）和加密密钥一起经过特殊加密算法处理后，使其变成复杂的加密密文发送出去。收信方收到密文后，若想解读原文，则需要使用加密过的密钥及相同算法的逆算法对密文进行解密，才能使其恢复成可读明文。在对称加密算法中，使用的密钥只有一个，收发双方都使用这个密钥对数据资产进行加密和解密，要求解密方事先必须知道加密密钥。对称加密算法的特点是算法公开、计算量小、加密速度快、加密效率高。

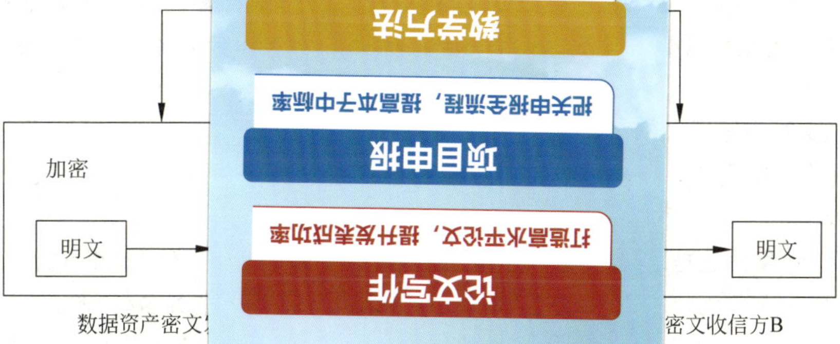

7）非对称加密技术

在非对称加密技术中，用户产生一对密钥（公钥和密钥）并将公钥公开，用户 A 想要给用户 B 发送信息，则使用用户 B 的公钥对机密信息进行加密后发送给用户 B，用户 B 使用自己的私钥对加密后的机密信息进行解密；如果用户 B 想要回复用户 A 则相反，使用用户 A 的公钥对机密信息进行加密后发送给用户 A，用户 A 使用自己的私钥对加密后的信息进行解密。非对称加密技术流程如图 6-7 所示。

图 6-7　非对称加密技术流程

4. 隐私保护技术

随着大数据场景的不断丰富,多个不同来源的数据基于数据相似性和一致性进行连接,产生新的更丰富的数据内容,数据资产的隐私保护显得越发重要。隐私保护技术立足于具体场景的数据构成,综合考虑用户的多种隐私信息间的相关性,结合多种技术,提供全面的隐私保护解决方案。

1) 数据资产隐私保护的参与方

一般来说,一个隐私保护数据资产方案的构建涉及以下四个参与方。

(1) 个人用户:收集数据资产的对象。

(2) 数据资产采集/发布者:数据资产采集者与用户签订数据资产收集、使用协议,获得用户的相关数据资产。数据资产采集者通常也负责数据资产发布(用户本地隐私保护情景除外)。根据数据资产发布的目的和限制条件,数据资产发布者对数据资产进行一定的处理并以在线交互或离线非交互方式提供给数据资产使用者,在进行数据资产处理时还需预防潜在的恶意攻击。

(3) 数据资产使用者:任意可获取该公开数据资产的机构和个人。数据资产使用者希望获得满足其使用目的的尽可能真实、有效的数据资产。

(4) 攻击者:可获取该公开数据资产的恶意使用者。攻击者可能具有额外的信息或者知识等,试图利用该公开数据资产识别特定用户身份,获取关于某特定用户的敏感信息,进而从中牟取利益。

2) 隐私保护需求

用户隐私保护需求可分为身份隐私、属性隐私、社交关系隐私、位置轨迹隐私等几大类。

(1) 身份隐私。它是指数据资产记录中的用户 ID 或社交网络中的虚拟节点对应的真实用户信息。通常情况下,政府公开部门或服务提供商对外提供匿名处理后的信息。但是一旦分析者将虚拟用户 ID 或节点和真实的用户身份相关联,即造成用户身份信息泄露(也称为"去匿名化")。用户身份隐私保护的目标是降低攻击者从数据资产集中识别出某特定用户的可能性。

(2) 属性隐私。属性数据资产用来描述个人用户的属性特征,如结构化数据资产表中年龄、性别等描述用户的个人统计学的字段。宽泛地说,用户购物历史、社交网络上用户主动提供的喜欢的书和音乐等个性化信息都可以作为用户的属性信息。这些属性信息具有丰富的信息量和较高的个性化程度,能够帮助系统建立完整的用户轮廓,提高推荐系统的准确性等。然而,用户往往不希望所有属性信息都对外公开,尤其是敏感程度较高的属性信息。但是简单地删除敏感属性是不够的,因为分析者有可能通过对用户的其他信息(如社交关系、非敏感属性、活动规律等)进行分析、推测将其还原出来。属性隐私保护的目标是对用户相关属性信息进行有针对性的处理,防止用户敏感属性特征泄露。

(3) 社交关系隐私。用户和用户之间形成的社交关系也是隐私的一种。通常在社交网络图谱中,用户社交关系用边表示。用户提供商基于社交结构可分析出用户的交友倾向并对其进行朋友推荐,以保持社交群体的活跃和黏性。但与此同时,分析者也可以挖掘出用户不愿公开的社交关系、交友群体特征等,导致用户的社交关系隐私甚至属性隐私暴露。社交关系隐私保护要求节点对应的社交关系保持匿名,使攻击者无法确认特定用户拥有哪些社交关系。

(4) 位置轨迹隐私。用户位置轨迹数据资产来源广泛,包括来自城市交通系统、全球定位系统(global positioning system,GPS)导航、行程规划系统、无线接入点以及各类基于位置服务的 App 数据等。用户的实时位置泄露可能会给其带来极大危害,例如被锁定并实施定位攻击。而用户的历史位置轨迹分析也可能暴露用户隐私属性、私密关系、出行规律甚至用户真实身份,从而给用户带来不利影响或损失。用户位置轨迹隐私保护要求对用户的真实位置进行隐藏或处理,不泄露用户的敏感位置和行动规律给恶意攻击者,从而保护用户安全。

3) 隐私保护技术分类

当前的隐私保护模型有两大类:以 k-匿名(k-anonymity)为代表的基于等价类的方法和差分隐私方法。前者假设攻击者能力有限,仅能将攻击目标缩小到一定的等价类范围内,而无法唯一地准确识别攻击目标;后者则假设可能存在两个相邻数据资产集,分别包含或者不包含攻击目标,但攻击者无法通过已知内容推出两个数据资产集的差异,因此,也无法判断攻击目标是否在真实数据资产集中。前者的优势在于,在攻击者能力不超过假设的前提下,能够以较小的代价保证统一等价类内记录的不可区分性。而如果攻击者能力超过了假设,攻击者就能进一步区分等价类内的不同记录,从而实现去匿名化。后者的优势在于,攻击者不可能具有超过假设的攻击能力,因而不可能突破差分隐私方法提供的匿名保护。但是,由于数据资产集的差异性,差分隐私方法可能会对原始数据资产造成较大扰动,过度破坏数据资产可用性。

典型的隐私保护技术手段包括抑制、泛化、置换、扰动、裁剪等。抑制是最常见的数据资产匿名措施,通过将数据资产置空的方式限制数据资产发布。泛化是指通过降低数据资产精度来提供匿名的方法。属性泛化即通过制定属性泛化路径,将一个或多个属性的不同取值按照既定泛化路径进行不同深度的泛化,使得多个元组的属性值相同。最深的属性泛化效果通常等同于抑制。社交关系数据资产的泛化则是将某些节点以及这些节点的连接进行泛化。位置轨迹数据可进行时间、空间泛化。置换方法不对数据资产内容做更改,但是改变数据资产的属性。例如,将不同的个人用户的属性值进行交换,将用户 a 和用户 b 之间的边置换为用户 a 与用户 c 之间的边。扰动是在数据资产发布时添加一定的噪声,包括数据资产增删、交换等,使攻击者无法区分真实数据资产和噪声数据资产,从而对攻击者进行干扰。裁剪技术的基本思想是数据资产公开发布。例如,对于表结构数据资产,首先将用户划分为不同的组,赋予同一组记录相同的组标识符,对应记录的敏感数据资产也赋予相同的组标识符,然后将其作为新表发布。恶意攻击者虽然可以确定攻击目标的组标识符,但是无法有效地从具有相同的组标识符的敏感数据资产中判定攻击目标对应的敏感数据资产。

隐私保护方案需要引入可用性标准。一种通用的机制是度量数据失真程度,并不考虑发布的数据被如何使用。通过定义一系列数据资产集属性特征,比较真实数据资产和数据资产发布版本的特征变化来衡量数据资产损失程度。例如,对于关系型数据资产表中的数值型数据资产,计算其平均值的偏移量。如果数据资产有明确的应用领域,如对数据资产进行统计分析、计算均值、找出 Top-k 对象等,那么可用性指标可以更具体化,表示为计算结果的准确度。

（1）基于失真的数据资产隐私保护技术。基于失真的数据资产隐私保护技术是将敏感数据资产进行扰动处理，使其出现失真的技术。扰动后的数据资产可以在保持应用所需性质的同时，使攻击者无法得到真实数据资产。其包括数据资产随机化、数据资产合成和数据资产交换等方法。

① 数据资产随机化。随机化的方法是将原始确定性的数据资产转变为随机性的数据，实现对原始数据资产的保护。随机化应答是一类采用随机化方法的数据资产隐私保护技术，其采用应答的方式实现对数据资产隐私的保护，当有请求需要数据资产时，数据资产持有者对应答结果进行扰动，使攻击者以低于某个阈值的概率得到正确结果。这种方法对于单个请求的应答不再准确，但从统计意义上来说仍然可以得到一些准确的统计结果。

② 数据资产合成。数据资产合成是利用原始数据产生新的数据，用以代替原始数据资产发布，使攻击者无法得到原始的数据资产，从而起到保护数据资产隐私的作用。该方法主要用于数据资产发布中的隐私保护。有研究利用原始数据资产首先建立一个数据统计模型，并根据该模型取样得到新的数据资产进行发布。利用这种方法人工构建了新的数据，并和原始数据资产包含相同的统计信息。如利用 k-匿名思想，将原始数据资产分为若干组，每组包含 k 个数据资产。对于每一组数据资产，提取其统计特征（如和、均值、方差等），并以这些统计特征重新生成 k 个数据资产，最后将新生成的数据发布。这样通过合成新的数据替代原始数据的方式，可以在提供原始数据资产统计特征的情况下，很好地隐藏原始数据。

③ 数据资产交换。数据资产交换技术是将不同用户的属性进行置换，使得对于个人来说，其对应的数据资产不属于自身，而对于统计信息来说并没有影响。与数据资产合成技术类似，数据资产交换技术主要应用于数据资产发布中的隐私保护。

（2）基于限制发布的数据资产隐私保护技术。基于限制发布的数据资产隐私保护技术是有选择地公开一部分数据资产，使攻击者无法得到完整的数据资产来保护数据隐私的方法。

① 属性隐藏。属性隐藏是将一些敏感的属性进行隐藏，其是基于匿名思想，使不少于 k 条记录通过属性隐藏而无法区分，进一步地，L-多样性（L-diversity）与 t-保密（t-closeness）等对 k-匿名强化的准则也被应用到属性隐藏方法中。依据隐藏粒度的不同，属性隐藏可以分为隐藏记录、隐藏值和隐藏单元三类。其中，隐藏记录为最粗的保护粒度，是将整条记录都隐藏。隐藏值则是更细粒度的操作，对每个值进行考察，隐藏其中属于隐私的值。隐藏单元则是考虑了各个记录属性之间的联系，隐藏部分值使记录满足匿名等要求即可。

② 数据资产泛化。相比属性隐藏对信息隐私的保护仅仅有"有"和"没有"两种选择，数据资产泛化则提供了更加细致、多样的选择，具有更高的可用性。数据资产泛化是将原始精确的数据资产替换为较为模糊的数据资产，仅仅保留原始数据资产的一些特性，使攻击者无法获得准确的数据资产。例如当原始数据资产为 35，通过数据资产泛化可以将其泛化为一个数据资产区间。虽然依据泛化粒度的不同，数据资产泛化可以分为多种类型，但其基本思想均相同。

6.3 数据资产安全管理机制

6.3.1 安全管理技术

数据资产安全管理技术是对数据资产的生命周期过程建立完善的体系化的安全策略,通过全方位的安全管控,为数据资产的安全管理提供可信赖的技术保障。其主要包括访问控制、数据资产库加密、审计追踪和攻击检测、数据备份和灾难恢复。

1. 访问控制

访问控制是指系统限制授权用户使用数据资产信息的手段,通过技术手段防止对任何未授权的数据资产的访问。访问控制的手段主要包括认证和授权。认证主要是指允许合法用户登录数据资产库,一般通过使用数据资产库指令登录某一账号或操作系统认证登录某一账号。授权是授予某一通过认证的账号操作数据资产库某些功能的权限。通过认证和授权,实现按用户角色身份来限制对某些数据资产信息的访问控制的目的。

2. 数据资产库加密

数据资产库加密是通过加密的方式保护数据资产库,保证用户数据资产信息的安全,防止非法用户利用数据资产库引发数据资产信息的泄露、更改或破坏。数据资产库加密是防止数据资产库中数据泄露的有效手段。数据资产库加密的方式主要有全盘加密、文件加密、数据资产库自带加密、库内扩展加密、数据资产库加密网关或加密驱动和应用加密网关。全盘加密是指采用全盘加密系统或者存储加密网关系统,将数据资产库文件所在的磁盘扇区进行加密;文件加密是指在操作系统文件驱动层将数据资产库的存储文件加密后存储到磁盘上;数据资产库自带加密是指某些数据资产库自身提供了加密机制,在数据资产库内核实现了存储的加密;库内扩展加密是指通过视图、触发器、扩展索引等机制,实现透明加密;数据资产库加密网关或加密驱动是指通过对数据资产库前端部署数据资产库加密网关,或者通过扩展数据资产库访问驱动实现数据库加密;应用加密网关是指在应用系统之前设置加密网关,进一步将数据资产加密的位置提前,在数据资产进入应用系统前进行加密。

3. 审计追踪和攻击检测

审计功能在系统运行时,安全地将一些数据资产的生命周期细节记录在审计日志中。攻击检测功能则是根据审计日志分析、追溯内部和外部攻击者的行为和意图,再现导致系统现状的事件,并根据具有攻击特性的审计日志执行一定的防范措施。审计追踪可分为两类:用户审计和系统审计。用户审计是指用户通过分析数据资产信息管理系统的审计日志,追查进行访问的意图及每次操作的用户名、时间、操作代码等信息。系统审计是指由系统管理员对审计系统记录的运行状况进行检查和评价,以判断数据资产信息管理系统是否能够保证资产的安全、数据资产的完整以及有效利用组织的资源并有效地实现组织目标。

4. 数据备份和灾难恢复

灾难备份是保障信息系统安全的关键基础设施,用以防范和抵御灾难所带来的毁灭性打击。数据备份是数据容错、数据容灾以及数据恢复的基础。建立数据资产信息管理系统的备份机制,从多个层面进行备份,保护数据资产信息的安全。备份主要通过以下两种方式:一是异地机房部署信息备份并进行云存储,与本地数据库关键应用数据进行实时复制;二是开展每日数据库备份,确保灾难发生时,能够重新启用数据资产信息系统的硬件及软件,恢复正常运行。

6.3.2 应急响应机制

数据资产安全应急响应机制是指为了应对突发、重大信息安全事件所做的准备性对策,以便在事件发生后采取及时的措施弥补事件带来的损失。建立数据资产安全应急响应机制的目的是提高应对数据资产在采集、传递等过程中各种突发事件的处置能力,有效预防和最大限度地降低各种突发事件的危害和影响,保障数据资产的运行安全、组织安全和数据安全。这个机制主要包括以下几个环节。

1. 建设应急响应体系

针对数据资产管理平台运维的特点,建立基础设施运维应急处理体系主要内容有基础设施运维应急体系的目标、工作原则、编制依据和应用范围。其职能主要有对安全事件的预防机制、预警监测、预防预警行动、预警分级和发布,安全事件的应急响应,安全事件的后期处置方法,以及处理安全事件的保障措施等。

2. 制订应急预案

对于数据资产中心基础设施的运维,要提前制订针对本数据资产中心的相关应急预案,针对可能突发的故障事件,预先制订可以迅速、有序地开展应急行动的方案,做到对突发安全事件的快速反应,保障系统正常运行。

3. 管理应急物资

数据资产中心基础设施的应急物资是指用于数据资产中心应对突发事件的业务保障和业务恢复工作的通信装备、电源设备、辅助装备、后勤保障装备和个体防护装备等,由应急物资储备部门参照相关维护规定制定具体的应急物资维护细则并严格执行。

4. 落实应急演练

在进行数据资产中心的基础设施维护的过程中,进行应急演练工作是必不可少的一环,要围绕各项工作的具体目标,提高应急演练工作的计划性和主动性。

6.3.3 政策保障机制

实现数据资产安全管理的保障机制主要有明确法律地位、纳入经营管理、发展评估机构及建设交易场所等。

扩展阅读6-4
《中华人民共和国数据安全法》十大法律要点解析

1. 明确法律地位

尽管当前对数据资产没有特定的法律法规,但是关于数据的财产和隐私等安全保护是十分明确的。对于未来数据资产的保护工作,一是建立数据资产安全的立法保障,从数据资产的性质、保护条款、交易规则等方面以法律条文的方式划清边界;二是明确数据资产经营的法律责任,针对数据资产的交易实行有偿使用的方式确定数据资产的价值;三是对企业和个人数据资产的侵权行为进行严厉打击;四是鼓励企业和个人主动进行数据资产的交易,促进以合法方式交易,推动数据资产交易的发展,使其更好地为经济和社会的发展提供服务保障。

2. 纳入经营管理

由于数据资产的定价尚没有统一的标准,因此它们的交易往往存在很大的随机性。对于数据资产未来的经营管理,一是按照成本法、协议定价法、市场法、收益法等方法对不同的数据资产进行定价;二是推动数据资产交易市场的发展,促进交易的透明化,对数据资产的供应量随着市场的供需环境动态调整,最终达到合理的定价水平;三是将数据资产信息单列为一项会计项目,并在会计账簿上清除其流动过程;四是将数据资产的保值升值列入企业业务指标中,提升全社会对数据资产安全的意识和支持。

3. 发展评估机构

目前,针对数据资产评估已有一些评估机构开展探索,但比较完善的评估体系仍然较少。需要进一步加强对数据资产的评估方法和评估流程等方面的研究,一是可以与高校等科研院所及其所属的资产评估专业机构合作建立数据资产评估研究所,确定其研究方向和重点;二是建立数据资产评估单位的准入机制,规范数据资产交易市场;三是培育和引入具有高素质的数据资产专家和学者,尤其是掌握科技、评估、金融等领域知识的高素质人才;四是设立专业的数据资产评估队伍,通过建立专业的职业培训方案,提高数据资产评估队伍的业务水平;五是在评价工作中引入前沿的技术,以提升评估工作的精准度和效率。

4. 建设交易场所

只有通过交易,数据资产的价值才能体现,也唯有通过交易,才能让其与价值更加一致。通过交易可以增强公众对数据资产的安全保护意识,从而使数据资产能够更有效地开发和利用,为数字社会的建设创造更多的社会财富。建立数据资产交易平台是进行交易的前提,由于数据资产多样且分布广泛,可以按照地区、专业的准入标准、专业技术人员、资本规模、管理人员的素质水平、业务流程操作等设置专业的准入门槛,建设优质、高端的数据资产交易专业化平台。

6.4 基于区块链的数据资产安全管理

6.4.1 区块链基本概念

1. 区块链技术背景

扩展阅读 6-5
海南：加快区块链产业发展，打造"链上海南"区块链产业生态

区块链技术是利用分布式记账的产物。1494 年首次提出的复式记账法将单一中心记录分拆为多个科目，极大地提升了账目的可靠性，一旦发现问题，方便追查根源，对应的账本叫"复式账本"。复式记账法的原理是将某种价值从来源方转移到目标方，从而将每笔交易分别在贷方（来源方）和借方（目标方）两个科目进行记录，且借贷双方的总额应该时刻保持相等（即守恒）。但这种方法仍然是一种中心化的记账方法，每个人手中都有自己的账本。由于互联网技术的快速发展和普及，账本数据量快速增长，参与记账的个体增多，以分布式记账方法为基础的区块链技术，解决了多个个体账本难以保持一致性、合作完成记账等难题。

区块链是以块为基础的链状结构，并在区块头中使用与以前的交易记录相结合的方法，满足了分布式记账场景下防篡改的要求。区块链作为一种分布式数据库技术，通过维护数据块的链式结构进行持续增长、不可篡改的数据记录。狭义上，区块链是一种以区块为基础单元，以时间顺序排列的链式数据结构，在区块中使用密码学原理检验以前的交易记录，满足了分布式记账场景下防篡改和可扩展性的需求。广义上，区块链还指代基于区块链结构实现的分布式记账技术，包括分布式共识算法、隐私与安全保护、点对点通信技术、网络协议和智能合约等。

根据不同的访问和授权开放程度，可以将区块链分为三种类型：公有链、私有链和联盟链。

1) 公有链

公有链是指对任何人都是开放的，任何人可以在任意时间加入、维护和读取数据，数据由所有人公平公正公开共同记录，实现区块链平台的数据不可篡改和去中心化的性质。凡是需要公众参与的，在没有中央权威机构的弱信任环境中需要最大限度保证数据资产信息公开透明的系统，都适用公有链，比如银行货币系统、证券清算交易系统等。

2) 私有链

私有链与公有链是相对的概念，私有链是指系统权限由组织内部管理，其读写权限或开放程度由组织进行任意程度的控制，私有链的使用通常需要提交身份认证，系统节点数量和节点状态可以进行控制，一般仅限在私有组织内部使用。与公有链相比，私有链是弱中心化或多中心化的，其达成共识的时间相对较短、交易速度更快、效率更高。典型案例如数据资产的票据管理、数据资产的审计等方面。

3) 联盟链

联盟链是指有若干机构或组织共同参与管理的区块链，它们各自运行着一个或多个节点，数据由联盟内部节点共同维护，与私有链一样，联盟链系统只对组织内部成员开放，需要注册许可才能访问区块链。从数据使用来看，联盟链仅限于联盟成员参与，联盟规模可以大

到国与国之间,也可以是不同机构企业之间。与公有链和私有链相比,联盟链是"部分去中心化的",效率比公有链强,比私有链弱。典型案例如企业建立数据资产管理系统,有些数据资产可以对外公示,而有些数据资产则只能供内部查看。

2. 区块链技术整体架构

区块链技术的整体架构如图 6-8 所示,包括底层通信网络、区块链核心模块和上层接口三个部分。

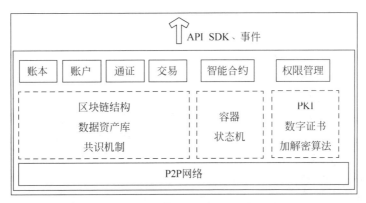

图 6-8 区块链技术的整体架构

(1) 底层通信网络是由多节点组成的点对点(peer-to-peer,P2P)网络,它是一种分布式网络通信技术,又称"对等网络"。与传统的客户端/服务器端(client/server,C/S)结构不同的是,P2P 网络中各节点没有主从之分,地位都是对等的,每一个节点既可以是客户端也可以是服务端。

(2) 底层之上为系统核心模块。账本、账户、通证、交易模块用来支持区块链结构、数据库、共识机制等技术;智能合约依赖容器、状态机等技术;权限管理利用了公钥基础设施(public key infrastructure,PKI)、数字证书、加解密算法等安全技术。

(3) 上层是面向分布式系统和应用开发提供的 API,并设计实现访问和管理区块链资源的软件开发工具包(software development kit,SDK)。此外,应用侧可以通过订阅和监听事件来获取交易执行、区块生成等信息。

3. 区块链技术核心模块

基于区块链的数据资产管理系统的核心模块主要由账本、账户、通证、智能合约、共识机制和系统管理等部分组成。

1) 账本

账本的功能是对于数据资产信息的存储,主要包括数据资产交易信息的收集,生成数据资产区块,对本地数据进行合法性校验,以及将校验的区块添加到链上。账本将上一个区块的 Hash 值嵌入下一个区块中组成链式数据结构,确保本地数据资产的完整性和真实性。账本的数据资产记录方式有两种:基于资产的和基于账户的。基于资产的是指以资产为核心进行建模,然后记录资产的所有权;基于账户的是指建立账户作为资产和交易的对象,资产是账户下的一个字段。

2）账户

账户是地址的唯一标识。用户加入数据资产管理系统会获得唯一的私钥、公钥和 ID。终端用户将交易信息发送给指定账户，通过用户私钥签名，将其存储在专有的安全硬件设备中。每个账户都持有不同的通用凭证，并将其记录在账本中。

3）通证

通证可以分为两类，包括权限通证与权益通证。权限通证是确定用户对特定数据资产和数据资产服务的访问权限；权益通证是度量用户对交易平台和数据资产安全的贡献，对其提供权益证明，并通过消耗权益证明获得数据资产和数据资产服务。

4）智能合约

智能合约的操作对象大多数为数据资产，主要任务是用代码的形式实现区块链系统的业务逻辑，并进行编译和部署，达到规定的规则和条件时则自动触发和执行，大大降低了人工干预的程度。智能合约根据图灵完备与否分为两类：图灵完备和非图灵完备。影响实现图灵完备的常见原因包括：循环或递归受限、无法实现数组或更复杂的数据结构等。图灵完备的智能合约有较强的适应性，可以对逻辑较复杂的业务操作进行编程，但有陷入死循环导致系统崩溃的可能，图灵不完备的智能合约不允许或限制循环，但是更加简单、高效和安全。

5）共识机制

共识机制主要是保证系统中各个节点记录的数据的一致性和准确性。区块链系统中各节点独立存储数据资产信息，通过共识机制保证各个节点间存储的数据资产信息不分叉，以实现节点的选取，数据资产信息的一致性验证和数据资产信息同步等功能。

6）系统管理

系统管理主要负责对数据资产管理系统的运行进行管理，包括权限管理和节点管理。权限管理对于数据资产的安全访问控制有着极其重要的作用，常见的方法有使用访问控制列表、CA 认证、PKI 认证、第三方身份认证等。

6.4.2 基于区块链的数据资产安全管理平台

1. 基于区块链的数据资产安全管理平台基本架构

基于区块链的数据资产安全管理平台技术体系共包括五层，自上而下分别是展示层、服务层、合约层、网络层和基础设施层，如图 6-9 所示。

1）基础设施层

基础设施层为系统的运作提供基层的底层硬件设备资源保障，主要包括物联网设备、网络资源、存储资源、安全设备等硬件设备资源。其中，IoT 设备的作用是收集数据资产信息；网络资源的作用是根据数据资产的部署状态选择公网或者私网，对于需要保密环境的要求，可以使用私网进行部署；存储资源的作用是根据数据资产使用的服务器种类选择私有服务器或云服务器，选择的依据同样是对于保护的环境要求程度。基础设施层还包括其他的安全硬件设备，用于保证底层网络系统的安全运转。

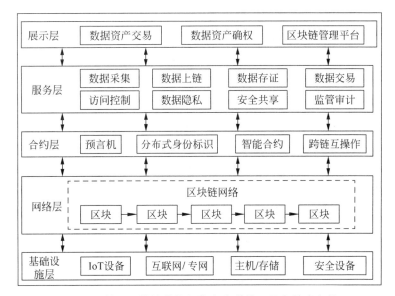

图 6-9 基于区块链的数据资产安全管理平台基本架构

2) 网络层

网络层主要为系统运作的工作机制提供服务,它能使系统中的各个节点都参与到对数据资产的传播、验证和记账过程中。利用区块链的适配器规范不同底层的接口,使其适配统一的协议框架,采用向下兼容不同底层、向上规范统一接口的方式,实现节约上层业务集成和开发服务的成本。

3) 合约层

合约层主要提供基于协议的可编程服务,通过编写智能合约,实现调用上层应用的链上数据和业务的目的。其技术主要包括预言机技术、分布式身份标识和跨链互操作技术等。

4) 服务层

服务层主要为展示层提供相应的接口支持,以区块链技术为基础,提供包括数据采集、数据上链、数据存证、数据交易、访问控制、数据隐私、安全共享和监管审计等服务,为数据资产从物理世界到区块链网络的全生命周期流转提供服务支持,确保数据资产的真实性、安全性、隐私性和可审计性。

5) 展示层

展示层主要为平台使用者和网络管理员的人机交互提供可视化界面,主要由数据资产存证平台、数据资产交易平台和区块链管理后台组成。数据资产存证平台的主要作用是确保数据资产的采集、上传、存证,利用预言机技术生成验证证书,为相关审计工作提供审核凭证;数据资产交易平台的主要作用是确保数据资产的交易和安全共享,并利用区块链智能合约实现不同主体间的数据资产安全交易和共享,确保交易过程不可篡改,为数据资产的隐私安全提供保障;区块链管理后台的主要作用是对链上的网络状态进行管理,对网络的配置进行动态调整,对网络中的各节点的工作状况进行检测。

2. 基于区块链的数据资产安全管理平台角色分类

基于区块链的数据资产安全管理平台角色主要包括区块链网络管理员、数据资产管理员和超级管理员三类。基于区块链的数据资产安全管理平台角色如图6-10所示。

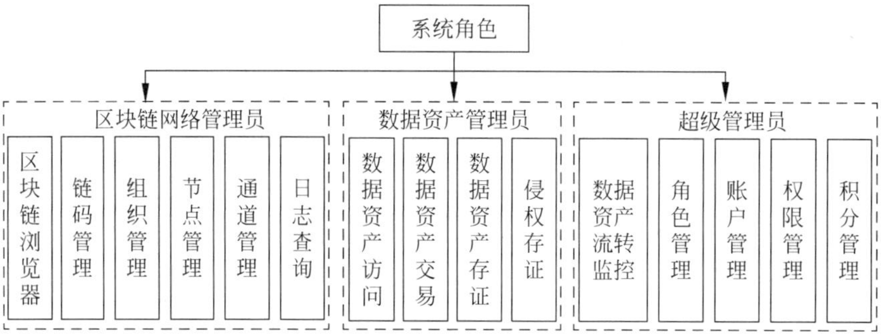

图6-10 基于区块链的数据资产安全管理平台角色

1）区块链网络管理员

区块链网络管理员主要执行的功能包括区块链浏览器、链码管理、组织管理、节点管理、通道管理和日志查询等。区块链浏览器的主要作用是监测整个区块链系统的整体配置状态和区块链上的交易详细信息；链码管理的主要作用是将智能合约部署在区块链上；组织管理的主要作用是为了新增和管理链上的组织，不同组织代表不同的机构或者企业实体，不同实体间的数据、用户、积分等数据交互均通过组织进行；节点管理的主要作用是为了新增和管理链上节点，实现对节点的实时监控和对故障节点的及时维修；通道管理的主要作用是为了新增和管理链上通道，每个通道表示多个组织间的链上联盟，以实现在相同区块链上数据资产的安全管理；日志查询的主要作用是支持日常作业和运作记录的查询。

2）数据资产管理员

数据资产管理员主要执行的功能包括数据资产访问、数据资产交易、数据资产存证和侵权存证等。数据资产访问的主要作用是根据管理员的权限等级来判断管理员可以访问的数据资产文件最高密级，为管理员查看数据资产的名称、哈希值、时间戳、默尔克树根等相关信息提供支持；数据资产交易的主要作用是通过积分功能实现数据资产文件的购买并及时对申请的数据资产进行下载，数据资产交易的过程都是在区块链平台上完成的，交易结果记录在区块上且不可篡改；数据资产存证的主要作用是根据管理的权限等级支持上传不同级别的数据资产资源，通过对上传数据资产信息进行哈希计算产生哈希值，将哈希值记录在区块链中，生成存证信息，包括区块哈希等信息；侵权存证的主要作用是固化侵权网站的侵权证据，利用预言机技术实现对侵权页面的存证、哈希上链和证书生成等操作。

3）超级管理员

超级管理员主要执行的功能包括数据资产流转监控、账户管理、角色管理、权限管理和积分管理等。数据资产流转监控功能主要是实现全平台的数据资产上传、存证、交易、下载等过程中对数据资产进行实时监测，以确保数据监管流程的标准化和安全性；账户管理主要是管理用户增减、用户信息审核和修改、用户的权限分配以及用户积分的转账等，为管理平台提供完善的管理工具；角色管理主要是设置用户在平台上的角色，为用户提供权限和身份证明，平台管理员对不同的角色授予不同的权限；权限管理主要是对平台的多个层面的使用权限进行划分，平台管理员根据用户的实际需求将其划分为一组许可权限，并对相应的角色赋予相对应的权限；积分管理主要是对链上的积分总量、分配方式、增发方式等进行宏观控制，以确保积分的价值稳定性。

本章小结

围绕数据资产的安全保护，本章主要介绍了数据资产安全的基本概念、安全体系、安全的主要内容和服务以及安全的主要策略；阐述了数据资产安全的技术分类和常见的数据资产安全技术，包括安全存储与访问控制技术、安全检索技术、安全处理技术和隐私保护技术；概括了数据资产安全管理在安全管理技术、应急响应机制和政策机制防护方面的未来发展路径；针对区块链技术在数据资产安全中的潜在优势，介绍了区块链与数据资产安全管理平台的体系架构及角色架构。

习题

1. 简述数据资产安全和数据资产安全体系的含义。
2. 简述数据资产安全的主要内容。
3. 简述数据资产安全保护技术的概念及其主要类型。
4. 数据资产的安全检索技术有哪些？
5. 数据资产的安全处理技术有哪些？
6. 数据资产的隐私保护技术有哪些？
7. 简述数据资产安全防护的主要环节。
8. 简述数据资产的应急响应机制。
9. 简述基于区块链的数据资产安全管理平台技术架构。
10. 简述基于区块链的数据资产安全管理平台中的主要角色。

即测即练

第 7 章
个人数据资产管理

7.1 个人数据资产概述

7.1.1 个人数据资产的概念

依据生产要素理论,在数据化浪潮的冲击下,随着个人掌握的数据信息不断地投入生产中,数据成为新型生产力要素,促进生产效率的提高,个人数据信息成为数据资产的重要组成部分。当前,个人数据资产具体可分为五种类型,包括应用平台账号、特权、虚拟货币、数字痕迹、虚拟养成物。

1. 应用平台账号

应用平台账号是由数据服务商为用户提供的一项免费服务,是用户在网络上使用该应用平台的凭证,如邮箱账号的注册和其他可以免费注册的平台账号等。由于这些自由获取的身份凭证没有财产性质,它们通常不被纳入个人数据资产的范畴,但却是个人对其数据资产所有权的关键凭证。此外,如果身份凭证是需要通过购买获得的,则具有资产的属性。

2. 特权

特权是以应用服务账号为基础、差别化的价值增值服务。这种权限通常表现为某种特殊应用服务或者特殊权限等,如视频会员用户可以观看更多的视频、购物会员用户在购物时享受更多的折扣、各类 App 会员可以获得更加优质的服务等。用户在应用软件平台注册了属于自己的服务账号,并且依托于服务账号用货币获得的特权就是具有资产属性和排他性的珍贵的个人数据资产。

3. 虚拟货币

虚拟货币主要包括游戏币、虚拟币等。个人数据资产的交易通常表现为通过货币对特殊权限的购买,但是随着特殊权限逐渐被赋予商品化、多样化和组合化的属性,相对成熟和充裕的数据资产产品形成了较为封闭的数据空间,只能通过现金的形式来进行特定的交易。

由于这种交易的成本代价较高,因此在网络交易的过程中产生了虚拟货币。虚拟货币既可以通过现金来兑换,如 Q 币的购买等,还可以在网上通过劳动获得,如在网络游戏中需要通过特定游戏行为获得,而非金钱支付获得的虚拟货币。因此,虚拟货币是一种带有资产属性的数据资产。

4. 数字痕迹

数字痕迹是指消费者在相关网站上的购物记录、浏览记录、评论意见等信息,这些都是在使用虚拟产品和授权的过程中必然出现的零星数据,其价值类型有待进一步的探讨。没有市场需求的数字痕迹就没有资产的属性,而有市场需要的数字痕迹则具有资产的属性,但是由于市场需求的不稳定性和消费者价值的判断不一,具有资产价值属性的数字痕迹的财产性质波动较大。

5. 虚拟养成物

虚拟养成物通常指用户在游戏应用中通过劳动等形式,按照固有的游戏或数据规则取得的虚拟成果。虚拟养成物主要是用户创造的资产,是用户根据自己的喜好、审美等通过一定的劳动来实现有意义的虚拟财产的表现。比如在《我的世界》游戏中,玩家可以基于应用服务商自带的固定模板,按照自己的喜好和想象力,不断在游戏中创造出个性化的世界形象,用户通过劳动获得的属于自己的游戏形象即虚拟养成物。可以发现,虚拟养成物与特权相比,更加注重用户自身的努力和投入,所以很难通过现金或者虚拟货币来直接进行交易。

个人数据资产呈现出多种多样的形态,其本质是各种数据信息的集合组成,但由于数据间的差异化,数据资产也同样呈现出差异化的资产属性、价值及特征。这些差异会使不同的数据资产产生不同的业务模式,从而使用户在不同模式下获得的资产和服务也会发生变化。个人数据资产管理具有以下特征。

1. 价值不确定性

个人数据资产的价值不确定性包含两方面含义:一是个人数据资产的价值虽然被普遍认同,但目前还难以用一个简单的公式或数据模型进行估算;二是个人数据资产具有主体性,相同的数据对于不同的使用者,在不同的时间,其价值的大小是不同的。相反,传统个人资产一般较少存在这个问题,例如某人的一处住宅可以综合其使用年限、地段、附近配套设施、周边小区平均售价来评估其基本价值,且这种价值易于被绝大部分人所接受,因而可以作为最终价格的参考依据。

2. 时效性

个人数据资产的时效性要比传统数据的时效性显著得多,数据资产的价值和价值密度会随着时间的推移而不断下降。例如,手机应用根据用户近期、查询活跃的数据相关信息进行大量推送,但远期、搜索较少的内容则进行少量推送。传统个人资产虽然也存在时间折旧的问题,但时效性远没有个人数据资产那样显著。

3. 非耗性

个人数据资产作为无形资产,体量上是没有边界的,与有形资产的价值和其数量成正比增长不同,数据资产主体间的资产交易不是单纯的数字增加和减少,数据资产价值的下降一般是被更为完备的同源数据资产所取代,否则其使用价值或效用不会减少。

4. 共享性

个人数据资产是数字化、非物化的虚拟资产,与类似原子结构的实物资产相比,它是一种可以简单共享的资产。个人数据资产允许被无限制地轻易复制并传递到市场上供多方使用,直接表现为代码与代码的交换;个人实物资产则没有这样的属性,直接表现为占有和转让,占有是进入市场的必要前提,是实现转让的基础。

5. 虚拟性

从存储方式和价值体现方面来看,个人信息主体将个人数据资产借助计算机在磁盘、磁带等存储介质上以二进制文件的方式保存,其价值体现在各种网络互联对信息的生成、传递、利用再到销毁的全生命周期过程中。个人数据信息资产的虚拟性,决定了其不能脱离网络空间而存在。例如,个人在网络游戏世界的财产或者装备,它在虚拟游戏的虚拟世界中具有特有价值,但离开了网络世界,便只是一个无意义的符号。

6. 分散性

从个人数据资产的存储来看,个人数据资产的分散性是指将数据存放在不同的数据源中,个人数据资产分散的原因是个人应用的多样性和与其伴随的数据源的多样性。随着信息技术的发展和各种个人信息管理设备的普及,大量的个人应用软件和工具开始出现与推广,产生的数据模式和存储方式不尽相同,从而导致个人信息分散存储在多个不同的数据源中,形成一个个"数据孤岛",如个人的邮箱、通讯录、图库、收藏夹等,这些信息存储在不同的系统中,无法进行跨越不同数据源的信息检索。

7.1.2 个人数据资产管理的概念

1. 个人数据资产管理的定义

个人数据资产管理强调以个人为中心,以信息技术为基础,以数据资产共享与创新为目标,对数据资产实施科学管理,并进行组织整理,以及时、高效地更新和提高自己的数据资产价值。与其他类型的数据资产管理相比,个人数据资产管理具有以下几个特征。

1)重组分散的个人数据资产信息

个人数据资产大多处于资源分散和混乱的状态,无法有效地分享和使用有价值的资产,导致了个人的价值损失。针对个人发展的实际需求,对个人数据资产进行归类、排序,并将其归类进行组织和存储,以便收集和分享,从而实现个人数据资产价值

扩展阅读 7-1
2022 数博会"首届个人数据中心发展论坛"成功举办

的提升。

2）加快个人处理问题的速度

通过构建个人数据资产的管理系统,增强个体的应变能力和反应速度。在发现个人数据资产的问题时,通过在个人数据资产管理系统中查找有关数据资产信息,迅速找到答案,从而高效地处理问题。

3）持续的自我知识革新

在不断变化的环境中,持续的自我知识革新是个体在组织中获取和维持其竞争力的源泉。就个体而言,实现数据资产管理的终极目标,就是让自己能够打破时间与空间的限制,与他人一起交流思想和启迪思维。在进行个人数据资产管理时,通过非正式与正式的信息交换,将具有某些共同点的人集中到一起,实现数据资产的资源共享,不断更新个人的数据资产信息。

4）健全个人知识架构

随着社会信息化进程的全面加快,在信息技术的高效赋能下,个人获取信息的速度得到了极大的提升,个人数据资产信息的总量急剧增加,面对海量的数据资产信息,只有对这些数字资产信息进行科学的处理,主动对零星的个人数据进行整合,从中发掘出有用的信息,有效地利用,才能使自身的知识结构得到进一步的发展和完善,适应社会的需要。

2. 个人数据资产管理的内容

个人数据资产管理的内容主要由网络信息资源管理、文档管理、人际交往信息管理和个人的时间管理四部分组成。网络信息资源管理主要是指网络内部的链接、网络工具、网络空间的分类管理等；文档管理主要包括工作日志、工作总结、音频、视频等；人际交往信息管理包括书信、联系人地址簿、个人特征、电子邮件等；个人的时间管理包括个人备忘录、日志提醒等。个人数据资产管理的过程,具体而言包含以下几个方面的内容。

1）个人数据资产需求评估

个人数据资产信息不仅包含专业的信息,而且包含私人信息、人际关系信息等多种多样的信息,可以结合个人应用特点、工作生活需求和个人现有的知识储备,确定信息的优先次序,并在实际操作中进行调整和修改。

2）数据资产信息管理工具的选取

针对不同的个人数据资产信息,选取适当的信息管理工具。使用个人计算机对个人数据资产信息进行管理,通过创建一个文档来保存数据资产信息,类似于一个文档的管理,它适用于个人的、机密的、特有的数据资产信息的管理,这种完全个性化设置的方式功能作用有限,只能处理基本的个人信息；通过专门的管理软件,如 Outlook 除了拥有管理邮件的作用外,还可以为个人对日历、联系人、任务、笔记多方面的管理提供有效帮助；选择第三方数据资产信息管理平台,与专门软件相似,但它可以提供跨平台交流合作。

3）制订个人数据资产信息收集的方案

收集方案是对个人数据资产数据信息需要的反映,是展开收集前的重要基础,是确保收集工作成功实施的关键,可以分为中长期和短期两种。在确定一定时间段的总收集任务后,可以根据任务的要求,将总任务分成若干个子任务,以便进行分批、分期的灵活分配。要根据收集的基本原理,预先对收集的信息进行综合研究,确定收集信息的途径、类型、数量和比例,以便制订一套切实可行的方案。

4）建立个人数据资产信息管理规范

要确保个人数据资产信息管理长期有序进行,就必须建立统一的管理规范来保障个人数据资产信息的及时更新、修改和共享。这些规范可以是操作的原则、时间的安排、分类的标准等。同时为保障个人数据资产信息管理工作的高效开展,应当注意信息名称的清晰易读性,并根据其含义对其进行科学的归类。

5）个人数据资产信息交流与共享

个人数据资产信息通过沟通可以得到完善和共享,同时也为个人的发展创造了有利的环境。个人可以积极主动地分享信息和知识,如在某些社交平台上发布信息内容展示自己,并根据平台的反馈及时修改自己的信息,以此不断累积个人数据资产。

6）个人数据资产应用

将个人数据资产信息和与实践相结合,有助于个人处理信息,建立对应用的规则认知。通过对以往数据资产信息的经验总结,在实践中不断应用和检验,并根据实践的效果和反馈及时更新自己的数据资产信息。

7）个人数据资产信息的更新和完善

根据长期规划和实践需要,不断维护和改进个人的数据资产信息知识体系结构,对个人的数据资产信息知识进行更新、改进或删除,完善个人数据资产信息管理规范,在管理的过程中逐步完善自己的知识结构。

案例 7-1　个人信息安全规范

随着大数据时代的到来,数据成为新的生产要素,个人数据信息的收集和使用日益增多。数据在给人们的日常生活提供方便的同时,也存在非法收集、滥用和泄露的潜在风险,个人数据信息的安全保护面临着巨大挑战。

为了保护公民的个人数据信息不被滥用、泄露甚至非法售卖,美国、欧盟、日本等国家和地区先后出台了有关数据保护与个人信息保护的法律法规标准,来保护本国的数据及个人信息安全。欧盟自2018年5月起正式实施新版的数据安全保护条例《通用数据保护条例》。

中国国家市场监督管理总局、国家标准化管理委员会批准修改的《信息安全技术　个人信息安全规范》,于2020年10月1日正式实施。

上述标准都是为了解决个人数据信息面对的安全保护问题,为处理个人数据信息的收集、保存、使用、共享、转让、公开等环节提供标准的行为规范。其目的在于抑制非法收集、滥用、泄露个人数据信息等行为,最大限度地保护公民的合法权利和公众的利益。

资料来源:中国电子技术标准化研究院.《信息安全技术 个人信息安全规范》(2020年版)国家标准正式发布[EB/OL].(2020-03-16)[2022-12-22]. http://www.cesi.cn/202003/6213.html.

7.2　个人数据资产管理平台

7.2.1　个人数据资产管理平台概述

与个人数据交易和个人数据管理等类似的概念不同,个人数据资产管理平台更注重数据在业务上时间的连续性和服务的多样化,同时也可以将数据转变为现金资产的观点传递给使用者。当前,针对个人数据资产管理平台的相关理论和实践还处于初步探索阶段,其基本概念和特点也没有一个清晰的界定。个人数据资产管理平台是相对传统的数据交易而提出的一个全新的概念,是一种新兴的以客户端用户为参与主体的数据交换方式,它以数据交换为核心,通过用户画像等多种方式提供额外的增值服务,旨在打破数据供需双方的数据障碍,推动数据流转互通,最大化地开发利用个人数据的资产价值,保护个人数据拥有者的权益,即终端用户的数据价值。

扩展阅读 7-2 挖掘数据要素价值 增强数字经济核心动力

个人数据资产管理平台的构建,能够有效应对大数据市场的发展与终端用户的权益之间的问题。2015 年,经济合作与发展组织(Organization for Economic Cooperation and Development,OECD)的一份报告指出,人类已经处于数字经济时代,各国应出台政策鼓励投资数据行业,推动数据资源的分享和再利用。随着大数据浪潮不断席卷世界各国,相关的数据行业与市场也随之蓬勃发展,大数据公司不断涌现。有关研究表明,2019 年全球大数据整体市场规模达 500 亿美元,并预计 2025 年大数据市场规模达 920 亿美元。由此可见,目前大数据行业已经进入快速发展阶段,有着巨大的市场和发展潜力。与上述情况形成鲜明对比的是,互联网终端用户作为大数据的重要来源,并没有从自己的数据中得到什么好处,而"数据变现"的概念又使得大数据公司,特别是数据源型企业和终端用户间的问题更加突出。

与传统的数据交易平台相比,个人数据资产管理平台强调的是以个人为数据交易的主体,在数据交易的方式、服务内容、价格等方面更加尊重个人的意愿,并注重为用户提供特殊的增值服务。从长期来看,个人数据资产管理平台的运作模式更有利于激发终端用户分享自己的数据信息,特别是在目前我国的数据安全法律法规不断收紧、行业自律意识不断增强的情况下。首先,如何从数据的源头出发,激励用户数据共享的积极性,是推动数据自由流动、挖掘数据价值的关键保障措施。其次,终端用户主动分享的数据中,大部分以源数据为主,因此它的价值远高于市场上其他的数据来源。可以说,建立个人数据资产管理平台,是对现有的数据交易平台在数据来源层次上的补充,二者相辅相成促进当前大数据交易市场的发展,分析其发展存在的问题,对于促进大数据市场交易乃至大数据行业整体的发展具有重要意义。

7.2.2 个人数据资产管理平台基本架构

个人数据资产管理平台主要由数据资产众筹、数据资产管理、数据资产增值业务以及数据资产基础服务四大部分组成,如图 7-1 所示。数据资产基础服务是个人数据资产管理平台的核心组成部分。与一般的大数据处理框架不同,个人数据资产管理平台提供数据资产确权、溯源、计量计价等基础服务,并基于数据资产基础服务提供数据资产存储、分析、挖掘、交易等管理服务,这也是个人数据资产管理平台明确数据产权、保护数据资产主体权益的关键。

1. 数据资产众筹

数据资产众筹具有门槛低、多样化、依靠公众、注重创新等特点,但其应用领域和实现方

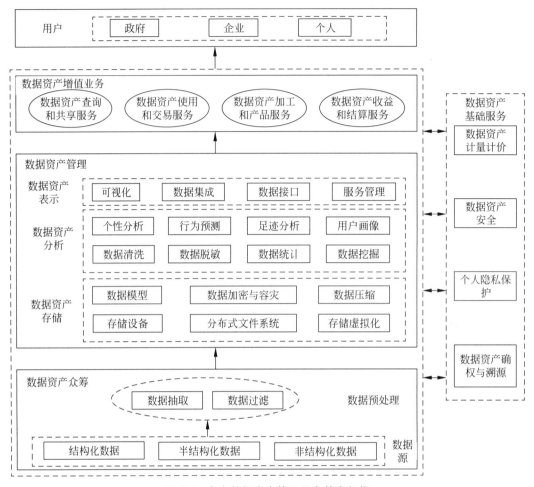

图 7-1 个人数据资产管理平台基本架构

式与债权众筹、股权众筹等方式不同,基于互联网的个人数据资产众筹,以多用户、多终端协同数据的参与和分享为核心,实现用户化、网络化、动态化的数据发现、分享和动态反馈。个人作为数据资产的生产者、管理者、使用者和监督者,对个人的结构化数据、半结构化数据和非结构化数据,通过线上或线下的输入、传感器的自动采集、第三方的数据源等方式进行众筹,把个人的数据资产信息集中到个人数据资产管理平台中,降低数据资产重复采集的成本。

2. 数据资产管理

对个人数据资产进行分类归纳、统一存储在个人数据资产管理平台中,针对不同的数据资产特征和使用目的,对数据资产进行清洗、分析和挖掘等处理工作,并利用数据资产集成和数据资产接口等方式,便于用户进行访问、管理和使用数据资产,从而为人们的日常工作提供便利服务。

3. 数据资产增值业务

通过商业化运营用户的个人数据资产,开展数据资产交易服务,交易流程对所有数据资产拥有者公开、透明,为用户提供数据资产的查询和共享、使用和交易、加工和产品等增值服务,为用户提供数据资产的收益和结算服务。

4. 数据资产基础服务

为个人数据资产众筹、个人数据资产管理和数据资产增值服务提供与个人数据资产相关的一些通用基础服务,包括数据资产计量计价、数据资产安全、数据资产的个人隐私保护和数据资产确权与溯源等服务。

7.2.3 个人数据资产管理平台关键技术

在个人数据资产管理平台中,数据资产计量与定价、个人数据资产收益模型、数据资产确权与溯源、数据资产共享与交换机制、个人数据资产的隐私保护及个人数据资产的分析与挖掘是个人数据资产管理平台的关键技术。

1. 数据资产计量与定价

数据资产计量与定价分为两个层面,既包括针对数据资产买家的定价,即买家的价格,也包括针对数据资产卖家的定价,即终端卖家用户的价格。由于买家的价格会随着市场交易量和成交金额的变化而不断变化,所以数据资产的定价一般统一指卖家价格。个人数据资产管理平台的定价模式主要包括以下几种。

1) 固定定价

个人数据资产管理平台针对个人数据资产的信息进行评估,确定在特定时间内应支付给用户的价格,并按周期进行结算。个人数据资产的价格一般分为高、中、低三个等级。一旦用户获得相应的数据资产酬金,后续的数据资产定价权由个人数据资产管理平台根据市场需求决定,收益归个人数据资产管理平台所有。

2) 分成定价

个人数据资产管理平台根据用户在平台上的交易数量和交易价格,按照一定的比例抽取成交金额的提成。

3) 千人成本

套用互联网广告服务商的广告定价模式,根据交易量除以交易人数,再乘以1 000。

4) 协商定价

用户给出预期的定价,个人数据资产管理平台作为买卖双方进行协商的线上平台,最后由平台收取一定比例的提成。

5) 实时计价

个人数据资产管理平台不设定统一的价格标准,数据资产的定价根据目前的市场需求、数据质量和时间跨度等多方面的因素进行计算。

除上述定价模式外,还可以采用积分、代币等方式进行交易,当积分达到一定额度后可以提现或者兑换奖品和优惠券,而代币的价格会随着市场的变化而变化。数据资产的价值主要取决于买卖双方的心理预期、平台规模、数据的交易量、数据价值、市场上此类数据资源的供求状况、交易的成交价格等。因此,在通常情况下,数据资产的价格不会一成不变,而是会根据上述影响因素进行相应的调节。

2. 个人数据资产收益模型

个人数据资产收益模型指以用户的有效数据资产为基础，通过对数据资产的分析与增值服务，用户获得一定比例的数据资产收益。个人数据资产收益计算方法分为利息收益和分成收益。

1）数据资产利息收益的计算方法

（1）通过清洗和审核个人数据资产，选择有效的数据资产，用于数据资产利息的计算。

（2）以一条有效的数据资产元组为个人数据资产的基本测量单元，用于计算。

（3）个人基本信息的完整度和真实度，以及各种个人数据资产信息商业化价值率，是影响数据资产利息的重要因素。

（4）假设一条有效的个人数据资产 a 的估值为变量 v，个人基本信息完整度和真实度为变量 u，个人数据资产的商业化价值率为变量 c，则该计息资产 a 的有效价值的计算公式为

$$a = v \times u \times c \tag{7-1}$$

（5）个人数据资产利息计算。通过式(7-1)计算得出个人数据资产的计息资产 a 的价值，假设日利率为变量 r，则由计息资产所产生的日利息 i 的计算公式为

$$i = a \times r \tag{7-2}$$

（6）统计每个用户每天的各类数据资产，进行计息和汇总工作。

（7）利息计算完成后，进行结算工作。

收益模型可根据市场供需变化而动态调整，具体根据四个参数进行调整：数据资产估值变量 v、个人基本信息完整度和真实度变量 u、数据的商业化价值率变量 c 和日利率变量 r，合理计算个人数据资产利息，体现公正和高效。

2）数据资产分成收益的计算方法

数据资产分成收益是指基于个人数据资产形成的数据资产产品和增值服务，所得收益按比例分配给用户。

3. 数据资产确权与溯源

数据资产确权就是确定数据资产的所有者，也就是数据的所有权、知情权、隐私权、收益权，并承担和履行相应的保护责任与义务等。数据资产确权的核心在于数据资产的所有权，包括数据资产的初始创造者和数据资产交易后的持有者，两者的判定与数据资产的溯源有着密切的联系。数据资产溯源是追溯数据资产的演化过程，包括数据资产的获取、管理、交易、利用、更新维护、失效删除等整个生命周期的演变。而溯源技术的困难在于不同数据资产间的处理，随着社会的发展和应用需求的变化，将会出现多种多样的数据资产信息，比如非结构化的数据资产、互联网的浏览痕迹等。对于这些不同的数据资产信息快速溯源，解决数据资产的溯源难题，对保护数据资产所有者的合法权益具有重要的现实意义。

当前对于数据资产的溯源计算主要通过两种方式实现。

（1）"反求法"。首先对查询或视图的概念进行解析，然后建立反向的查询，即查询视图来源，这是在处理视图维护和更新的早期阶段提出来的，但是它并不适用于处理各种复杂问题的查询。

（2）标注。对数据资产注明其来源，将数据资产的获取、流通等过程都标注在标签上，通过标签保存数据资产的来源信息。由于采用此类方法需要引入附加的标注信息，因而在组织、管理和维护的过程中产生了一系列较为烦琐的问题。

4. 数据资产共享与交换机制

数据资产共享与交换机制为个人数据资产供需双方建立了高效的数据资产交流通道，防止用户个人的"信息孤岛"，通过数据资产溯源、数据资产确权和数据资产计量与计价等机制来实现。数据资产共享的难点在于在用户间建立数据共享机制，如数据资产的共享收益机制；而数据资产流通的难点在于统一数据资产交换的流程和标准，以及数据资产产权所有者的界定、数据在商品化过程中的定价、流通和交易机制。

鼓励个人参与数据资产的共享和交换的重点在于保障个人的知情权及对数据资产的控制权。在技术上，数据资产空间和个人数据资产空间突出强调了个体间的相关性和可控性，为个人数据资产共享提供了有利的环境。当前针对数据资产的共享与交换机制已有相关的研究，麻省理工学院在研究个人数字生态系统的过程中，创造性地开发了 Open-PDS（open personal data store），为个人数据空间（personal data space，PDS）的概念的发展提供了有力支撑，对个人数据采集、存储、数据产权、访问控制、数据监控与审计等问题的解决提供了思路；英国诺丁汉大学数字经济研究组研发的 Dataware，着重强调了数据资产拥有者对数据资产的控制权，为激励数据资产所有者分享其数据资产创造了条件。在营销上，通过随机奖励、社会影响、个性化定制和竞价等机制的设计激励个人数据资产的共享。

数据资产的共享与交换机制主要包括共享数据资产获取、ETL、数据资产索引、数据资产交易、云存储、认证管理和数据资产服务，如图 7-2 所示。

其工作流程如下。

1）共享数据资产获取

根据数据资产开放的方式，主要有三种典型的数据资产获取方式：一是授权访问，通常指第三方的数据资产，如线上或线下企业从其业务系统中收集的个人数据资产信息，这类数据资产必须经过拥有者的许可和授权才能访问；二是汇集，是指通过系统采集的由用户自己创建和管理的数据资产以及政府公开的相关数据，如个人的基本信息以及经济统计数据等；三是众包，是指通过发布一定的报酬来获取数据资产信息。

2）数据资产格式规范化

对特定数据资产信息的抽取、转换和加载。主要任务是将分散的、异构的数据源转化为规范的数据资产格式，标准化的格式有助于实现个人数据资产信息的交换。

3）数据定价

基于存储在数据资产索引结构中的数据源，采用数据资产计量和计价模型，完成对数据资产的静态价格计算。

4）数据交易交换管理

其包括订单管理、支付管理以及交易审计等。为了保障个人的知情权和个人数据资产信息的安全。采用个人数据空间对不同的数据所有者进行管理，即最后的数据存储需求必须由 PDS 的许可和记录才能实现。

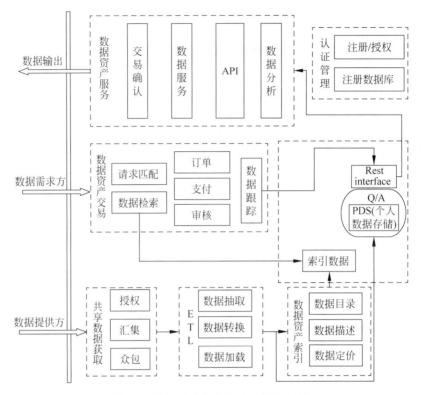

图 7-2 数据资产共享与交换机制逻辑

5. 个人数据资产的隐私保护

在保障个人数据资产隐私的同时,如何实现个人数据资产的价值最大化,也就是寻求隐私权和数据利用之间的平衡,是个人数据资产隐私保护面临的难点。为保证个人数据资产隐私的安全,首先必须对数据中的标识符信息进行匿名处理,通常的方式有 k-anonymity、L-diversity、(a,k)-anonymity 等。其次,要避免攻击者根据某些背景知识来推测某些敏感数据资产信息。

6. 个人数据资产的分析与挖掘

传统的数据统计和挖掘技术在很多方面都得到了广泛的应用,但是当前个人数据资产体量大、增速快,结构和模式复杂,在面对高度稀疏和维度灾难等问题时,处理速度往往难以达到要求,同时,由于数据量庞大且完整,在数据挖掘的过程中更需要对数据的隐私进行保护。在大数据体量大、种类多、更新速度快的背景下,传统的根据样本推导总体的方式获取的知识和信息往往有限,当前大数据环境下对于个人数据的处理往往是对源数据进行抽样或过滤,从而最大限度地从数据样本空间中的特征和规则发掘出更多知识。

挖掘个人数据所蕴含的巨大价值潜力,需要针对特定的数据资产进行分析和挖掘,主要有以下几种数据类型。

1) 收支财产类数据

通过对收支财产类数据进行分析和挖掘,可以对个人消费者、消费者群体的消费习惯和行为进行描述与预测,从而为不同类型的消费者提供个性化服务,改善和提高服务品质;从用户的消费习惯中抽取数据并进行归类,可以为征信服务、金融服务、营销服务等提供可靠的基础服务支持。

2) 位置和时间数据

智能手机、平板电脑、智能穿戴等设备几乎可以实时监控每个人的位置和时间,通过这些信息,可以精准地了解人口的流动情况,再加上其他的数据信息,可以对区域内的网格功能进行划分,从而为居民生活、商业配套、治安管理提供准确的地理定位服务;通过获取的数据预测不同地点在特定时间的人流量信息,进而为政府相关部门和交通运输等部门精准预警与预测提供数据支撑。

3) 社交网络信息

社交网络日益发展成为信息获取、观点表达和沟通交流的重要载体,其影响已经逐步渗透到社会生活的多个层面。利用人际网络中的关系和特征,可以分割出不同的圈子,从而为精确的社会市场营销提供支持;通过人际关系网络中的内容分析,包括观点挖掘和情感挖掘,其中情感挖掘可以为企业和社会等层面上的危机预警、舆情监测提供支持。

4) 基于多源异构个人数据的用户画像

通过对多源异构的个人数据进行分析和处理,以及个人个性分析、行为分析和轨迹分析,构建用户画像模型、用户价值模型、用户流失预警模型等。

用户画像是基于人物模型的特定体征,利用用户个人的真实数据信息,建立的真实用户的虚拟代表信息,是用户需求建模、改善用户体验、开发产品设计、实现精准营销和各种附加价值服务的重要工具。多源异构数据用户画像技术框架如图7-3所示,画像过程是以用户为核心,从不同用户提供的数据集中提取用户的特征数据,建立用户特征的向量空间模型(Vector Space Model,VSM),然后通过聚类、分类、特征降维等技术对用户进行分类。在产生用户画像前,为增强用户画像的可甄别性和可理解性,需要先对用户特征进行降维,然后根据实际需求进行描述和细化。

案例7-2 温州发放首个"个人数据资产云凭证"

2021年10月21日上午,温州发放了全省首个"个人数据资产云凭证"。温州市通过建设"个人数据管家"、打造"个人数据资产云凭证",将包含个人不动产权、婚姻、户口登记、个人社保参保、公积金缴存、不动产抵押等数据信息开放给用户个人,实现数据的便捷查询和授权使用。

在运用个人数据信息办理信用贷款时,市民向银行提出贷款申请后会获得授权链接,通过授权链接进行刷脸身份认证后进行授权,系统生成"个人数据资产云凭证"并上传至"温州市公共数据区块链"平台。同时,银行通过区块链数据标识号,获取凭证并查阅用户的数据资产详情,以此作为发放贷款的凭证。

个人数据资产云凭证的发放流程基于个人用户的申请和授权,依托个人数据管家,动态形成个人公共数据资产报告,并依托区块链技术形成资产凭证,有效推动数据要素从资源到资产的转变。

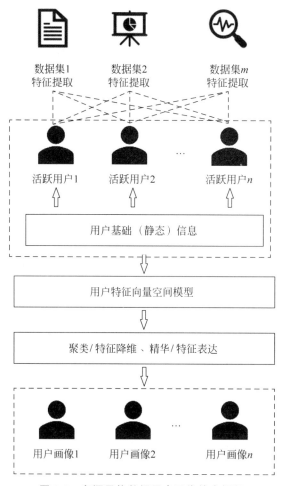

图 7-3 多源异构数据用户画像技术框架

7.3 个人数据资产的保护

7.3.1 个人数据资产的法律保护机制

扩展阅读 7-3
公安部公布
2021 年侵犯个人信息十大典型案例

在个人数据资产的商业化运作过程中,有些不法企业和机构通过虚假用户、病毒攻击、恶意软件、图像检索、数据标注等手段,大量地从互联网中获取不能向公众公开的数据,从而在互联网上形成了一条黑色的链条,特别是在电信、金融、医疗等涉及个人敏感数据较多的领域,常常成为个人数据的资产权益受到侵犯的重灾区。开发和使用个人数据资产,必须从现有的法律体系和司法实践中寻求对其合理的保障。

1. 个人数据资产保护有法可依

(1)《中华人民共和国宪法》(以下简称《宪法》)是具有最高法律约束力的一项基本法

律,《宪法》保障了公民的合法私人资产,包括个人数据资产信息。《宪法》第 13 条对公民个人财产的保护明文规定:"公民的合法的私有财产不受侵犯。国家依照法律规定保护公民的私有财产权和继承权……"因此,《宪法》对依法获得的个人数据资产提供安全保障,其享有私人财产权和继承权。

(2)《民法典》对公民的私有财产作出了明确的界定,并将个人数据资产的产权问题考虑在内。《民法典》第 266 条规定,"私人对其合法的收入、房屋、生活用品、生产工具、原材料等不动产和动产享有所有权"。《民法典》第 267 条规定:"私人的合法财产受法律保护,禁止任何组织或者个人侵占、哄抢、破坏。"尽管未具体列出个人数据资产,但对于依法获得的数据资产,也可以提供安全保障。

(3)《网络安全法》规定,互联网运营商要完善对用户信息的保护制度,并对其个人数据信息的完整性、保密性和可用性作出规定。《网络安全法》第 41 条规定:"网络运营者收集、使用个人信息,应当遵循合法、正当、必要的原则,公开收集、使用规则,明示收集、使用信息的目的、方式和范围,并经被收集者同意。"因此,在我国法律中,个人数据资产作为数据资产体系的重要组成部分,对其完整性、保密性和可用性等方面,国家在法律层面上都建立了标准型、强制性的规范和要求。

2. 个人数据资产的法律地位明晰

在现行的法律法规对个人数据资产的保护不明晰的背景下,法院对于涉及新技术、新资产的诉讼案件的审判是其是否合法的重要依据。在司法实践中,如果法院对于个人数据资产没有给予法律的支持,那么它的合法性就很难得到确认。当前针对大多数虚拟财产争议案的判决,法院多依据现有法律法规的相关规定,确认用户对虚拟资产或虚拟物品的权益,明确用户虚拟财产的合法性,可见即使没有法律明文规定,法院依然可以认定数据资产的合法性。鉴于此,从个人数据资产的使用价值和商品价值属性两方面来看,个人数据资产的法律地位是清晰的。

3. 个人数据资产保护配套法律规范建设滞后

虽然在不影响经济秩序和其他法律法规的前提下,个人数据资产的价值并不被社会所否认,在法律层面上也具有合法性,但由于相关法律法规建设相对滞后,有关的立法仍需进一步完善,具体体现在以下三个方面。

1) 个人数据资产的法律属性未充分阐释

尽管当前对于数据的资产属性已经没有什么争论,但是由于大数据集中了多源异构化的个人特征和非特征数据,因此很容易引起对于个人数据资产的法律属性的怀疑。非特征数据本身就是数据所有者的一种数据资产,而个人数据信息作为独立的个体的信息,已经难以被数据拥有者控制,必须对其进行脱敏处理,才能用于商业化用途,然而当前在法律上并没有相关的规定和约束。

2) 个人数据资产的归属权问题尚未涉及

虽然当前用户对于自身数据的产权问题较少关注,但是当前大部分用户的个人数据信息都掌握在网络服务商手中。这是由于个人数据资产主要存储在网络服务商的服务器中,用户个人无法限制网络服务商对个人数据信息的修改、删除等操作权。大多数情况下,网络服务商和用户个人对于个人数据资产的所有权问题都通过用户协议来约定,不管是第三方还是用户个人,都只能获得一定的使用权限。

3) 个人数据资产的安全缺乏保障

当前对于个人数据资产的安全问题,一般都是采用多道防火墙实现数据的隔离保护,并采用密钥认证存取方法进行保障。但由于网络监管不力、信息技术薄弱、行业自律不足、人员道德意识薄弱等诸多问题隐患,网络的安全稳定性受到了严重的影响,如黑客攻击、非法倒卖、恶意篡改、故意删除等问题。因此,必须完善相关措施,有效监管公民的个人数据资产。

7.3.2 个人数据资产的保护措施

个人数据资产的大量涌现,深刻地影响着社会观念、产业发展趋势、技术进步和法制环境状况,因此必须不断完善相关法规、标准、技术、思维和理念,主动解决个人数据资产在开发和使用的过程中产生的新问题,以弥补不足,进而创造更大的价值。

1. 健全数据权益法规体系

当前针对数据权益的法规体系仍不够健全,必须在权力保护优先、实体权力和诉讼权力兼顾的基础上,不断健全和完善个人数据资产的法律框架,促进个人数据资产相关行业的健康发展。

1) 健全实体法律体系

根据个人数据资产的发展情况,制定宏观的指导法律和特定领域的行为法律,对于通过暴力、非暴力、公开或者秘密等手段,非法获取或蓄意破坏个人合法数据资产的行为进行惩罚,维护个人的合法权益。

2) 健全程序法律体系

完善网络检测和检查等手段的相关制度,利用区块链等先进技术对个人数据资产的所有权证明,判断个人数据资产的权利和义务。对服务合同和服务内容不合理、不合法而造成的个人数据资产所有权不清、用户权益受到损害等一系列问题进行监测和分析,提高了司法机关的侦查水平。

3) 健全相关配套法律法规体系

在强调个人数据资产合法权益保护的基础上,加强对其市场行为的监管,如进行具体、可操作的法律规范,对个人数据资产从初始获取、市场交易到最终资产存储等实施全生命周期的监管和约束。

2. 强化数据资产行业自律

完备的个人数据资产链包括数据资产的产生、流通和应用等方面的内容,个人数据只有通过收集、处理,进入交易市场后才能体现其价值。目前我国个人数据资产的交易市场尚处于初期阶段,各个主体的参与使得整个行业的信息传递缺乏有效的控制,导致个人数据资产的流失风险性增加。因此,必须通过行业自律来改善流通信任体系、交易计量和计价机制,促进个人数据资产的高效流通,增加个人数据资产的价值。

1）建立流通信任制度

健全数据资产行业的自律公约,包括个人数据资产的流转,精确地划分个人数据资产的产权边界,制定数据控制者和所有者的操作流程与规范,着重推动对个人数据资产流通的合理性评估和验证。

2）统一交易规则

以规范个人数据资产交易流程为目标,对个人数据资产的审核、执行、交易、结算等环节的操作进行规范,建立健全市场交易秩序,保障交易各方的合法权益。

3）完善定价机制

在综合分析个人数据资产的固有特性和市场规律的前提下,制定统一的个人数据资产定价模式和流程,从而增强购买者对个人数据资产的有效性的预测能力,进而达到均衡买卖双方供需的目的。

3. 提升网络系统安全保障

个人数据资产的安全保障是促进相关产业健康发展的前提。要不断强化智能安全技术在个人数据资产交易活动中的应用,及时发现和纠正暴露出来的安全问题,为个人数据资产的安全性提供技术保障。

1）保障用户隐私安全

通过利用信息安全技术,如身份认证、访问控制和安全应用协议等,按照用户的需求提前设置好相应的程序,对存储在公共服务器上的个人数据进行分类处理,以达到对个人隐私数据实时清理的目的。

2）预测潜在的互联网安全隐患

在充分利用网络防火墙技术防护功能的前提下,优化智能系统与交互界面的设置,增强网络防火墙对攻击的初始预判、报警和防护的能力,为个人数据资产的转移、备份和销毁争取时间。

3）加强线上资产控制

建立基于区块链技术的个人数据资产的线上资产管理体系。一方面,利用区块链账号管理平台,增强对于各类线上资产的监控能力,提高个人数据资产的安全性;另一方面,参与平台的各节点都存储了个人数据资产信息,并利用私人密钥进行控制,从而实现用户对个人数据资产的更多的权力。

4. 加强个人数据资产认知能力

用户对于个人数据资产的敏感度和觉察能力很大程度上取决于其思维能力,而对于个人数据资产的利用和保护程度较低的原因离不开部分人的数据资产认知能力滞后。在科学技术快速普及和发展的环境下,必以创新的思维方式,引导用户主体重新审视个人数据资产的价值,提高其对新生资产的权利认知能力。

1）借力大数据思维

面对海量的、高速增长和多元化的互联网数据留痕,必须具备数据驱动的能力,持续更新优化个人数据产品、业务及服务的商品化运营方式,并通过大数据廉价、快速、优化的综合优势和数据处理方式,提高用户对个人数据资产的使用和保护的洞察力与决策力。

2）运用共享思维

为突破用户对个人认知的限制，政府可以利用官方网络平台，发布目前及将来用户可能获得收益的数据信息、开发渠道、使用方法、侵害行为等信息。个人数据资产管理平台可以举办专题论坛，鼓励用户参与共享、讨论，平台通过电脑对用户的建议进行甄别和收集，提供给相关的部门，从而达到长期、有效地保护个人数据资产的目标。

3）运用权力思维

在保护用户个人数据资产的过程中，正确分析各主体间的权力思维逻辑，认识个人数据资产的正当性和合法性，正确对待个人数据资产的所有权问题，并充分发挥用户的主观能动性来保护自身的合法权益。

5．创设数字化社会信用环境

社会信任是社会正常运转的基础，数字化社会特别注重和谐信任的数字文明。在建立、调整和完善人与人之间信任机制的基础上，建立良好的社会信用生态环境，以降低用户对于数字化时代数据安全的担忧。

1）建设人际信任

用户将自己的信息资源如图像、声音和身份信息等放在互联网中，通过虚拟个人形象对自我进行描述。但由于在制作虚拟形象时，有可能掺杂虚假的资料，其他用户难以对这些信息进行验证，从而为不法用户伪造声音面貌、身份信息等进行诈骗提供了漏洞，引发社会信任危机。因此，在个人数据资产的人际信任的建设过程中，必须注意以下三个方面：一是使用者在进行数据资产交互时要诚信，从而换取同等的信任；二是警惕不法用户的信任陷阱，防止诈骗的发生；三是建立信任网络，形成合力，构建共同的社会信任网络。

2）建设人机信任

人机信任是数据化时代人与人之间特有的信任机制，它以数字技术为基础，包括算法程序、系统平台、软硬件设施等。数字化技术给人类的信息安全带来了极大的挑战。要实现人机的信任，就必须打破诸如"算法黑箱""算法偏见"等制约用户分析和判断的困境。因此，为了促进个人数据资产的使用和流通，必须建立起一种基于人机信任的信任体系，算法开发人员要正确认识和运用技术，减少技术引发的风险，为技术人员创造一个良好的社会信任环境。

案例 7-3　用户诉微视侵犯隐私和个人信息案

2021 年 1 月，深圳市南山区法院一审判决了用户诉微视侵犯隐私和个人信息案，原告王某控诉称其使用微信账号登录腾讯公司运营的微视 App 时，该 App 会获取原告微信上的个人资料，包括电话、住址、微信好友等，但该 App 从没有告知原告，原告也没有授权，因此，原告认为微视 App 侵犯了他的隐私及个人信息权利。一审法院认为微信与微视的开发运营为同一主体，被告在符合法律规定的前提下，可以将其开发、运营微信 App 所积累的用户关系信息在其相关产品中的相关数据进行适当的使用。对于是否符合合法性、正当性，取决于被告是否有保护用户的知情权、选择权和删除权。根据腾讯相关隐私协议，法院认为信息收集使用是用户明确许可的，微视 App 可以将用户微信好友关系的收集作为可供选择的方式，对用户性别、地区等基本必要的信息收集作为强制性选项，这是微视 App 的运营方式，也是合情的。同时,通过对微信和微视 App 的升级,用户可以取消对微信好友关系授权,保证了用户的知情权、选择权和删除权。一审原告的所有诉求被驳回。

在深圳中院二审判决时,法院纠正了一审判决中的部分意见,并认定微视 App 存在强制获取用户地区、性别信息,不符合收集用户信息的必要性原则。有关正当性的原则,原告在卸载微视 App 后再次登录同一账号并未勾选同意授权的情况下,原告作为用户有充分理由认为其已经取消了对微视 App 使用微信好友关系的授权,而微视 App 后台仍然将"通知推送"中"好友加入微视"默认为开启状态,在后台对已储存的微信好友关系继续使用的行为,不符合王某对其授权行为的"合理预判"。因此,微视 App 在原告二次下载微视 App 未予授权的情况下继续使用其微信好友关系的行为,没有得到使用者的知情同意,违反了正当性原则。法院最终认为,被告的侵权行为对个人信息权益造成的损害未达到要求损害赔偿的程度,故改判被告支付原告参加诉讼产生的合理费用。

7.4 个人数据资产管理实例——芝麻信用

7.4.1 芝麻信用的产生背景

随着互联网时代的发展,金融领域一批基于网络信用信息的大数据征信机构初步建立。2015 年 1 月,阿里巴巴的芝麻信用管理公司推出了个人芝麻信用服务,用以直观地反映用户的信用情况。探讨芝麻信用的发展动因,具体包括以下几个方面。

扩展阅读 7-4
"信任机器"区块链,在个人征信方面,如何大放异彩?

(1) 市场经济发展的需要。发展芝麻信用需要带动内需,进一步发展相关产业,实现经济繁荣。芝麻信用为消费者提供资金,在最大程度上满足消费者的消费需求,同时可以提升消费者的消费能力,社会整体消费量因此增加,可以促进我国市场经济健康发展。芝麻信用主要针对消费征信,如用户的芝麻信用分达到一定的数值,在租车等服务中无须缴纳押金,在网购过程中可以先试再购买。芝麻信用服务当前已经深入人们生活的各个方面,芝麻信用可以提供准确的信用数据,有利于控制金融产品风险。

(2) 国家政策支持。我国在 2015 年首次提出"互联网+"的概念,并且制订了针对性的行动计划。在医疗和社保等公共行业领域都开始与互联网结合,在征信行业开始融合"互联网+"理念。我国不断支持个人征信工作发展,同时公开了商业征信机构名单,促进我国个人征信体系的私营发展和市场化发展。

(3) 国内信用市场巨大。我国人口基数大,在未来发展过程中,我国个人信用产品需求较大,为信用市场规模化发展提供了机遇。电子商务高速发展,需要利用交易对象的信用信息,因此增加了信用需求。

(4) 有利于建设和谐社会。信用是社会发展的基础,要想构建和谐社会,需要不断完善征信体系,促进社会健康发展。当前人们在生活的各个方面利用芝麻信用可以满足消费需求,提高整体工作效率,保障综合效益的提升,准确记录个人信用,使社会诚信水平不断提高,同时也可以引导社会公众重视信用,自觉讲究诚信,营造和谐的社会氛围。

7.4.2 芝麻信用与个人数据资产

芝麻信用的互联网征信业务，本质上是大数据征信，基于用户个人广泛的数据来源，建立并刻画了个人信用全貌模型，运用机器学习算法等大数据先进算法技术，得出芝麻分，并将其应用于丰富的场景，其技术实现如图 7-4 所示。

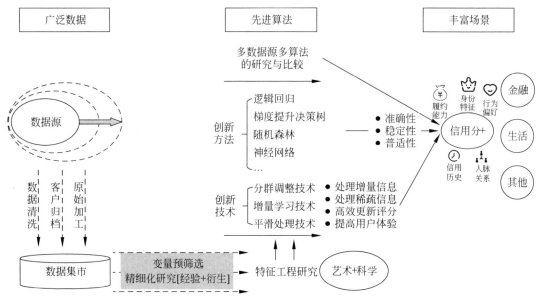

图 7-4　个人芝麻信用分的实现过程

（1）具有广泛的数据来源。传统的信用评估工作主要是通过银行业务记录和公安部违规数据等方面获取个人数据，而芝麻信用的数据来源十分广泛，根据用户的互联网行为获取并积累了大量的用户交易行为数据，主要来源于电商平台和互联网金融服务以及云业务等方面，如图 7-5 所示。

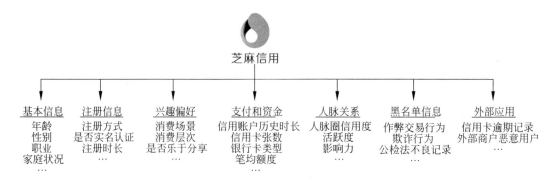

图 7-5　个人信用芝麻分的数据信息

（2）具备先进的数据处理和算法技术。芝麻信用基于大数据征信模型，通过数据处理，把上述原始数据转换为可用格式的转换数据，然后将转换数据合并到描绘征信对象的某一特征,包括基本信息、注册信息、兴趣偏好等。基于上述数据,运用云计算及机器学习等技术,通过逻辑回归、决策树、随机森林等模型算法,对各种维度数据进行综合处理和评估,客观呈现出客户的信用状况。

(3) 具有丰富的应用场景。传统的评估体系主要评估用户财务状况和借贷行为,常被用于房贷和信用卡额度评估等方面,仅在小范围内应用,并没有普及人们生活的方方面面。芝麻信用通过结合互联网,可以评估用户生活的多个角度,如在网上购物、租用免押金服务等领域,已经渗透到人们日常生活的多方面。

(4) 用户信息安全。芝麻信用严格遵守征信相关的法律法规,用户信息的收集、整理、加工、输出,无论是芝麻还是第三方,都要获得用户的授权。用户的个人芝麻分通过科学的评分模型运营计算,系统通过运算规则自动将一些资产、交易明细等敏感数据进行脱敏处理,不会在芝麻信用产品中出现相关的明细、敏感信息。

7.4.3 个人芝麻分的计算模式

芝麻分是芝麻信用的个人征信产品,在用户授权的情况下,将个人基本信息、注册信息、兴趣偏好、支付和资金、人脉关系、黑名单信息、外部应用等征信对象特征的数据输入信用历史、身份特质、履约能力、行为偏好和人脉关系五个信用维度中,如图 7-6 所示。

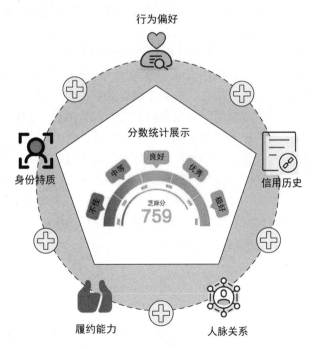

图 7-6 个人芝麻分的信用维度

芝麻信用具有灵活的评分体系,不仅可以利用基本信息指标,而且利用行为动态指标,根据用户行为变化可以及时更新芝麻信用分数,芝麻信用及时检测用户的互联网行为,反馈不同场景下的芝麻信用数据,合理调整用户的信用评分。芝麻分的评估范围从 350 分到 950

分,分值越高,代表信用越好。芝麻分自推出以来,已广泛应用于金融借贷和生活服务等领域,较高的芝麻分可以帮助用户获得更高效、更优质的服务。

(1) 芝麻分高于 600 分且没有不良记录:有机会免押租用永安城市自行车;有机会通过阿里旅行免押金、免查房、免排队入住;有机会通过蚂蚁花呗、招联金融等获得贷款。

(2) 芝麻分高于 650 分且没有不良记录:有机会在神州租车、一嗨租车免押金租车,线上提交免押租车订单,线下取车时无须刷卡预授,流程简单。

(3) 芝麻分高于 700 分且没有不良记录:可以更加方便地申请新加坡签证,不用再提交资产证明、在职证明或者户口簿等复杂材料。

7.4.4 芝麻信用的发展现状及问题

芝麻信用与个人数据的融合推动个人征信行业的快速发展,尽管芝麻信用在市场占据了较大的份额,但其发展仍然面临较大的难题。

(1) 信息安全。芝麻信用具有广泛的数据来源,因此用户需要交互大量的信息。近些年芝麻信用评估已接入用户生活各个方面,因此采集用户的行为信息,不仅包括阿里巴巴覆盖的数据,同时涉及各种外部数据。我国互联网征信系统还不够完善,同时我国缺乏完善的规定,无法合理监督各个平台的数据信息,导致数据容易外泄。芝麻信用平台因为缺乏相关规定的支持,无法合法采集重要的数据,影响到芝麻信用体系的评估准确性。因此当前芝麻信用需要着重解决信息安全问题。

(2) 数据的真实性和有效性。芝麻信用评估过程中主要是结合五个维度反映实际情况,但是当前芝麻信用分评判和影响因素还不够明确,再加上互联网虚拟性特征,导致数据来源更加模糊,为数据造假提供可能性。一些小微企业和商家为了提高信用额度,利用各种方法不断美化数据,影响到芝麻信用评分结果的真实性和有效性。此外,芝麻信用的数据来源主要是阿里巴巴内部,很少涉及其他领域,如果用户很少利用淘宝和阿里金融等,那么芝麻信用无法采集这类用户的信息,将影响到评分结果的准确性。

(3) 评分体系适用性。当前芝麻信用还处于发展阶段,需要进一步评价芝麻信用的适用性,体系中很多内容需要进一步完善和修改。芝麻信用评分主要是利用互联网数据,但是用户的互联网行为和实际社会行为具有差异性,在互联网征信过程中无法利用传统的信用理论和算法,这也会影响到芝麻信用评估结果。

7.4.5 芝麻信用的完善措施

推动芝麻信用的健康发展,需要不断完善相关措施,为众多行业场景实现信用科技赋能,从而提供更便利的服务。

(1) 保障信息安全性。为提高用户信息的安全性和质量,就必须不断完善网络征信的法律规范和技术标准,并对其进行监督和引导,建立健全信用记录服务的投诉机制。芝麻信用和阿里巴巴必须加大技术防范力度,根据不同数据来源,建立相应的安全防范措施,防止信息泄露。

(2) 保障信息的真实性。芝麻信用要获取对个人信用更精确的评价,就必须对互联网数据进行严格的监控,对银行的征信系统、公安机关的违法记录和手机通信等进行精准的访问,并将这些数据与政府部门数据相融合,提高数据的真实性,保障评估结果的实用性。

(3) 完善评分体系。健全芝麻信用评分体系制度,对信用机构进行定期考核,提高信用评估的透明度,同时不断完善评估和投诉机制,当消费者对其评级结果有异议时,芝麻信用企业应协助其进行申诉解决。此外,要强化对无效信息的过滤和筛选,以促进信用体系评估工作的可持续发展。

(4) 构建数据交易平台。当前大部分公司开始注重自己的核心数据信息,强化对客户数据资源的维护,但由于缺少全面的数据采集渠道,企业间的信息壁垒难以打破,不能建立有效的信用管理系统,进而难以涵盖行业中的个人信用信息。因此,要继续健全个人数据交易平台征信机制,在保障个人数据信息多元化发展的同时,增强数据融涌,推动我国互联网征信行业的良性健康发展。

(5) 完善监管体系。互联网金融征信公司对消费者的管理不够完善,引发了用户的信任风险问题。任何行业都需要完善的监管体系予以保障,以推动行业的健康发展。一要充分激发产业市场的生机与活力;二要强化风险管理,加大对互联网金融信息的监管力度,建立相应的监管机构,不断完善个人信用管理体系,并对个人信用信息进行整合和分析,保障其安全性;三要建立明确的互联网信用信息管理系统,将金融机构的运行机制和风险控制相融合,为网络信息系统的健康发展提供良好的环境。

本章小结

数字技术在社会生活的应用不断丰富,数据资产的收集、存储成本不断降低,个人数据收集的数量、种类增加,海量的个人数据中蕴含着巨大的经济价值和战略价值。个人数据资产的收集、存储、整理和利用,推动着数字产品的开发应用和数字技术的不断发展进步。

围绕个人数据资产管理,本章主要介绍了个人数据资产的概念,个人数据资产管理的定义和内容;针对个人数据资产管理平台,介绍了个人数据资产管理平台的概念、基本架构及关键技术;分析了个人数据资产的法律保护机制及保护措施;针对个人数据资产的应用,以芝麻信用为例介绍了个人数据资产在社会治理和信用管理中的应用。

习题

1. 简述个人数据资产和个人数据资产管理的含义。
2. 简述个人数据资产管理平台的构成。
3. 简述个人数据资产计量与计价模式。
4. 简述个人数据资产收益模型和个人数据资产收益计算方法。
5. 简述数据资产的共享与交换的工作流程。
6. 简述个人数据资产的法律保护机制。
7. 个人数据资产主要有哪些保护措施?
8. 结合个人数据资产管理实例,分析数据资产管理的思路。

9. 结合具体实例,分析个人数据资产风险和保护措施。
10. 以芝麻信用为例,分析个人数据资产管理的特点。

即测即练

第 8 章 企业数据资产管理

8.1 企业数据资产概述

8.1.1 企业数据资产的概念

企业进行生产经营活动,必须具备一定数量和种类的资产作为基本的保证与支撑。企业的资产由有形资产和无形资产这两个部分组成,有形资产是企业中最直观的资产,丰富的企业有形资产可以从侧面反映出企业雄厚的经济实力,主要包括房屋、机器、设备等具有实物形态的资产,因此,有形资产的使用期限比较长,但是在使用过程中会发生损耗。与有形资产不同,企业的无形资产没有具体的形态,也不能独立存在,而是在企业的发展过程中逐步积攒下来的一种内生或者外购的非货币性资产,主要包括商标权、专利权、版权、专营权等,无形资产的使用期限比较长,并且在使用过程中不会发生损耗,因此,无形资产被视为企业长期财富创造的主要资源。

随着数字经济和数字技术的发展,数字化成为企业追求创新突破的一个重要切入点,数据逐渐成为企业生产过程中一种重要的生产要素,在提升企业发展速度和发展质量方面发挥着重要的作用。通过对获取的数据资源进行一系列加工和处理,可以为企业带来经济利益,也能够明确企业对数据资产的所有权或控制权,因此,数据资源具备成为资产的基本条件,可以将数据资产视为一种新型无形资产。

数据资产是指企业所有、能为企业带来经济利益的一切数据资源。企业数据资产形式多样,可以是各业务系统中产生的各类结构化数据、半结构化数据和非结构化数据,也可以是线下的各种资料文档等,如客户信息、销售信息、与客户互动产生的信息以及开展电子商务获取的网络数据等。企业数据资产涵盖的范围不仅仅限于企业内部,企业以外产生、与企业密切相关的各种数据,如经济、政策、行业、电商、社交甚至竞争对手的数据,也是企业数据资产的重要组成部分。

8.1.2 企业数据资产的特点

企业数据资产具有非消耗性、衍生性和共享性的特点。与企业的有形资产不同,数据资产在使用或者共享的过程中,其价值可能会随时间的推移而变化,但是并不会出现损耗,只要企业的数据资产管理方法得当,数据资产是可以一直被保存和使用的,可以无限循环利用,持续发挥价值,这是企业数据资产的一个重要特性。衍生性是指数据资产通过各种数据处理技术,产生大量的衍生产品,从而发挥出数据资产的潜在价值,比如企业通过挖掘销售数据,能够产生客户偏好、客户标签等描述性的数据,进而可以针对性地研发产品或者制订销售计划,为企业创造更大的价值。共享性也是企业数据资产的一个重要特征,是指数据资产在企业内部以及企业之间可以共享,共享性是推动企业发展的重要特点,通过数据共享,数据资产的使用价值并不会减少,相反,共享有利于数据资产价值的实现。

除了以上三个特点之外,企业数据资产还普遍具有以下几个特点。

(1) 作为生产要素,原始数据资源的价值密度比较低,需要闭环处理才能成为数据资产。

(2) 数据资产没有折旧和磨损成本,因此业务模型和利润模型不能建立在具体的实物资产上。

(3) 数据资产的价值来自数据的挖掘及应用,其价值最终必须反映在企业的运营效果和客户价值的提升中。

(4) 数据资产的使用权比占有权更重要,因为企业如果没有处理数据的经验,没有数据分析的方法,没有从数据中挖掘商业洞察的习惯,这些新的数字化设备所能够沉淀的数据得不到很好的分析和应用,将无法发挥出数据资产的价值。

企业进行数据资产管理是企业在信息化建设推动下的必然产物,也是企业开展大数据应用、实现数字化运营转型的必要途径。企业的一切经营活动都是基于数据开展的,数据不只是诊断辅助,也起到引导企业制定发展战略、经营策略乃至具体工作方针的作用,为企业的管理控制和科学决策提供合理的依据,降低和消除企业经济活动的风险,进而间接地为企业带来经济利益。通过数据资产的交易或业务事项,还可以直接为企业带来经济利益。因此,对企业来说,数据资产就是一种隐藏的财富,提升企业的数据资产管理水平,有助于推进企业数字化转型的进程,可以增强企业运营的灵活性,以最小化决策相关成本和风险,实现可持续高质量发展。

8.2 企业数据资产价值

8.2.1 企业数据资产价值的形成过程

数据资产是企业一系列价值活动的最终成果,在这一系列活动中,每个阶段都伴随着数据资产价值的形成,以增强企业的竞争力。

数据采集是整个数据资产价值形成的前提,然后经过对数据的存储、管理和分析,最终将数据合理地应用,数据安全贯穿数据资产价值的形成过程,数据资产的价值就是在这一系列的行为中逐步形成的。数据应用是价值释放的过程,企业可以将数据资产应用于部门内部的决策和后续的经营,为企业发展创造价值。数据价值的实现需要经过各种处理环节,如存储、清洗、分析以及应用等,并实现所有权确认。

下面,从数据采集、数据存储与管理、数据分析、数据应用以及数据安全五个角度详细介绍数据资产价值的形成过程,如图8-1所示。

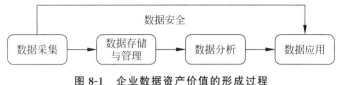

图 8-1　企业数据资产价值的形成过程

1. 数据采集

一个企业如果想从数据资产中受益,那么该企业必须首先采集数据。企业可以通过内部经营产生和外部购买等多种方式来收集数据,但是大部分数据都来自企业的生产和运营过程,例如,顾客的浏览记录、购买记录以及报修记录等都是数据资产,然后通过数据挖掘、分析可以给企业带来额外的收益。

2. 数据存储与管理

企业需要长期存储和管理收集到的数据,为实现数据资产的价值提供基本保障。数据的长久存储与管理需要依赖相关的硬件设备,因此,只有不断地更新和优化存储设备,才能实现数据的长久开发和利用。

3. 数据分析

用分析技术方法对采集到的数据进行分析,从原始数据中挖掘出有价值的信息,如用户特征、用户行为等数据属性,挖掘数据的潜在价值是企业对数据资产价值的二次挖掘。数据分析就像商业活动中的一个生产和处理过程,是企业数据资产增值的一个环节。由于数据量的爆炸式增长,企业必须能够检测出海量数据中的虚假数据,识别出需要分析的有效数据非常重要,分析过的数据能为企业带来超额的利润。

4. 数据应用

数据应用是形成企业数据资产价值的最重要的环节。对数据的应用就是对数据价值的一种集中表达,前面所有环节做的工作都是为数据应用做铺垫,通过对数据的应用研究开发能够实现对数据资产价值的释放,如企业可以利用数据资产来优化市场上的产品、分析和改变经营决策等,只有对数据资产进行合理的利用,才能体现出数据资产的价值,从而给企业带来收益。

5. 数据安全

数据安全贯穿于数据资产价值形成的整个过程,并在整个数据资产价值形成的过程中发挥辅助作用。

8.2.2　企业数据资产价值的影响因素

数据资产受控于企业主体,附着于有形资产。企业数据资产价值难以衡量的主要原因是数据资产的价值受到很多因素的影响,主要包括以下几个方面。

1. 数据质量

数据质量主要包括数据准确性、数据完整性、数据活跃性、数据唯一性、数据安全性、数据隐私性等特征。数据准确性表明企业生成的数据是否能够准确反映记录的状态,数据的准确性越高,数据资产的质量越高,进而数据资产价值就越大。数据完整性受到数据收集范围的影响,数据收集范围越大,数据越完整,数据存储条件越丰富,对应用数据资产的价值贡献越大,数据资产的价值就越高。数据活跃性指的是数据更换的频率,活跃性越大,更换频率越高,只有动态且不断变化的数据才更有价值。数据活跃性可以使企业更准确地判断用户的黏性,判断产品的健康度,因此,数据活跃性越高,数据的应用价值就越大,所以数据资产的价值也就越大。对数据资产的独占程度越高,数据的唯一性也就越突出,数据的唯一性往往是一个企业在竞争中赢得胜利的关键筹码,唯一数据的质量明显高于共享和开放数据的质量,并且生成数据的价值相对较高。数据安全性会影响数据质量,进而影响数据资产的价值,当数据安全性本身比较高时,企业需要支付的保护成本相对较低,因此数据为企业带来的价值贡献就更多、更稳定。数据隐私性对数据价值有一定的负面影响,数据包含的个人隐私数据越多,数据的价值就越低,因为这类数据受到法律的保护,不能用来出售或出租。

良好的数据质量是挖掘数据价值的重要保障,有效数据越多,数据质量就越高,数据产生的价值相对也就越大,而低质量的数据往往不具有挖掘价值,因为低质量的数据不仅会使企业的存储成本和管理成本增加,还会阻碍更深层次的价值挖掘和数据价值预测。因此,数据质量是影响企业数据资产价值的重要因素。

2. 数据量

数据量可以通过数据的规模、类型以及密度来权衡。数据规模表示数据总量,数据总量与数据资产的价值成正相关关系,更复杂的多维度数据包含更大的潜在价值。数据总容量越大,就越容易产生有价值的信息,企业通过整合得到的数据资产也就越多。数据的类型体现为数据种类和来源的丰富性,数据资源类型越丰富,数据呈现的价值就越大。数据的价值密度是有效数据量占总体数据量的比重,有效数据越多,数据的价值就越大。

3. 数据应用管理

数据的价值体现在数据应用阶段,但在数据存储、数据提取和数据管理实施阶段投入的成本直接影响到数据资产的价值。在数据存储方面,正确的数据存储策略可以帮助企业节省大量资金。企业对数据资产的技术投资越高,数据提取水平越高,数据资产在运营管理中的作用越明显,在使用数据资产时,数据用户不必根据自己的需要进行进一步处理。从数据管理的角度来看,企业应注意数据资产的管理,包括数据库设计和产品支持,以维护和提升数据资产的价值,并使数据资产的价值最大化。从数据资产价值实现的角度来看,经过技术分析,不同的数据有不同的应用模式,应用范围也不同,应用范围越广,数据资产的价值越高。

4．数据分析能力

数据分析能力对数据规模和质量起着重要作用。企业的数据分析能力越强，企业收集到的数据量越大，数据质量越高，这也提高了数据资产的价值。

企业分析数据的能力受到企业信息系统、人才技能和消费者需求等的影响，进而影响企业数据资产的价值。

1）企业信息系统

企业信息系统的完善依赖于互联网技术，借助各种新兴的互联网技术，可以实现海量数据的数字分析、有效利用和存储，进而降低企业的数据分析成本。互联网技术的安全性也对数据有一定的保障，可以提高数据资产的价值。

2）人才技能

在数字化时代，企业数字化转型要"以人为本"，数字化人才是企业必不可少的。没有人才的支撑，企业就难以实现数字化转型，数据资产价值也就难以体现。

3）消费者需求

企业的服务对象是消费者，两者之间的关系非常密切。消费者对企业的高要求，会促使企业转型升级，进而影响企业数据资产的分析能力。

5．数据与业务的协同性

企业的数据资产主要是在其生产经营活动过程中获得的，因此数据资产也应服务于企业的业务。相同的数据和不同的企业合并产生不同的协同效应，企业数据只有在有效服务于企业时才能被视为有效数据。同时，企业还产生了一系列协作数据，可以与其他行业相结合，创造更大的价值。因此，企业数据和业务之间的协同作用会影响数据资产的灵活性和多样性，进而影响企业数据资产的价值。

6．数据的权属

企业数据资产的具体所有权形式、所有权的完整性和其他法律因素直接影响企业数据资产的价值。在应用数据资产时，无论是企业自己使用还是进行交易，都应注意数据资产的合法性，以确保在法律允许的范围内使用数据资产。

7．数据的使用期限

数据使用期限的长短会影响企业利用数据产生的收益。数据使用期限越长，企业利用数据产生的收益可能就越多，数据资产的价值也就越大。

8.2.3 企业数据资产价值的实现方式

实现企业数据资产价值的方式有两种：一种是数据资产本身创造价值，这种方式更直接，分析数据并将数据转换为可以交易的商品，以便数据可以直接创造价值。这种方式在企业中很常见，是实现数据资产价值相对简单的方式。另一种是数据资产为业务赋能实现价值，将企业获得的数据经过分析挖掘后用于各种经营决策活动中，间接创造更多的收益、降低成本,数据的价值体现在对业务的辅助支持上。这种方式比较复杂,具体可以通过以下几种途径来实现数据资产价值。

1. 利用数据资产,打造企业核心竞争力

在数字经济时代,企业可以通过对数据资产进行合理分配来提高自身竞争力。企业对获得的海量数据进行分析,挖掘数据背后有价值的信息,通过这些信息为企业创造多层次的数字化产品,全面推动企业数字化发展。企业要充分利用数据资产,分析企业内外部环境,准确把握企业发展方向,不断更新业务端,优化资本结构,打造适应动态发展的战略体系,不断增强自身优势,创造企业的基本竞争力。

2. 利用数据资产,组织企业智能化生产

企业生产过程产生的数据资产可用于优化生产环节、降低生产成本,然后为企业创造更多利益。在采集生产过程中的数据时,可以将关键数据与工业网络、智能设备、智能仓库等方面集成,实现数据流的快速传输和共享。通过生产工艺数字化平台的建设,实现关键业务对象的数字化和业务上下游高效协同,进而提高生产效率。

3. 利用数据资产,提高企业产品质量

市场环境的不确定性和消费者需求的多样性增加了企业产品研发的某些风险,企业可以使用数据分析工具来分析消费者需求,以开发专用产品,在降低风险的同时提高研发成功率。

4. 利用数据资产,优化企业财务管理

由于企业中的财务管理对数据具有高度的敏感性,数据的完整性、准确性和及时性都会影响企业在会计核算时的价值创造,因此分析挖掘数据资产的价值可以为企业的财务管理提供科学依据。一体化的企业财务信息工作平台,可以提升企业的数据资产质量,为辅助企业智能化决策提供强有力的支撑。应用大数据、互联网等技术,企业可以通过指标管理所有数据资产,实现重要指标显示、专业业务分析和多维数据搜索。充分利用企业数据资产,积极监控资本,可以为企业科学决策提供可靠、准确的财务支持。

5. 利用数据资产,定位客户价值

通过数据分析,公司可以发现现有客户和潜在客户的价值。企业在其业务中产生大量数据,包括业务数据、交互数据和传感器数据。业务数据主要来源于业务交易系统,包括企业、供应商和客户之间的各种交易数据与收付款数据。交互数据主要来源于客户的商业咨询、市场问卷调查和各种社交媒体的消费意向。传感器数据主要来自GPS设备、无线网络、视频监控设备等。通过整理、总结、分析和提取各类数据,企业了解客户的消费背景、消费心理、行为习惯、购买习惯和其他相关数据,基于数据分析,企业可以将现有客户和潜在客户划分为不同的消费群体,通过精准推送、私人定制、市场细分等销售策略提高客户满意度和忠诚度,为企业创造更多价值。

8.3 企业数字化转型

8.3.1 企业数字化转型背景

数字经济是全球未来的一个发展方向,是推动世界经济发展的重要动能。数字化转型作为数字经济发展的重要着力点,以云计算、大数据、人工智能、物联网等数字技术为抓手,广泛赋能各行业各领域,已经成为激发企业创新活力,推动经济发展质量变革、效率变革、动力变革,提升国家数字竞争力的核心驱动。数字化转型是在业务数据化后利用人工智能、大数据、云计算、区块链、5G等新一代信息技术,通过数据的整合以及组织、业务、市场、产品开发、供应链、制造等经济要素的变革,实现提升效率、控制风险,提升产品和服务的竞争力,形成物理世界与数字世界并存的局面。

扩展阅读8-1
数字经济发展情况

企业在发展过程中要面临不断加剧的行业市场竞争,其不仅来源于同行业企业的升级和创新,也来自具有互联网基因的企业切入传统行业市场。企业以数据为主的新运营模式的出现,使企业的核心竞争力发生了变化,拥有数据主导权及分配权成为企业赢得市场竞争的关键。同时,伴随着电子商务、移动互联网的发展,需求端也随之改变,需求更加多样化,消费节奏越来越快,集成化需求也越来越多,因此,在宏观政策的要求以及互联网技术的驱动下,数字化转型成为企业适应数字经济、寻求生存和长远发展的必然选择,企业必须学好、用好新的数字技术,借助数字化转型来保持自身的竞争优势,适应不断升级的客户需求,数字化转型将为企业实现利益最大化、产业推动新旧动能转换、国家实现经济高速增长带来新的发展动力。

数字化转型的关键举措是数据要素驱动,数据是继土地、劳动力、资本、技术之后的第五大生产要素,在企业构筑竞争优势过程中越来越重要。数据作为企业生产要素的具体表现形式和重要载体,将渗透至企业设计、生产、管理、服务和运营的全流程,对企业资源进行获取和配置的优化过程即是利用数字化手段重塑企业发展模式与竞争优势的过程。通过业务数据化,应用数据采集、传输、加工等技术,推动业务全面上线;通过数据业务化,实现数据智能决策,驱动业务创新。

数据资产沉淀了企业真正的核心竞争力,具体表现为以下四个方面。

(1) 数据资产反映了企业多年商业活动的积累,包括客户信息、生产诀窍、渠道网络、管理措施等各方面内容的真实映射,凝聚了企业真正的运营思路。

(2) 行业内企业能够真正理解并用好行业内的数据资产。对于数据的分析解读,与业务经验相关性很高,即使是一个在Amazon研究多年购书推荐算法的数据科学家,贸然进入一个制造业企业,去构建工业制造场景下的算法体系,也是无法快速发挥作用的。

(3) 行业内企业更了解数据资产的标准,并能够进行合适的数据治理,从而规范数据资产,实现对内应用创新、对外数据开放合作。除了通用的财务数据外,很多数据格式和标准都有着行业属性,例如,公共安全行业内的视频分析、人脸识别等技术,就区别于通常意义上的图像分析,公共安全行业内的这些技术要求能动态、实时、可追溯地使用数据。

(4) 企业更加有效地收集和积累相关行业的数据资产,一方面,企业本身就是数据的生产制造者,只要经过一定准备,就可以构建一个初步的数据资产库;另一方面,企业在自身的供应链体系下,相关合作伙伴的信任基础也使得企业在行业内进行数据整合更为容易和有效。

企业数据资产管理能够提高业务数据化效率,推动数据业务化,加速企业数字化转型,图 8-2 显示了数据资产管理推动企业数字化转型的方式。数据资产管理从数据的业务供给端出发,通过数据资源化设计业务流程与数据模型,提高业务从物理世界到数字世界的转换效率,并对线上业务的数据质量和安全进行管控,保障业务运转的高质量,降低业务的安全风险。数据资产化从业务的数据需求端出发,打通企业内部数据、引入企业外部数据,加深数据与业务线的融合,促使数据场景化,应用数据分析技术,实现数据赋能业务发展,推动企业精细化管理变革。

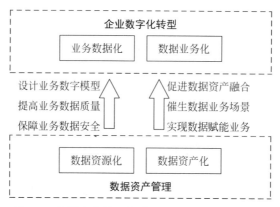

图 8-2 数据资产管理推动企业数字化转型的方式

在企业数字化转型的过程中,企业数据资产管理起到了很重要的推动作用。对于大多数企业而言,建立完善的数据资产管理体系,可以为企业业务增长提供新的发展利器,并提升企业的经营水平高度,从而实现企业的商业模式创新、运营效率提升以及产品和服务的创新等,加快企业的数字化转型。

8.3.2 驱动企业数字化转型的关键要素

企业实行数字化战略转型,是一个自上而下、由内而外的全面转型过程。企业的数字化转型并非单纯以新颖的技术工具或者局部流程变革驱动,而是以价值创造为导向,以数据要素和数字能力为关键驱动要素,推动企业全域转型。

1. 数据驱动要素

随着数字经济时代的到来,数据成为重要的生产要素。数据所引发的生产要素变革,重塑了人们的生产、需求、供应、消费乃至社会的组织运行方式。企业数字化转型必然以激发数据要素价值为驱动力,从而提高数据作为生产要素投入生产的生产效率。

1) 数据是驱动企业数字化转型的关键要素

数据是驱动企业数字化转型的关键要素,其作用体现在以下两个方面:一是数据要素贯穿研发、生产、供应、营销、服务等商业活动全环节,以数据为枢纽可以实现业务、产业全环节的信息透明和对称,可提升企业综合集成水平,提高社会资源的综合配置效率。二是数据作为数字经济时代的知识技能新载体。企业通过数字化转型推动基于数据模型的知识共享和技能赋能,可提升生态组织开放合作与协同创新能力,提高社会资源的综合开发潜能。

2) 数据驱动企业数字化转型典型方法

数据驱动企业数字化转型,需加强数据资源的开发利用,主要方法包括数据采集和融合、数据管理、数据分析以及数据应用四个方面。其中,数据采集和融合的关键在于全方位的数据融合。数据来源包括企业内部系统和企业外部数据;数据采集可利用智能化技术完善采集范围和手段;存储数据融合可采用数据接口、安全传输交换平台等数据交换共享工具开展多源异构数据的安全交换和集成共享。数据管理的实质在于建立标准,实现跨业务系统数据无障碍使用。同时要在掌握数据现状、提高数据获取效率、保障数据质量与安全、持续释放数据价值等方面不断加强对数据的治理。数据分析要通过对相关指标拆解建立清晰的目标;可利用数字化技术强化数据建模和数据挖掘,并根据结果对模型进行评估;实现数据从实时监测,到关联分析、指标预测,再到优化反馈的闭环。数据应用要在数据融合、管理和分析的基础上,结合企业信息化现状及数字化转型发展要求,驱动企业流程再造、业务创新及构建企业新业态。

2. 数字能力驱动要素

数字能力是企业在数字经济时代的数字化生存和发展能力,是为适应快速变化的环境,深化应用新一代信息技术,建立、提升、整合、重构组织的内外部能力,从而赋能业务和管理,加速企业数字化转型,形成企业发展新动能。

1) 数字能力是企业数字化转型的核心动能

数字经济时代,市场需求的快速变化、企业业务的持续拓展、数字技术的迭代发展等因素,都给企业的发展带来极大的不确定性,构建柔性、高效、可复用的数字能力是企业应对数字化时代不确定性商业环境的关键举措。企业需要坚持技术与业务双驱动,以业务流程优化为抓手,以促进业务横向协同、纵向贯通为方向,沉淀形成积木式、可自由组合的数字能力,使企业能够根据内外部需求,快速将分散的能力与组织进行灵活组合,释放数字技术平台价值,推动公司组织模式优化及业务转型。

2) 数字能力建设的主要内容

数字能力主要从技术平台、业务流程、组织管理、人员能力四个维度去构建。一是构建平台赋能能力。对传统的系统架构进行改造,建立更加敏捷、柔性、高效的数字技术平台,通过沉淀能够共享、复用服务组件,打造更加柔性、高效的业务中台、数据中台和技术中台,实现对业务需求的敏捷响应、灵活部署和持续迭代。二是构建服务共享能力。对业务流程进行拆解,将通用环节提取出来,沉淀形成积木式、可调用的服务组件,重构形成可灵活组装的业务流程,敏捷响应前端多变的用户需求。三是构建扁平管理能力。打破传统以职能、层级划分的静态模式,横向打通业务专业边界,实现跨专业业务协同,纵向贯穿管理层级,实现业务场景和资源的优化配置,进而推动组织的扁平化,解决横纵向协同的问题。四是构建主动创新能力。传统的信息化部门职能定位是支撑企业信息化建设,被动响应业务部门信息化需求。但数字化转型要求技术人员跳出以往信息化支撑的舒适区,与业务专家协作,主动挖掘业务场景,并提供数字化解决方案,赋能业务发展。

8.3.3 企业数字化转型实践路径

企业数字化转型总体思路是"三大模式三步走",其中,"三大模式"是指"实物资产驱动型""技术服务驱动型""数据资产驱动型";"三步走"指的是信息化、网络化、智能化,以数字化重塑企业核心业务场景,推进适应数字化发展的组织变革及流程再造,驱动企业数字化转型升级,服务数字经济高水平发展。下面重点探讨企业"数据资产驱动型"的转型路径。

企业在选择数字化转型路径时,必须结合自身情况和外部市场环境状况进行合理的选择。数字化转型最好的结果来自适应而非再造,非数字原生企业没有必要复制数字原生企业的商业模式,不适合企业的转型路径可能会增加企业的转型难度。

企业在实践"数据资产驱动型"的转型路径时,首先要看自身的数据资产状况,如果本身数据资产状况就很差,历史数据没有得到很好的管理,缺少数据基础,那么在数字化转型过程中所采集的数据是很难加工处理的。因此,了解企业数据资产的特点是实现数字化转型的基础。

其次,提升管理者的数据意识和使用数据的能力是实现企业数字化转型的重要环节。管理者要具备一定的数据意识,要能够有效并且恰当地获取、分析、处理、利用和展现数据,这是企业进行数字化转型的基础。同时,数据能力的提升也是企业进行数字化转型的关键环节,企业通过提高数据治理能力、数据管理能力及数据应用能力,最大化释放数据价值,激发企业的数字化转型活力。

最后,掌握"技术服务驱动型"转为"数据资产驱动型"的本质,是做好数据驱动转型的关键。"技术服务驱动型"转为"数据资产驱动型"的原则是IT与企业运营技术(operational technology,OT)的高度集成,形成线上技术与线下技术的一体化发展。因此,企业应该促进数字技术与运营技术的有机结合,使生产关系更加适合生产力发展,不断释放数字生产力的巨大能量,提高企业运营的质量和效率、商业价值、社会价值。

案例 8-1 华为数字化转型

华为技术有限公司(以下简称"华为")是一家业务范围涵盖研发、营销、制造、供应、采购、服务等领域的非数字原生企业,在信息化时代初期,已经创建了许多IT系统,这些IT系统之间相对独立,其中典型的特点就是形成了一个封闭式的IT架构,所以"数据孤岛"的问题也就出现了。"数据孤岛"主要指的是在同一个IT系统中数据语言有差异,而在不同的IT系统之间数据又不贯通,相同的数据在不同的IT系统中需要重复录入,甚至同一个数据在不同的IT系统中也有差异等,这些问题限制了华为企业运营效率的提升和效益的改进,华为迫切需要数字化转型来改变这种状况。

华为在2016年正式启动数字化转型,提出数字化转型不是简单地引入新技术,而是要帮公司通过管理、激励、绩效等动作来扩大企业的利润规模,这样才能保持企业的持续竞争优势。2017年,华为确定了数字化转型的蓝图和框架,统一规划、分层次开展,最终实现客户交互方式的转变,实现内部运营效率和效益的提升。华为数字化转型蓝图如图8-3所示。

华为数字化转型的内容主要包括以下五大方面。

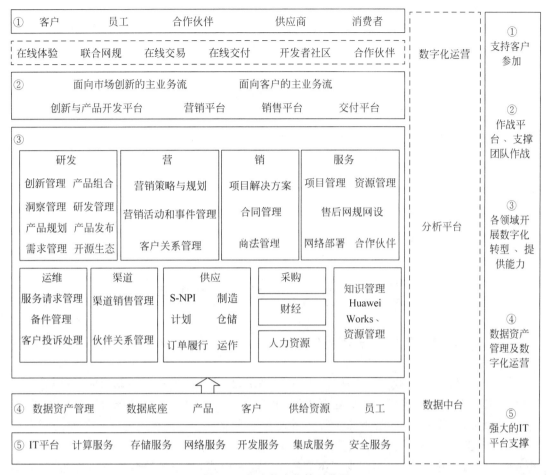

图 8-3 华为数字化转型蓝图

1. 转意识

数字化转型不应只以 CIO 或首席技术官(chief technology officer,CTO)为代表,相反,企业的管理层或者商业领袖应该在思考企业的未来时发挥主导作用。数字化部门要培养更多的工程科学家,一个企业的数字化转型应该是一个科学的研究项目,没有最好的技术,而是更适合该企业的技术。

华为做了一个项目叫产品数字化,产品的长、宽、高,产品三维模型,产品配置等信息,在研发、采购、供应、交付各领域甚至客户都需要用到,能提升效率和客户体验。

2. 转组织

企业的数字化转型,要有既懂数字化又懂业务的人才,也要有一个专门管理数字化转型的组织来承接。目前大多数企业的数字化转型主要由 CIO 负责,而华为则成立了由各个业务部门"一把手"负责的组织,还成立了变革管理委员会,由轮值董事长来负责。

3. 转文化

数字化转型强调平台和共享,文化的转变是关键。很多企业都认识到做数据中台很重要,但是谁愿意做中台?大多数企业做 IT 的人都愿意做前台,因为前台有显性价值,而中台没有显性价值,所以从这个角度企业文化也要转变。

4. 转方法

华为总结了数字化转型的三条主线：业务对象的数字化、业务流程的数字化以及业务规则的数字化，形成了一整套引领业务及其部门转型的方法。

5. 转模式

转模式是数字化转型最重要的工具。华为在运营模式和作业模式上已经作出了改变。华为提出未来的运营模式是"大平台支持下的精兵作战"。在过去，华为在全球每个国家的项目组都是一个独立的全功能团队，麻雀虽小，五脏俱全，成功与否很大程度上取决于项目经理和团队的能力。在未来，华为认为在客户层面的竞争也是管理的竞争，应该是两个组织的较量。一组就是精兵，他们贴近客户满足需求，保证客户满意度；另一组则在平台，平台通过集中化、数字化、智能化，建设专业能力，为一线提供高质量、低成本的服务，帮助一线打赢项目。

资料来源：华为公司数据管理部.华为数据之道[M].北京：机械工业出版社，2020.

8.4 制造业企业数据资产管理

8.4.1 制造业企业数字化转型

随着新一代信息技术的快速发展，数字化、网络化、智能化已在包括制造业、能源、交通、医疗、教育等几乎所有传统行业中逐渐渗透，并在每个行业中形成了自身的发展趋势，智能制造、智慧能源、无人驾驶、智慧课堂等一系列新模式、新业态，正在成为各行各业的新发展主题。行业竞争表现出新的发展形态，一家企业的竞争对手不再只有传统工业企业的老牌竞争者。在数字化时代，一些企业正在不断改进商业模式，利用各种数字技术优势，将数据视为差异化资源，把数据分析作为企业核心竞争力，突破传统工业的狭隘边界，成为制造业企业更强大的竞争对手。因此，对制造业企业来说，加快数字化转型进程无疑是增强自身优势、掌握发展主动权的重要手段。

1. 制造业企业数字化转型内涵

制造业数字化转型是产业数字化的重要方向。《中华人民共和国国民经济和社会发展第十四个五年规划和2035年远景目标纲要》中对产业数字化作出了清晰的描述，指出要"深化研发设计、生产制造、经营管理、市场服务等环节的数字化应用，培育发展个性定制、柔性制造等新模式，加快产业园区数字化改造"。制造业数字化转型是利用新一代信息技术，加速数据的自由流动，实现制造业全要素、全产业链、全价值链的全面连接，推动制造业企业形态、生产方式发生根本性变革的程度和过程。制造业数字化转型既包括企业内部研发设计、生产制造、经营管理、运维服务等各环节的数字化技术和工具的应用，也包括企业间供应链产业链数字化协同以及文化、教育、服务等制造业数字化生态构建。

数字化转型与传统信息化的主要区别在于：一方面，传统信息化主要含义是"流程"的信息化，而数字化的主要含义是构建"业务数据化、数据资产化、资产服务化、服务业务化"闭环，通过数字化技术能力反哺业务。因此，传统信息化的主要负责部门是IT部门，而数字化转型,主要对象部门为业务部门,并且是重要工程,须从企业最高领导人转型开始。另一方面,传统信息化更多关注的是人和流程,而数字化强调的是人、物理世界、数字世界的连通与联动,在数字世界构建一个三维数字空间,数字空间的数据和模型控制物理世界的实体,也就是产品的整个生产制造过程,最终服务人,这是制造业数字化转型的核心。

2. 制造业企业数字化转型过程

推进制造业数字化转型可以形象地比喻为育珠、串链和结网三个方面。

育珠即培育数字化企业,企业数字化转型是制造业数字化转型的重要基石。企业生产和发展的根本目的是实现可持续盈利,一方面,坚持创新驱动,拓展新的价值增长点。在数字化时代,数据成为新的生产要素,成为进入生产体系中的新变量,这将为企业带来新的业务经营模式和业务增长点。另一方面,不断降低企业自身生产成本、管理成本、交易成本。数字化转型的过程,也是加快数字技术与企业研发设计、生产制造、经营管理、运维服务等环节深度融合的过程,通过构建数字化机器,实施智能制造,建设工业互联网平台,实现降低企业各类经营成本的目的。

串链即构建数字化供应链产业链,在企业数字化转型的基础上,"串珠成链",构建自主、完整并富有韧性和弹性的供应链产业链,是制造业数字化转型的关键。一方面,要提升供应链数字化管理水平,将与供应链建设运行有关的数据形成有价值的资源,通过数字化运营进行精准分析、科学决策,提供最优化方案。积累沉淀形成数据资产,提升数字化供应链创新能力和价值。另一方面,要加强产业链数字化配套升级。通过优化产业结构布局,突破产业边界与上下游的产业进行融合,强化产业协作、风险预警与应急处理能力,形成更灵活稳定的产业链。

结网即打造数字化生态,在数字化供应链产业链基础上,"织链结网"构建数字化生态,数字化生态建设即是制造业数字化转型的要素保障。数字化生态需要各级政府、企业、科研院所、用户等利益相关者共同打造,以数字化企业为主体,发挥数字化基础设施的枢纽作用,汇聚数字化生态建设参与者物质、资金、信息、人才等要素流通的核心数据,通过数字化、网络化、智能化的技术和服务手段,驱动数据资源在利益相关方之间形成闭环流动。加强数据、流程、组织和技术等要素的协同创新,全面推进数字化转型升级。

3. 制造业企业数字化转型关键

制造业推进数字化转型的关键任务就是实现设备的数据采集和互联互通,设备数据采集和车间联网是实现数字化工厂的基础。制造业企业的设备品类繁多、年代跨度大,各有各的私有协议、工业接口,且不同品牌的机床或者数控系统开放程度不同,采集主机需支持市场上成百上千种协议,或供应商具有开发协议能力,增加了设备互联的难度,成为制约制造业实现数字化管理的"瓶颈"。同时,在设备管理与运维方面依赖有丰富经验的维修人员,工作强度大、维护成本高。但是,通过实时采集设备状态数据,可以降低设备故障率,减少非计划停机。同时,实现设备与设备之间的互联,建立有线或者无线的工厂网络至关重要。只有实现车间互联,才能实现对设备的远程监控,优化生产运营,提高生产透明度,真正准确计算设备综合效率。

生产过程中需要及时采集产量、质量、能耗、加工精度、设备状态和环境数据,并与订单、工序、人员进行关联,出现问题及时报警,并追溯到生产的批次、零部件和原材料的供应商,计算出生产过程产生的实际成本。因此,企业不仅要采集各种数据,而且要将采集的数据有效管理,与产品研发、生产、采购等全业务打通。借助工业互联网,可以实现现有各类系统的互联互通、数据分析和整体优化。工业互联网是制造业数字化转型的路径和方法论,基于数据驱动、机理融合与虚实结合的决策闭环,一方面变革产业资源配置方式,提升运营效率;另一方面形成创新增强范式,带来全新的价值增长。

4. 制造业企业数字化转型方向

智能制造是制造业数字化转型的主攻方向,也是中国实现数字化转型的重要路径。《中国制造2025》明确指出加快推动新一代信息技术与制造技术融合发展,着力发展智能装备和智能产品,推进生产过程智能化,培育新型生产方式,全面提升企业研发、生产、管理和服务的智能化水平,即智能制造是一种路径。智能制造是国家为优化资源配置效率及提升资源利用效率而期望企业通过提升制造流程、制造设备、制造产品、制造技术等的智能化水平,从而实现商业模式、生产模式、决策模式和运营模式创新和整体市场核心竞争力的提升。

从概念上看,制造业企业数字化转型和智能制造既有相同点,也有不同点,如表8-1所示。

表8-1 制造业企业数字化转型和智能制造的概念界定

名词	名词解说	相同点	不同点
数字化转型	数字化转型是企业以数字化为基础,通过充分挖掘和利用数据资产的价值,提升自身研发、生产、运营和服务的数字化、网络化和智能化水平,进而优化其企业经营效益和客户服务体验。制造业数字化转型是制造企业以数据为驱动,通过实现设计数字化、生产数字化和销售数字化,全方位优化生产制造流程和产品全生命周期,进而助力制造企业实现降本增效的运营成果	以数字化为核心盈利模式重构智能化发展精益化发展	数字化转型强调制造企业需要具备数字化理念,通过提升数字化认知与应用数字化技术(如大数据、云计算、人工智能、工业互联网等)优化价值创造全流程。从数字化转型的角度看,智能制造是制造业数字化转型的主攻方向
智能制造	智能制造是自动制造的升级版,自动制造是指机械设备、系统或生产、管理流程在人为制定的要求下实现无人化或少人化运作,自动制造多用于进行重复性较高或流程标准化的生产过程。而智能制造是在实现泛在感知的条件下进行信息化制造,通过现代传感技术、网络技术、自动化技术等提升设计过程、制作过程和制造装备的智能化水平		智能制造以数据流动为根本,应用智能技术(例如数字孪生、人工智能、工业互联网、工业大数据、云计算)解决研发、生产和运营等环节的痛点与难点,从而实现智能研发和生产,为客户提供智能产品和智能服务。从智能制造的角度看,数字化转型是推进智能制造的起点,数字化转型是制造业实现智能制造的发展形态

8.4.2 数据驱动下的工业互联网

1. 基本概念

工业互联网是新一代信息通信技术与工业系统全方位深度融合所形成的产业和应用生态,是工业智能化发展的关键综合信息基础设施,通过实现工业经济全要素、全产业链、全价值链的连接,支撑服务制造业数字化、网络化、智能化转型,不断地催生工业发展的新模式、新业态、新产业,重塑工业生产经营和服务体系,实现工业的高质量发展。工业互联网的本质是以机器、原材料、控制系统、信息系统、产品以及人之间的网络互联为基础,通过对工业数据的全面深度感知、实时传输交换、快速计算处理和高级建模分析,实现智能控制、运营优化和生产组织变革。网络、数据及安全构成了工业互联网的三大体系,其中,网络是基础,数据是核心,安全是保障。工业互联网是制造业企业数字化转型的核心生产要素,是第四次工业革命的核心驱动力。

扩展阅读 8-2
第四次工业革命,中国将实现全新工业化

工业互联网平台本质是通过工业互联网络采集海量工业数据,并提供数据存储、管理、呈现、分析、建模及应用开发环境,汇聚制造企业及第三方开发者,开发出覆盖产品全生命周期的业务及创新性应用,以提升资源配置效率,推动工业企业的高质量发展。工业互联网平台基于网络向下接入各种工业设备、产品及服务,并为海量工业数据提供自有流转的平台支撑,是连接工业全要素、全产业链、全价值链的枢纽,是推动制造资源高效配置的核心。

工业互联网平台对制造业数字化转型具有促进作用,无论是大企业依托平台开展工业大数据分析以实现更高层次的数据价值挖掘,还是中小企业应用平台云化工具以较低成本实现信息化与数字化普及,抑或是基于平台的制造资源优化配置和产融对接等应用模式创新,都在推动制造业向更高发展水平迈进,工业互联网平台对于制造业数字化转型的支撑作用将会越来越强。

2. 发展路径

工业互联网体系中,数据是核心,因此,工业互联网的发展路径,需要靠数据资产激发企业新需求,以新需求开发相应服务,汇集服务建设平台,再从平台获取客户流量,产生新数据,从而形成工业互联网的数据循环,如图 8-4 所示。

利用智能设备产生海量数据是工业互联网的第一个层级,工业互联网从智能设备和网络中获取数据,然后利用大数据和分析工具进行存储、分析和可视化,分析出的数据潜在信息可以供决策者使用,或者作为各工业系统中工业资产优化或战略决策流程的一部分,也可以在机器、系统网络、个人或群体之间共享,推动智能协作和更好地决策,让更广泛的利益相关者参与到数据资产的维护、管理和优化之中。比如,工业数据资产提供了机器运营和性能的大量历史信息,操作员通过这些信息可以更好地了解工厂关键设备的状况,以便可靠地估计设备出现故障的可能性以及时间,这种方式把运行数据和预测分析相结合,避免意外的同时最小化维护成本,可以给企业带来利益。数据潜在信息还可以返回到原始机器,这不仅包括该机器产生的数据,还包括可以加强机器、设施和大型系统的运营或维护的外部数据,通

图 8-4　工业互联网的数据循环

过数据的反馈循环让机器能够从历史中不断学习,实现机器更智能地运行。

工业互联网的第二个层级是智能系统,包括整合广泛的机器仪器仪表及系统网络上部署的软件,包括运营网络优化、预测性维护、系统快速恢复、机器自主学习等。

工业互联网的第三个层级是智能决策,当智能设备和系统收集到足够的信息以促进数据驱动的学习时,智能决策就出现了。

无论是德国的工业4.0、美国的工业互联网,还是中国的中国制造2025,其核心都是数据。没有数据的采集、分析和利用就没有智能化。因此很多公司将数据作为企业的核心资产并上升到企业战略的高度来看待,2015年,埃森哲和通用电气公司对中国、美国、德国、英国、印度和南非等企业做了调研,并发布了《2015年工业互联网洞察报告》。报告指出,航空工业有多达61%的企业把数据应用作为公司最高优先级战略事项,风电和传统的制造业这一比例也有45%和42%,而在油气能源领域也有56%的企业把数据资产管理作为公司的战略性事项管理,而且这一比例在逐年提高。

3. 数据体系

数据资产是工业智能化发展的关键,横向贯穿于企业的外部上下游产业链,内部从销售订单、研发、采购、生产、交付、售后服务,纵向贯穿从生产计划到生产执行。工业互联网数据既有传统的企业经营管理类数据,也有工业现场的设备数据、控制指令等数据。

工业互联网数据有五大特征:一是数据量大,工业设备、仪器仪表采集了海量的数据;二是分布范围广,分布于机器设备、工业产品、经营管理系统等;三是结构复杂;四是对数据处理速度要求高,很多情况下要求数据的实时分析与处理;五是对数据分析的置信度要求高,尤其是工艺优化、设备预测性维护等应用场景。因此,实施工业大数据有其特殊性,有不同于通用的数据处理框架。图8-5展示了典型的工业大数据功能框架,它由数据采集与交换、数据清洗、数据存储、数据分析建模、数据驱动下的决策与控制应用组成。

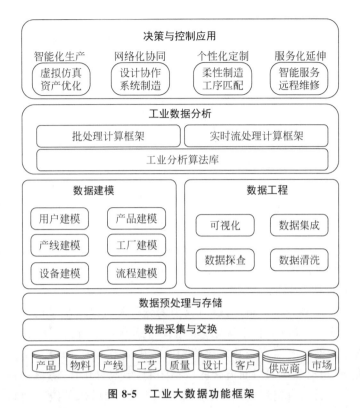

图 8-5 工业大数据功能框架

4. 发展模式

互联网、大数据、人工智能等新一代信息技术与制造业加速融合,正在引发制造业生产方式、组织模式和商业范式的深刻变革,新模式、新业态蓬勃发展,为制造业数字化转型注入新动能、新活力。

工业互联网平台通过实现研发设计、生产制造、产品流通与售后服务等业务系统云化改造,汇聚整合数据资源,从数据资源、业务创新、组织管理等方面培育制造业新模式、新业态应用场景。新模式主要包括数字化管理、智能化生产、网络化协同、个性化定制和服务化延伸,新业态主要包括零工经济、共享制造、现代供应链、工业电子商务和产业链金融。加速培育基于工业互联网平台的新模式、新业态,有利于抢抓技术变革和产业升级新机遇,充分发挥数字新基建基础支撑作用,加速制造业数字化转型,为制造业高质量发展提供有力的支撑。

扩展阅读 8-3
华为工业互联网平台 FusionPlant

下面主要对新模式中数字化管理的内容进行阐述。企业基于平台打通核心数据链,实现覆盖生产制造、产品全生命周期以及供应链的数据贯通,推动资产管理、运营管理、组织管理等方面的数字化管理创新,切实提高企业管理能力和效率。

制造业数字化管理主要有以下三个特征。

1)数据:从附属产物到数据资产

在传统生产过程中,由于收集、存储、传输、分析等能力限制,数据始终作为企业业务流程的附属产物存在,其价值一直无法被深入挖掘。随着信息技术的飞速发展,识别、计量与管理海量数据的算法、算力不断完善,数据的价值被充分释放,逐渐成为企业重要的资产。企业可基于工业互联网平台开展数字化管理,打通研发、生产、管理、服务等环节,实现设备、车间、物流等数据资产的泛在采集,推动全生命周期、全要素、全产业链、全价值链的有效连接,打造状态感知、实时分析、科学决策、精准执行的数据资产流动闭环,辅助企业进行智能决策,显著提升企业风险的感知、预测、防范能力。

2) 管理:从业务驱动到数据驱动

传统的管理模式基于业务驱动,依赖个人的经验和直觉,节点间信息分享不畅,分析的过程和结果往往难以有效复用,无法满足数字经济时代企业经营管理快速迭代创新的需要。数字化管理从业务的数字化监测、分析、模拟和计划入手,通过数据挖掘分析,综合虚拟仿真、AR(增强现实)/VR(虚拟现实)等数字孪生技术,打造真实映射物理世界的数字孪生世界,持续将业务流程标准化、精细化、可视化,实现员工、业务的集中管控和资源的统筹配置,提升企业关键资源管理的能力。

3) 组织:从刚性架构到液态架构

传统企业组织架构多为科层制,通过对权力的分级配置保证决策的可靠性、员工控制力和业务稳定性。然而,对外界变化不灵敏、机构设置逐渐冗杂、沟通交流烦琐等弊端使刚性架构难以适应当今商业运营需要。数字化管理以数据流带动人才流、资金流、技术流自由流动,降低人才、资金、知识等在部门间流转的门槛限制,形成合作性强、流动性强、主动性强的液态架构,打造全员共治、自组织、自主适应的组织形态,既增强了协同创新意愿与效果,也有利于激发组织和个体的创新和创造活力,提升企业整体创新实践能力。

制造业数字化管理具有以下三个典型应用场景。

1) 资产管理

一是管理可视化,企业基于工业互联网平台对零件、设备、产线等进行 3D 建模,建立数字孪生生产线,模型仿真并实时呈现生产全过程。二是故障预测,通过打造覆盖全生命周期的数据流,广泛收集设备信息,基于实时数据开展大型设备的故障预警、故障诊断和预测性防护等。三是智能分析,基于工业互联网平台持续采集企业研发、生产、物流等生产经营数据,结合知识图谱、专家系统等开展基于数据的辅助智能决策,驱动企业生产经营活动优化升级。

2) 运营管理

一是成本控制,基于工业互联网平台打破传统工作模式,运营数字化工具优化预算管理、备品管理、绩效管理等业务,提升管理自动化、智能化水平,有效降低企业运营成本。二是资源优化,基于工业互联网平台快速精准对接供给侧与需求侧信息,推动集团内部企业及上下游企业数据、技术、人才等资源共享,提升资源配置能力。三是精准营销,基于工业互联网平台全方位收集客户数据,开展用户行为分析,精准描绘客户画像,挖掘潜在业务场景,精准提供个性化服务,提高用户满意度。

3) 组织管理

一是自组织,基于工业互联网平台优化管理模式,根据业务需要动态分配任务、量化工作指标等,建立科学合理的赋权系统,在变化中寻求员工与企业共同生长的空间,建立平台化、去中心化的分布式组织架构。二是零工模式,基于工业互联网平台打破传统用工方式,将企业改造为赋能平台,汇聚广大中小企业与第三方开发者,及时挖掘潜力型团队并予以资源支持,充分激发企业和员工的积极性、主动性、创造性。

对于制造业数字化管理的实现,有以下四点对策和建议。

1) 夯实数据采集基础,加快设备业务协同上云

一是强化设备上云上链,加快重点设备和关键业务系统上云,提高数据流通速率。二是夯实设备互联基础,推进工业互联网网络建设改造与优化,深化5G应用,持续推进工厂内外网改造。三是深化企业数据中心建设,满足高宽带、大流量、高速度的访问应用需求。

2) 增强模型有效积累,推动工业知识沉淀复用

一方面,加快重点设备模型培育,针对高耗能设备、动力设备等建立设备寿命预测、运行参数等模型,为构建数字孪生生产线提供数据支撑。另一方面,加快关键业务模型培育,引入业务建模数字化工具,开发机理模型管理引擎,针对研发设计、生产制造、运维服务等环节提供数字化管理手段,为流程优化奠定良好的基础。

3) 完善数据应用生态,充分挖掘数据资产价值

一是研制推广数据管理标准,贯彻落实工业大数据发展指导意见,探索建立数据分级分类管理制度,开展DCMM贯标。二是提升数据安全保障,建立工业数据防护体系架构,打造线上线下全面安全体系,提升企业工业数据防护能力。三是为员工开展数据应用和相关工具使用培训,培育一批数据管理人才,提升企业内部整体数据分析和使用效率。

4) 强化解决方案培育,提升企业资源整合效率

一是打造资产管理解决方案,建设数字孪生生产线,围绕设备预测性维护、故障诊断等开发一批工业App,提高生产经营过程中数据采集、分析和应用能力。二是打造运营管理解决方案,打破部门壁垒,加快数据、知识等跨部门流动,形成供应链管理、资产管理、库存管理等解决方案。三是打造组织管理解决方案,建设基于工业互联网平台的员工赋能赋权体系和绩效评价系统,构建按需调动、按劳分配的液态组织架构。

8.4.3 数据驱动下的智能制造

1. 制造业大数据

德国的工业4.0、美国的工业互联网以及中国的中国制造2025这些智能制造相关战略的相继提出,促进了新一代信息技术在制造业中的应用,推动了智能制造的发展。智能制造旨在将产品生命周期中获取的数据转化为智能制造,从而对制造的各个方面产生积极的影响。对制造数据进行系统的计算分析,可以作出更明智的决策,从而提高智能制造的效率,即数据驱动制造是智能制造的必要条件。

一般来说,制造过程中生成的大数据可以按照以下类别进行分类。

(1) 从制造信息系统收集的管理数据,信息系统拥有与产品计划、调度、物料管理、生产计划、维护、库存管理、销售、订单相关的各种数据。

(2) 通过工业物联网技术从智能工厂收集的数据,包括与实时性能、操作条件和生产设备的维护历史有关的数据。

(3) 从互联网来源和社交网络平台收集的用户数据,包括用户统计数据、用户个人资

料、用户对产品或者服务的偏好以及用户行为数据。

（4）物联网技术从智能产品和产品服务系统收集的产品数据，包括产品性能、使用环境、自然环境和用户生物学数据。

（5）通过开放数据库从政府收集的公共数据，包括与知识产权、公民基础设施、科学发展、环境保护和医疗保健有关的数据。对于制造企业而言，公共数据可用于保证制造过程和制成品严格遵守政府法规和行业标准。

数据是智能制造的关键推动力，数据的价值不仅取决于所能承担的庞大数据量，还取决于隐藏在其中的信息和知识。通常，在从数据中获取隐藏信息之前，需要经过多个步骤，如图 8-6 所示，典型的制造业大数据生命周期包括数据收集、传输、存储、处理，可视化和应用程序。

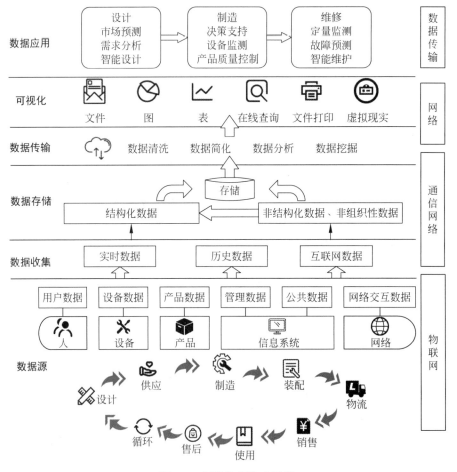

图 8-6　制造数据生命周期

2. 数据驱动的智能制造框架

制造业利用大数据分析来挖掘制造数据，提炼制造流程，提高制造的灵活性和智能化水平。通过充分利用制造数据，制造过程由初级过程向智能过程转变，从而提高产品的生产效率和性能。

数据驱动的智能制造框架由制造模块、数据驱动模块、实时监控模块和问题处理模块四部分组成,如图 8-7 所示。

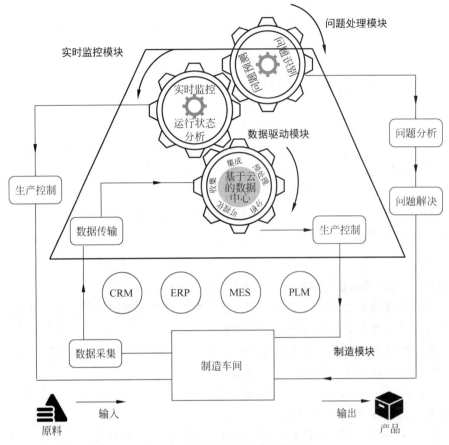

图 8-7 数据驱动的智能制造框架

1) 制造模块

该模块可容纳各种制造活动,它由各种信息系统和制造资源组成,可以概括为人机材料环境。该模块的输入是原材料,而输出是产品,在输入输出转换过程中,从操作员、生产设备、信息系统和工业网络中收集各种数据。

通过利用制造过程中产生的各种数据进行精确控制,可以实现自我执行。例如,可以将适当的原材料和零件随时发送到需要它们的任何制造场所,制造设备可以在需要时自动加工原材料或组装零件。

2) 数据驱动模块

该模块在制造数据生命周期的不同阶段为智能制造提供动力。作为输入,来自制造模块的数据将传输到基于云的数据中心以进一步分析。然后,从不同种类的原始数据中获取的隐藏信息和可行建议,可以被用于指导制造模块中的动作,比如,产品设计、生产计划、制造执行等,数据驱动模块也为实时监控模块和问题处理模块提供动力。

通过利用不同种类的数据资产,不仅可以实现以客户为中心的定制产品开发,还可以进行智能生产计划。例如,可以使用大数据分析来精确地量化用户的人口统计信息、需求、偏好和行为,从而设计更多个性化的产品和服务。

3) 实时监控模块

该模块在实时监控生产过程中可以起到确保产品质量的作用。该模块由数据驱动模块提供动力,用于分析制造设施的实时运行状态,使制造商可以及时了解制造过程中的变化,从而制定最佳的操作控制策略。

通过利用实时状态数据进行制造过程监控,实现自我调节。例如,制造系统可以通过AI系统控制其行为来自动响应制造资源短缺或制造任务变更等意外事件。

4) 问题处理模块

扩展阅读 8-4
数字化智能化赋能汽车制造 宝马 iFACTORY 生产战略加速发力

基于数据驱动模块提供的数据信息,问题处理模块可以用于识别和预测制造过程中出现的问题,比如设备故障或者质量缺陷,使操作员或者人工智能应用程序做出明智的问题解决方案。

通过利用历史数据和实时数据进行主动维护和质量控制,可以实现智能制造系统的自学习和自适应,增强制造过程的平稳运行。例如,智能制造系统可以在机器故障或者质量发生缺陷前对其进行预测和预防,使制造系统主动识别各种潜在问题。

案例 8-2　数据驱动的智能制造——三一重工 18 号智能工厂

作为重工领域的标杆,三一集团以其 18 号厂房成为智能制造应用基础的示范,18 号厂房成为行业内亚洲最大最先进的智能化制造车间。

三一集团打造了从订单到制造的过程自动化管理,符合工业 4.0 纵向集成模型的样板工厂,从而实现"产品混装+流水线"的高度柔性生产。

(1) 运用物联网、大数据等新一代信息与数字化技术,对全制造过程中人、机、料、法、环等数据进行采集与处理,分析及应用。

(2) 打通企业信息化与制造装备、生产物料、人力资源等各种资源之间的联络通道,实现企业从数字化设计→数字化管理→数字化制造→数字化控制→数字化装备的闭环控制。

(3) 有效掌控企业的技术资源和制造资源,从而实现对复杂工程机械装备产品制造过程的集成管理与精确控制。

18 号厂房从产品设计→工艺→工厂规划→生产→交付,打通产品到交付的核心流程,总体架构如图 8-8 所示。

(1) 全三维环境下的数字化工厂建模平台、工业设计软件,以及产品全生命周期管理系统的应用,实现数字化研发与协同。

(2) 多车间协同制造环境下计划与执行一体化、物流配送敏捷化、质量管控协同化,实现混流生产与个性化产品制造,以及人、财、物、信息的集成管理。

(3) 自动化立体仓库、自动导引运输车、自动上下料等智能装备的应用,以及设备的智能化改造,实现物与物、人与物之间的互联互通与信息交融。

(4) 基于物联网技术的多源异构数据采集和支持数字化车间全面集成的工业互联网络,驱动部门业务协同与各应用深度集成。

18 号厂房利用智能装备实现生产过程自动化,提升生产效率,同时搭建工业生产物联网,通过网络连入机台,实现机台的生产信息采集、机台互联以及自动控制与数据传输,使

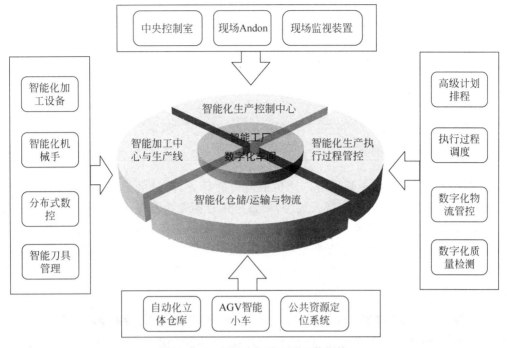

图 8-8　18 号厂房智能工厂总体架构

机台使用率最大化。此外,基于物联网平台集成的现场设备数据、生产管理数据和外部数据,18 号厂房运用机器学习、人工智能等大数据分析与挖掘技术,建立了产品、工艺、设备、产线等数字化模型,提供生产工艺与流程优化、设备预测性维护、智能排产等新型工业应用。

资料来源:工业互联网产业联盟. 数据驱动的智能制造-18 号智能工厂——三一"智造"工业革命[EB/OL].(2017-02-17)[2022-11-15]. http://www.aii-alliance.org/index/c150/n1539.html.

8.5　互联网企业数据资产管理

8.5.1　互联网数据智能

数据智能是指基于大数据,通过 AI 对海量数据进行处理、分析和挖掘,提取数据中所包含的有价值的信息和知识,使数据具有"智能",并通过建立模型寻求现有问题的解决方案以及实现预测等。

数据智能在各行业中呈现从业务数据化到最终改变行业格局的态势,特别在互联网和金融行业中的应用更为普遍和深入。

虽然各行业应用的技术有所不同,但是都已经有了成熟的业务案例,呈现出改变行业格局的态势,如表 8-2 所示,以互联网服务行业和金融行业为例展示了数据智能在行业中的具体应用。

表 8-2 数据智能在行业中的具体应用

互联网服务行业	金融行业
智能推荐	智能风控
图片/视频处理	智能投顾
翻译	智能投研
语音助手	保险科技
安全防护	安全防护
旅行规划	
内容生产与审核	

互联网属于目前受益于数据最广泛也最前沿的行业,同时也是最先面对挑战的行业。一方面,随着互联网用户渗透率增长放缓,增量市场逐渐变为存量市场,原有的商业模式和产品模式都面对着挑战,从流量思维变为数据思维,深耕细分领域,从用户增长变为用户深耕成为趋势。另一方面,消费互联网也从简单的线上零售向"内容+社交"转变,产品的内容也将更加个性化。同时由于国内互联网的成长历史,互联网在发展海外业务时,也经常面对较大的政治层面压力,如图 8-9 所示。

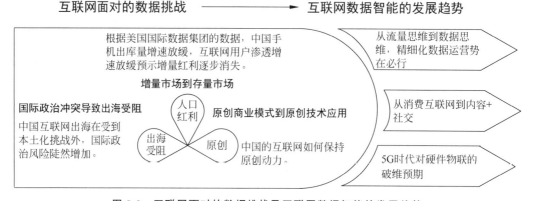

图 8-9 互联网面对的数据挑战及互联网数据智能的发展趋势

依据数据来源和应用形态的差异,互联网可以划分为 PC(个人计算机)互联网、移动互联网、产业互联网、万物互联四个阶段。PC 互联网、移动互联网的数据主要来源于个人用户,并服务于个人用户,产业互联网新增数据则大量来源于传统企业接触互联网之后的业务数据化,互联网更多地走向线上线下结合,互联网对传统行业的渗透率进一步提升。随着万物互联时代的到来,现实物理世界逐步数字化,物联网、车联网、工业互联网等与消费互联网相互结合,共同构建起互联网。人工智能在互联网中的创新应用探索,衍生出精准广告、AI 视频、虚拟主播、智能推荐等新的互联网业务形态。

扩展阅读 8-5
世界杯里的数据科技,AI 决策强势上场

数据智能对互联网企业的销售业务起到了很大的推动作用,通过对线上线下以及多智能终端获得的销售大数据进行智能化,一方面可以对消费者进行深度洞察,构建精准营销模型,提高货品转化效率;另一方面消费者需求通过数据的形式反馈到供应链,提高供应链串联效率,提高物流仓储贡献,同时在售卖渠道端,通过数字化管理,进而减少人工成本,提高运营决策效率。

互联网企业借助数据平台,从线下门店、仓库、供应链、线上平台等系统中采集数据,实现数据融合管理,进行数据分析挖掘,在此基础上重构零售行业的"人-货-场"。从后端到前端,进行全面数字化,实现供应链、门店的精准管理,创新线上渠道,深入客群洞察,以智能营销推动提升销量,如图 8-10 所示。

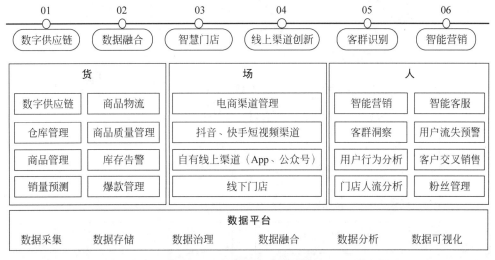

图 8-10 互联网行业智能营销

8.5.2 多媒体数据智能

艾瑞咨询集团的监测数据显示,2021 年 5 月,中国移动互联网应用月活跃排在前三名的行业分别为即时通信、在线视频和短视频,视频俨然成为互联网流量入口。5G 作为稳定且大带宽的通信技术支持,势必进一步巩固以视频为代表的多媒体数据在互联网行业中的重要地位。

从文字到图片再到视频,信息传播载体的维度逐渐增多,视频不仅演变为互联网应用的标配功能,更因为改变了消费端的用户习惯,逐渐向产业端的各类应用场景渗透,比如教育行业的在线教育、智慧课堂,营销场景中的电商直播、活动直播等,以视频为代表的多媒体数据同样将占据产业端的流量入口。比如,电子商务行业在直播电商的加持下,取得了快速的发展。

在数字化持续加速的进程中,日渐增长的消费者业务及企业业务数据量级要求互联网企业在日常经营及商业活动中更好地挖掘数据价值,以拓展传统业务场景和满足新的业务需求,通过对多维度的数据进行分析,实现知识沉淀,驱动业务发展,最终利用数字化实现精准运营,智能决策,收获业务突破,如图 8-11 所示。

包括泛娱乐、社交、电商、教育等在内的消费互联网应用均以多媒体数据智能为核心,从直播到短视频再到实时音视频,消费互联网对多媒体数据的需求不断向着低时延、强互动发展,因而要求音视频生产、编解码、转码到推流实现全流程的数据智能化。此外,《互联网直播服务管理规定》等相关法规明确要求平台承担起对图文、视频、音频等直播内容审核的责任,为提高人工审核的效率,引入语音识别、声纹识别等技术。对于消费互联网来说,进行实

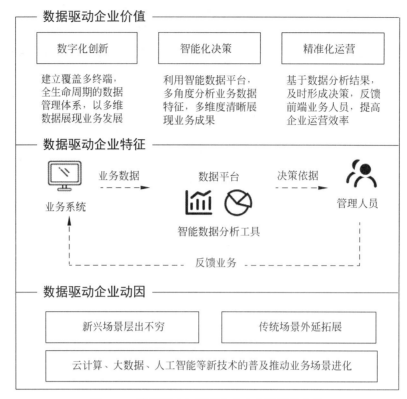

图 8-11　数据驱动互联网企业内在逻辑及价值

时智能监测至关重要。在上述共性需求基础之上,不同细分领域存在一定的个性化需求,因此,数据智能服务商应基于行业理解提供一站式、端到端的解决方案,让客户能够在短时间内轻松地接入相关能力,应对消费互联网快节奏、激烈竞争的市场环境。

8.5.3　一站式数据智能平台

随着企业数字化转型进一步升级,企业内部管理流程及外部业务板块产生的机器数据规模将进一步提升。借助一站式数据智能平台,可以便捷地采集企业全域数据,分析全域用户行为,深耕科学营销运营应用,智能化洞察用户行为,全方位驱动企业数字化运营。

1. 概念界定

一站式数据智能平台依靠一体化管理,融合数智化工具,向不同行业用户提供专业、覆盖数据全生命周期的产品及服务,帮助企业更好地利用数据价值,在数字化转型过程中实现数据驱动业务,如图 8-12 所示。

首先,平台提供的专业产品及能力可覆盖数据生产、传输、处理、分析、展示各环节。其次,一站式平台基于多种接口,打通企业内部和外部多终端通道,实现数据自由互联、灵活调度、统一管理。再次,平台可处理的数据类型包括来自消费互联网及产业互联网领域的多媒体数据及机器数据。最后,平台将 AI 能力和大数据工具有效结合,以支持数字化时代更大

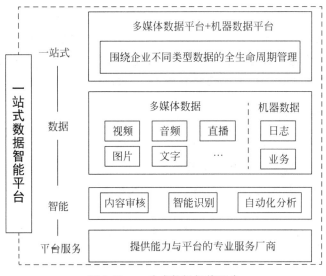

图 8-12　一站式数据智能平台

量级的数据规模和更复杂的业务场景需要。

2. 智能多媒体数据平台

智能多媒体数据平台在技术上整合了云存储、云处理和云分发三大能力,依托云能力,通过智能手段对影响多媒体数据质量的主要环节进行优化,进而实现对多媒体数据从数据采集到最后数据接收的全链路打通,如图 8-13 所示。此外,智能多媒体数据处理平台内部自带丰富的 AI 能力工具,可以在多媒体数据生产及处理环节提供多样的 AI 模型,并链接外部 AI 开放市场,根据客户需求,引入个性化 AI 功能。在数据传输环节,则通过智能内容分发网络(content delivery network,CDN)等边缘设备,兼顾智能分发与实时数据分析。同时,针对多媒体数据的主要来源场景——实时音视频、直播、短视频、娱乐等,多媒体数据处理平台既可以提供完整的解决方案,也可以化整为零,灵活地提供业务所需的功能模块,充分发挥其低延时、高可用、易接入的特点。

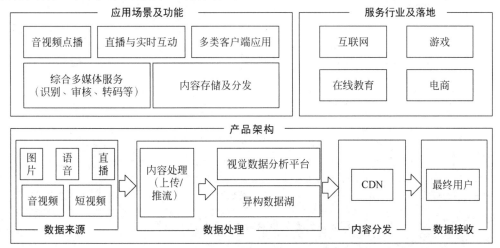

图 8-13　智能多媒体数据平台功能及应用

在多媒体内容丰富的互联网行业，企业陆续借助人工智能模型等算法，为多媒体数据的生产及传输各环节赋能，驱动互联网行业升级。在多媒体数据生产环节，计算机视觉和机器学习技术的应用，为多媒体数据提供更有效的识别、编辑、增强等能力；在多媒体数据处理环节，通过引入具备人工智能模型的数据分析工具，实现更智能的处理。

3. 智能机器数据平台

智能机器数据平台主要用于处理互联网行业在数字化升级过程中，日益增多的机器数据，主要包括业务数据、安全数据和运维数据等。

智能机器数据平台的核心能力主要包括以下四项。

1）数据采集

智能机器数据平台覆盖了数百种数据源，并支持结构化、半结构化、非结构化等多种数据类型。

2）数据处理

智能机器数据平台提供多种预置模型，高效便捷地实现不同来源的数据字段归一化，呈现关联数据域的统一视图，为不同业务数据探索性分析需求提供多种素材。

3）数据分析

智能机器数据平台融入了机器学习的能力，提供多种机器学习算法，既可实现多种分析需要，为企业决策提供支持，也可维护系统稳定，降低系统威胁。

4）数据展示

智能机器数据平台内置多种图表类型并支持多种自定义可视化拓展手段，使重点数据、敏感数据、异常数据一目了然。

不同于智能多媒体数据平台，由于机器数据处理完之后不必覆盖到多场景、多用户，因此，智能机器数据平台的架构中没有数据智能分发这一环节，如图 8-14 所示。

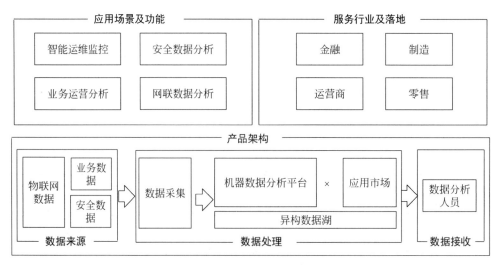

图 8-14　智能机器数据平台功能及应用

4. 一站式数据智能平台价值

一站式数据智能平台可以打通企业内部管理和外部业务系统的数据,整合优化各类数据工具,通过更简单、清晰的大数据产品,让企业更聚焦于业务和价值创造,同时,该平台还能统一多种数据工具,提供全方位的数据能力,在数据驱动背景下,将不仅仅作为简单的管理或者业务工具,也将成为企业组织架构升级的底座,为企业数字化转型提供有力的支撑。一站式数据智能平台的价值可以概括为以下四点。

1) 覆盖广泛场景

一站式数据智能平台既支持移动互联网及物联网不同终端设备,同时也服务于产业互联网不同行业的不同业务场景。

2) 服务数据全生命周期

一站式数据智能平台不仅聚焦多媒体数据及业务数据的分析,更为从前期数据采集到后期数据传输及数据展示的全流程提供解决方案,从始至终为各类数据在各环节匹配提供最佳服务。

3) 打通"数据孤岛"

一站式数据智能平台,更好地帮助用户实现数据联通:①多媒体和业务数据间多类型数据的打通;②不同业务部门数据的打通;③各类数据全生命周期各环节的打通。

4) 推进数据驱动企业

通过利用一站式数据智能平台,企业可以更好地挖掘数据资产价值,利用数据升级企业业务,实现高效运营、业务创新,在数字化转型的过程中更好地实现降本增效。

案例 8-3　拼多多赋能数字化农业

作为中国第一大农货上行平台,拼多多一直积极探索小农生产者的新模式。通过 AI 农业、数字化农业,拼多多一方面完成了流通链路的数字化,另一方面平台深入上游探索生产种植的数字化提升,构建起一套生产数据、消费数据、流通链条等在内的数字农业中台,通过一系列项目尝试打通从流通到生产的数字化链条,形成新一代的精细化生产流通模式,使数据智能化真正做到为经济赋能。

拼多多通过大数据、云计算和分布式人工智能等技术打造了"农地云拼"的模式,将分散的农业产能和分散的农产品需求等要素进行数字化的表达,在云端整合在一起,形成一个虚拟的全国市场,然后通过平台遍布全国的新农人体系,链接到各大产区,并根据品种、成熟周期、物流条件精准匹配给对应消费者,结合数据赋能,提高供应端产品与消费端需求匹配度。"农地云拼"模式在农田和城市之间,建立起一条覆盖全国的农产品上行超短链路,一头连着市场,一头连着农户,激发数据要素的新动能,通过数字化和互联网技术让农产品由"产供销"向"销供产"演进。

在拼多多的模式下,平台通过对掌握的大量用户数据进行分析形成用户画像,用数字化的手段帮工厂发现市场和目标客户,让工厂调整产品实现定制化的生产,打开销路的同时降低了工厂的生产成本。然后,拼多多再将产品推送给用户,平台为其提供流量,在供应链管理和销售环节均实现数字化。拼多多正以数字化为依托,推动数字农业的发展。

资料来源:王舟. 农地云拼:2020 年拼多多的新农业故事[EB/OL]. (2020-12-29). http://www.nbd.com.cn/articles/2020-12-29/1583017.html.

本章小结

本章围绕企业数据资产管理,主要介绍了企业数据资产管理的概念及企业数据资产价值的基本内容;讨论了企业数据资产管理对企业数字化转型的促进作用;并分别对制造业企业数据资产管理和互联网企业数据资产管理的相关内容进行了介绍。

数据资产是能够给企业带来经济效益的一种资源,拥有和控制数据资产是企业中一个重要的任务。对企业数据资产进行合理的管理能够提高业务数据化效率,推动数据业务化,加速企业数字化转型,从而体现企业数据资产的价值。对于制造业企业来说,通过打通研发、生产、管理、服务等环节的数据流,并对海量的工业数据资产进行管理,可以使制造过程由初级过程向智能过程转变,从而提高产品的生产效率和性能。对于互联网企业来说,融合数据智能可以促使互联网企业原有的商业模式和产品模式都向更高的水平发展,以应对互联网快节奏、激烈竞争的市场环境。对企业数据资产进行科学有效的管理,可以促使企业最大限度地提高数据资产利用效率,促进企业数字化转型和高质量发展。

习题

1. 简述企业数据资产的特点。
2. 简述企业数据资产价值的形成过程。
3. 影响企业数据资产价值的因素主要有哪些?
4. 简述企业数据资产价值的实现方式。
5. 简述驱动企业数字化转型的关键要素。
6. 简述企业实践"数据资产驱动型"转型路径的内容。
7. 简述制造业企业数字化转型的过程。
8. 制造业企业数字化转型的关键任务是什么?
9. 简述数据驱动的智能制造框架及其内容。
10. 什么是一站式数据智能平台?

即测即练

第 9 章 政府数据资产管理

9.1 政府数据资产概述

9.1.1 数字政府的含义

随着"互联网+"政务服务的快速发展,数据日益成为政务处理的基础要素,贯穿行政事务处理的全过程。在社会数字化转型过程中,数字政府也应运而生。数字政府是指在现代计算机、网络通信等技术支撑下,政府机构日常办公、信息收集与发布、公共管理等事务在数字化、网络化的环境下进行的国家行政管理形式。数字政府包含多方面的内容,如政府办公自动化、政府实时信息发布、各级政府间的可视远程会议、公民网上查询政府信息、电子化民意调查和社会经济统计、电子选举等。

数字政府是信息技术发展对政务创新的推动和数字时代人民对美好生活的追求共同映射在政府治理方面的具体体现。由大数据产业生态联盟联合赛迪顾问完成的《2019中国大数据产业发展白皮书》中明确提出,政府数据资产是数字经济发展的基础和经济社会运行中最活跃的关键生产要素,政府数据资产管理与应用将成为接下来的行业关注热点。激活政府数据资源,促使政府数据由资源向资产转化,就是要推动国家治理体系和治理能力现代化,推动国家信息基础设施建设,促进网络安全和公平,及时了解民众需求和意愿,提高服务质量,保证每位公民都可以借助互联网平台公平接触数据以及数字化服务,构建数据价值生态将给政府带来巨大的社会价值和经济价值,图9-1展示了数字化时代中的重点建设内容。

9.1.2 政府数据资产化

政府数据资源和政府数据资产是两个既有内在联系又差别迥异的概念,两者关系主要体现在以下几个方面。

1. 政府数据资源包含政府数据资产

政府数据资源是国家公共数据资源的重要组成部分。政府数据资源根据其来源、作用、

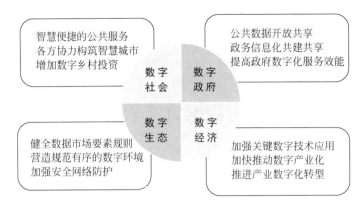

图 9-1　数字化时代中的重点建设内容

增值潜力可以划分成为不同的数据集。政府数据资源是基础数据,将蕴含潜在增值空间的政府数据资源加工即可形成政府数据资产,因此政府数据资产是具备更高价值的资源,政府数据资产是政府数据资源管理体系的重要组成部分。

2. 政府数据资源在流通、利用过程中转化为政府数据资产

政府数据资源属于静态数据,仅供政府部门行使职责的时候使用,而政府数据资产是在资源流通和共享过程中形成的,能够提供给企事业单位再次使用,开发其潜在价值,从而实现政府数据资产的不断增值,即政府数据资源会在一定条件下转化为政府数据资产。政府数字治理水平和数据化程度的整体提升,会带来更多数据资源的活化流通、产生更多的数据资产,而数据资产背后的逻辑基础则是数据资源关联汇聚所形成的价值发现与应用场景。

3. 政府数据资产反映了政府数据资源经济社会价值

政府数据资源描述政府运作管理,是认知经济社会发展的基本单元,而政府数据资产是经过挖掘和捕捉后形成的具有更高经济社会价值的数据资产。政府数据资源解释政府数据是什么,而政府数据资产要解决的则是政府数据如何利用、共享和增值的问题。

4. 政府数据资产借助业务场景融合渗透到社会各个领域

政府数据资源一般与政府业务场景没有直接关联,可以依托数据产生、获取、处理、存储、传输和应用流程由数据管理机构进行专业化运作,而政府数据资产则与政府系统内跨部门的数据应用和系统外广泛的数据增值开发形成联结,可以借助业务场景的融合渗透到企业、社会等各个领域,政府数据资产价值的实现源自对不断扩大的数据流的识别、商品化和使用。

5. 政府数据资源与政府数据资产存在形态不同

政府数据资产既以经济效益等物质形态存在于有形,也以数据隐性交换价值促进知识共享、形成数据洞察等社会效益而存在于无形。政府数据资源所揭示的更多属于认知层面,而政府数据资产开发则属于物质层面经济价值、社会效益的全面实现。

数据作为数字经济时代最为核心的生产要素,对社会生产生活的巨大价值已经不言而喻。相比其他组织，政府拥有更加丰富和多样化的数据，如环境数据、医疗数据、交通数据等，这些数据资源有较大的市场需求。政府数据是具备极高增值价值的数据资产，政府数据资源的所有权和使用权可以明确界定，且这些具有经济价值的政府数据资源往往是稀缺的。另外，信息技术的发展可以显著降低政府数据的处理、挖掘和分析的成本。因此，政府数据资源已经逐步向数据资产转化，对政府数据进行合理的开发，能够有效实现政府数据的经济价值和社会价值，从而推动我国经济社会向数字化迈进。深度挖掘政府数据的价值，实现政府数据资产化，对我国建设"数字中国"和"智慧城市"具有重要意义。

9.1.3 政府数据资产的概念

国家具有所有者和社会管理者的两种身份与两种权力，政府资产是国家拥有和控制并有望带来经济利益或产生服务潜力的经济资源。政府数据则是政府行政管理部门在行使职责的过程中产生或者以某种记录形式获取的数据信息，包括行政管理部门按照条例获取的第三方信息以及部分行政部门通过数据采集设备获取的一手信息，如通过遥感技术获取的环境数据。因此，政府数据成为政府数据资产必须满足以下条件：首先，数据必须由政府拥有和控制；其次，该数据能够给政府带来经济效益。

在全行业数字化转型过程中，政府数据资产的重要性也日益凸显。学术界将政府数据资产定义为：政府行政部门在行使职能过程中产生的，由政府拥有、使用和控制，并且能够按照一定的标准和章程提供给企事业单位或其他社会团体，并最终能够给政府带来经济效益或社会服务效能的数据资产。其主要包括政府部门在履行职能过程中产生的业务数据，通过实时统计或信息采集设备获取的公共数据、市民数据、环境数据以及企事业单位的部分数据。

2019年美国《开放的、公开的、电子化的及必要的政府数据法案》（*The Open，Public，Electronic，and Necessary Government Data Act*）中将"开放政府数据"定义为联邦政府的公共数据资产，该资产由联邦政府拥有和维护并且已经向公众发布。开放政府数据法案指出政府数据资产属于数据资产的一部分，该资产能够被机器识别、无偿向公众开放，在数据使用和再利用上没有限制。

此外，我国政府也对政府数据资产的概念进行了界定并不断推出新的、适宜的政府数据资产管理办法。2017年，贵州省在全国率先印发实施了《贵州省政府数据资产管理登记暂行办法》，其中定义了政府数据资产，即由政务服务实施机构建设、管理、使用的各类业务应用系统，以及利用业务应用系统依法依规直接或间接采集、使用、产生、管理的，具有经济、社会等方面价值，权属明晰、可量化、可控制、可交换的非涉密政府数据。2019年，《山西省政务数据资产管理试行办法》将政务数据资产界定为由政务服务实施机构建设、管理和使用的各类业务应用系统，以及利用业务应用系统，依据法律法规和有关规定直接或者间接采集、使用、产生、管理的文字、数字、符号、图片和视音频等具有经济、社会价值，权属明晰、可量化、可控制、可交换的政务数据。

政府数据资产在长期发展过程中得到了不断完善，结合学术界和官方关于资产和数据资产的界定，可以从以下三个层面来理解政府数据资产。

（1）从政府数据资产来源来看，政府数据资产来源于各级政府在行使职能过程中产生或取得的各类政府数据或公共数据，广义上包括政府部门产生的业务数据和政府相关部门统计或者借助遥感等先进技术采集到的公共数据,这些数据主要掌握在政府部门手中。值得注意的是,政府数据是政府数据资产的主要来源,但是政府数据并不能直接和政府数据资产画等号,政府数据资产是能够进行计量、共享、交换和变现的数据,是经过整理、查验和确权并能给政府带来社会效益或经济效益的资产。

(2) 从政府数据资产的价值来看,政府数据资产能够提供给政府、企事业单位、社会团体和个人等主体使用,在分享、交换和使用的过程中给政府或社会带来直接或间接的经济价值,在持续的挖掘和分析中获取更多的增值价值。

(3) 从政府数据资产的属性来看,政府数据资产具有非实物性、公共资源性、可再生性、价值可变现性等特点,这与无形资产的属性有很多相似的地方,因此政府数据资产也属于无形资产范畴,在进行管理和价值评估时,也要参考无形资产的评价方法和准则。

综上所述,政府数据资产可以界定为:由政府部门在行使职能过程中产生的,以数字化形式保存,由政府部门拥有、控制,具有无限增值价值,能够通过开发、共享、交易带来经济价值和社会效益,满足不同用户需求的数据资源。

9.1.4 政府数据资产的类型

由于政府数据资产来源广泛、数据量庞大、数据隐含价值极高,因此可以从政府数据资产基本表现形式、产生方式、开放共享的类型等不同的角度对政府数据资产进行分类。

1. 按照政府数据资产基本表现形式划分

1) 数据

数据是对客观世界观察所得的结果,通常表现为某个变量的定量或定性的数值,由数字或数字符号表示,如某一地区某一年的地区生产总值、人口总量、温度变化、贸易进出口总量、能源使用总量等,这些数据通常以表格、数或图的结构形式存在。数据既可以是某种记录仪或监控设备的测量结果,如某一天的车流量、某一天的环境状况、温度变化等,也可以是政府在处理日常工作时产生的记录,如某一天政府部门处理的违规车辆记录、办理民事案件记录。这些数据可以通过表格或者图形进行可视化展示。

2) 文本

文本数据是指不能参与算术运算的任何字符,也称为字符型数据。文本是书面语言的表现形式。政府文本数据资产包括政府相关部门发布的地方性方针政策、法律法规、通知等,这些数据资产将会被政府专职人员或相关研究人员整合利用。

3) 图像

图像是具有视觉效果的画面。图像可以记录、保存在纸质媒介、光学胶片以及计算机硬盘中。政府图像数据资产包括遥感技术和其他设备获得的城市地图、河流通道、道路交通信息等数据,这些数据可以帮助政府工作人员进行城市规划的分析和决策。

4) 视频、音频

视频泛指将一系列静态影像以电信号的方式加以捕捉、记录、处理、储存、传送与重现的各种技术。政府视频数据包括监控设备捕捉到的道路通行状况以及环境状况,视频内容可以通过不同的媒介来记录和传播。音频指声音的数字化或非数字化的记录。

5）其他

其他类型的政府数据资产包括政府在日常处理工作过程中产生的无法记录的数据，如复合的数字类型，包括文本、图像、视频等多种数据类型的总和，这些数据利用价值相对较低，无法进一步分类，所以统一归纳起来。

2. 按照政府数据资产的产生方式划分

按照政府数据资产的产生方式可以将政府数据资产划分为原始数据和衍生数据。原始数据主要是政府部门依法收集和记录的基础数据，数据量庞大、种类繁多，如政府部门统计的各地不同年份的人口和经济数据。衍生数据主要是根据一定的目的，利用相关技术对数据进行加工和处理后获得的数据，这类数据有更加明显的财产属性，能够给某一团体带来一定的价值利益。

3. 按照政府数据资产开放共享的类型划分

政府数据资产种类繁多，涉及范围广泛，但并非所有的数据都能够开放共享给公众，部分涉及国家机密的数据是不予开放、共享的。因此，按照数据资产的开放类型可以将数据资产划分为开放数据资产和保密数据资产两种。其中，开放数据资产又可区分为无条件开放数据资产和有条件开放数据资产。无条件开放数据资产主要是指政府部门无条件提供给公众或企事业单位的数据，主要包括地区统计年鉴、专业领域统计年鉴以及统计公报等。有条件开放数据资产是指只能给部分部门使用或者需要进行申请审批才能获取的数据。保密数据资产是依照相关法律法规不能提供给其他行政部门或公众使用的数据。

扩展阅读 9-1
智慧政务变"群众跑"为"数据跑"

9.1.5 政府数据资产特征及来源

政府数据资产既具备数据资产的一般特点，如时效性和可再生性等，也有其作为公共数据资产不同其他数据资产的特点，如公共性和共享性。

1. 政府数据资产特征

1）非物质性或虚拟性

虽然数据资源的存在需要依赖某个实物载体，如计算机、移动硬盘等存储设备，但数据资产的价值与该载体并没有必然的联系。因此，政府数据资产在本质上属于数据，具备虚拟性的特征，数据资产的价值要远远超过其依赖的实物载体。

2）可再生性

政府数据资产和其他数据资产一样，可以区分为原始数据和衍生数据。政府数据资产的可再生性是指人们可以根据一定的目的在原始数据的基础上对数据进行加工处理，从而形成新的、具备更高价值的数据资产。

3）多种形式的价值效用

政府数据资产为多个主体所使用，在不同的主体手中能够产生不同的价值，即政府数据资产的价值效用是多样的。政府数据资产的核心是协助政府运行和服务人民群众。政府数据资产具有增值性和可再生性,即政府数据资产不仅能够被一般公民或企业使用,也可以为企业的创新发展提供持续能量。

4) 政府数据资产价值很难量化

政府数据资产价值的评估与一般以营利为主要目标的企业的资产价值表达不同,大部分政府数据资产是公共性质的,其价值具有潜在性,很难对其价值进行定量分析。在经济学上有市场法、成本法和收入法三种资产评估方法,而市场法和收入法都需要有一定的价值参考,考虑市场上同类产品的价值以及资产未来的可能价值,但政府数据资产一般不具备这些参照。

5) 数据时效性

从数据的收集过程和数据的使用方法来看,数据是对某种特定现象或客观事件的描述,所以人们往往将它与其背后的客观事物分离并加以存储。但是,数据所表达的客观信息会随着时间的推移而不断改变,即存储在存储媒体中的信息会偏离当下已经改变的客观现实,因此政府数据资产与其他数据一样,具备一定的时效性。

6) 数量庞大,多源异构

政府作为社会的监管者,相比于企业和个人数据,政府数据来源于社会生活的方方面面,它不仅包含个人信息,同时也囊括交通、环境、医疗等领域的信息资源,表现形式也更加多样。因此其数量庞大,结构也更加复杂,具备多元异构的典型特征。

7) 公共资源性

从公共管理角度来看,政府数据资源是政府相关部门在履行其法定职责时,代表政府和公众收集、加工并存储各类信息时所产生的数据资源,即政府信息资产来源于公共资源和全社会。因此,这类数据资源不仅服务政府决策,也服务社会公众,满足社会公众对数据的需求。

8) 共享性

由于政府数据资产的非物质性、虚拟性和公共资源性,其能够在不同的行业和机构中实现公共数据资源的分享,而不会产生任何损失。与其他数据资产不同的是,政府数据资产能够在用户之间进行多次流动,实现数据资源的共享。数据资源的共享是政府数据资产增值的重要途径,共享性是政府数据资产的一种双赢特质。

2. 政府数据资产来源

政府的数据资产管理是以大量的政府信息为依托的,政府数据的来源范围很广,它是指政府机构依法或直接或经由第三方依法收集、依法授权管理以及由于执行工作所需而形成的与政府计划和服务有关的数据,主要包括政府部门内部数据、各个政府部门共享的数据以及社会各领域数据。首先,政府部门内部数据是政府数据资产最重要的来源之一,而这些信息目前仅限于政府部门,外部获取需要通过审批;其次是各个政府部门共享的数据,部分数据也仅限于政府内部使用。最后,社会各领域数据也是政府数据资产的重要来源。政府数据资产管理能够更好地发挥信息资源的开放作用,有效的数据来源依赖于政府数据开放,两者相辅相成。归纳起来,政府数据资产来源主要包括以下渠道。

1) 政府部门业务数据

政府部门业务数据是指政府各部门及各机关在执行法定业务过程形成的数据资产,又称政府业务数据,主要是指政府有权采集的在业务办理过程中所产生的数据,如国家或地区财政和税收数据、交通运输数据、医疗资源数据、教育数据以及城市基建数据等。

2）社情民意数据

社情民意数据是指政府相关部门在对社会单位和个人进行的调研中，主动收集或者委托第三方进行统计调查所获得的数据，包括人口普查数据、金融监管数据、经济普查数据、食品安全监管数据等。

3）基础环境数据

基础环境数据是指利用实物仪器获取的环境、气象、地理空间、影像等数据。在我国，这类数据的采集和管理主要由政府负责，但社会成员可基于公益性目的无偿使用，如《中华人民共和国测绘法》第36条规定，基础测绘成果和国家投资完成的其他测绘成果，用于政府决策、国防建设和公共服务的，应当无偿提供。

4）分散性公共数据

分散性公共数据主要指由社会资本投资建立的科研机构、企业研究院以及数据开放企业等，拥有涉及政府履行职能和实施公共决策的海量数据集。随着大数据行业的发展，政府、企业等主体拥有庞大的数据资源，但是由于缺乏有效的数据共享机制，"数据孤岛"问题尤为突出。

9.1.6 政府数据资产的内涵

政府数据是由政府部门在行使职责过程中产生的数据资源的统称。资产是可控制、可计量、可变现的资源，能够产生直接或间接的经济价值。政府数据资产的内涵理解可以从概念、记录形式、应用场景、价值收益、流通方式与管理的技术要求等角度进行阐释。

从政府数据资产的概念来看，政府数据资产可以暂时被界定为政府部门在依法行使管理和服务职能的过程中产生并拥有的数据资源，该类资源以数字化载体为依托，具有潜在开发价值，并且能够给用户带来一定的预期收益。

从政府数据资产的记录形式来看，政府数据资产来源广泛，既包括结构性数据，也包括大量的非结构性数据。尽管数据被称为极具增值价值的"黑金"或"石油"，但并非所有的政府数据都能成为数据资产。只有经过数字化加工处理，将人、机、物进行有效互联和融合，并从规模化数据中获取价值增值的数据资源，才能称为政府数据资产。

从政府数据资产的应用场景来看，数据能够为决策提供支持、为经济发展注入动力、推动科技创新。但是实现这些功能是有条件的。要真正做到以数字为核心的"数据化"，激发实体经济、管理和服务等数据实体的深层需要，才能形成以数据为导向的新的价值发现和挖掘。

从政府数据资产价值收益来看，相比有形资产，由于数据价值的不确定性和数据利用的无损耗性，政府数据资产在开发过程中具备替代和互补重组的通用性。从理论上看，在政府数据的多源汇集过程中可以发现和创造不同的应用场景、开发多种用途、形成新的资产组合。政府数据资产价值体现为多个主体对数据开发利用创造价值的能力，以及数据规模、质量和安全等因素。这些因素随着信息技术的发展处于动态变化中，因而难以固化和评估。

从政府数据资产的流通方式来看，政府数据如果只是存放在政府部门而未被流转运用，那么此时数据不仅不是资产，还会产生存储、维护和安全等管理费用，从而变相地成为一种资产负债。因此,政府数据资产的价值体现在流通和共享上,必须打通不同层次、不同地域、不同系统、不同部门、不同业务之间的数据交换,将目前仅限于政府使用的数据转化为能够开放共享的通用数据,根据业务需求,在功能上对其重组,从而实现政府数据的价值倍增。

从政府数据资产管理的技术要求来看,数字技术的创新推动了数据资产价值发现和增值,如元数据、加密脱敏技术为数据资产安全和质量管理提供有效技术解决方案;区块链和时间戳能够保证数据资产交易的安全和可信。技术创新能力不仅能够主导政府数据资产价值实现的方式,同样也会对政府数据资产的经营模式和增值空间产生影响。

案例9-1 "粤系列":让数据多跑路,让群众办事更方便快捷

2022年,中央全面深化改革委员会第二十五次会议审议通过《关于加强数字政府建设的指导意见》。会议提出,要以实现人民的幸福愿望为基础来实现数字政府的目标和计划;数字化技术在政府行政工作中的广泛运用,推动了政府数字化、智能化运行,为实现政府的现代化建设提供了强大的支持。

目前,我国电子政务的发展已经从单一的信息服务走向了跨区域、跨部门、跨层级的政府"数字化"新发展。数字政府在东部地区的发展速度明显高于国内其他省份,如广东、上海、浙江、江苏,数字政府起步早,数字基础设施建设比较完备,信息化程度也比较高,是我国数字政府先行区试点。

广东从2018年起连续3年获得全国省级政府网上政务服务能力评估第一名,"粤系列"更是全国"数字政府"的一个典型代表。广东在2017年度实施了"政企合作,管运分离"的体制机制,对数字化政务进行了全方位的探索。2018年5月起,通过"粤省事"微信公众号,广东省民众可以完成700多条业务,其中涉及出生证明、结婚预约、养老认证、社保、公积金、税务等。截至2021年底,"粤商通"已经覆盖广东近90%的市场主体,累计办理了1 689个业务,其中包括1 333个类别的证书,每天的访问次数超过200万次。截止到2020年末,已有超过1.5亿的"粤省事"和"粤商通"注册人数。

资料来源:数字政府:数据多跑路 百姓少跑腿[EB/OL].(2022-04-22)[2022-11-20]. https://baijiahao.baidu.com/s?id=17308199944495667502&wfr=spider&for=pc.

9.2 政府数据资产管理的对象与内容

9.2.1 政府数据资产管理的内涵

当前,数据已经成为政府的一种重要资源,需要一个专业组织对其进行有效开发和利用。政府内部数据管理主要是指政府内部成员对本单位的数据集进行采集、使用和管理的过程,政府内部成员承担着采集、使用、管理、内部共享四种职责。获取的数据集不会在外部流通,也谈不上共享和协同。政府数据资源管理将数据看作政府的重要资源,在数据管理的基础上,增加组织、制度、流程和人员的管理内容,从而规范数据资源开发过程中的各类活动。数据资产管理则把数据作为企业或组织的一项重要资产进行管理,需要在数据资源管理的基础上,考虑数据所有权、经济效益等资产属性。因此,政府数据资产管理是指通过建立一系列的组织、制度与流程,规范数据资产的各类管理任务和活动,进而保护和提升数据

资产价值。政府数据资产管理的内涵如下。

1. 技术层面

从技术层面上来看,政府数据资产管理是一种将政府数据管理与资产管理有机融合在一起的过程,这就要求在管理过程中,不仅从资产管理角度去理解数据价值问题,也需要通过先进的数据处理方法,以提高数据的使用效率和增值效用。总之,盘活政府数据资产,不仅需要有规范、成熟的数据治理规则来约束和平衡不同主体的数据关系,也需要使用安全的技术来防范恶意侵害数据资产现象的发生。

2. 政府数据资产管理是数字政府建设的必然要求

数字政府的运行需要以数据为神经中枢,高效有序的数据流动是政府数字治理的前提要件。一方面,政府工作人员如果能够充分认识到政府数据资产的理念,则会有意识地培养自身的数据意识和数据素养,在外部数据需求的推动下,政府工作人员会投入更多的时间在数据处理、数据共享、数据流转和数据分析等工作

扩展阅读 9-2
数字化创新实践
案例:"文旅通":
助力顶层"靶向"
基层"解难题"

中。充分利用政府的数据资产能够帮助政府节约运营成本、优化业务流程,数据共享能够消除政府部门之间的"信息孤岛"现象,打造数字创新型政府。另一方面,相比于企业数据资产管理,政府数据资产管理更加关注社会效益,其次才是经济效益,在社会效益最大化的同时不断提升数据价值,进一步挖掘政府数据的经济价值。

3. 政府数据资产管理是数字经济发展的重要牵引

数字经济的构成包含必要的数据基础设施与技术、人、财、物的条件保障,并以数据资产的开发利用为核心。从数字经济的产生来看,数据资产管理是产业数据化的必然结果,是数据产业化的前提条件,政府数据资产管理使得政府数据不再仅仅作为生产活动的辅助资源,而是作为生产要素直接参与价值创造,数据密集型产品/服务被嵌入产业链的各个环节,虽然市场运营的主体是企业,但政府数据以其规模性、丰富性、高价值性和权威性而成为企业利用的首要原材料。从数字经济的发展来看,作为生产资料和价值载体,数据资产的供给质量、价值挖掘、竞争和安全均为核心问题。

从简单的数据管理到政府数据资源管理,再到如今的政府数据资产管理,这其中不仅包括政府人员观念的改变,也是建设数字政府进一步提升管理水平和效率的关键步骤。

9.2.2 政府数据资产管理对象

政府数据资产管理的对象和一般管理对象基本一致,主要包括人、组织和数据。更具体一点,政府数据资产管理对象主要包括人、财、物、数据以及技术等,各种管理要素互动,构成了一个有机整体。

"人"主要包括政府行政人员、业务管理人员以及技术人员,政府机关中的内部工作人员、企事业单位、公众等都是政府数据来源的重要组成部分,因此也需要对其进行管理。

对"财"的管理即是数据资产化管理的过程,有利于促进政府数据价值的实现,从而为政

府管理带来更高的经济价值和社会价值。

"物"主要指政府数据管理平台、设备等的配置,是行政管理人员处理问题的基础设施,对"物"管理的目标是保障设备安全,进而提高政府部门相关人员办事效率。

"数据"是政府数据资产管理过程中至关重要的对象,政府的部门行政活动会不断产生新的信息,如何甄别、收集、存储和处理这些信息,将直接关系到政府部门的决策。

"技术"是指对新技术的运用,政府需要根据自身需求适当引入先进技术,同时也需要制定相应的技术规范和标准,从而形成一套完整的管理机制。

9.2.3 政府数据资产管理内容

政府数据资产管理主要包括数据资产系统的规划设计、收集业务数据、整理清洗和审核、数据脱敏后适度发布、挖掘分析实现数据的增值。与企业数据资产相比,政府数据资产的整合、后台整合、数据清洗、比对整理等都存在一些共性,但在系统规划设计、数据泄密风险、资产变现等问题上存在一些特殊性。所以,政府数据资产管理的内容包含目录管理、质量管理、安全管理、权属管理和价值评估等方面。图 9-2 所示为政府数据资产管理要素框架。

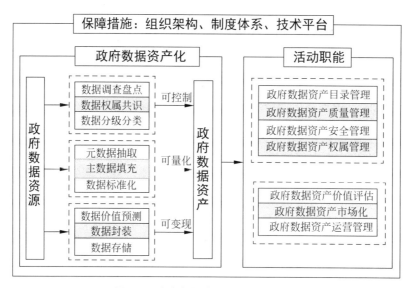

图 9-2 政府数据资产管理要素框架

1. 目录管理

目录体系是以统一的标准和规范为基础,为政府的各种信息资源和各种交流业务的编目提供依据。该系统是依据业务人员或社会公众业务需要,将有关数据进行分类,并编制出相应的目录或交换目录,为业务人员、社会公众或其他应用提供精确的数据来源。

政府数据资产目录管理包括数据资产的分类、盘点、变更、处置等活动,及时对数据资产的类别、名称、基本描述、保存位置、风险、访问权限、责任者、价值等基本数据进行更新,从而达到"资产可见"的目的。然后,从查询、盘点、推荐等不同的应用视角,构建不同的数据资产标识系统和数据资产的关联,明确数据开放、共享和授权利用的种类、范围和条件,推动数据跨部门流动产生价值。

总之,目录管理就是对数据资产目录库结构信息进行扫描和记录,包括目录库名、表名、表列名称、归属账号、管理策略配置等相关信息,以实现数据资产目录的登记与管理。

2. 质量管理

在一定的业务条件下,企业的业务活动、管理和决策的数据质量,是实现企业业务运行、管理和决策的重要依据。数据质量管理是利用有关技术对规划、实施和控制进行测量、提高和保证数据质量的一套系统。数据的完整性、规范性、一致性、准确性、唯一性、及时性等是评价数据质量的重要标准。根据政务业务的需要,构建科学的、适合政务业务的评价系统,对各部门报送的政务信息进行打分,形成评价结果后对外发布,不断提高数据的质量。

要实现对信息的可发现、可获取和可访问性,必须构建一个涵盖整个数据生命周期的信息品质监测系统,并制定出一套数据质量审计准则,使更多的数据能够被转换成可使用的数据资产。

和信息质量一样,质量差的数据会给政府的整个数据资产流转和服务带来负面影响,虽然可以通过数据清理等手段改善数据的品质,但这并不能根本解决问题。因此,在政府数据资产管理活动中,从数据采集、录入应用的整个生命周期都需要加强监管,不断提升数据质量,保证数据使用价值。具体来说,相关人员要按照特定的要求设定数据的质量标准,采取措施确保数据的正确性和完整性,如在数据资源的水平上进行比较,确保数据价值的重要属性的输入和增加。

政府数据资产也是一种特殊的无形资产。数据的"新鲜程度"是衡量数据质量的一个重要指标,所以要保证数据资产的高品质,必须根据需求来确定数据的更新周期,及时地将数据与数据的整理和准备工作所需的时间保持一致,这是数据质量管理的重要环节。对数据质量的要求不能停留在定性的层面,而是应该使用指标对数据质量进行量化。在数据管理中可以通过评分评级等方法来度量数据质量,及时发现问题并采取措施保证数据质量。

在数据质量的管理工作中,需要使用相关的技术手段。比如,数据转换工具能够帮助工作人员及时识别出数据错误或者其他质量问题;在数据格式转换过程中要使用替代式技术工具;在对数据进行解析时,需要使用标准化工具建立标识符从而让数据资产中涉及的数据特征属性实现单一形式的标准化转化。具体的数据资产质量管理的关键步骤主要包括数据质量管理计划制订、数据质量管理计划执行、数据质量管理检查、数据质量管理改进。

1) 数据质量管理计划制订

要确定政府数据质量管理相关负责人,明确政府数据质量的内部需求与外部要求;参考数据标准体系,建立政府数据质量规则库,构建政府数据质量评价指标体系;制定政府数据质量管理策略和管理计划。

2) 数据质量管理计划执行

依托平台工具,管理政府数据质量内外部要求、规则库、评价指标体系等;确定政府数据质量管理的业务、项目、数据范畴,开展政府数据质量稽核和数据质量差异化管理。

3) 数据质量管理检查

记录政府数据质量稽核结果,分析问题数据产生原因,确定数据质量责任人,出具质量评估报告和整改建议;持续测量全流程数据质量,监控数据质量管理操作程序和绩效;确定与评估数据质量服务水平。

4) 数据质量管理改进

建立数据质量管理知识库,完善数据质量管理流程,提升数据质量管理效率;确定数据质量服务水平,持续优化数据质量管理策略。

政府数据质量管理要遵循源头治理、闭环管理的原则。源头治理方面,主要是指树立"数据开发管理一体化"的理念,在新建业务或信息技术系统过程中,明确数据标准或质量规则,并与数据生产方和数据使用方确认,常见于对于数据时效性要求不高或核心业务增量数据等场景。闭环管理方面,主要是指形成覆盖数据质量需求、问题发现、问题检查、问题整改的良性闭环,对数据采集、流转、加工、使用全流程进行质量校验管控,持续根据业务部门数据质量需求优化质量管理方案、调整质量规则库,构建数据质量和管理过程的度量指标体系,不断改进数据质量管理策略。

政府数据质量管理是政府数据资产管理的重要组成部分。相比于以产生经济利益为最终目的的企业数据资产管理,政府数据资产管理更加注重社会效益,付出的成本更为有效,因此必须更加重视数据资产管理中的质量管理,避免陷入数据质量越来越差的恶性循环,到那时再进行改变将会付出高昂的代价,因而政府数据资产的质量管理要从源头开始,并贯穿整个管理过程。

3. 安全管理

由于政府数据资产的公共性和可复制性特点,数据资产的安全风险问题更具有社会化的特征,因此,政府数据资产安全管理必须从实体环境安全、外部环境安全、法律安全和战略安全等方面着手,既要从数据资产中获取有意义的信息,又要降低与数据资产开发有关的风险。构建适合政务业务的科学数据安全等级和数据利用权限管理系统,并制定相应的组织流程,确保数据安全性的等级和相应的权限制度。此外,建立一个基于数据安全性等级的数据访问申请制度和一个明确的权限访问清单,使数据需求者可以在权限之内取得所需数据。政府数据资产安全管理是业务流程正常开展的重要保障。因此,和政府数据资产质量管理一样,安全管理也要贯穿数据全生命周期,并且根据需求提供有针对性的数据安全管理手段。政府数据资产安全管理要贯穿治理规划与计划、资产加工、资产流通和资产运维四个环节。

1) 治理规划与计划

元数据管理是实现数据治理的重要环节,也就是为数据内容及意义提供一个参照架构。管理得当的元数据可以提供数据流视图、影响分析执行能力、建立通用业务词汇和词汇的问责制,最终提供用于满足合规性的审计跟踪。

政府数据资产管理规划首先要构建对政府安全元数据的统一管理和标准化定义,通过安全元数据制定并管控政府整体的数据安全。通过规划工作制定数据安全管理策略,明确关键岗位、职责范围、操作规范、组织流程制度、权限管理、敏感数据分级分类、安全级别和策略、响应策略等。计划工作主要针对业务发展的需要明确数据安全管理的重点工作内容和具体落实措施;采取和落实相关数据安全标准;实施对数据安全治理体系定期排查,针对数据安全隐患制订计划并推进落实。

2) 资产加工

数据资产加工包括数据清洗、重要数据脱敏、元数据构建、权限控制管理、数据整合、数据汇总等工作内容。在此阶段,数据资产安全治理的工作重点是在各个作业环节落实安全管理规则,采取适当的技术手段进行安全保障。

3) 资产流通

数据资产流通也就是数据跨主体流转环节,是安全防护的难点和关键环节。在数据资产流通过程中要注重安全保障、可追溯和可继承。安全保障要做到"不泄密、无隐私、不超限、合规约"。可追溯是指一旦出现数据外泄、隐私泄露等安全问题,必须有可靠的数据溯源机制,找到风险点和责任人。可继承是指在数据资产全业务链条和生命周期中都需要确保资产权益的可继承性,这一点在流通环节尤为重要。在数据资产流通中,确保数据资产所有权、使用权、控制权有清晰的界定、确权和继承,并且得到技术手段和管理体制的有力保障。

4) 资产运维

政府数据资产运维主要包括对政府数据资产监督与评估、建立政府数据资产安全监控工具、完善政府数据资产运维的流程制度以及及时进行风险预警。

监督与评估,是对政府数据安全管理的执行进行监督,并对其执行的合法性及管理的质量进行评价。定期对政府数据的存储、传输、使用等环节进行安全审核,对政府数据资产的安全性进行监督,并对监督和评估结果进行及时反馈,持续改进政府数据安全治理的实施过程,提升政府数据安全治理实施的有效性。

运维监控,为政府数据资产运维系统的管理者提供统一的数据安全监控工具,对政府数据资产进行全流程的整体管理;并通过流程监控、日志分析、风险告警等多种手段全面记录分析政府数据使用者的每个操作动作。

流程制度,在政府数据安全治理规划的指导下,针对不同的数据类型与数据对象、不同的作业角色、不同的数据使用场景,确实地落实规范流程、权限与职责和安全技术保障手段。

风险预警,通过对特定指标的分析和阈值的监控,以及对安全威胁情报的及时获取分析,提前预判政府数据加工使用、开放流通等环节中存在的潜在风险,在潜在风险发作之前进行排除和防范。

综上,数据安全管理是通过数据安全性评价,建立健全数据系统的技术和制度规范,以保证数据的合法利用。政府数据不仅具有经济和社会的双重价值,同时又具有一定的机密性和政治价值,因此在进行政府数据的管理过程中,要具备全局观念,从根本上保证数据的安全管理。要明确哪些数据可以开放共享、哪些数据绝对不能够共享,不能共享的数据要保证其机密性,保证国家数据安全。另外,还需要加强对政府信息系统的技术改造,采用加密技术和防病毒技术,防止病毒入侵和恶意攻击政府数据管理平台,确保数据的安全。

注重公民隐私权的保护。在保证政府数据机密性的同时,也要加强对公民的个人隐私进行保护。从来源上看,政府的数据就是民众的数据,在政府数据逐步公开的过程中,政府工作人员要有保护民众隐私权的意识,对个人数据进行身份识别和确认,并建立数据脱敏机制来保障个人隐私权。政府数据资产安全管理要重视事前控制、事中监控和事后审计。

事前控制即数据提供部门要在数据共享之前对数据的安全性进行审查,并且不断完善政府数据共享的身份认证和访问机制。事中监控要求数据使用者自愿签订数据共享安全协议。数据共享安全协议由大数据管理局、数据提供部门、使用部门、共享平台运营企业、大数据云计算中心运营企业等多方企业和部门共同签订,从而严格落实数据安全责任,目的是通过签订安全协议来加强对数据的访问权限管理、规范共享流程。相关人员依法履行职责,依法使用共享数据,并且对所使用数据的安全负责。事后审计要求加强信息审计追踪、共享日志。要加强数据安全意识,理解数据安全重要性,对可能涉及国家安全的数据要有敏感意识,主动进行数据安全管理,这对以政府为主的数据资产管理具有重要意义。图 9-3 所示为政府数据资产安全管理的整体框架。

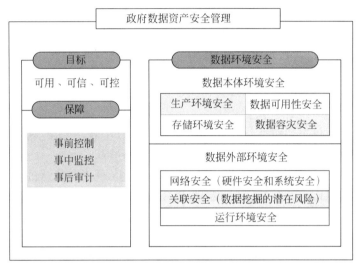

图 9-3 政府数据资产安全管理的整体框架

4. 权属管理

基于数据资产的相关特性,对数据权属的确定也成为数据资产管理的重要内容之一。数据确权的核心是数据来源的可溯源性,通常包括数据来源、数据管理、数据使用和数据交易直至数据失效和退出等整个数据的全生命周期变化。基于数据生命周期分析数据变迁的关键因素,进而建立数据追溯体系,既能限制用户的使用,又能有效地保障用户的信息财产权。

随着我国政府数据公开工作的逐步开展,越来越多的公众意识到了政府数据的存在,而政府的数据资源是一种财产,必须对其进行产权界定。政府数据资产的权属包括所有权、管理权、隐私权、知情权和使用权等,明确政府数据资产管理的权属关系,确定数据拥有者、管理者、确定权力运行的边界是政府数据权属管理的关键。权属关系的明晰直接影响到政府数据的共建共享机制,也是数据使用的安全保障。在使用数据的过程中,必须清楚地认识到数据的所有权,以及保护使用者数据使用的权利,防止侵权和数据滥用。如果政府与企事业单位等合作,需要对政府数据资产权属予以明确,并签订合同和保密协议。运用大数据技术和数据资产的生命周期分析技术,构建政府数据中心,实现政府部门、企事业单位、公民等多个主体的新型关系,实现信息的共建共享,让公众掌握各种形式的政府数据资源,对于提升政府治理的能力和水平具有重要的作用。我国的数据资源管理涉及了计算机学、管理学等多个领域,因此,必须在数据安全管理和产权管理等领域引进高素质复合型人才。

《山西省政务数据资产管理试行办法》界定了政府数据资源的产权归属问题。其中指出,政务数据资产是重要的生产要素,属于国有资产,其所有权归国家所有。县级以上人民政府授权政务信息管理部门代表政府行使政务数据资产所有权人职责。县级人民政府行政审批机关要建立和完善政务数据资产登记、动态管理制度,编制政务数据资产登记目录清单,建设本级政务数据资产登记信息管理系统,汇总登记本级政务数据资产。各行政事业单位按照《行政审批事项资产登记目录》,负责机关行政数据资产登记汇总、更新维护等工作,并接受同级政务信息管理部门的监督、指导。政务服务单位对建设、管理和使用的政务数据进行分类管理,并将其纳入政府政务数据、资产管理。

5. 价值评估

在政府数据资产管理过程中,必须对政府数据资产进行合理的评估。数据资产的价值评估与一般的资产评估有很大的区别,必须采用适当的评估手段来对它们进行科学的定量。对数据进行数据评估是进行资产评估的重要环节,确定数据资产价值可以让政府及公众更清楚地认识到数据资源的重要性,也能够给政府部门的数据管理带来新的启示,从而促进政府对其进行价值的实现,使其从消极的管理向积极的管理转变。在我国,数据资产评估是一种由专门的组织或个人按照有关法律法规,面向一定的目标,遵循一定的程序,以科学的方式对数据资产进行评估的行为。在评估前首先要建立政府数据资产评估体系,在评估时要按照相应的评估准则采用适宜的评估方法进行科学、有效、合理的评估。

1)政府数据资产评价指标体系

政府数据资产评价指标体系内容包括一级指标、二级指标、三级指标。其中,一级指标包括数据资产成本价值和数据资产标的价值两大类指标。数据资产成本价值,是指政府数据资产全生命周期过程中,数据的产生、获得、标识、保存、检索、分发、呈现、转移、交换、保护与销毁各阶段产生的直接成本和间接成本所对应的价值。数据资产标的价值,是指数据资产持续运行所带来的潜在价值,即数据资产能产生的经济与社会价值。政府数据资产评价指标体系架构如图9-4所示。

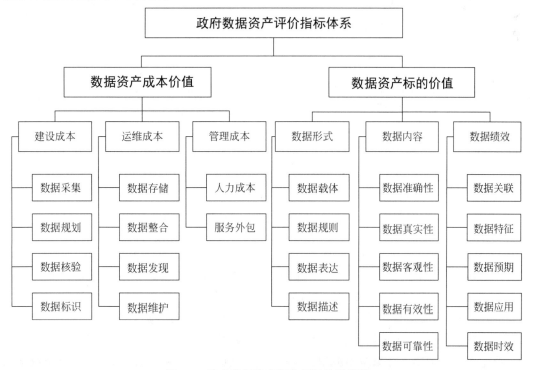

图9-4 政府数据资产评价指标体系架构

2)评估准则

政府数据资产评估与其他的资产评价遵循相同的原则,包括独立性原则、客观公正性原则、科学性原则等。独立性原则指的是在任何时候,评估单位都要站在第三方的角度,而不受资产交易各方的利益左右。评估单位应当是一个独立、具有一定社会性质的组织,不得为某一资产的经营活动所占有或归属于某一方面。客观公正的要求是评估结果必须有足够的证据。这就需要在评价中客观、公正地收集相关的数据和信息,预测、推算等主观的评价以市场和实际情况为依据。科学性原则要求企业在进行资产评估时,坚持科学的评价准则,有科学的评价思路和评价手段。在整个评估过程中,必须做到静态分析和动态分析相结合,定量分析方法和定性分析方法兼顾,使评估工作做到科学合理、真实可信。

案例 9-2　贵州出台全国首个政府数据资产管理登记办法

贵阳坚持以标准化为基础,以规范的方式提高数据的品质,加速建立起一套规范的数据公开标准,编制了《政府数据　数据分类分级指南》《政府数据　数据脱敏工作指南》《政府数据　开放数据核心元数据》《政府数据　数据开放工作指南》《政府数据　开放数据质量控制过程和要求》等地方性标准,并在目录、资源、架构、安全、管理等方面建立了统一的数据管理体系,对数据进行分类分级、目录编制、元数据描述、数据脱敏、质量控制等方面进行规范化。贵阳在数据公开上采用了"总体"和"集中公开"相统一的方法,利用国内外公开的数据,将气象、企业、工商、教育等方面纳入数据公开范围,制定了相应的公共信息公开方案,并对其中一些开放的信息进行了整理。而在"开放"的前提下,公民、法人和社会团体均可以根据自己的需要,对平台提交开放的数据,使数据在提供和需求上达到一致,并根据需要开放。

综上,政府数据资产管理需要注意以下几点。

(1) 建立统一的数据视图。数据聚集必须从系统的顶层设计入手,突破信息屏障、清除信息的孤立、建立数据界面规范,并在工作中对各个环节进行从严控制。但这个程序需要综合考量各行业的特点。比如,在某一特定时期,检察院、法院等执法机关的数据都是工作机密等。

(2) 实施元数据的标准化管理。元数据的生成与收集是整个系统的基本功能。如果数据在不同部门之间流动,那么数据的产生与管理就需要建立一个统一的数据生成与管理体系,并根据相关规则,对数据统一进行规范,从而保证数据在跨平台、跨部门之间的流动。

(3) 按照权力等级划分配置数据资源。不同数据的权属和应用权限有所差别,在分配和使用过程中都要受到严密的监控。参照传统的盘点分类技术,对数据进行定期的统计和盘点,将数据按照密集程度、生产领域、应用对象等不同的类型进行归类和标记。

(4) 完善配套制度和组织保障。在制度层面上,主要是指数据资产的管理主体、资产清单、获取方式、相关工作的标准;在法律方面,主要涉及数据的法律程序、数据保密协议、违法行为的处置;在组织保障上,要有明确的领导和责任部门,做好人员技术培训和考核评估,为企业进行数据资产的安全管理工作提供条件。

(5) 对用户的需求进行调查和改革,从而有效地使用数据资源。与传统的资产属性不同,数据资产的价值在于挖掘和利用,挖掘得越多,它的利用就会越好。根据用户要求,由政府产业管理当局和第三方组织根据用户要求,采用开放式界面进行数据分享,以充实数据的维度。充分把握数据的规则，将以往的取样数据处理扩展为整体数据，运用长尾原理等挖掘数据的潜力，最后以创新的方式和手段重组数据产品，既能获得收益，又能获得更多的数据。把数据当作一种资产来进行管理，不仅可以有效地收集整理业务数据、提高数据的品质，还可以通过第三方组织的力量挖掘已存在的数据，提高政府的服务能力。其中最关键的是进行系统的顶层设计，包含建立一个统一的数据视图，并使数据能够在不同的地方进行交互。

9.3 政府数据资产全生命周期管理

9.3.1 数据采集

数据采集是利用相关装置，从系统外部获取数据并输入系统之中的接口，随着现代信息技术的快速发展，数据采集已被普遍运用于互联网及其他领域。数据采集要保证数据的全面性、数据的多维度以及数据的高效性。数据的全面性，也就是说，这些数据量足够具有价值，能够满足相应的分析要求；数据的多维度，就是可以灵活地定制，并且可以根据需要实现各种需要；数据的高效性是指对数据的需求进行有效而适时的处理。通常，不同的信息源，导致了不同的政府信息收集方法。政府数据采集的渠道主要有各委办局数据、各类实时监测数据以及网络数据。

1. 各委办局数据

我国的政府部门数据大多来源于各个行政机关的数据库，而这些数据库是最古老的信息源。在各委办局数据中，以国家统计部门进行统一数据收集生产为主，主要表现为各类业务数据，该数据收集方式能够确保数据的真实、可靠，但是采集周期与成本较长。

2. 各类实时监测数据

随着信息技术的不断发展，物联网的出现为政府数据的采集提供了重要支撑。物联网监控设备基于传感芯片、射频识别读写系统等技术，通过工业控制系统、商业可穿戴设备，温度、压力、湿度等监测设备，GPS设备等获得各类实时数据，实现数据采集的多样化。

3. 网络数据

随着信息通信技术的快速发展，智能化移动终端应用越来越广泛。基于此，可以从场景中获取海量数据，这些数据也是政府数据的重要组成部分。

此外，企业的数据也是政府收集的主要对象。在政府数据资产管理的框架下，政府会通过两种方式收集企业的数据：一是由国家对其进行采购；二是根据法规规定，有关的公司自愿将数据交给政府。但是，政府部门的数据来自企业的不同体系，数据之间存在着相互矛盾和冲突，导致了数据机构和属性的不完全与不一致。因此这类数据需要按照"数据资源管理"三大要素标准进行清洗，以筛选出不合格数据，确保数据的总体品质。

9.3.2 数据规划

政府数据通常跨领域、跨部门,具有多源异构的特征,因此需要对政府数据进行有序管理与组织:确定数据标准、制订数据管理计划,并对数据进行整合和组织。

1. 确定数据标准

因政府数据的多源异构特征,政府数据往往涉及不同政府部门,所以构建政府数据标准具有重要意义。首先,明确政府数据格式,尽量用机器可处理的和非专有格式进行数据发布,并将非结构化数据转化为机器可读数据;其次,构建政府数据的元数据标准与规范,具体包括构建符合需求的元数据体系、明确元数据格式、使用受控词表、发布结构指南、构建国家标准及其映射等;最后,构建数据组织标准,从数据采集、组织、存储、处理、共享与利用等方面对组织标准进行规范和管理。

2. 制订数据管理计划

参照国内外政府数据管理最佳实践,从政府数据采集、组织、存储、处理、共享与利用等生命周期进行数据管理计划构建与实施,提升政府数据管理质量与效率;实施全面数据管理计划,具体包括制定数据组织指南、构建数据组织流程、实施数据评估等。

3. 数据整合

数据整合的目的在于对不同来源的数据进行整理、清洗后,转化为新的数据源,为进一步进行数据存储与分析做准备。数据整合主要包括:统一数据格式,主要是统一非结构化数据格式,以实现数据的统一存储与分析;对数据进行初步清洗,在进行数据分析与可视化前期,通过迁移、压缩、打散等方式进行数据处理;基于元数据标准与政策,实施元数据制定与管理;大数据管理的最终目的是实现精准化与智能化,因此需要构建数据标识,为精准化、智能化提供技术基础与保障。

4. 数据组织

数据组织分为两个阶段:数据描述和数据发布。数据描述也就是对数据进行标准化处理,建立统一数据表述框架,这一处理能够降低数据使用者理解数据的难度,方便用户对数据的使用,也满足数据标准化管理的要求。数据发布则是指利用新媒体、多途径让用户了解政府数据资源的来源,宣传数据的获取渠道,进一步实现数据的有效利用,使数据增值。

9.3.3 数据流通与共享

政府数据资产的可共享性特征使得数据流通成为政府数据价值实现的重点,也是政府数据资产化管理不可或缺的重要内容。所谓数据流通就是由数据的传播主体向数据接受者进行数据传递的过程。从我国的实际情况来看,我国政府部门收集到的数据既可以提供给政府内部机构使用,也可以被各种单位、社会团体、企业和公众合法使用,数据在各个成员之间的转换形成了数据流通。

政府数据安全流通的关键在于：一是对数据的正确认识、对数据进行分类；依据数据的种类和机密程度，制定不同的管理与利用准则，尽量为数据提供差异化、有重点的防范措施，以确保数据在恰当的安全性保障下自由流通。二是对政府数据的处理。数据处理的目的在于从规模庞大、杂乱无章的数据中，选取符合特定需求与价值的数据，从而更好地共享给其他用户。

在大数据应用和多元化数据应用中，会经常面临不同类型数据、不同规模数据、不同实效数据的重要程度和安全敏感度各不相同的复杂情况。因此，要实现数据的流动与使用，就必须对数据资产进行分类分级管理，按重要性、敏感度的不同，制定差异化的安全规则，采取有针对性的安全技术措施。简单的封闭和隔离不是解决之道，不仅有违"开放与分享"这一信息社会发展的基本规律，也不符合科学发展要求。政府数据流通的关键步骤主要包括数据清洗、数据脱敏、数据关联对比、数据格式转换、数据整合与数据挖掘。

1. 数据清洗

在数据开放背景下，政府数据流通的基础工作是数据清洗。多源异构的政府数据中难以避免出现较为粗糙的数据，如何实现粗糙数据的"净化"，这是数据清理需要做的。只有高质量的数据才能发挥巨大的价值，更是数据治理水平的基本保障。可见，数据清洗的最终目的就是实现数据质量的提升。

2. 数据脱敏

数据的发展，实现了用户精准定位，带来了全方位的商业价值挖掘，同时也带来了巨大的问题，即隐私保护。政府在公开政务信息过程中，要更多地关注对个人的隐私权的维护，因此数据脱敏显得尤为重要。数据脱敏的实质就是通过构建严格的数据审查标准，制定统一的数据脱敏处理标准规范等进行数据变形，实现对隐私数据的保护，从而安全使用脱敏后的数据。

3. 数据关联对比

在信息公开的大环境下，政府部门的信息通过数据流通能够被各种类型的使用者所利用，并具有一定的价值。然而实际情况是，各个行业的数据很难体现出这些数据的相互联系，而这些相互联系又是获得这些数据的一个重要手段，所以要找到和建立这些数据的联系，也就是数据的关联性。数据关联理论认为，相关的数据越多，其价值越高，其目标是建立某种数据网络。通过数据的相关性和比较，可以很好地克服"数据孤岛"和多种数据挖掘方法的局限性，从而促进不同来源的信息之间的交互以及信息的智能挖掘。

4. 数据格式转换、数据整合与数据挖掘

这是对数量大、种类多、速度快、价值高的海量政府数据提供个性化分析，通过转化统一标准格式、整合多源异构数据、实现数据价值深度挖掘，实现数据价值的高效处理。数据开放是政府数据资产运营的主要形式。

政府所收集和存储的数据与社会、经济、文化等密切联系，政府数据开放和流通的正向作用在于通过数据公开,促进公众对数据的使用和创新,实现数据的公共价值,推动经济社会发展。政府数据流通和共享,是对多源数据的有效整合,从不同领域整合异构数据,降低数据收集与验证成本,提升决策透明度,促进政府治理能力的提升。

政府数据流通和共享可以降低数据收集中二次收集的成本,实现数据驱动的政府系统与服务的整合,统一社区需求的理解,提高决策透明度,提升公民获得感等。数据开放的标准化、规范化等举措,其目的都在于促进数据的运用与创新,从而实现数据的价值创造。作为最大的数据生产者与收集者,政府拥有社会约80%的数据,这些数据的有效管理,将促进政策的科学性,促进公民、企业等参与公共事务,为各利益相关者提供创新服务。

9.3.4 数据存储与保护

政府数据涉及社会、经济等方方面面,包含大量的敏感信息,如果泄露或者被非法使用,不仅危及公民个人的财产和人身安全,甚至可能危及整个社会,造成严重的社会影响和巨大的经济损失。因此,政府数据资产的存储与保护是政府数据资产管理的重中之重。在技术上,政府数据存储主要采用以云计算为架构的大数据存储系统,采用分布式、虚拟化的数据存储技术,需要在平台构建全面的安全维护战略,包括采用先进的加密算法来保护数据,并做好数据的生成、存储、分发、恢复和备份全生命周期的密钥管理。采用系统容灾、集中控制敏感信息、数据处理等方法,对终端进行数据防护,以保证突发事件发生时数据资源的安全性。安全问题一票否决,因为一旦出现意外,很有可能会让数据共享的努力付诸东流。

扩展阅读 9-3
政务大数据平台来了

在政府数据资产管理过程中,首先要明确数据安全责任体系,落实数据资产安全管理的责、权、利,并对数据安全管理的关键岗位进行界定,条件具备的还应按需组建专门的安全治理团队与部门,确保数据安全治理工作长期持续地开展。其次,在不影响开发利用的前提下,建立数据保密制度、数据分发方式并进行脱敏处理是政府数据安全化的首要内容,可将政府敏感数据通过技术手段进行脱敏与数据变形,从而达到保护敏感政府数据资产的目的。

9.4 政府数据资产管理机制

9.4.1 组织人员认责机制

在进行政府数据资产管理过程中,应对各政府工作单位和相关主体(需求方、受众方、支持者)进行清晰界定,从而实现对政府数据资产管理业务系统的整合,保证数据资产管理工作的专业性。人员管理是政府数据资产管理的基础性工作,通过合理划分权限,构建一个适合于数据资源的合理配置,能够减小工作阻力,并提高工作效能。

1. 明确组织人员职责

要真正做到对政府的数据资产进行高效的组织,需要相关部门成员分工协作,确保政府数据资产的高效利用。

1) 数据提供者

数据提供者,即数据的主要责任人,是数据资产管理中重要主体之一。在对数据资产进行管理时,数据提供者会提供源数据。在我国,政府部门和机构是主要的数据提供者,必须根据相关规定,主动提供和输入数据,并严格遵循相关的数据控制标准,同时也要选拔熟悉计算机技术、了解数据资产管理、对业务熟悉的人员作为数据提供者的主要负责人,这既能够保证数据资产的质量,也能够顺利完成政府数据资产管理的各项任务。

2) 数据开发者

在政府的数据资产管理中,数据开发者主要从技术层面来保障数据的质量,开发工作是政府的基础工作。数据开发工作是数据资源管理机构业务的重要组成部分,各相关部门的数据开发者必须具备一定的理论基础,可以利用相关工具和组件完成开发、运维等工作,并且有一定的分析技能,具备技术开发设计、数据分析建模等方面的工作能力。数据开发者能够为整个政府数据资产管理工作提供技术支持,不仅需要维护数据管理系统的正常运转,也要对数据的质量和安全负责,同时也是政府数据资产管理过程中的重要人员。

3) 数据管理者

数据管理者在数据资产管理中同样扮演着重要的角色,他们不仅能够决定数据的使用权限,对于政府数据资产组织管理来说也起到了统筹全局的作用。数据管理者的责任是贯彻和执行上级制定的政策,制定相关的数据标准,把握组织管理的流程,并确定数据的使用。对数据资产管理工作人员的工作要求也比较高,不但要熟悉各项业务管理,还要具备计划、监控、风险辨识等方面的知识,能够在第一时间察觉到数据和数据资产管理中出现的问题,并能够迅速解决问题,具备良好的沟通能力,可以担负起传达上级领导部门工作要求、报送各部门单位工作进展的重任。

2. 人员认责机制形成

建立认责机制,就是要把每一个工作都落实到位,把参与方的责任划分为一个清晰的责任体系,把所有的工作都落实到位,从而促进政府的数据资产管理。政府部门是数据的提供者,其数据来源以数据治理需求为主,同时接受数据资产管理部门的数据管控考核,以确保数据供给正常化,保障其后的管理工作顺利进行;数据开发部门要确保系统数据的正常运转,并依据用户的意见,对用户的需求进行适时的修正,为用户的工作提供良好的依据;政府各单位中专项负责数据资产管理的部门作为数据管理者,是数据的管理者,是信息资源的中转站,必须遵守上级关于数据资源的政策和管理方法,并严格按照标准执行具体工作,同时根据分级管控的要求设定数据资产使用者可使用的数据范围,明确数据使用权限,可以说数据资产管理部门作为数据管理者对于整个数据资产组织管理过程中的协调工作起到了至关重要的作用。该制度对政府数据资产管理中各部门和人员的职能进行了界定,为建立有效的数据资产管理能力、实现数据资产可管理和落地提供了强有力的保证。

9.4.2 数据资产监管机制

数据资产监管机制可以保证数据资产在流通过程中的安全性,避免重要数据资产被非法使用。政府数据资产的监管要贯穿政府数据资产管理的整个生命周期,主要包括数据质量监管和数据安全监管。

1. 数据质量监管

数据质量是数据被有效地安排和投入使用的前提。和信息质量一样,质量差的数据会给政府的整个数据资产流转和服务带来负面影响,虽然可以通过数据清洗等手段改善数据的品质,但这并不能解决根本问题。因此,在政府数据资产管理活动中,从数据采集、录入到应用的整个生命周期都需要加强监管,不断提升数据质量,保证数据使用价值。具体来说,相关人员要按照特定的要求提升数据的质量,采取措施确保数据的正确性和完整性,比如在数据资源的水平上进行比较,确保数据价值的重要属性的输入和增加。

2. 数据安全监管

从建立数据加密标准、建立安全事故上报程序规范等几个方面来完善数据资源安全标准,保证数据安全工作的顺利进行。使用现有的应用比较广泛成熟的数据安全管理手段,如令牌化(tokenization)、屏蔽(masking)和加密(encryption)等,通过对用户身份验证和存取行为的监视,在保证完成数据存取和更改的同时,还可以对异常的情况进行跟踪,从而在出现不正常的情况下,及时作出预警。相关人员需要加强数据安全意识,采取措施加强数据的安全性,并采取积极主动的方式进行数据安全管理,这对以政府为主的数据资产的管理具有重要意义。

9.4.3 管理规范保障机制

在宏观上,对政府的数据资产进行有效的监管,是一项重要的工作。从财政资金链、数据管理制度、制度建设、员工的训练等方面实现了对政府信息系统的全面、全方位的支持,从更为全面的视角和高度保障政府数据管理工作的开展。

1. 形成预算联动保障

政府数据资产实为以数据信息为表现形式的资产,在数据预算联动保障中,要高度重视政府的信息化预算,明确其与信息化的关系,确保其与信息化的协调统一,确保预审的有效性。依据政府的数据内容,对政府部门的信息化建设进行统一规划、建设和管理。要改变建设模式,将单一系统转换成大数据系统,实现数据的统一,进一步实现各个单位之间的数据资源整合,避免建设的重叠,减少资金的浪费,实现"统一规划,统一建设,统一采购,统一资金保障",不断提升政府建设治理系统的能力。此外,还应对政府数据资产进行高效的管理,制定预算前置审批程序,确保财务收支符合信息系统的整体计划。

2. 建立制度管理体系

要构建一种涵盖政府信息资源的完整的管理体系,使其能够实现信息输入、组织、使用等各个环节信息资源的全面掌握,从而实现政府数据资产组织管理工作的有据可循、有理可依。参照DAMA对管理体系的要求,政府数据资产管理制度规范的建立要涵盖对其数据生命周期、数据质量规范、数据安全规范等方面的具体要求,每一个流程都要做到尽可能的详细化,如在元数据标准制定时对命名规范的要求、组织过程对分类标准的定义等,这样能够保证政府数据资产管理过程的每一步都符合规范。

3. 开展培训贯彻工作

在政府数据资产管理中,对数据资源进行有效管理,是实现数据资产管理计划、全面落实各环节的基础,是数据资产管理各部门以及技术部门和管理部门之间成功地开展工作的有力保障。各相关主管部门应当积极组织相关部门的工作人员参加数据资产的培训,通过合理、高效的训练,使相关人员的专业素质得到提升,从而使其在数据资源的组织和经营中更规范地开展工作。

扩展阅读 9-4
北京市政务云数据专区建设及标准应用实践

9.5 政府数据市场化

9.5.1 政府数据市场化的利益相关者

1. 政府部门

在数据流转的过程中,政府机构的数据流动呈现出两大特点:一是公共利益,二是自我利益。

政府数据的公共利益体现在政府数据资源的流动中,政府在决策的时候,往往以用户的需要和利益为出发点,尽量减少数据的流动限制,以最方便的方法为政府的数据资源和用户服务。为了营造良好的政府形象,更好地发挥数据的作用,各部门要把数据的来源与使用者分享,政府机构将有利于社会福利。比如,近年来我国各地建立了一个公开的政府信息平台,包括交通、气象等多个方面的信息,供市民自由查阅和下载。总之,在政府信息流转中体现出来的公共属性有利于其发挥应有的作用。

政府数据的自我利益主要体现在跨部门的横向自利性、上下级部门自利性和外部自利性三个方面。跨部门的横向自利性,就是在获取信息时,设置公共资源,实行"数据私有",将大量的数据保存在政府部门中,形成了"数据孤岛"和"数据壁垒"。此外,下层政府部门负责数据资源的实施,而上级各单位之间的独立性体现在下层单位拥有较大的数据资源优势。因为下层的单位在报送数据(报送什么、报送多少、何时报送、采用何种方式)方面具有现实的自主权,这就导致从底层向上层传输的数据资源出现了缺失。政府部门信息流动的独立性主要体现在,如果没有特别的需求,政府机构通常不会向公众公布相关的信息,就算公布了,也只会公布少量不重要的信息,避免信息泄露所造成的问题。

2. 数据使用者

数据使用者是指直接应用政府数据资产的团体或个人,主要有其他政府部门、社会团体、企业和个人等。在信息化社会,用户对政府所需数据的需求趋于透明化和个人化,这与政府的数据资产流动表现的自利性是相违背的。数据使用者对数据使用的重要影响因素是可用性和易用性,也就是数据能够为使用者所获得的益处与便利。因此,要提升使用者对数据的利用率,达到其使用的目的,必须确保数据的可用性与可操作性。数据的可用性体现在数据的多样性、时效性、元数据等;数据的可操作性体现在数据检索方便、数据格式多样化、数据权限明晰等。

3. 社会公众

对社会而言,由于政府数据资产的公共资源属性,其流通过程中会产生外部效应。外部效应是指在政府数据流通并应用时,对数据使用者和政府以外的社会公众产生的间接作用,外部效应有正、有负。一方面,开放政府数据能够有效提高政府和社会运行的效率,对数据的深度挖掘,能为社会带来有价值的信息,如建立在多个政府部门数据基础上的城市应急事件预警系统,能够为社会突发事件提供预警。例如,自2015年度第一个"烟尘红色警告"以来,北京市政府通过"城市突发公共危机"警报体系,能够实时监测到有关的企业限排和交通限行等政策对公众的影响,并据此做出相应的应对措施,从而提升"社会管理"的准确性。另一方面,某些政府部门的数据涉及个人隐私、商业秘密甚至是机密等,如果这些数据资产被滥用,将给整个社会造成负面影响,如个人基本信息被泄露,会对个人的利益造成损害。

9.5.2 政府数据市场化模式

政府数据数量庞大,具备一定的市场化优势。合理开发政府数据产品使政府数据可视化,在进行交易或共享的过程中能够最大限度地发挥政府数据的价值,实现政府数据资产的增值,也能够降低其他企业、团体或个人获取数据的成本。

1. 政府数据产品

由于政府所研发的数据产品和应用也会发布或供应某些"数据",所以常常被误解成数据开放。但事实上,在这方面,政府并未将数据公开给社会成员,用于其发展和使用。政府数据既可以供政府自身进行内部利用,也可以开放给社会进行外部利用,而这些由政府自行制作和开发的统计报告、数据可视化、数据查询服务以及数据应用都属于前者,所以这些由政府利用自己所掌握的数据开发的数据产品和服务应用并不是真正意义上的数据开放,这些数据产品包括但不限于以下这些形式。

1)政府统计报告

统计报告是一种应用文章,通过统计数据和统计分析方法,以数据和文本的形式来表达被调查对象的性质和规律。比如,国家公布的统计公报,就是一份国家经济和社会发展的数据。因为数据报表是经过处理、归总和分析而形成的数据产物,它没有开放原始数据,重复使用的概率也很小,因此并不是直接的数据开放。

2)政府数据可视化

数据可视化是一种直观、清晰、形象、有效地表达和交流的数据的形式,本质是以概要形式抽离出来的信息。政府数据可视化是基于政府所掌握的原始数据进行加工而形成的一种数据产品,使用者并未获取到可视化呈现背后的原始数据,因此不能重新使用这些信息,这与信息公开是不一样的。

3）政府数据查询服务

数据查询是指在特定的搜索接口上，用户在特定的搜索条件下，可以得到对应的信息。尽管国家的信息检索系统可以为使用者提供一定的信息，但是使用者无法将所有的信息都下载下来重新使用。所以，数据的获取是以国家数据为基础的，而不是完整、原始数据的开放。

4）政府数据应用

政府数据应用是指政府根据自身所拥有的数据自主研发的服务应用，而数据使用者虽然可以从该系统中获取数据，但无法将其重新使用，因而与政府数据开放并不相同。

2. 政府数据交易

数据保护从来都不是最终目的，而是通过设置一种保障方式，使得数据高效安全地流通起来，最大限度地挖掘数据价值。对此，离不开国家顶层的法律制度设计，以及各级政府的支持。将政府数据资源的所有权、收益权、使用权等权益开放流动，在市场上进

扩展阅读9-5
数据普查"摸家底"汇聚共享促提升

行交易，政府数据资源转化为政府数据资产，即为政府数据交易。总体来说，我国目前数据交易平台分为政府类和企业类（如天眼查、数据堂等）两类。其中，政府类数据交易平台是最早加入数据交易市场的主体，也是目前规模最大的数据交易参与主体。由于这类交易在一定程度上由政府信用做背书，因此权威性相对更高。

政府数据的交易形式主要包括以下两种：一是数据供给方和需求方直接交易；二是数据供给方和需求方通过第三方交易平台间接进行交易。与前者相比，后者可以使用区块链等加密技术来保证数据交易过程的安全性和高效性。

按照数据交易平台主体，可以将数据交易平台划分为部委级数据交易平台、省级数据交易平台、市级数据交易平台。三种平台的共有特点是在运营上坚持"国有控股、政府指导、企业参与、市场运营"的原则，大多采取会员制，数据供需双方必须成为会员才能交易。

9.5.3 政府数据资产管理难点

政府数据是一种新型的无形资产，随着信息技术高速发展，政府数据所蕴含的经济价值和社会价值作为数字经济的重要组成部分，将逐步进入资产化和市场化阶段。然而，政府数据资产在管理过程中还面临很多的现实问题，解决这些问题，既需要推动技术的发展和人才的培养，同时也需要相关政策的支持。

1. 政府数据资产管理内驱动力不足

组织管理数据资产的动力主要有外在动力和内在动力两个方面。随着鼓励组织开展数字化转型的国家和行业政策陆续发布，数据分析和应用对于同业竞争的优势日趋显著，组织开展数据资产管理的外在动力逐渐增强。但是，对于多数组织而言，仍面临数据资产管理价

值不明显、数据资产管理路径不清晰等问题,管理层尚未达成数据战略共识,短时期内数据资产管理投入产出比较低,导致组织开展数据资产管理内在动力不足。

2. 数据资产管理与业务发展存在割裂

现阶段企业开展数据资产管理主要是为经营管理和业务决策提供数据支持,数据资产管理应与业务发展紧密耦合,数据资产也需要借助业务活动实现价值释放。然而,很多政府部门的数据资产管理工作与实际业务存在"脱节"情况。战略层面不一致,多数政府部门尽管具备一定的数据资产管理意识,但是并未在政府发展规划中明确数据资产管理如何与业务结合。同时,组织层面不统一,数据资产管理团队与业务团队缺乏有效的协同机制,使数据资产管理团队不清楚业务的数据需求,业务团队不知道如何参与数据资产管理工作。

3. "孤岛"阻碍数据内部共享

打通组织内数据流通壁垒,是推进数据资产在组织内高效流转的关键环节。但是,由于信息化阶段数据系统分散建设、数据能力分散培养,同时缺乏体系化管理数据资产的意识,形成诸多"数据孤岛"。政府部门缺少统一的数据资产管理平台与团队,使得"数据孤岛"发展为普遍问题,进一步成为组织全面开启数字化转型、构建业务技术协同机制的障碍。

4. 质量难以及时满足业务预期

数据资产管理的核心目标之一是提升数据质量,以提高数据决策的准确性。但是,目前政府部门面临数据质量不达预期、质量提升缓慢的问题,原因主要包括以下三个方面:一是未进行源头数据质量治理,导致质量低下的数据流入数据中心;二是数据资产管理人员未与数据使用者之间形成协同,数据质量规则并未得到数据生产者或数据使用者的确认;三是数据质量管理的技术支持不足,手工操作在数据质量管理中占比较高,导致数据质量问题发现与整改不及时。

5. 数据开发效率和敏捷程度较低

数据开发效率及效果需要有配套的技术能力及设施保障,数据开发的效率影响数据资产的形成效率,数据开发的效果影响数据资产对业务的指导效果。部分政府机构因为无体系化的数据开发及数据资产沉淀机制,无法及时有效地形成数据资产并沉淀下来。

6. 数据资产无法持续运营

数据资产运营是推动数据资产管理长期、持续开展的关键。但是,由于多数政府组织仍处于数据资产管理的初级阶段,尚未建立数据资产运营的理念与方法,难以充分调动数据使用方参与数据资产管理的积极性,数据资产管理方与使用方之间缺少良性沟通和反馈机制,降低了政府数据产品的应用效果。政府数据资产管理难点如图9-5所示。

图 9-5 政府数据资产管理难点

本章小结

本章详细论述了政府数据资产的基本概念、政府数据的分类,概括了政府数据资产管理的主要内容和保障机制。政府数据资产是指政府部门在行使职能过程中产生的,以数字化形式保存,由政府部门拥有、控制,具有无限增值价值,能够通过开发、共享、交易带来经济价值和社会效益,满足不同用户需求的数据资源。政府数据资产的来源广泛,主要包括政府部门业务数据、社情民意数据、基础环境数据、分散性公共数据等。政府数据资产管理的内容主要有目录管理、质量管理、安全管理以及权属管理。组织人员认责机制、政府数据资产监管机制和管理规范保障机制是确保政府数据资产能够安全共享的关键。政府数据资产市场化能够实现政府数据资产的增值,推动数字政府的不断进步。

政府的数据资源蕴含着丰富的信息资源,充分挖掘和利用其自身的信息资源,是加快数字中国建设的关键所在。政府数据资产价值表现为推动数字经济发展、提高决策科学性与管理智能化水平、提高政府透明度和社会参与度、提高政府公共服务水平、促进社会创新、改善公民生活水平等。

习题

1. 简述政府数据资产的含义及其特点。
2. 简述政府数据资源和政府数据资产的主要区别。
3. 政府数据资产化过程有哪些关键点?
4. 政府数据资产的价值体现在哪些方面?
5. 政府数据资产管理与一般资产管理相比有哪些特点?
6. 政府数据资产管理的对象有哪些?
7. 简述政府数据资产管理的主要内容。
8. 政府数据资产全生命周期管理的主要步骤有哪些?

9. 政府数据资产管理的保障机制有哪些？
10. 政府数据资产市场化过程的利益相关者有哪些？

即测即练

第 10 章 能源领域数据资产管理

10.1 能源数据资产概述

10.1.1 能源大数据的概念

数据资源作为数字经济时代的核心生产要素,正以其独特的生产要素属性,对经济社会发展产生重大深刻的影响。数字革命与能源革命的融合发展为能源行业运营管理提质增效、能源业态创新和能源服务拓展等提供了全新的动力与可能性。数字化的能源革命也使能源的生产和服务方式发生了重大的变化,能源用户的服务需求变得更加智能化、多样化。此外,数字化的能源革命使能源行业产生了海量的能源数据,以能源大数据为核心资源,充分利用能源大数据的信息价值,探索能源数据的潜在价值及增值服务逐渐成为能源行业关注的重点。

作为能源数据与信息通信技术高度融合的产物,能源大数据是指将电力、燃气、石油等能源数据及经济、人口、地理、气候等相关领域数据进行综合采集、处理、分析与应用的相关技术,其中涉及能源及数据的生产、加工处理、传输、存储和消费环节,还包括能源提供商、数据服务商、用户等主体进行价值创造和消费的过程。

扩展阅读 10-1
深化能源大数据中心建设 助力能源清洁低碳转型

能源大数据的应用可以实现对能源生产到消费的全链条数据采集与分析,将采集与分析融合,帮助能源行业实现用数据说话、用数据管理、用数据决策、用数据创新,为能源行业发展及商业模式创新提供新的方向,并且能够为能源系统安全稳定运行、源—网—荷—储的一体化管理、消费终端的能效提升提供关键的支持与服务。

从能源大数据的来源看,能源大数据是在电力、石油、煤炭、燃气等能源领域的现代化工业生产过程和运营过程中所产生的数据集合,涵盖了能源探储、生产、输送、消费、供给等环节,涉及资源、设备、工艺、技术和市场等方面的信息。

从能源大数据的应用看,借助大数据技术实现能源数据的采集、存储、分析和挖掘,可以使能源大数据在提升能源生产率、提高资产效益、节约能源、保护环境和提高宏观经济运行质量等多方面发挥多元化的价值。

综合来看，作为国民经济的基础，能源大数据的变化态势在某种程度上决定着整个国民经济的发展方向。能源大数据具有数据来源广、种类多、数据量大、应用多元和价值高等特点，可以被视为一个由内、外部能源数据构成的大数据系统，其不仅仅局限于能源行业内的数据，凡是能够为能源决策提供参考的任何行业数据、方法、技术和应用等都属于能源大数据。

10.1.2 能源大数据的特征

能源生态系统结构庞大复杂，各环节无时无刻不在产生大量能源数据，能源大数据具有以下四个方面的特征。

1. 本身具有能量的属性与特征

能源大数据将各类能源的采集、加工、运输、交易、实用等数据进行整合，能够直接影响能源的生产与消费，并实现节能、降耗等功能。能源大数据具备无磨损、无消耗、无污染和易传输的特点，可以不断改进和完善，只要用户的利益得到保证，就可以在能源系统的各个环节充分发挥低能耗和可持续发展的作用。通过对能源大数据的分析，实现节能目标是最大的能源基础设施投资。

2. 对社会与其他产业的发展具有基础支撑的功能

能源是国民经济发展的基础，能源大数据的分析和挖掘，对农业、工业、服务业等行业的发展都具有重要的支持作用。能源包括风能、水能、生物能、热能等多种形式，每种能源形式都有一条完整的产业链，同时能源又是跨学科领域的概念，能源行业与社会人口、地理、气象等因素及其他行业发展息息相关，因此能源大数据的数据来源既具有内部跨界特点，也具有外部跨界特点，能源数据分散在能源各形态、各领域的各环节，各组织机构的数据结构也不相同。因此，能源大数据与各种类型的数据都有关，包括结构化数据、半结构化数据与非结构化数据。同时，能源大数据在应用时需要对行业内外的能源数据和天气数据等多种类型的数据进行关联分析，所以这些数据也都导致能源数据类型的增加，加大了能源数据的复杂性。

3. 在能源及相关领域具有融合特征

能源大数据不仅促进能源数据内部的数据融合与业务融合，如电力、煤炭、石油等，还将社会人口、地理、气象等相关领域数据进行融合，使各种能源的发展更为协同有效。能源的生产、配置、消费数据具有较强的时效性，实时的天气情况、地理环境以及社会环境都会对其产生一定的影响，分析实时数据的参考价值更大，因此对能源数据采集、处理、分析的速度要快，这是能源大数据与其他数据之间的最大区别。

4. 使能源生产与消费之间的交互作用增强

能源大数据通过智能化设备、移动终端等端口，增强了能源供给侧与消费侧的联系与互动，提高了能源传输和流动效率。能源数据与国家社会经济有着广泛而密切的联系，它的价值不仅仅局限于能源行业,还体现在整个国民经济的运行、社会发展和生活各个领域的创新发展中,能源数据发挥更大价值的前提和关键就是能源数据可以与行业外的数据进行集成,并在此基础上进行全面的数据挖掘、分析和显示,有效地弥补当前能源行业传输不足的短板,体现出能源流动性所带来的价值增长。

10.1.3 能源大数据的应用

能源大数据已经成为社会的生产新要素,是能源领域一种重要的数据资产。大数据、云计算、物联网、移动互联网等信息通信技术在能源领域的融合应用,将为能源数据的采集分析提供重要的技术手段,推动能源领域进一步拓展业务服务范围、提高服务水平、构建综合能源服务平台。在掌握能源分配、利用、消费等海量实时数据的基础上,通过对能源数据进行分析和价值挖掘,可以为能源领域及其他相关领域的发展提供分析和决策支持,实现可持续的价值创造,驱动能源领域向更加数字化、智能化的方向发展。

国家能源监管部门、国家宏观经济运行管理部门、能源生产企业、电力运行部门、能源电力市场交易参与方等利益相关者都具有利用能源大数据来提高管理水平和经济效益的迫切需求,因此能源大数据具有丰富的应用场景,主要有以下三个方面。

1. 在电力行业的应用

随着智能电网建设的发展,对电力大数据挖掘和实施的要求越来越高。电力行业信息化程度比较高,在智能电表大面积推广使用的背景下,电力大数据的特征更加明显。电力大数据涉及地理信息系统数据、实时电量数据、在线监测数据、各类业务管理数据等,数据具有类型多、容量大、增长快的特点。电力大数据在线异常检测、负荷预测、防窃电、电力用户画像以及与天气、宏观经济等外部数据结合都具有丰富的应用场景和广阔的前景。

可再生能源在电力行业发电领域也得到了广泛的应用,随着我国风光发电补贴的逐步减少,风光发电企业在降低技术成本的同时,正在将优化选址,风功率预测,发电计划优化,故障预警与故障诊断,故障处理,事后评估,经济寿命评价,物资采购与定额等诸多应用场景纳入大数据分析中,为能源企业在投资回报、运营优化、资源配置、管理提升和企业战略等多层面提供有效的决策支撑。

2. 在油气行业的应用

油气生产过程的自动化和信息化使其产生了大量数据,包括采油与地面工程的生产、作业等多个类型的大数据。在油气企业创新油气开采技术、提高产量和降低成本的需求下,通过大数据技术,油气行业积累的海量数据可为其寻找新的增长点。在勘探环节,地震数据采集过程通过模式检测等先进的大数据技术可以生成更全面的数据集,帮助地质学家识别出更有价值和富有成效的地震数据;在开发环节,结合地理空间信息、炼化数据、国际原油市场数据等可以帮助油气公司评估开发过程,让企业更有效率地开发油气井;在生产环节,除了传统的监控,大数据分析可以使用真正的实时钻井大数据来预测钻井成功的可能性,比如,通过大数据预测钻井的速度、电潜泵工况和井底工况等;在维护环节,预测性维护一直是油气企业追求的目标,通过大数据技术可以大大提高预测的准确性,比如,在生产过程中,压力、体积、温度等数据被收集和分析,并与历史设备损坏数据进行比较,以实现自动预测。

3. 在煤炭行业的应用

我国煤炭的开采自动化水平低,过于依靠人工的经验,随着煤炭进入深部开采,地质情况越来越复杂,安全生产压力也越来越大。目前,多数煤矿对事故的分析依然偏向于"事后分析型",而真正有效的应该是"事前预测型",能源大数据的应用可以实现这个转变,将大数据与煤炭行业深度融合,建设煤矿生产大数据平台,汇聚、分析、挖掘煤矿运营过程中产生的各种生产、环境、设备等数据,规范各种数据标准,提升煤炭数据的利用价值,促进煤炭工业转型升级,向安全、高效、绿色、高质量的方向发展,进而提升矿井的安全高效生产水平,推动煤炭资源持续开采,保障我国能源安全,促进行业转型升级和健康可持续发展。

能源大数据和经济的发展也密切相连,能源大数据可以推动我国经济社会乃至整个人类社会的进步。能源经济与许多科学领域都有交叉,能源经济的研究主要关注能源与经济增长的关系、能源与环境污染的关系、能源资源的优化配置以及节能与循环经济等问题。能源大数据能够推动能源、社会、经济运行等多个领域数据融合,从用能行为分析、市场平衡与交易分析、提供社会服务等方面为能源服务与交易提供坚实的基础,辅助政府的宏观经济分析、能源政策制定。比如,油气行业更多地将新技术运用到战略决策、产品研发、生产经营以及安全环保等诸多领域,是为了在数据资产中挖掘到更多的财富和价值。又比如,在电力行业中,能源大数据是电力企业深化应用、提高应用层次以及强化企业集团管控的重要技术手段。伴随着电力企业中各类IT的应用,所采集到的数据量逐渐增长,利用能源大数据能够对业务进行管理与分析,并将其加工成有用的数据资产,从而更加全面地掌控企业相关业务。

10.2 电力行业数据资产管理

10.2.1 电力数据资产概述

电力数据资产是指电力企业通过采购、采集以及生产等多种方式,依法拥有、控制或使用的,由供电、用电行为等事项所形成的,预期能够为电力企业带来经济收益的,以电子方式记录的数据资源。

电力数据资产具有以下两点内涵:一是电力数据资产是由电力企业过去的供电、用电行为等事项所形成的,资产的权属包括拥有、控制和使用三种方式,表现形式是以电子形式记录;二是电力数据资产预期能够为电力企业带来经济利益。

电力数据资产主要来源于电力生产和电能使用的发电、输电、变电、配电、用电和调度各个环节,可大致分为三类:一是电力生产运行数据;二是电力企业运营数据;三是电力企业经营管理数据。通过对电力数据资产的收集、处理和分析,可以对电网进行实时监控。此外,结合大数据分析技术,可以诊断、优化和预测电网的运行,确保电网的安全、可靠、经济和高效运行。

电力数据资产化是能源革命中电力行业技术发展不可或缺的过程,电力数据资产的形成不仅是一种技术发展,也是大数据时代整个电力系统管理发展理念和技术方向的重大变革,这是智能能源系统价值形态的一次飞跃。

电力数据资产可以促进能源行业高能耗、高排放、低效率的大规模发展模式向低能耗、低排放、高效率的绿色发展模式转变,同时,通过电力数据资产与宏观经济、人民生活、社会保障、道路交通等外部数据的融合,可为社会各个角色提供智能化的服务,支撑国家大众创业、万众创新的生态环境,促进经济发展。

10.2.2 电力数据资产的特征

数据资产的特征具体包括非实体性、依托性、多样性、可加工性、低损耗性、价值易变性等,在此基础上,数据资产还可以按照所在行业进行划分,不同行业的数据资产具有不同的特征。电力行业属于国家能源战略性行业,电力数据资产具有以下显著特征。

1. 价值高

电力数据直接采集于电网终端,反映了企业生产经营状态,对分析社会经济运行态势、企业生产、个人消费情况具有很大的参考价值,多种数据融合应用的前景广阔。

2. 体量大

体量大是电力数据资产的重要特征。随着工业企业信息化建设的快速推进和智能电力系统的全面建成,电力数据资产的增长速度明显超过了企业能源管理系统中心的预期处理能力。以发电为例,改进发电的自动控制,将使其在压力、电流和温度等参数方面具有更准确的监测精度和频率,并对海量数据的采集和处理提出了更高的要求。就用电侧而言,提高采集频度会使数据量发生指数级的变化。

3. 类型多

电力数据资产涉及多种类型的数据,由于工业能源管理系统中心的视频应用不断增加,非结构化数据如音频和视频材料在电力数据资产中的份额进一步增加。

4. 速度快

它主要是针对能源管理系统中心的一些企业对系统处理时限的要求,以及对电力数据资产的收集、处理和分析速度的要求,如电力数据的实时处理就是以"秒级"为目标,因此需要能源管理系统中心有较快的响应速度及数据处理分析的能力。

5. 可信度高

电力数据采集自动化程度高、数据采集点多、采集速度快、信息密度高、数据质量好,能够真实反映企业和社会的经济发展水平和趋势,具有较高的真实性和可信度。

6. 主体稀缺

电力产业在国民经济中发挥着基础性、支柱性、先导性和战略性的作用,生产经营主体相对集中，数据获取途径受到严格控制与保护，数据来源主体相对稀缺。

7. 数据即能量

电力数据资产在使用的过程中会不断精炼并且增值，在保证电力数据平台中用户利益的前提下，充分释放电力数据资产的价值，在能源管理系统中心的各个环节发挥重要的作用。

8. 数据即交互

电力数据与国民经济社会有着紧密的联系，其价值不仅仅限于产业的内部层面，还体现在整个国民经济的运行、社会发展和生活各个领域的创新发展中，电力数据和外部数据的交互集成，以及在此基础上全面提取、分析和显示能源数据，是实现电力数据资产增值的前提和关键。

9. 数据即共情

企业经营的根本目的在于创造客户、创造需求、创造效益。电力数据资产的应用必然联系各种部门，充分挖掘并满足政府和企业用户的需求，可以建立情感联系，为大多数电力用户提供更优质、更安全、更可靠的服务。

10.2.3　电力数据资产的价值

电力数据资产对电力企业本身、产业链上下游、金融行业、制造行业、政府等关联方均具有巨大的社会效益及经济价值。

1. 促进企业内部提质增效

通过分析电力数据，提升业务感知、学习、自适应和决策的能力，支撑公司智慧化决策，保障企业安全生产、支撑精益管理、提升客户服务水平。

2. 打破能源产业链壁垒

通过电力数据与产业链上下游数据的融合共享，打破能源产业链壁垒，助力能源产业链生产互动、产业互动、生态互动。

3. 促进社会经济效益提升

通过与土地、劳动力等其他传统要素价值融合，降低边际成本，辅助精准运营，促进产业结构调整，有效释放结构性红利及外部性价值。

4. 助力国家治理现代化

通过分析电力数据，国家及政研机构可有效掌握民生经济及社会运行规律，指导城市道路规划、功能布局等智慧城市建设及乡村基础设施建设，有效提升政府社会治理水平。

10.2.4 可再生能源的数据资产

2021年,全国新增风电装机量和光伏装机量均刷新了历史纪录,如图10-1、图10-2所示,风力发电和光伏发电成为我国电源增量的主力。

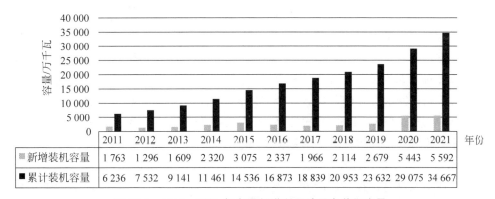

图10-1　2011—2021年中国新增和累计风电装机容量

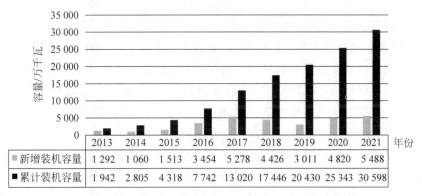

图10-2　2013—2021年中国新增和累计光伏装机容量

1. 风电数据资产

随着风电装机规模的快速扩大,风电行业对大数据的需求和迫切性将大大超越其他基础能源行业。首先,风电开发对风资源等自然资源条件评估的准确度有较高的要求,但是测风速不确定性、风场气象数据处理误差、气象年际波动以及流场软件评估误差等诸多不确定性问题使风电行业的投资决策面临一定的风险。其次,风电场大多处于偏远地区,检修维护需要高空作业,与火电等传统发电设备相比,风力发电设备单机容量小、发电机组数量多、分布分散,传统的电力设备管理思维及管理方式使得风力发电的成本居高不下,这些特点给风电高效运营管理带来了不少困难。此外,在电力生产环节,风电装机的大量接入,打破了传统相对静态的电力生产,电能的不可储存性以及风电出力的不可计划性也给电力安全稳定运行带来了不少困难。

随着信息技术、互联网技术、大数据技术的迅速发展,这些碎片化的发电设备的各种特性能够被传感器所感知,并通过互联网传输,以数据的形式集中融合,为降低能源成本带来可能。

扩展阅读 10-2
"风电+"时代来了!

风力发电具有数量大、种类多、设备分散等特点,在企业经营过程和设备全寿命周期产生了海量数据,这些数据蕴含着企业运营、设备运行维护、气象环境、电网运行、物资物料等大量的信息,进而形成风电数据资产,共建并分享、运营这些数据,进而激发这些数据的全部潜力是风电行业迎接大数据时代的应有姿态。要从风电数据资产中获取真正的商业价值,需要基于系统支持建立更广泛的数据连接,对来源广泛的数据资产进行有洞察力的建模和集成分析。通过对风电相关数据资产的挖掘,分析其中的规律,将宏观与微观选址、功率预测、故障预警与故障诊断、故障处理、综合评估、经济寿命评价、物资采购与定额等诸多问题纳入全周期分析中,分析结论将更准确、更经济,可为企业在投资回报、运营优化、资源配置、管理提升和企业战略等多层面提供有效的数据支撑。

1)风资源评估及站址选择

风资源评估及站址选择是风电开发投资中至关重要的环节,风资源评估的准确性决定着风电场全寿命周期的输入及产出,风电行业风资源评估由开发商收集气象数据与地形数据,通过计算模拟得到,这种计算需要大量的地形数据、风资源数据以及计算资源。

在风电场投入运行之后,可通过大数据技术将公共天气数据、风电场设计数据、风电场实时流体模型数据、风电场设备运行数据、风电场生产检修数据、风机设计数据、风机模拟数据等全生命周期的风电企业数据整合成一体,基于公共信息模拟为现实存在广泛关联的数据建立起系统化数据链接,支持强大的数据管理、数据质量和数据治理模型,以不同的方式有效管理不同的数据集。对风电场进行多角度综合评估并提供知识反馈,优化前期设计过程,建立风电设计端与运维端之间的知识双向传递和闭环机制。

2)预测数据

随着风电装机规模的逐渐增大,风电的间歇性、随机性、波动性以及逆调峰性对电网运行影响越发明显。电网调度需要对风电的发电功率有更加准确的预测,合理安排发电计划,减少系统的旋转备用容量,增加不同能源之间的协同和互补,提高电网运行的经济性,提高电网接纳风电的能力。风电功率预测模型需要以历史大气数据、历史风速、历史功率、地理条件、历史风电场机组情况为基础,输入参数包括实时大气数据、天气预报结果、风电场机组情况等,输出风电场预测功率。

根据预测的风速情况数据,可以安排运维计划,如小风天气维护,确保大风天气的最佳运行,或台风将至,做好预防准备,避免事故发生。根据超短期预测情况可以对突发情况做应急准备,如台风天气的预防工作等。

3)实时数据

根据实测风速情况数据,发现风机问题,安排检修计划;根据实测风向情况,优化风机控制策略;根据实测数据情况,优化风机参数,达到最佳运行状态;根据实测风速、风功率密度情况并结合风机数据,评估不同厂商的不同机型,为日后的选型选址提供可靠依据。

检测和采集风机的运转数据、风场的运营数据,不仅有利于风电场业主追求风场效益最大化,也有利于风机制造商更好地改善风机的性能,为产品的技术升级提供大数据支撑。

2. 光伏发电数据资产

光伏电站的类型越来越丰富,如大型地面集中电站、工业屋顶分布电站和家庭光伏电站等,具有规模大、设备多、分布广的特点。光伏电站的数量在不断增加,电站内关键设备也变得更加多样,先进、完整的传感器设备为光伏电站数据采集提供了通道,并产生了海量的数据。一个 40 MW 规模的光伏电站,仅仅是设备采集到的数据就可以达到每天 80 GB,这些数据涵盖了电站建设数据、设备运行状态参数、设备运行所在的环境参数、设备的维修保养记录、绩效类数据和设备监控信息等多维、全链条、全周期数据。合理运用大数据技术,充分挖掘这些数据的潜在信息,发挥其潜在价值,这些海量数据不仅对电站的控制和运维有非常重要的作用,对电站发电量的预测、电站设备的优化以及后期新的电站投入设计也有十分重大的意义。

光伏发电数据资产的价值需要深入挖掘才能释放,进而推动光伏行业的发展。光伏发电数据资产在电力调度、需求响应以及电力市场方面的应用,有助于发挥光伏发电数据资产的真正价值。

1) 在电力调度方面

通过对光伏发电数据进行监测,使光伏发电数据参与整个电网的电力调度,进而为能源消费和能源生产分配提供参考依据。

2) 在需求响应方面

通过集成光伏大数据形成分析引擎,提供光伏电站的实时监测和即时数据分析,并据此对用户进行需求响应管理,指导用户在光伏发电高峰期多用电,在光伏发电低谷期少用电,提高供电效率,优化能耗方式。通过与需求响应相结合,光伏发电可以实现按需动态调配生产、传输和消费,达到提高效率、节能减排等作用。

3) 在电力市场方面

新型电力体制改革放开了售电侧,光伏电站及分布式光伏运营商有可能转型为售电主体。通过集中收购分布式光伏和光伏电站的发电量,在获取售电资格的基础上,光伏运营商介入售电业务,这一方面将会为光伏运营商创造新的利润增长点,另一方面光伏发电的竞价上网,将对电价造成一定的影响。因此,光伏发电数据的实时监测尤为重要,它直接影响到电价,甚至影响到光伏运营商的收入。

光伏发电数据资产的价值不会因为被广泛使用而减少,相反,通过被挖掘和使用其将会产出和释放更高的价值。通过对光伏发电数据资产的采集、分析、挖掘及应用,光伏行业将进入数据驱动的智能发展模式。

10.3 油气行业数据资产管理

10.3.1 油气数据资产概述

在油气田的勘探和开发过程中积累了大量数据,主要有井筒数据、测线数据、探区数据、油田储量数据、测井曲线数据、地震勘探剖面数据、井采油数据、井注水数据等,这些数据都是油气田重要的资产和资源,我们称之为"油气数据",而油气数据更是研究油气藏分布的基本依据。一般来说,油气资源、数据收集、分析和研究、油气储量和油气田的开采都离不开数据,油气数据越来越重要,逐渐成为油气行业的核心数据资产。通过对海量的油气数据进行深度的挖掘与分析,能够更好地完善及优化油气开发方案,推动油气行业的迅速发展。

对于油气数据资产的管理来说,遵循"采、存、管、用"的管理规律。

采,使用各种专业技术和方法来收集油气的不同数据。例如,钻井过程也是一个数据收集过程,人们已经研究和开发了许多先进的技术方法来收集油气开采过程中的各类数据。

存,记录油气数据。可以使用存储盘、可移动硬盘等作为数据介质来存储少量数据,大量数据存储在数据中心服务器上。

管,对油气数据的管理。油气数据进入服务器后,必须按照专业、业务和各种项目进行存储和管理,即数据传输、流转和实施管理,以及数据标准和管理系统。

用,应用油气数据。它是数据探索和数据分析,用于解决各个油气的业务问题,是一种应用。因此,在数字时代,数据已经成为一种资产和资源,形成了"生产、存储、管理和开发"的数据链,只有遵循这条数据链,才能有效地完成油气数字化建设。

10.3.2 油气行业数字化转型

数据资产已经成为企业发展的核心竞争力,强化数据资产的沉淀与建设势在必行。随着数字化转型进程的加快,数据科学与大数据技术成为相关产业数字化转型、智能化发展的核心引擎。

应用数据科学与大数据技术,挖掘油气领域数据资产的价值,提供高效数据及一体化服务支撑油气勘探开发领域科学研究及决策管理,对推动油气领域数字化转型具有重要意义,是我国油气企业成为一流国际公司的必由之路。

我国油气勘探整体处于勘探中期,近年来新发现规模较大的油气储量资源主要集中在超低渗、深层及非常规领域,如何应用数据科学与大数据技术提高构造解释精度、储层解释符合率、地质目标钻探成功率等,是夯实公司原油长期稳产、天然气稳健增长基础的重要手段。大数据技术与油气勘探开发业务的深度融合将为油气领域数字化转型、高质量发展以及企业战略目标的实现提供新契机。

目前,数据科学与大数据技术在油气行业应用已经取得了一些成绩,但也面临不少挑战。

(1) 数据科学与大数据技术应用需要高质量、全方位的数据支撑,数据治理至关重要。

(2) 油气上游领域分散的数据仍需深度整合,尤其是研究和利用知识图谱等新一代信息技术实现多源异构数据的融合,进而构建完整的知识体系。

(3) 针对不同业务应用,没有统一的管控平台,难以从全局层面挖掘数据价值,可以通过数据中台构建服务,建立专业数据的关联关系,实现应用和数据的相互操作及共享复用。

因此,勘探开发领域的数据治理、知识图谱、数据中台的建设将成为油气行业上游领域数字化转型的关键。

1. 重视数据治理，提供高质量、全方位的数据源

多年来，我国石油企业致力于构建分类清晰、存储合理、使用高效、可持续改进的数据治理体系，包括保障机制和数据管理。比如，中国石油天然气集团有限公司（以下简称"中国石油"）在油气上游领域，为了加强物探资料各探区企业级管理、矿权流转区块所在盆地集中管理和异地备份管理，开展物探资料云数据中心的建设，统一管控和治理数据及图件资料，实现对油气上游领域大块数据的全面完整管理；勘探生产板块以"两统一、一通用"为指导，即统一数据湖、统一技术平台、通用应用环境，建设梦想云平台，通过构建数据湖，逐步整合中国石油的上游各专业多层次、多维度的数据，以满足油气上游业务科研生产和业务管理需求。

扩展阅读 10-3
数字化 ＋ 智能化：油气上游的机遇与挑战

数据治理，是数据体系建设的首要环节。建议加强数据治理工作，通过数据治理体系建设，实现这些专业数据可用、好用、用好，从而构建石油企业上游领域高质量、全生命周期数据资产，为勘探开发领域的业务研究、经营管理提供全方位数据支撑。

2. 建设领域知识图谱，全面开展智能化应用探索

油气上游领域的数据向资产转变的关键是通过勘探开发知识图谱的建设构建油气数据资产知识体系。随着人工智能特别是深度学习和自然语言处理技术的迅速发展，知识图谱在辅助智能问答、自然语言理解、大数据分析、智能推荐、物联网设备互联、可解释人工智能等方面展现出丰富的应用价值。知识图谱技术可降低专业人士使用知识的门槛，缩短知识检索和调研的时间，可快速发现并挖掘知识的价值，提高勘探开发决策的效率。因此，利用知识图谱相关技术实现对勘探开发数据管理自动化、检索智能化、分析多维化并将其应用于油气领域的各类实践中具有很重要的现实意义。

面向油气勘探开发领域科研生产需求，设计并构建勘探开发知识图谱，需遵从实际业务需求，结合上游领域多专业、多学科协同特点，考虑国内油气领域的科研业务模式，从地学角度出发，以盆地、油气藏为主线构建领域知识图谱。其构建过程包括知识体系分类、本体模型的构建、命名实体识别、关系抽取，以及知识融合等部分。

通过勘探开发全领域知识图谱的建设，编制勘探开发领域知识图谱构建标准，采用共建的模式完成油气上游领域知识图谱的构建，并全面在上游领域开展"数据＋知识"的双驱动探索实践，智能化解决专业问题。

3. 研发勘探开发数据中台，模块化复用服务实际业务场景

数据中台是指利用新一代信息技术，对海量结构化和非结构化数据进行采集、计算、存储、加工，同时统一标准，形成大数据资产层，进而提供业务强关联、企业独有、可复用的高效数据服务。数据科学与大数据技术的应用实践通过数据中台实现数据技术能力和数据资产的建设和应用。

通过数据中台构建数据服务，实现应用和数据的互操作及共享复用。将应用系统中的数据拆分、解耦、封装成服务，并形成新的运行管理逻辑，打破"信息孤岛"，实现应用集成和功能模块化、服务化敏捷开发，实现业务数据化、数据业务化，满足协同研究及业务应用需求。

勘探开发领域无论是在专业上还是在数据上均存在着复杂的依赖和关联关系,同一类数据会支撑不同业务场景的服务,因此可以通过勘探开发数据中台的建设工作,统一数据,统一标识,细化业务场景,研发标准的应用模块,实现对不同业务场景的复用和支撑,为挖掘数据资产的业务价值铺平道路。

案例 10-1　中国石油勘探开发梦想云平台

2018 年 11 月 27 日,中国石油正式发布勘探开发梦想云平台。这是中国石油搭建的第一个主营业务智能共享平台,旨在实现上游业务数据互联、技术互通、研究协同,推进勘探开发智能化。该平台是打造"共享中国石油"的重要组成部分,标志着该集团公司信息化迈入全新时代,在国内油气行业智能化转型及我国信息化建设中具有里程碑意义。

中国石油勘探开发梦想云平台以"两统一、一通用"为核心,即勘探开发统一数据湖,统一技术平台,通用应用环境,如图 10-3 所示。梦想云平台已经收入多家油气田大量的数据资产,构建了国内最大的勘探开发数据湖,实现上游全业务链数据集中统一、互联互通,支持跨专业、跨机构、跨地域共享以及勘探开发、生产管理、协同研究、经营决策的一体化运营。

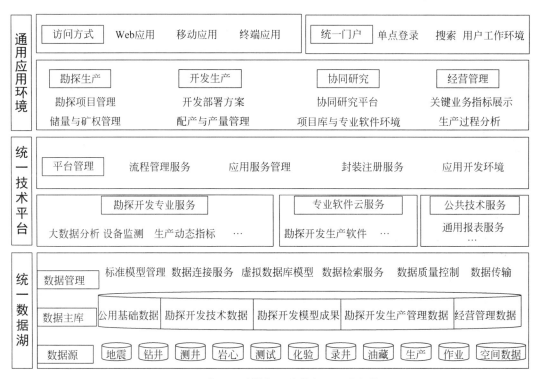

图 10-3　中国石油勘探开发梦想云平台架构

基于梦想云创新研发的连环湖技术架构,中国石油 60 多年的勘探开发数据全面入湖,涵盖 50 多万口井、4 万多座站库、8 000 多个地震工区、700 多个油气藏,数据总量达 10 PB,建成亚洲油气行业最大的数据湖,突破了"数据难共享、业务难协同"的瓶颈,推动上游业务数据资源向数据资产转变。

梦想云已经在油气上游业务量化决策、降本增效、增储上产、提高效率、转变生产组织模式等方面取得了重大的成效,使"数据暨油气"新理念成为现实,有效支撑共享中国石油战略及油气产业转型升级。

资料来源:中国石油天然气集团有限公司. 中国石油正式发布勘探开发梦想云平台 打造"共享中国石油"[EB/OL].(2018-11-29)[2022-12-15]. http://www.sasac.gov.cn/n2588025/n2588124/c9876615/content.html.

10.4 煤炭行业数据资产管理

10.4.1 煤炭数据资产概述

煤炭是我国的重要能源,2018年以来,煤炭占一次能源消费总量比重已低于60%。煤炭产业的健康发展对经济社会的发展至关重要。大数据的充分挖掘和利用,能够促进全社会要素资源的网络化共享、集约化整合、协作化开发、高效利用。将大数据与传统煤炭行业深度融合,建设大数据平台,汇聚、挖掘煤矿生产运营过程中产生的各种生产、环境监测、设备监测等数据,规范各种数据标准,提升矿山数据的利用价值,促进煤炭工业转型升级,向安全、高效、绿色、高质量发展,进而提升矿井的安全高效和生产水平。大数据与煤炭行业的深度融合对实现煤炭资源持续开采,保障我国能源安全,促进行业转型升级和健康可持续发展都具有十分重要的意义。

煤炭行业在应用数据资产方面已有行动,传统的煤炭数据包括煤矿企业管理信息系统数据库中存储的数据、纸质版信息、音视频图像等,多为单独的小范围异构数据。煤炭大数据包含这些传统数据及其相关和延伸的源数据,涵盖了煤矿企业生产经营整个生命周期中的所有数据及其发生的时间、空间关系等。煤炭数据资产来源可归纳为三个方面。

(1) 传统煤矿企业管理信息系统产生的日常经营数据。煤矿企业管理信息系统积累了大量采掘机运通、销售、安全、财务、经营、环境等数据,大多以表、图、音频、视频、日志等形式存储。

(2) 智慧矿山建设中应用感知技术和物联网技术等获取的实时数据。该类数据包括生产过程中的综合自动化信息,比如,智能设备感知自控数据、机器运行参数等工程数字化信息;井下各类监控监测、人员定位、采掘进尺、地质变化等数据。

(3) 煤炭运营相关外部数据。其主要是指与煤矿企业生产经营活动相关的企业外部信息,如地质、煤炭分布、信用、金融、消费情况、能源政策、预测产品市场的宏观社会经济等数据。

煤炭数据资产的主要特征体现在以下四个方面。

(1) 从煤矿企业信息化现状来看,信息化水平不一,"信息孤岛"严重,数据量大且难以集成。

(2) 从煤炭行业特点来看,煤炭生产多位于地下矿井,情况复杂,数据多样且复杂。

(3) 从感知设备采集数据情况来看,数据产生高速且真实。

(4) 从数据分析角度来看,煤炭数据具有高价值和行业预测性。

煤炭数据资产的价值远远超出数据表面的信息。比如,目前我国煤炭开采仍以井下开采为主,开采条件十分复杂,产业集中度低,煤矿企业安全生产压力较大,尽管在政府部门及企业的共同努力下,煤炭行业事故率是比较低的,但是仍然有一些问题:一是生产自动化水平低,生产过于依赖员工的经验,随着煤炭进入深部开采,地质情况复杂,经验明显不足。二是煤矿仍然倾向于事故后分析,专业有效的事故分析工具在煤矿中使用较少,煤矿开采难度加大,以往经验不一定能够适用,真正有效的应该是"事前预测型"。三是煤矿生产各系统相对独立,系统集成与数据共享不足。而通过对煤炭数据资产进行分析、挖掘有价值的信息,完全可以有效地解决这些问题。因此对煤炭行业的发展来说,煤炭数据资产具有很重要的作用。

10.4.2 煤炭行业数字化转型

煤炭行业数字化转型是以智能化建设为基础,数字化生产经营为纽带,数据要素创新驱动为核心,借助大数据技术构建柔性、韧性并重的煤炭生产供应系统,推动煤炭行业实现以安全、高效、绿色、智能为核心的高质量发展。

煤炭行业数字化转型应做好数字化转型顶层设计,加强组织保障和加大资金投入,完善数字化基础建设,突出抓好数据治理体系建设,将智能化建设纳入数字化转型,加快煤炭工业互联网支撑体系建设,加快产业链数字化协同,做好人才培养和储备工作,重视网络和信息安全,具体表现在以下三个方面。

1. 做好智能化建设现状与数字化成熟度评估

煤炭行业应做好智能化建设现状与数字化成熟度评估,并深入研究现有数据分布、规模、用途、资金投入以及投入产出效益,预测未来数字化应用程度,分阶段攻关、分步骤实施、分级分类施策。

比如,对于管理模式和理念相对封闭的煤炭企业,可以暂不进行大规模的数字化转型投资,应从管理水平和人员素质提升、配套基础设施布局等角度推进,为未来转型奠定基础;对于规模小,但追求效率、迫切想要尝试数字化转型的煤炭企业,可以从数字化转型需求迫切的环节入手,寻求与普惠性平台类企业合作,由点及面推进数字化转型向企业全业务链、价值链的渗透延伸。

2. 全面整合信息系统,打造一体化数据平台

煤炭企业应加快新型基础设施建设,全面整合现有信息系统,打造一体化数据平台。比如,鼓励大中型煤炭企业依托工业互联网平台和大数据中心,加快数据资产积累,完善数据资源采集、处理、确权、使用、共享等环节管理机制,提升数据管理能力。

煤炭企业还可以以释放数据价值为目标,建设"智慧大脑",促进数据深度挖掘和有效利用,加快开发人工智能、大数据、边缘计算等数字技术在行业的应用场景,同时适度开放数据资源,带动中小企业开展数字化转型。

3. 注重前瞻性布局和生态圈构建

煤炭企业应注重前瞻性布局和生态圈构建,准确认识行业内外生态伙伴的竞争合作关系,推动煤炭行业开放融合外部资源,打通产业链上下游不同层级、不同行业间的数据壁垒,实现跨部门、跨行业、跨区域的深度融合,构建共赢生态圈。

例如,以数据流驱动煤炭生产、运输、储备、贸易、利用各环节的高效贯通,推动形成数字化的新型生产关系,促进业务流程、管理体制机制、商业模式、应用范式的协同创新。

10.4.3 智能煤矿数据治理

我国煤矿自动化、数字化、信息化经过几十年的发展,如今已有超过 90 个系统在煤矿采、掘、机、运、通、水、电、安全、地测、调度、经营管理等方面得到成功应用,为煤矿生产运营提供了大量的数据支撑。2020 年 2 月,国家发展改革委、国家能源局等八部委联合印发了《关于加快煤矿智能化发展的指导意见》,指出要以数据为核心资源,推动煤矿智能化技术开发和应用模式创新。

智能煤矿是基于物联网、云计算、大数据、人工智能等技术,集成各类传感器、自动控制器、传输网络、组件式软件等,通过主动感知、自动分析,结合深度学习的知识库,形成最优决策模型并自动执行,实现设计、生产、运营管理等环节的安全、高效、经济和绿色。智能煤矿数据治理的总体框架如图 10-4 所示。

扩展阅读 10-4
智慧煤矿:汇聚 AI 的力量

1. 数据源层

全面、可靠、具有时空一致性的数据源是煤矿智能化得以实现的重要基础条件。煤矿数据按照来源可分为内部数据和外部数据。内部数据是指由煤矿目前的综合自动化系统、井下环境监测系统、生产管理系统、安全管理系统、地测系统、经营管理系统等各类子系统采集及人工录入台账的数据。外部数据是指煤矿企业外部产生并对煤矿业务具有指导和参考作用的数据,包括但不限于国家机关下发的政策法规、煤炭及相关原材料市场行情信息、煤矿所在地区的监测数据,包括气象、水文、环境等数据。

2. 数据中台服务层

数据中台通过大数据技术对煤矿海量数据进行采集汇聚、处理加工、统一存储,采用统一的数据标准形成大数据资产,从而为上层应用提供灵活高效的数据服务。其核心理念是数据取之于业务、用之于业务,核心思想是数据共享,是各类业务智能化应用的公共数据服务平台。其需要具备数据汇聚集成、提纯处理加工、服务可视化等核心功能,从而让煤矿数据应用变得高效、精准、方便。

3. 数据应用层

数据的深度分析与智能化应用是煤矿实现智能化的核心。煤矿各类业务管控智能化的实现需要在融合智能决策支持模型和算法的基础上,开发出满足业务智能化需求的应用系统。这些应用系统不仅要实现单一业务管控的智能化,更重要的是实现多业务管控的协同智能化,并具备完善的容错纠错能力,能通过不断自学习迭代优化提高智能化水平。

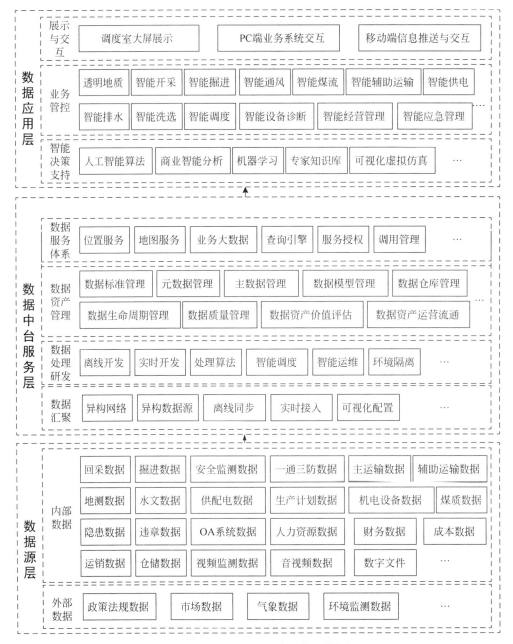

图 10-4 智能煤矿数据治理的总体框架

案例 10-2　临沂矿业集团有限责任公司数据治理项目落地

山东能源集团下属临沂矿业集团有限责任公司(以下简称"临矿集团")率先在煤炭行业建设大数据,响应山东省号召,积极开展新旧动能转换,整合升级大数据、云计算、人工智能、工业互联网等技术,促进了公司精细管理和准确决策。

为积极响应国家工业互联网、煤矿智能化发展等政策号召,推动集团数字化转型,2019年12月,临矿集团选择携手亿信华辰启动"数据治理项目"。

经过临矿集团大数据中心和各业务部门的商讨决策,结合亿信华辰数据治理专家的意见,确定了临矿集团数据治理项目的总体目标为通过涵盖全数据生命周期数据治理,建设涵盖人、财、物、产、供、销、安全等业务领域的集团级大数据资产平台,提供各类数据服务,并实现一线业务人员对数据自助分析应用,完成数据赋能。

项目建设秉承标本兼治原则,严格按照数据治理方法论,管理方面,由集团公司高管牵头成立数据治理委员会,制定《临矿集团数据治理项目章程》《数据资产管理办法》等管理制度;技术方面,从基础做起,进行元数据管理、数据标准梳理工作,重点推进数据质量管控,通过技术层面和管理层面双管齐下,确保集团数据资产质量。

根据项目建设目标,确定项目建设整体框架,如图10-5所示。

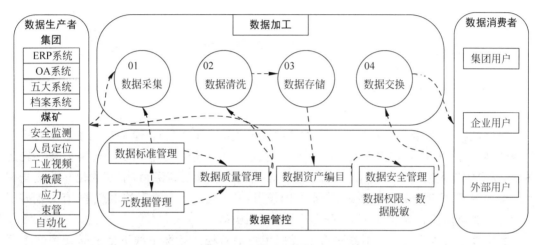

图10-5 临矿集团数据治理整体框架

项目的推进思路有以下几点。

1. 开展集团数据治理,提高数据质量,形成数据资产

通过"盘、规、治"的三字规划路线,进行数据治理。

盘:建设集团生产经营数据资源目录,资源目录提供服务接口,为一线业务人员生产运营提供数据支撑,实现数据共享、数据交互,充分发挥数据资产价值。

规:建立基于集团生产经营统一的数据标准规范体系,以及更新机制和使用管理制度,构建服务于数据资源整个生命周期的标准和规范体系,促进多源异构数据的深度融合和共享应用。

治:建立数据质量管控体系,以规范和制度为约束,通过数据质量检测工具根据制定的数据标准检测数据,及时发现数据问题,进行数据治理并提炼相应的数据质量检核规则,防止同类问题的重复发生,有效提升数据整体质量,从而保证提供高质量数据资产。

2. 赋能企业业务创新,满足生产经营敏捷分析需求

数据治理的最终目的还是要落到"用",也就是数据的交换和数据应用于服务。

在数据应用方面需要充分考虑一线生产部门日常工作繁重、业务需求多变,且对信息化系统操作能力不强等特点,根据生产、安全、运销、采购、库管等业务主题预设分析维度和指标数据,通过敏捷的商业智能软件让业务人员只需最简单地拖曳操作实现数据分析应用,并自动生成各类统计图表,从而提高一线人员数据自助分析应用能力,让数据成为基础保障,激发全员创新的主观能动性。

3. 建立企业级 Hadoop 架构大数据平台

由于煤矿信息化系统存在系统多、数据量大、生成频次高、数据结构各异等特点，需要建设基于 Hadoop 架构的大数据仓库，实现对海量半结构化、非结构化数据的实时采集、实时分析。

最终建设涵盖产、供、销、人、财、物领域的生产经营全要素的煤炭企业大数据平台，全面整合各业务系统数据，并针对回采掘进、安全管控、机电管理、运销、采购、财务等业务场景建设数据集市，为管理层和一线业务人员提供有效数据分析支持，逐步实现煤矿生产经营数据化精细运营管控，实现提质增收、降本增效。

10.5 能源领域数据资产管理实例——数字电网

10.5.1 数字电网的建设背景

当前，以新一代数字技术为驱动力的第四次工业革命正在进行，全面推动了数字与产业的融合，使生产方式、管理方式发生了根本性的变革，社会经济形态由工业经济向数字经济转变，要素的投入结构不断优化，企业通过激发数据的巨大创新潜力，不断催化和改变新驱动因素如技术、管理、劳动力、土地、资本等的作用，显著提高了全要素的生产率，有力提升了企业和行业整体核心竞争力，推动了经济社会深刻变革。

数字技术与实体经济的不断融合发展使用户消费模式逐渐由线下消费转变为线上消费，付款方式也由货币支付转变为移动支付，工作模式由就地办公向远程办公转变，云会议、云教育、云旅游等"云+服务"已经逐渐变为现实，数字技术给人们的生活和工作带来了高效、便捷的个性化服务。

随着宏观经济的发展，建设"数字中国"、发展"数字经济"成为国家重要战略。国家大力推动大数据技术产业的创新，发展以数据作为关键要素的数字经济，提升国家治理现代化水平，保障和改善民生。建设数字中国是满足人民日益增长美好生活需要的新举措，加快数字中国建设，必须适应我国发展新的历史方向，落实全新的发展理念，在信息化中发展主力军，以新的力量推动新的发展，以新的发展创造新的光芒。

扩展阅读 10-5
配电网规划要优化 数字化技术不可少

新一代数字技术为能源革命的发展开辟了新的道路。在能源革命的新背景下，能源供需模式呈现出新的发展趋势。例如，可再生能源取代化石能源，集中能源供应转变为分布式能源供应，远程平衡能源消耗转变为就地平衡，在负荷方面，能量流从单向供应变为双向循环，这些新趋势的出现将解决我国能源供需平衡的发展问题。推动数字技术与能源产业深度融合，将有助于满足数字、清洁、个性化、舒适和开放的能源需求，提高人们对能源的获取和满意度，改善能源使用和新能源的传播，减少对化石能源的依赖，最终打通能源产业链的所有环节，实现更大的合作和共享，促进能源行业的现代化发展。

因此，在技术革命、数字化生存、国家战略、能源革命的推动下，身处能源行业核心的电网企业的总体趋势是实施数字化转型，这一举措势在必行。

电网企业通过数字化转型，将呈现一个更加数字化、更加智能化和更加互联网化的新型电网——数字电网,如图 10-6 所示。数字电网使数据成为提高生产力的关键生产要素,充分释放电力数据资产的价值,有助于推动业务和运营模式的转型,并实现电网新形态、电网企业新业态、能源产业新生态的发展。

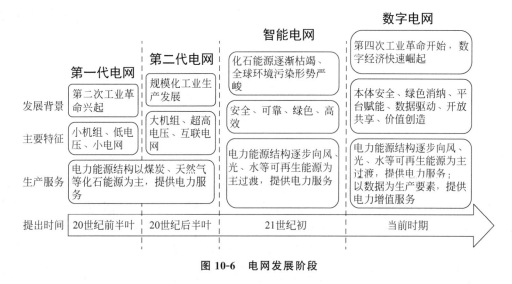

图 10-6　电网发展阶段

10.5.2　数字电网的内涵特征

数字电网应用云计算、大数据、物联网、移动互联网、人工智能、区块链等新一代数字技术对传统电网进行数字化改造,发挥数据的生产要素作用,以数据流引领和优化能量流、业务流,赋予电网更多的新特征和新应用场景。数字电网的发展将带动能源产业能级跃升,促进经济社会高质量发展。

1. 数字电网的定义

数字电网是以新一代数字技术如云计算、大数据、物联网、移动互联网、人工智能、区块链等为核心驱动力,以数据为关键生产要素,基于现代电力能源网络与新一代信息网络,通过数字技术与能源企业业务、管理深度融合,持续提高数字化、网络化、智能化水平,而形成的新型能源生态系统,具有灵活性、开放性、交互性、经济性、共享性等特性,使电网更加智能、安全、可靠、绿色、高效。

2. 数字电网的内涵

数字电网是电力系统在新一轮的科技革命和数字经济时代下的产物,是传统电网充分融合新一代数字技术后在数字经济中表现的能源生态系统新型价值形态,具有物理、技术、价值三大属性。

1)物理属性

数字电网建设的基础是物理电网,物理电网中产生的各种数据信息和基础建设构成了数字电网的基础,是数字电网重要的数据来源,也是数字电网直接接触用户、连接产业上下游、辐射能源生态圈的物理通道和载体。

2）技术属性

数字化技术是数字电网建设的关键,数字电网借助数字化技术,打造覆盖电网运营全过程与生产全环节的数字孪生电网,赋能电网智能决策和稳定运行,有助于推动电网技术变革,加速数字化技术的融合与创新。

3）价值属性

数字电网建设的本质是创造价值,使电网企业内部的垂直管理方式转变为扁平化管理方式,有效提升运营效率;释放电力数据资产价值,推动商业与运营模式转变,增强内生动力;实现从单一的能源服务企业向平台型企业演进,重新整合资源,重塑价值。

3. 数字电网的特征

从物理属性角度看,数字电网应该表现出本体安全、绿色消纳的特点;从技术属性角度看,数字电网应该充分利用数字技术实现数据的采集、存储、运算及驱动业务,表现出平台赋能、数据驱动的特点;从价值属性角度看,数字电网不仅利用能量流实现经济价值,还应构建能源生态体系,挖掘数据价值,表现出开放共享、创造价值的特点。

1）本体安全

利用新兴数字技术,打造涵盖电网全过程的数字孪生电网,使电网运行决策更加智能。

2）绿色消纳

通过数字技术准确预测可再生能源的出力和供应,实现分布式能源的就地供需平衡,提高可再生能源消纳能力。

3）平台赋能

在中台化理念的基础上,打造全覆盖的一体化数字业务平台,实现业务数字化。

4）数据驱动

以能源产业链的数据为关键的生产要素,利用数字化技术,促进业务优化与流程重造。

5）开放共享

以纵向连接电力产业链、横向综合能源生态圈为基础,通过数字化技术,促进能源生态系统利益相关者共同开放共享数据,使能源行业全要素、全产业链协同优化、深度互联,实现基础设施共享、数据共享、成果共享。

6）价值创造

以电力数据资产为生产要素,挖掘数据的价值,实现用户差异化的服务,数据价值的释放将推动数字经济繁荣发展。

10.5.3 数字电网的应用价值

数字电网是以数字技术培育电网及能源产业发展新动能的实践成果,将重塑能源产业发展格局,推动以电网为核心的能源生态系统构建。以电力数据资产为驱动的数字电网有着全新的价值体现,对电力企业和政府等均具有巨大的效益和价值,主要体现在以下三个方面。

1. 推动企业三商转型

数字电网将新一代数字技术应用于大电网安全稳定运行、大规模新能源接入、综合智慧能源、四网融合、大规模储能等关键领域，让技术进步促进企业转型升级，让数字化和智能化助力电网运行，提高电网的安全稳定性能，改善复杂大电网的管理，实现整个并网和整个生产过程的数字化，支撑企业向智能电网运营商转型。数字电网通过利用大数据和人工智能等新兴数字技术，推动了管理和业务的变革。管理由层级式转变为扁平化，管控由结果型转变为结果与过程同时管控，业务由专业化转变为平台化，价值创造由单一购售电盈利模式向数据型、服务型等数字经济方向转变。提高企业经营管理效率，驱动管理流程再造、组织结构优化并促进科学决策，创新企业与能源产业链上下游协作方式，拓展电动汽车、微电网、综合能源服务等业务模式，延伸数字电网产业链，整合并共享产业链资源，支撑企业向能源产业价值链整合商转型。数字电网通过开放合作，整合上下游数据资源，与上下游企业共同开发能源数据市场，促进能源生态系统利益相关者之间的开放合作和互利共生，支持企业转型为能源生态系统服务提供方。

2. 提升社会电力获得感

通过实施数字电网，构建新的数字服务平台，引入多个参与者，构建电力金融市场，提供更灵活、高效和个性化的增值服务，如灵活的能源使用、能源交易、能效管理和节能服务等，降低全社会的用电成本，提高人们的用电满意度，创造世界级的商业环境。提升人们用电的获得感，就是基于用户的视角，让用户感受到用电服务过程中所获得的尊重、便捷和舒适。

数字电网做到以用户为中心，充分满足用户的能源需求，帮助用户充分释放潜力，不断解放和发展社会生产力，增强社会创造活力。通过打造敏捷前台、高效中台和柔性后台，推动现代供电服务体系提质升级，塑造企业核心竞争力。敏捷前台加快服务转型升级，推广应用互联网客户服务平台，打造数字化用户旅程，让客户用电更方便。高效中台提升运营中枢效率，以用户需求为驱动打造"一体化智能运营"，以业务流程为主线，促进规划、建设、运维、材料、营销等多方面的有效协调，重点优化和重组快速复电等关键流程，实现价值流、业务流和数据流的高效运行。柔性后台提高资源保障质量，加强数据挖掘和分析运用，推进数字业务重组，构建连接各部门的数字平台。

3. 践行国家能源战略

通过数字业务技术平台，有效建立起贯通源—网—荷—储全环节的枢纽平台，实现纵向连接产业链，横向集结生态圈，贯穿能源生产、能源传输、能源消费的全过程，推动能源电力行业生产和服务资源优化配置。通过有效掌握上游清洁能源的发电情况，促进清洁能源消纳，引导用户合理用电，促进节能减排，维持能源供应的稳定性，保障国家能源安全。数字电网是全球能源互联的重要基础，推动全球数字电网标准化和相互协调，实现跨境、跨地区电网互联互通，促进区域间能源合作、互利共赢。

10.5.4 数字电网的发展方向

将先进数字技术与电网技术、业务、生态深度融合，引领数字电网标准，不断提升电网安全稳定运行水平;推进电网运营商体制改革,不断提升企业的资源配置能力、价值整合能力、改革创新能力和核心竞争力;推动和促进能源产业价值链优化整合,重塑能源产业格局,促进全社会能源优化配置,服务现代能源生态系统构建。

1. 电网数字化

电网数字化是数字世界中物理电网的完整映射,创建数字孪生模型,通过数字世界的功能在物理世界中运行,实现数字世界和物理世界之间的双向互动,实现电网量值传递、状态感知、在线监测、行为跟踪、趋势分析、知识挖掘和科学决策,电网数字化为电网向更高层次的智能化赋能,促进电网运行更加安全、可靠、智能、经济。数字技术回归电网本质,通过数字技术进步促进电网转型升级,适应在能源变革中的大规模新能源接入、电力市场改革、用户需求多元化等挑战,立足电网供需平衡,助力电网适应外部变化,让电网更加绿色、安全、高效、经济。

2. 客户服务数字化

客户服务数字化是客户服务过程中的数字化交互、自动化服务和智能化体验。电网企业构建现代供电服务体系,推进数字技术深度融入客户服务全业务、全流程,在客户服务和市场准入的情况下,建立一个高效的前台,基于资源共享和能力重用构建高效的中台,以系统支撑和综合保障为目标,打造强大的后台,通过广泛连接并拓展客户资源,实现线上线下的无缝连接,打造流程简洁、反应迅速、灵活定制的应用服务,提高服务效率和客户体验。支持业务创新,改善客户体验。

3. 能源生态数字化

能源生态数字化是基于数字商业技术平台创建智慧能源产业生态系统,使用数字技术管理能源、数据和服务的正常流动,以及创建更高效、更绿色和更经济的现代能源生态系统。通过构建面向政府、能源产业上下游、用户等产业链参与方的统一数字业务技术平台,使能量、数据、服务自由交易,实现整个生态共生、共享、共融、共赢。创新平台各方的交易和交互方式,增强电网运营商在能源价值链中的整合能力,支持企业向能源价值链集成商和能源生态系统服务提供商转型。

案例 10-3　南方电网公司数据资产管理

随着数字化转型和数字电网建设的深入推进,中国南方电网有限责任公司(以下简称"南方电网公司")提出以数据为核心生产要素,将数据资源逐渐向数据资产进行价值转化,打通源—网—荷—储各环节信息,以数据流引领优化能量流及业务流,通过数据资产管理的实践探索,创新构建了具有数据要素化、资产化特征的数据资产管理体系,加快推动数据资源向数据资产方向突破和演进,促进数据的融合应用、开放共享与流通交易。

南方电网公司承接其现有的数据资源管理体系,立足于数据资产管理现状,以数据资产"定责、确权、享利"和"拓量、优本、创利"的管理策略为主线,以创造价值为导向,结合公司发展现状及面临的实际问题,设计构建了基于数据要素化、资产化特征的南方电网公司数据资产管理体系,如图10-7所示。

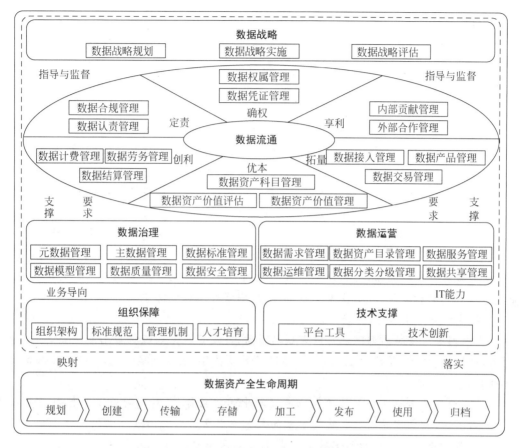

图 10-7 南方电网公司数据资产管理体系框架

数据资产管理体系以国家政策、法律法规、行业规范、生态发展等外部环境为指引,主要由数据战略、数据治理、数据运营、数据流通、组织保障、技术支撑 6 个模块共 36 项管理职能及数据资产全生命周期 8 个环节构成,通过清晰界定各项职能活动的定位和内在联系,相对完整地覆盖了南方电网公司数据资产管理的工作领域。同时,数据资产管理体系也围绕数据资产全生命周期各环节明确了需要开展的具体工作,有针对性地提出各种细化管理要求,确保执行过程准确到位,致力于实现公司高质量发展、"三商转型"、世界一流企业、"双碳"的公司战略目标。

南方电网公司践行数据资产管理体系框架,主要有以下六个方面的举措。

1. 建设全域数据认责机制,保障数据要素市场健康发展

南方电网公司在 2020 年完成了涵盖"网省市县"四级组织、囊括"业务、技术"双维岗位,粒度到记录级的数据认责体系建设工作,实现了数据管理责任的细化,以及责任的自动化追踪。

2. 首发数据资产定价,显化数据价值

在数据资产优本方面,南方电网公司基于数据产品多次性、多样性、组合性等特点,在成本价格法的基础上,综合考虑影响数据价值实现的因素,制定数据资产定价方法与标准。2021 年 1 月,南方电网公司发布了能源行业首个《数据资产定价方法》,为数据资产定价提供

了切实可行的方法指导。

3. 健全法律风险管控机制，筑牢数据合规屏障

在数据处理法律风险管控方面，南方电网公司从企业实际经营与管理的视角，围绕数据资产全生命周期，梳理分析了各环节可能存在的法律风险，制定相应的法律风险防范策略。2021年9月，其编制发布了《南方电网公司数据处理法律风险防范指引》，为公司法律风险识别防范提供规范指引，体现了央企的社会责任与担当。

4. 建立多方授权与共识机制，破局数据授权困境

南方电网公司在数据权属界定方面进行了积极的探索，针对中小企业信贷、互联网金融等典型场景，通过"数据资产凭证""三方授权"等模式，以契约为载体，权属确定为内涵，构建了各参与方互信互利的"多方授权与共识机制"，以突破当前数据资产确权难题。

5. 聚合产业生态数据资源，激发数据资源禀赋

电网企业是典型数据密集型企业，近年来，南方电网公司在数字电网建设、数字化转型方面均取得了明显成效。在数据拓量方面，南方电网公司经营过程中产生了海量的自动化数据、业务数据和管理数据，也整合了政府部门、能源产业链上下游和生态体系的数据，数据资源充足，数据品种多样，数据要素丰富多元，数据资源禀赋优势突出。

6. 构建数据产品体系，打造价值创造能力高地

南方电网公司坚持内部赋能与外部创新并蓄，开发了一系列数据应用和数据产品，构建了对外数据产品体系，并持续迭代完善，实现了开放共享、有序竞争、分工协作、互利共赢的数据生态。

一是充分发挥数据在公司管理和业务变革中的推动作用，对内打造了一批覆盖电网运行、客户服务、企业管理等大数据应用场景的大数据重点应用。2021年新增上线156个数据应用，推动大数据应用取得新的突破。二是南方电网公司打造了面向政府、企业、个人的数据产品共134个，促进了数据要素价值的开放共享与交易流通，实现了数据要素化、资产化、市场化的突破。

资料来源：中国南方电网有限责任公司. 南方电网数据资产管理体系白皮书[R].2021.

10.6 能源领域数据资产管理实例——数字油田

10.6.1 数字油田的建设背景

"数字油田"的概念起源于"数字地球"，数字地球是一个包含大量数据的虚拟地球。随着油田的信息化程度越来越高，1999年底，大庆油田首次提出了"数字油田"的概念。目前，"数字油田"仍是一个相对模糊的新概念，尚处于概念阶段，但其主要思想已经确定。进入21世纪，在我国石油工业领域，"数字油田"的建设进入一个快速发展的阶段，油田数据也越来越丰富，各种新思想和技术不断涌现，如"互联网＋"、物联网、云计算、大数据、区块链技术等，不断丰富数字化内容。

在传统的油气田工作中，往往把各种专业技术的研究、研发、技术应用放在头等位置，比如，利用地球物理勘探中的地震技术进行储层预测。钻井技术则是根据地质研究和地球物

理勘探结果,布井打钻,通过取样和测井获得油气储层位置。然后再利用各种技术,如射孔、压裂、注水等生产措施,生产油气,而把数据放在次要位置。实质上,油气田的勘探、探井钻采是一个数据驱动的过程,油气的获得依赖于人们对地壳中油气藏的认识,而对油气藏的认识又依赖于石油地质人员对数据的认识,需要对地震、地质、化验、钻井、工艺、油藏工程、地面等不同专业的数据进行采集、处理和综合分析应用。

10.6.2 数字油田的内涵特征

数字油田是广义上的油田综合数字化,包括地面和地下油田生产经营过程的数字化。它是一个全面的信息化油田,数字化表达油田土地、设备操作和生产过程等所有材料和事物,即将信息技术作为油田单位和公司数字化、网络化、智能化和可视化的工具。从狭义上讲,数字油田是以数字地球为导向,以油田单元为对象,基于地理空间坐标、海量数据和多数据聚合、多媒体和虚拟技术的多维表达,为油田单位提供全面信息的技术系统。

综合数字油田的概念和实际实施的情况,数字油田的特点可以归纳为以下四点。

(1) 数据中心的建设是数字油田的核心任务之一。

(2) 数字油田是多学科综合集成的油田信息系统,包括"纵向一体化"和"横向一体化","纵向一体化"也就是从数据源头开始,沿着数据的流向,规定一个流程,构成一体化的环境,即专业数据库→油田数据资产管理中心→项目研究环境。"横向一体化"就是数字意义上的勘探开发一体化,比如利用地球物理勘探和钻探、测井等手段,获取地下地质体的构造和储层数据,然后勘探技术人员根据对获得的数据的深入分析,提供地下油气藏的信息,并且基于开发人员的油气藏勘探报告建立油藏或油气藏勘探模型,合理地组织以开采油气藏。

(3) 数字油田以地理空间信息为基础,融合多种学科和技术。

(4) 数字油田的本质是对真实油田整体及其相关现象的统一性认识与数字化再现,是一个信息化的油田。

10.6.3 数字油田的发展趋势

数字油田的发展趋势可以从两个方面来看:一是数字油田自身的完善;二是向更高的层次发展。

从自身完善的角度,数字油田的发展趋势体现在以下四个方面。

1. 提高数据精度和密度

高精度的地震数据、高清晰的岩心图片、更加精准的测井仪和录井仪、各种自动化的井场监测数据,使数据量快速增长。物联网技术使数据采集的自动化程度提高,实时性增强,数据量大幅增长。为适应这一发展趋势,各种海量数据存储与管理技术将不断被应用到数字油田。

2. 数据中心集成的数据范围扩展到全油田业务

从核心的勘探开发数据中心向数字经营、管理方面扩展,从单一的成果数据扩展到过程数据,数据资源中心将由单一的勘探开发成果数据库扩展到多个领域数据库群。

3. 数据管理水平不断提升

随着数据采集、管理、服务规范的不断完善,数据生命周期管理逐步走向日常化,数据集成技术也不断发展。数据集成度增大,数据之间的关联更加紧密;数据模型具有自适应性,能满足数据类型的需求,数据管理水平的提升反过来会刺激油田各专业数据的建设。

4. 应用软件向服务化方向发展

传统的、单一的软件系统向基于云计算模式发展,不同的软件系统之间不仅仅是数据共享,更是功能共享、服务共享。专业应用软件的开发逐渐变得简单,领域专家很容易将自己的想法植入应用软件。

除自身的完善外,数字油田将向更高的层次发展。

1. 从数据层、信息层向知识层、智能化方向发展

通过人的心智模式的研究分析,认为人对世界的认识过程存在如下的认识过程链:事实→数据→信息→知识→智能→创新。从数据向上到智能,每一层都会附加价值,越往上获取难度越大。

数字油田以数据管理和信息管理为中心,通过数字化管理,将现实油田转换为数字油田,更好了解地下油气资源状态,在数字油田的运行中,通过信息管理使数据转化为人们可以理解的信息,如报告、图表等。

在此基础上,进一步的发展将上升到知识层面,即实施油田的知识管理,知识管理是信息管理的扩展和发展。知识管理将信息转化为知识,并利用知识提高油田公司的适应性和创新能力,即在适当的时候把相关知识传送到油田决策层、管理层、生产层,使其能够有效地利用知识进行生产、经营、管理,为油田产生效益。

2. 更加注重提升数据资产为油田带来的价值

如果把油田数据中心的成功运行作为数字油田发展的一个里程碑,此阶段仅相当于建立了面向储蓄的银行系统,形成了统一的货币和存取机制。但仅为用户提供简单的储蓄服务还不够,银行还要建立各种投资体系,将储蓄在银行中的钱集中起来进行投资,获取更大的价值。充分利用油田数据资产,利用数据挖掘、油藏资料的再解释等技术,提高数据的附加价值。

3. 虚拟现实技术的应用

数据的精细化和全面性为虚拟现实技术提供了应用的基础,可视化三维地质建模中的虚拟油藏场景将为油藏工程师提供一个新的协同解释、分析的平台;高危作业培训降低作业的风险,提高生产安全系数,同时也提供更加生动的知识培训手段;物联网与虚拟现实技术的结合,为油田生产和管理提供更加有力的支撑。

案例 10-4　中国石油化工股份有限公司产业数字化转型

在数字经济时代,数据成为驱动创新、引领升级的关键生产要素,是企业可持续发展的重要战略资产。中国石油化工股份有限公司(以下简称"中国石化")立足当前,围绕打造世界领先洁净能源化工公司远景目标,构建了"一基两翼三新"的发展格局,其中,"三新"之一是积极发展新经济。充分利用石化 e 贸、易派客等平台,高质量开发利用数据资产资源,打造石化特色服务生态圈,不断培育新动能,共享新经济蓬勃发展的时代红利。

中国石化高度重视数据资源的挖掘与分析利用,建设了经营管理数据服务平台,初步形成了数据治理和服务管理体系,建立了 3 万多个数据资源模型,支持了财务、物资、营销、金融等业务领域数据分析类应用;在生产领域开展了异常工况识别、生产预警、设备故障诊断分析等工业大数据应用,实现了设备运行状态的在线评估和故障诊断预警;开发了客户画像、客群分析、采购预测、营销分析等 10 余项客户大数据应用,在易派客、石化 e 贸平台和销售企业上线应用,其中易派客大数据应用被评为国家"2020 年大数据产业发展试点示范"。

中国石化聚焦于数据资产价值的创造,大力推进数据治理工作,建立健全数据标准体系、数据资源共享与数据资产管理机制,打破管理难题,消除"信息孤岛";建设集团级、企业级数据资源中心和统一的数据中台、数据服务平台,构建数据共享与服务体系;推进各领域大数据应用,高质量开发利用数据资产资源,实现数据资产增值增效;加强大数据、人工智能等专业人才培养,提高全员数字化素养和应用技能,大力推动业务数字化和数字化业务创新,积极培育数字新业态、新产业,发展壮大数字新产品、新服务,打造价值创造新高地,重塑产业竞争新优势。

资料来源:中国石油化工集团有限公司 科创局. 中国石化:以数字化转型促进能源化工产业高质量发展[EB/OL]. (2020-12-15)[2022-12-15]. http://www.sasac.gov.cn/n4470048/n13461446/n15927611/n15927638/n16135038/c16230671/content.html.

本章小结

本章围绕能源领域的数据资产管理,首先整体介绍了能源大数据的基本概念、特征及应用,然后分别从电力行业、油气行业以及煤炭行业对数据资产管理的相关内容进行了介绍。能源大数据是在电力、石油、煤炭、燃气等能源领域的现代化工业生产过程和运营过程中所产生的数据集合,通过对能源大数据进行分析和价值挖掘,可以为能源领域及其他相关领域的发展提供分析和决策支持。通过对电力数据资产进行收集、处理和分析,可以对电网进行实时监控。此外,还可以诊断、优化和预测电网的运行,确保电网的安全、可靠、经济和高效运行。通过对油气数据资产进行深度的挖掘与分析,可以更好地完善及优化油气开发方案。通过对煤炭数据资产进行分析,可以推动煤矿智能化的开发,实现设计、生产、运营管理等环节安全、高效。最后,通过数字电网和数字油田这两个实例,阐述了能源领域数据资产管理的具体实践应用,从中可以看出,数据将驱动能源领域向更加数字化、智能化的方向发展。

习题

1. 简述能源大数据的定义。
2. 能源大数据有哪些特征?
3. 电力数据资产的来源有哪些?

4. 电力数据资产的价值体现在哪些方面?
5. 简述油气行业数据资产管理的过程。
6. 简述油气行业数字化转型的关键。
7. 煤炭行业数据资产的来源有哪些?
8. 煤炭行业数字化转型的关键是什么?
9. 什么是智能煤矿?
10. 智能煤矿数据治理框架包含哪些内容?

即测即练

第 11 章 环境领域数据资产管理

11.1 环境数据资产概述

11.1.1 环境数据资产相关概念

随着环境信息技术的飞速发展,环保部门通过环境质量监测工作、生态环境调查工作及污染源管理工作,积累了大量数据,包括污染源数据和环境质量数据。此外,由相关职能部门(如农业、林业、气象、水利、国土等)产生的环境相关政务、业务数据,以及基于互联网和社会化获取的信息资源,如互联网媒体、社交网络、管理服务对象信息系统等,提供了环境数据补充来源。

1. 环境大数据的概念

环境大数据的概念分狭义和广义两种理解。从狭义角度来说,它是在海量数据的基础上,借助云计算、人工智能等数据分析技术,解决环境领域的关键问题;从广义上理解,它是以数据技术为驱动的面向环境保护与管理决策的信息技术。从根本上说,环境大数据就是运用大数据的理念、技术和方法,对环境范畴的数据进行采集、存储、计算与应用,为提高重大生态环境风险预测、预报和预警水平,提升环境管理决策水平,推进环境治理体系和治理能力现代化提供科技和数据支撑。一般认为,环境大数据是为生态环保决策问题提供服务的大数据集、大数据技术和大数据应用的总称。

2. 环境数据资产的概念

通过大数据技术对不同类型的生态环境数据进行深度分析,并将生态环境数据与其他领域的数据进行关联和解析,从而形成环境数据资产。因此,环境数据资产应该属于环境大数据的一部分,环境数据资产更多体现了环境大数据的实际应用价值。另外,环境数据资产隶属于政务数据资产的一部分,因为大部分的环境数据都由政府的环保部门进行监测和收集。因此,参考政府数据资产的定义和环境数据资产本身的特点和来源,本书将环境数据资产定义为:环境数据资产主要是指政府环保部门通过科学化、智能化的数据处理技术将智能机器设备捕捉到的数据或人工勘测获取的数据进行加工处理所形成的数据资产。

11.1.2 环境数据资产基本特征

在生态环境领域形成了大量数据。这些数据来源多样,结构多样,涉及各个行业和不同部门,具有"6V"特点,即规模性(volume)、多样性(variety)、高速性(velocity)、价值性(value)、真实性(veracity)、易受攻击性(vulnerability),此外还具有高维、高复杂性、高不确定性、高应用价值"四高"特点。随着我国工业化、城镇化及农业现代化的加速推进,环境领域的数据将呈现爆炸式增长态势。

1. "天空地"一体,环境数据量巨大

环境大数据主要来自生态环境、气象、水利、国土、农业、林业、交通、社会经济等部门,通过空气质量、水环境质量、噪声环境质量监测设备来感知和获取数据,也可以通过生物、化学、射频识别、卫星遥感、视频感知、光学传感器、人工检测等手段进行感知,数据类型涉及"天空地",数据量庞大。此外,环保工作人员也能够借助国家12369环境投诉网络系统的电话、微信、微博等渠道获取互联网上的生态环保舆论数据。例如,环境污染数据就包括污染源、污染类型、污染程度、分布状况、影响范围、危害大小、交叉程度、持续时间等各类数据,这些数据无时无刻不在发生变化,属于动态数据。这些数据可以划分为半结构性和非结构化的多维度数据。

2. 环境数据类型、来源和格式具有复杂多样性

由于环境数据自身的复杂性(类型复杂、结构复杂、模型复杂),环境数据的感知、表达、理解、计算等诸多方面都存在着较大的困难。环境数据中除了可以用二维表结构进行逻辑表达的结构化数据(如各类环保数据库中的数据文件、环境公报和归档日志)外,还包括各种环境监控数据、排污照片、视频、地理位置、记录、网络博文、往来邮件、链接信息等半结构化或非结构化数据。随着各类传感器、视频监控、GIS(地理信息系统)、移动终端等智能设备的广泛应用,以及互联网、移动互联网等新媒体的普及,半结构化和非结构化环境数据将占绝大部分。由于其环境数据自身的价值并不高,因此,必须对其进行数据清洗、整合、建模、导出和可视化,从而将原本质量不高但数据量大的原始环境数据转换为有用的、具备高价值的环境数据资产。借助大数据预处理技术、数据挖掘技术和云计算平台等技术和平台建立生态环境领域碳排放清单、模拟环境质量、制订最优减排方案,能够极大地提升速度和准确性。

3. 具有很大的不确定性

同其他领域大数据一样,环境数据最显著的特点就是数据量庞大。由于数据来自生态环境领域的各个部门,不同部门在数据采集和存储过程中没有一个统一的标准和规范;而且通过传感器、智能手机、社会网络等多种感知进行收集,即使来自同一个部门,数据形式也是多种多样的;加上不同行业之间的信息交流水平不高,统一指标的数据也存在不一致性和高度的不确定性。由于数据收集具有很大的不确定性,因此数据可能存在错误或不完整。

4. 具有很高的应用价值

环境数据中蕴含巨大的价值,但原始数据中存在大量无关或低度相关的信息,从海量数据中提取有价值信息的难度高。如各类环境传感器、360度全方位视频监控等智能设备能够对特定环境进行 7×24 小时生命周期监测,但有价值的监控信息可能异常短暂。只有对海量的、繁杂的数据进行分析和处理,才能够提取出一些有用的数据,然后再根据实际情况加以利用。因此,需要全面识别、准确提炼、系统集成、高度融合各类原始数据,才能挖掘出有价值的信息,形成环境大数据。环境大数据加强了数据之间的关联性和融合性,利用大数据技术进一步提高数据价值、提升使用效果,形成环境数据资产,从而为环境质量的优化提供数据支持。在进行环保控制的过程中,会涉及气象、空气质量等方面的数据。因此,要建立一种新的数据模式,把数据有机整合在一起,以确保在城市的治理中起到一定的作用。在建立数据模型时,可以将物理、化学、气象等多个领域的数据有机整合起来,提高数据的准确性和可操作性。

5. 需要动态数据和历史数据结合相处理

环境传感器数据的一个重要特点是,除了信息本身所包含的环境物理量的测量值之外,其信息本身的时间和空间特征,也就是其分布信息是非常关键的。很多情况下,由于时空分布信息,环境数据具有一定的局部性和不完全性,其利用价值受限。环境数据中的时间和空间信息有不同形式。比如固定地点布设的环境传感器,其发布的数据一般会包含一个采样时间戳,以及一个站点编号,站点编号对应了其经纬度坐标。移动设备在发送数据的时候往往附加传送设备当前所在位置的坐标值。在时间维度上,环境数据可分为历史数据和实时数据,而各种预报系统需要借助历史数据和当前的数据对未来情况进行预测或预报。

11.1.3 环境数据资产的类型

环境领域的数据资产有很多种,不同的分类标准,产生的分类结果也不一样。

从环境数据的获取方式来看可将环境数据资产划分为部门政务信息、环境质量数据(如大气、水、土壤、辐射、声、气象等)、污染排放数据(污染源基本信息、污染源监测、总量控制等各项环境监管信息)、个人活动信息(如个人用水量、用电量、废弃物产生量等)等。各级政府部门、公众、媒体、环境非政府组织等都是信息公开的潜在对象。环境数据既包含物理、化学、生物等性质和状态的基础测量值,能够用二维表结构来进行数据的表示,也包含随着互联网、移动互联网和传感器的迅速发展而产生的各种半结构化和非结构化的数据。

按照环境数据资产的用途,环境数据资产可分为环境监测类数据、环境监测设备数据、环境污染防治数据。环境监测类数据可以帮助政府规划人员及时了解环境状态,并预测未来环境状态,从而制定相应的环境政策,有效改善环境质量。对企业来说,及时了解企业生产对环境造成的影响,可以根据环境政策和政府对企业的环境要求来调整企业的生产。环境监测设备数据是指政府或者企业所拥有的环境监测设备数据资产,这些数据可以有效地反映政府或企业环境管控实力。环境污染防治数据也是一项重要的环境资产,从

扩展阅读 11-1
让环境数据和公众参与发挥力量

历史环境污染防治报告或调查结果中可以明确环境历史状况，对当前的环境治理难度进行评估。

对环境数据资产更为详细的分类是按照环境大数据集成类型，可以将数据划分为环境业务数据、中间数据以及专题数据。

1. 环境业务数据

环境业务数据库的建设主要按照数据库建设的技术及流程标准对多方面、历史的、动态的环境基础数据资源进行收集、整理、整合；环境业务数据资源主要包含污染源数据、环境质量数据、环境政务数据、环境空间数据、文档数据及公共编码数据。

1）污染源数据

污染源数据主要包括建设项目管理、重点污染源在线监控、污染源监督性监测、排污申报、排污收费、环境信访、行政处罚、固废监管、公众监督与现场执法等各方面的业务数据。污染源在线监测系统可实时采集在线监测器检测到的污染物排放数据，超标后自动报警。同时其也能够对治污设备运行状态监控，实时监控现场仪表运行状态、治污设备启停状态等，可自动监控现场运行状态（运行、停止或故障等）。

2）环境质量数据

环境质量数据是对目标区域近期空气质量、地表水、声环境质量的定量描述，是对一个动态系统的定量描述。环境质量数据主要包括水环境质量的自动监测和手工监测、空气环境质量及噪声环境质量的自动监测和手工监测等数据。

3）环境政务数据

环境政务数据，指政府环保部门在履行职责过程中产生的，以电子或者非电子形式记录、保存的文字、数字、表格、图像、音频、视频等，包括直接或者通过第三方依法采集、依法授权管理和因履行职责需要依托政务信息系统形成的数据等。环境政务数据主要包括政策法规、规划计划、公报年报等，主要通过资源目录来进行管理。

4）环境空间数据

环境空间数据是地理空间数据（geospatial data，GD）中用数字或地图方式表征的区域或城市生态环境系统信息。生态环境信息是开展环境监测、分析评价、模拟预测和规划决策的依据，而环境空间数据是生态环境信息的数量化或地图化表示。环境空间数据主要包括各类地图数据和环境专题数据，用以支撑环境数据的空间应用与分析。

5）文档数据及公共编码数据

文档数据主要包括各类环境标准数据、环境法律法规数据及公文数据，用以支撑环境业务工作。公共编码数据是一类比较特别的数据，这类数据主要包括环境业务中的各类标准化代码，如行政区划、行业分类、污染源类别、建设项目性质等，这些数据有的采用国家标准，有的采用行业标准和工程标准。

2. 中间数据

环境业务数据一般都是分散的，反映某一业务管理领域的问题，需要进行加工和整合，实现数据的标准化，解决数据统计口径不一致、一数多源、冲突和冗余问题，提高数据的准确性、可靠性、一致性和可用性，获取唯一真实可信的数据视图。

中间数据资产类型主要包括数据库、报表、专题地图、统计图表、研究报告等,总体上是根据各种环境信息的划分原则建立和整理的。从多个视角对基本资料进行初步加工、进行逻辑性的划分,以适应复杂、变化的环境治理要求。

其中,中间数据来源的构建分为两个方面。

(1) 根据环境数据资源的特征及分类原则,对环境业务数据资源进行加工、处理,得到的中间环境数据。

(2) 根据环境数据资源的特征和分类规则,对所采集到的资料进行划分、重组,形成的中间结果数据。

3. 专题数据

专题数据是根据数据分析的需要,对数据进行归纳综合而形成的。专题是一个与业务应用中某个特定的宏观分析范畴相适应的抽象观念,在较高层次上对分析对象的数据进行一个完整、一致的描述,并定义和揭示出每一个被分析对象所涉及的业务各项数据及数据之间的联系。专题数据的构建,是根据环境数据资产管理的特征和特定的需要,对中间数据进行深度理解和重新整理,并以环境主题数据的方式呈现与分享(同时也包含在该研究和研究中心所产生的环境专题资料中),用以协助环保管理与环保政策的制定。环境专题数据可分为以下几种类别。

(1) 环境基础数据专题:环境统计数据专题、环境质量数据专题等。

(2) 热点环境问题数据专题:淮河污染与治理数据专题、我国生物多样性数据专题等。

(3) 环境应急数据专题:四川沱江水质污染数据专题、甘南藏族自治州夏河县麻当镇泥石流灾害数据专题等。

(4) 环境科研项目数据专题:中国西部和中东部生态遥感项目的研究成果数据专题。

(5) 与地理实体有关的环境数据专题:包括小流域环境管理数据专题、重点环境保护数据专题等。

案例 11-1　垃圾分类产生的环保数据可以拿到银行融资 杭州首开数据贷款先河

蔚复来(浙江)科技股份有限公司通过利用从垃圾分类运营活动中产生的环保测评数据,获得了杭州银行科技支行为其授信的 500 万元。2021 年 9 月,在浙江省知识产权金融服务"入园惠企"行动(2021—2023 年)现场推进会上,全国首个知识产权区块链公共存证平台上线,会上举行了由杭州本土企业通过数据资产出质的全国首单数据知识产权质押融资签约仪式。蔚复来(浙江)科技股份有限公司是其中之一,据悉,其产生的相关数据资源还将计划用于其居民垃圾分类分析项目。

"以往只有专利和算法等知识产权才能用来质押融资,但事实上大数据对我们企业而言也算是重要资产。"浙江凡聚科技有限公司创始人秦路说,通过将数据质押融资,在某种程度上赋予了数据一定的价值,也为企业解决了融资难的问题。事实上,两家公司受益离不开杭州积极探索创新知识产权质押新模式。此前,杭州以《数据安全法》出台实施为契机,以知识产权区块链存证平台为基础,深入企业走访调研,了解企业数据资产运用情况、数字质押融资需求,召开数据质押推进协调会,邀请相关专家和机构探讨工作推进方式。此次数据抵押通过与银行、担保机构、数据公司对接,利用大数据、区块链等技术,采集企业生产、经营链上的各种数据,并通过区块链存证平台发放数据,将数据转化为可计量的数据资产。杭州市市场监督管理局相关负责人表示,通过进一步金融创新,获得银行的质押贷款,真正释放数据内在价值,为实现数据资产价值提供了先行经验。

如今,数据作为数字经济的核心生产要素,已经成为科技创新的突破口,为经济发展源源不断注入新动能。据悉,杭州以"需求导向、统一标准、安全可控"为理念,开发建设了数据归集开放平台,探索研究分级分类开放模式,推进多元主体合作交流,有序释放公共数据的社会价值和市场价值。

资料来源:垃圾分类产生的环保数据可以拿到银行融资 杭州首开数据贷款先河[EB/OL].(2021-09-10)[2022-11-20].https://baijiahao.baidu.com/s?id=1710473484974032060&wfr=spider&for=pc.

11.2 环境数据资产管理的内容

11.2.1 环境数据资产目录体系编制

环境数据资产目录体系编制是将环保部门或者环保企业的信息资源核心元数据,按照信息资源分类体系或者其他方法进行有序排列的过程。因此,建设环境数据资产目录体系需要满足两方面需求:首先实现跨区域数据共享;其次满足特定部门之间的数据交换和共享需求。

1. 环境数据资产的分类

环境数据资产的分类是指将具有一定属性或特性的数据资产进行整合,通过其特性来区别不同类型的数据资产,最后建立环境数据资产目录分类体系,从而对环境数据资产进行合理化管理、共享和服务。在环境数据资产分类编码过程中,要遵循系统性、兼容性和科学性原则。

2. 环境数据资产目录技术

目录技术主要涉及环境数据分类、目录构成、目录结构、目录存储与检索等技术。目录体系平台包含公共信息资源目录库和交换服务目录库两类目录库。公共信息资源目录库主要用于提供政府环境信息资源目录信息;交换服务目录库主要提供交换服务地址等目录信息。

3. 多维树状环境信息总体架构

环境信息架构主要包括环境属性维、信息属性维和时空定位属性维,如图11-1所示。

1) 环境属性维

环境是一个多要素的复合系统,信息量十分丰富。在对国内外的环境政策和自然环境因素进行分析的基础上,根据国内使用者对环境信息的需要,将环境属性维分为活动行为和环境要素。活动行为主要是按照政府对环境的监管进行分类,具体内容包括环境管理、生态保护、污染防治、环境科学研究、公众参与、环境产业发展。环境要素是根据人们对自然的认

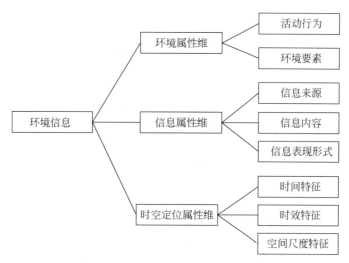

图 11-1　多维树状环境信息总体架构

知,将其划分为水、大气生物、土壤、辐射、声和社会等要素。

2) 信息属性维

信息属性用于描述环境信息的来源、内容和表现形式,为信息的规范化提供技术上的支持。对环境资源进行专门的分析,利用相关的数据整合技术,可以实现对环境资源的自动接收与储存。环境信息来源主要有内部信息、跨部门信息、公共网络资源和公共科技资源。根据对环境内涵的分析,环境信息内容可以分为科普知识、监测预警、行政审批、法律检测、法律政策、新闻公告、科研成果。根据环境信息表现的一般分类,环境信息表现形式可大致分为文本、图表、声音、视频、地图。

3) 时空定位属性维

环境具有明显的时空特征,因此,环境信息必须能够体现其时空特征,时空定位属性维分为时间特征、时效特征和空间尺度特征。

时间特征:主要根据与环境信息相联系的自然时间进行定位,将其分为预测信息、当前信息和历史信息三类。

时效特征:根据所收到的信息的时间效力进行定位,将其分为实时信息、准实时信息、延迟信息等。

空间尺度特征:根据与环境相关的地理位置来进行空间定位,将其划分为世界、国家、区域、流域和地方等。

11.2.2　环境数据标准管理

环境数据标准是指保障环境数据的内外部使用和交换的一致性与准确性的规范性约束。环境数据标准管理的目标是通过制定和发布由数据利益相关方确认的数据标准,结合制度约束、过程管控、技术工具等手段,推动环境数据的标准化,进一步提升坏境数据质量。

1. 制订环境数据标准管理计划

首先要确定环境数据标准管理相关负责人与参与人,形成正式组织。强有力的组织能够对数据标准化工作形成强有力的保障。标准化工作涉及环境业务和技术两个领域,而两个部门之间需要进行有效的交流与协作,因此需要选出一个高层领导进行统筹协调,担负起决策任务。其次,需要开展数据标准需求采集与现状调研,根据不同的群体对环境数据的需求来构建组织级数据标准分类框架。标准制定是标准体系逐步建立的关键环节,需要通过内部专业人员的分析和探讨,结合实际情况,制定并发布数据标准管理规划与实施路线。

2. 环境数据标准执行

标准执行是标准化工作的重要环节。在环境数据标准分类框架的基础上,需要对环境数据标准进行定义。依据环境数据资产管理认责体系,环境业务主管在制定环境业务制度和环境管理手册时,应将业务层面的数据标准要求纳入相应的制度和手册。在数据录入和维护操作时,环境业务操作人员必须严格遵守数据规范,从业务的根源上确保数据的正确性。在标准实施过程中,要以业务驱动为原则,结合实际条件、实施成本、风险和影响程度,制定出标准落地的优先次序和实施内容。对新开发的系统,必须按照现有的规范进行标准化处理;在进行系统更新时,必须严格遵守现有的制度;当外部采购的系统向其他的系统供应资料时,应当把自身系统数据转换成规范化的数据,然后再向外界公布。

3. 数据标准管理的检查

为了保证标准制定、执行等环节顺利开展,需要在不同环节设立监督检查点,对数据标准的适用性、全面性进行及时检查;依托平台工具,检查并记录数据标准应用程度。比如在系统开发阶段,不仅要对已开发完的数据模型进行标准规范性评审,也要定期对数据标准执行情况进行考核,并将考核结果编制成报告进行发布。除此之外,还要建立标准化工作的考核指标体系,指标体系的建立要符合实际,易于考核。最后要将具体执行情况列入评价指标,从而加大执行力度。

4. 数据标准管理改进

通过制定数据标准维护与优化的路线图,遵循数据标准管理工作的组织结构与策略流程,各参与方共同配合进行数据标准维护与管理过程优化。标准维护对保持标准"活力"至关重要。必须根据外部标准、监管制定和行业内部的发展需要,不断地对数据标准内容进行修改和完善,对已经过时的数据标准及时进行更新和淘汰。

11.2.3 环境数据质量管理

大数据在环境领域的重要应用之一便是环境数据质量管理。拥有真实准确的高质量数据是保证大数据分析结果准确的关键,数据质量越高,大数据分析结果就越准确。要借助相关技术手段,按照一定的程序剔除环境大数据中不真实甚至具有误导性的数据。因此,建立一个高效的数据质量管理系统去分析收集到的大量复杂数据、筛选出真实有效的数据是非常有必要的。环境数据质量管理体系主要包括制定环境数据质量方针和目标、数据质量策划和控制、质量保证和改进等活动,保证环境数据的全面性和可靠性。

环境数据质量管理体系建设可以用来发布环境质量数据。目前,我国的大气环境状况已经基本达到了即时的数据传输和利用地图的直接显示,但是仍然有一些问题,如监测站点设置的科学化程度不够、密度低等。利用微型传感技术和大数据处理技术,可以获得更准确的空气质量数据。微软提出的基于大数据的城市空气质量细粒度计算和预测模型 Urban Air 是这一方面的成功案例。Urban Air 模型使用由大气环境监测站提供的空气质量数据,结合了交通流、道路结构、兴趣点分布、气象条件和人们流动规律等大数据,使用机器学习算法,建立数据和空气质量的映射关系,进而推断出整个城市细粒度的空气质量;总结起来,就是借助有限的环境数据,结合其他看似与环境数据不直接相关的异构数据源,最后建立一个区域空气质量检测的网络模型,通过该网络模型观察 1 千米×1 千米范围内空气质量的细粒度。基于这些区域的高精确性和高质量数据可以为环保部门的决策和管理人员提供科学的参考。水、声、固废、辐射等环境质量信息的发布也可借鉴空气质量管理经验,提升环境管理的精细化水平。

11.2.4　环境数据安全管理

环境数据安全是环境数据资产管理的重要内容之一。同其他数据资产管理一样,环境数据安全管理应该贯穿数据资产管理的全生命周期。从数据的采集到最后的存储,都应该确保数据资产的安全。环境数据资产安全管理主要包括环境数据采集安全、环境数据传输安全、环境数据交换安全和环境数据存储安全。

1. 环境数据采集安全

环境数据数量庞大且内容丰富,涉及"天""地""空"三大数据源。因此,必须对这些数据进行分类和等级划分,并对环境数据进行有效和合规的收集,以便为环境数据安全管理建立有效的安全基础。在数据清洗、转换和加载的过程中,必须确保数据的完整性、一致性和可用性。最后,要全面地构建各单位的数据质量监测系统,确保数据采集过程中获取数据的准确性、及时性、完整性和一致性。

2. 环境数据传输安全

部分环境数据涉及我国地理信息,为保证国土安全,这些数据并不能公开。因此,在进行网络通信和传输时,需要采用加密、签名、鉴别和认证等技术来保证敏感环境信息的安全性,并对其在传送时执行的安全性措施进行监测,以避免在传输时发生的敏感环境信息泄露和用户对其身份的否认等问题。

3. 环境数据交换安全

首先,在对环境数据导入、导出过程中要对环境数据的安全进行有效的控制,防止相关过程中可能对环境数据自身的可用性和完整性构成的危害,以及可能存在的数据泄露风险。在进行环境数据交换和共享时,要对交换和共享的环境数据进行安全性风险管理,确保环境数据的有效性和法律法规的一致性。在公布相关环境数据时,必须严格地对数据的格式、适用范围、发布者与用户的权力和责任进行严格的管制,以确保数据的安全可控和合规。为防止数据滥用、数据泄露等,要系统化建立数据交换监控机制。

4. 环境数据存储安全

扩展阅读 11-2 四川首个垃圾分类智慧监管系统成都上岗——成都移动联合武侯区综合执法局助推智慧环保

环境数据存储安全是数据资产管理的重要部分。在此过程中,相关技术人员首先通过基于组织机构的数据量增长、数据存储安全需求和合规性要求制定适当的存储架构,以实现对存储数据的有效保护。其次,要根据环保部门对数据存储安全的需求和合规性建立环境数据访问控制机制,防止不法分子对未授权环境数据进行访问和盗取。再者,定期开展数据复制、备份和恢复训练,从而实现对所存储的环境数据的冗余性管理,进一步保证数据的有效性。最后,建立标准化的数据存储程序,并采取相应的安全防护措施,以保证归档数据的安全。

11.2.5 环境数据资产管理过程中的技术应用

当前,随着环境监督要求的不断提高,环境数据资产的管理也需要更加智能化、公开化。首先,应利用物联网、智能传感器、云计算等技术,建立环境监测信息的监测系统,实现定点采样、自动监测、现场视频和移动终端等多种监测手段的广泛互联、信息融合、实时接入和共享。要把环境信息作为一种宝贵的数据资源,对其进行全面的开发。同时,应利用云计算、数据挖掘、多元统计分析等手段,研发综合分析软件和多维可视化表示手段,将环境污染数据资源与现代科技相结合,建立一个集成的环保监测大数据云服务平台。面向环保系统及全社会推出系列化环保质量监测综合分析数据产品,并按各级环保管理部门与社会公众需求提供云计算服务,包括环保质量多维查询、动态分析、趋势预测、综合评估、风险预警、生活服务等,全面实现从监测信息到监测服务的跨越。这其中涉及多种技术,具体如表 11-1 所示。本章重点讨论卫星遥感技术、大数据技术、云计算技术以及人工智能技术在环境数据资产管理过程中的应用。

表 11-1 环境数据资产管理架构中的关键技术

环境数据资产管理架构层次	作　　用	关　键　技　术
数据源层	主要有自然环境的检测感知数据、社会活动的环境流通数据、环境管理的业务数据等	卫星遥感技术、声光学传感器、生物传感器、化学传感器等
采集与集成层	对不同来源、不同类别的数据进行汇集,借助多源信息获取技术,结合数据标准、数据关系分析、质量控制等数据管理规范保证获取到有效的、高质量的数据	日志采集、网络爬虫等
存储层	将不同存储结构的数据按照一定的标准进行分类和存储,从而形成环境大数据核心资源	NoSQL 数据库管理系统、分布式文件系统、虚拟化技术等

续表

环境数据资产管理架构层次	作用	关键技术
分析层	环境大数据的智慧大脑,借助各种数据处理挖掘技术对数据进行处理和挖掘从而获取更高价值的环境数据资产	大数据技术、数据挖掘、统计分析、人工智能、分布式计算等
应用层	人机之间的交互通道,根据现实的需求筛选数据,借助数据展示和系统操作去解决问题	大数据可视化技术(基础绘图、空间绘图等)
用户层	用户层主要包括政府部门、环境监管企业、公众以及环境科研部门	云计算

1. 卫星遥感技术

遥感,广义上是指从远处探测、感知物体或事物的技术,它不需要接触物体本身,而是利用远距离探测感知物体,利用各种设备从远处探测并从物体中获取诸如电场、磁场、电磁波等数据,然后对所获取的数据或信息进行加工、解析,从而确定物体的属性以及它们的空间分布等特性。无人机遥感技术则是利用无人机、遥感传感器、遥测遥控、通信和遥感应用等技术实现对遥感数据自动化、智能化和专业化的采集、处理和应用的技术。

遥感技术因其具有观测范围广、数据信息量大、精度高、实时性和动态性强等特点,现已成为生态环境监测和评估的主要手段。遥感传感器可提供多样化的数据,利用不同传感器所获取的遥感影像可进行土地盐渍化、沙漠化、区域生态环境状况、矿区生态状况的监测。例如,不同学者采用多种分类方法和波段组合进行不同地区、不同时间序列的盐渍化监测;利用不同遥感影像进行不同区域的土地沙漠化动态监测;利用多光谱遥感影像进行太湖生态环境监测;利用遥感生态指数,基于 Landsat 7 和 Landsat 8 影像数据进行矿区的生态变化监测。同样地,在环保管理、环境监测、环境应急、环境监察、生态保护等领域,"天空地"集成的卫星遥测技术得到了广泛应用。它同时利用地面遥感车、气球、飞艇、火箭、人造卫星、航天飞机和空间站等多种观测系统,最大限度地发挥它们的协同作用,并配备多种功能的感应器,从而实现对全球陆地、大气、海洋的环境信息立体的实时观测和全天候的监控,这是将来获取全球地表和深部空间信息的主要方法,也是智慧环境系统获取基本数据的关键技术。

在环境数据资产管理工作中,应用大气遥感环境监测系统,能够在很大程度上打破传统技术存在的局限,真正意义上实现了任何地点以及时间,都可以对空气质量进行监测。将监测到的空气技术指标传回到系统中,结合大数据技术,有效地整理以及分析,可以有针对性地制订治理方案。

2. 大数据技术

1) 环境数据采集的应用

在环境监测的过程中,有关环境的监测数据是非常重要的。一方面,数据可以直观地表现环境的状况。另一方面,通过不同时期的环境数据对比,可以有效了解环境是否被污染、破坏,为之后的管理工作提供充分的依据。而将大数据技术应用在环境监测的数据采集中,其作用有两个方面：一方面，大数据技术可以对环境数据保持一种长时间的管理状态，相较于传统的信息载体，其监测数据跨度可以达到数十年之久。另一方面，应用大数据技术，可以胜任多类型的数据监测工作。随着我国工业能力的加强，各种各样的环境问题凸显，再加上环境种类的不同，因此所需要监测的数据类型更为复杂多变，而大数据技术则拥有较强的多线程分析能力，保证不同类型环境数据的精准性。

2）环境数据处理的应用

有关环境的监测数据有着共同的特点，即量多且复杂。而大数据技术本身就拥有较高的数据分析处理效率，一方面，大数据技术可以对所监测到的环境数据以模块化整理，在确立数据模块后，会第一时间检索数据，排除不必要的冗余数据，比如一些不完整的、存在多条重复的数据，都能够被准确识别，并以此保障环境数据的准确。另一方面，在排除多余数据后，大数据技术针对数据的完整性、合理性进行监测，并将有效信息通过设定的需求，形成直观的数据分析图，有助于环保工作人员的后续处理。

3）环境数据模型的应用

在环境监测中，其数据有着不同的作用，如分析环境当前污染状况、环境未来污染变化、环境污染源的识别等。而大数据技术可以结合这些需求，来构建数据模型。虽然在以往计算机普及时，工作人员可以通过计算机来进行分析，但都是基于已经分析好的数据，在实时性上还是有一定的不足。而大数据技术则弥补了传统计算机实时性的不足，其可以通过数据模型保持实时运算状态，这不仅提高了环境数据的应用价值，同时其本身的动态性也给环境保护的各项对策提供了有效的支持。

3. 云计算技术

云计算是一种利用互联网实现随时随地、按需、便捷地访问共享资源池（如计算设施、存储设备、应用程序等）的计算模式，为大数据分析应用提供技术支撑与基础平台。通过云计算，用户可以根据其业务负载快速申请或释放资源，并以按需支付的方式对所使用的资源付费，在提高服务质量的同时降低运维成本。大数据时代，环境影响评价中的环境问题识别、影响的预测分析、风险评估等一系列分析可由云计算完成，这将大幅提升环境影响评价工作的数据分析效率与准确性，同时降低环境影响评价的成本。

同时，云计算也是大数据环境影响评价的核心。根据信息分析技术在环境管理方面应用需求，目前环境信息分析主要依赖环境质量监测管理系统、污染源监控管理系统、总量控制与管理系统、环境突发事件应急管理系统等一系列传统的环境管理信息系统。这些系统主要在环境管理部门内部使用，且系统之间缺乏有效的联动，造成环境信息综合分析能力弱和资源的极大浪费。环境影响评价的分析包括环境质量分析、污染源分析、污染的时空影响预测等多种数据分析手段。通过对现有环境管理系统分析能力的整合，构建环境云计算平台，可以提高环境影响评价分析决策效率，节约环境分析和管理的成本，实现环境影响评价从单个项目独立评价向统一平台下的联合评价转变。

在环保领域，云计算也能够通过数据的分布式数据挖掘，实现对环境的有效监控和管理，为减排、环保管理、环保执法提供科学、准确、及时、有效的数据，并监测环保治理效果，动态更新治理方案，优化环保结构，在减少软硬件设备资源投入的前提下，在虚拟平台中分配资源。

4. 人工智能技术

在智能工业迅速发展的当下，智能传感器成为生产过程中必不可少的元件，随着"环保热"的持续升温，环境传感器应运而生。环境传感器主要包括土壤温度传感器、空气温湿度传感器、蒸发传感器、雨量传感器、光照传感器、风速风向传感器等。如今，环境传感器可有效感知外界环境的细微变化，是环境监测部门首选的高质量仪器。其中，作为环境监测系统的"三大基石"，气体传感器、水环境检测传感器、土壤污染检测传感器发挥着越来越重要的作用。AI边缘计算感知设备如摄像头的可视化环境监测在环境治理中发挥着"耳目喉舌"作用，在AI视觉技术的支持下，大气污染、水污染、固废污染、土壤污染都可以得到更好的监测，为环境治理提供决策依据。

例如，采用AI技术对城市下水管网的承载和漫浸计算，能够快速准确地对"海绵城市"隐患点涉水排查进行不同压力环境下的模拟和仿真，通过物联网传感器的感知数据，进行数据样本的训练推理，能够对价值数据进行数据聚类，提供对管网检修台账、高精度识别水位、作业巡控、水患层级应急预案响应。这样的AI技术结合物联网已经广泛应用于城市内涝治理、水务管理、河长制、海绵城市、楼宇雨污分离等民生大事中。

AI技术在环境保护方面的运用，能有效地降低环境保护费用，降低风险，加强对边远地区的巡查与管理。运用AI技术对污染物进行分析，能够对不能丢弃、不能填埋或燃烧的污染物质进行检测；运用人工智能人脸辨识技术，可以帮助警察缉拿危害环境的犯罪嫌疑人。将AI与5G相结合，将有利于改善环境监测、数据传输、治理现状，环境保护与突发事件的治理能力，进而提高政府的政策制定能力。

扩展阅读11-3
玉树：以大数据、大平台、大系统建设，推进环境管理转型

11.3 环境大数据的应用

11.3.1 在环境监测领域的应用

环境监测与治理实质是环境数据的采集与处理。环境监测需要借助各类监测设备即时进行，获得动态化的环境质量变化数据，数据的采集与分析均需要借助信息数据平台，数据信息的存储、分析均可以紧密相连到同一个系统中。数据信息采集是后续开展环境质量治理的重要前提，属于整个监测与治理中的关键内容。通常情况下在数据信息采集时，均会安装视频监测器和传感器，不同应用领域有不同的监测设备，比如GPS和GIS，均可以有效对环境土壤、水质污染及植物疾病等进行监测，且这种技术均有数据传输和接收的功能，可以为环境治理提供真实可靠的信息。

扩展阅读11-4
鹤壁市营商环境监测评价服务平台上线数字赋能营商环境优化升级

通过应用大气遥感环境监测系统，能够在很大程度上打破传统技术存在的局限，将监测到的空气技术指标传回到系统中，结合大数据技术，有效地整理并加以分析，可以有针对性地制订环境治理方案。在数据分析与处理方面，首先可以在监测阶段采用规范标准的方式

记录数据,而后利用云技术对数据进行整合分析,常用的技术有分布式云技术、虚拟化技术、海量数据存储技术、智能分析技术,均可以提升数据信息的处理效率与质量。图 11-2 展示了环境大数据体系建设与环境数据资产管理之间的关系。

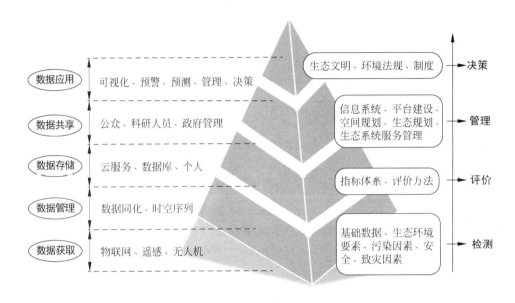

图 11-2　环境大数据体系建设与环境数据资产管理之间的关系

中国不同部门和单位陆续建立了一批生态环境监测站,开展了不同区域的环境、资源、污染的调查与研究工作。生态环境监测网络包括中国科学院建立的中国生态系统研究网络,覆盖农田、森林、草原、荒漠、湖泊、海湾、沼泽、喀斯特及城市九类生态系统。林业部门建立的中国森林生态系统定位研究网络(Chinese Forest Ecosystem Research Network,CFERN),覆盖湿地、荒漠、竹林和城市生态系统。随着生态系统网络的发展,生态站数据采集和传输的能力逐渐增强,建立了无线传感器网络,提高了数据观测自动化水平,并以此为基础建立了生态传感网络服务平台。

政府环境监管在环境治理体系中处于基础和核心地位,是政府开展环境治理的"先遣部队",有效的环境监管是良好环境治理的基础。在实际的环境执法与监测中,还可以联合数据融合技术、数据分析挖掘技术等,有效地对大气以及土壤等生态环境进行监测。并且,借助环境大数据,也可以建立立体化环境监测系统,科学地应用环境执行方式,合理地对其进行创新,保证环境监测工作的开展具有较强的精准性。还可以借助环境大数据的数据分析功能,明确污染的源头,制订治理目标,精准地执法,保证污染治理。

生态环境监测数据通过在线传输,实现标准化处理—质量控制—实时入库,在空间数据库基础上,构建生态环境信息服务系统,通过生态站数据管理系统和综合中心信息共享平台,加强动态观测数据的质量控制,为科研需求和环境治理提供数据共享服务。

案例 11-2　"物联网＋环保"　无锡建成重点污染源在线监控统一数据库

2020 年以来,无锡市生态环境局围绕全面加强无锡市生态环境监测监控体系,贯彻"物联网＋环保"思路,全力推进"感知环境、智慧环保"无锡环境监控物联网应用示范工程(二期)项目建设。无锡市生态环境局聚焦环境质量目标管理,完善生态环境监测、监管体系,提升区域环境质量监测监控能力和精细化管理水平,全力办好、办成这一项实事。

无锡市重点污染源自动监控系统升级改造,是"感知环境、智慧环保"(二期)生态环境监控体系的重要建设内容。各重点污染源企业的排放口自动监测设备通过5G等传输通道,将自动监控数据实时传输到无锡市生态环境局重点污染源自动监控系统,系统实现了自动监控数据的收敛集成、综合分析、实时报警、远程反控等功能。

1. 强力推进 全面覆盖

根据省生态环境厅要求,列入无锡市重点排污单位名单的企业均要纳入自动监控考核。无锡市生态环境部门立即组织名单梳理和现场监督检查,第一时间确定联网名单,明确工作要求。经过近一年的努力,无锡市重点污染源自动监控系统联网企业数从2019年底的124家跃升至2020年底的507家,除不具备安装条件和暂缓安装的企业外,实现重点排污单位自动监控联网率100%,排污许可重点管理单位自动监控联网率100%。

2. 上下连通 打通壁垒

污染源自动监控是生态环境最早实现信息化的业务工作之一,各级生态环境部门都建设了本级系统。基层工作人员日常要使用部级国发平台、省太湖流域平台、市级平台、区县级平台等多套系统,各级系统之间数据不流通、业务不协同,一项工作多平台同时处理,极大地增加了基层工作压力。无锡市重点污染源自动监控系统通过本次升级改造,实现了与部级国发平台和省太湖流域平台的数据贯通,形成了污染源在线监控数据采集、数据交换、数据修约、考核督办等功能的有机统一,率先建成了无锡市重点污染源在线监控统一数据库,夯实了污染源在线监控大数据之基,有效清除了跨层级系统间信息不共享、数据不互通的顽疾,极大地提升了系统的可用性、协同性。

3. 政策支撑 执法应用

2020年11月,省生态环境厅印发《江苏省重点排污单位自动监测数据执法应用办法(试行)》,为使用自动监控数据执法、处罚提供了强有力的政策支撑。目前,无锡市生态环境综合行政执法局已使用无锡市重点污染源自动监控系统对江阴市某企业进行立案查处,办成了无锡市"直接利用自动监测数据"第一案。

下一步,无锡市生态环境部门将进一步优化"非现场、不接触"的执法方式,依托"感知环境、智慧环保"生态环境监控体系,强化各类污染源监控数据的异常处置流程和督办处置机制,建设非现场执法平台,实现精准治污、科学治污和依法治污,"十四五"期间深入打好污染防治攻坚战。

资料来源:江苏生态环境. 无锡打造生态环保"紧箍咒"倒逼排污企业达标排放[EB/OL]. (2021-02-07)[2022-11-20]. https://mp.weixin.qq.com/s/niysVEU0OXgRPoafaMZksg.

11.3.2 在污染防治管理中的应用

环境大数据不仅是指数据量大、数据类型多,而且是指数据与数据之间相同的整合和关联,利用数据与数据的交互作用,使环境数据有新的价值,为污染防治提供额外的数据支持。污染防治将嵌入质量相关控制数据中的气象数据、空气质量数据、气象监测数据等大量环保数据收集起来,创建新的数据模型,整合相关数据形成高价值的环境数据资产。在设计数据模型时,可以使用计算机技术轻松整合物理、化学和气象数据模型,以提高数据模型的准确性和可用性。

环境污染需要对区域和复杂的污染进行彻底的分析,这需要大量的环境数据来进行建模分析。环境数据的交换可以显著提高经济、社会和环境数据的价值。现阶段,虽然我国各地数据保护处于共享状态,但由于数据处于报表环境中,获取数据的成本非常高,难以达到长期目标。要改变这种状况,就需要克服这种模式的局限性,自动整合环境数据,增加环境数据在污染防治和创新管理中的使用量。

以大气污染防治为例,政府在定期发布污染数据的同时,还应深度挖掘数据价值,形成长期连续的数据链和数据网,动态评估各细分区域的演变规律,探明季节性差异下不同污染源的影响路径和程度,以及污染源之间的相互作用关系。在此基础上,最终将大气污染防治标准控制在更加精确、科学和实际可行的范围内。对环境治理工作,应开发具有行业特色的数据挖掘技术,但考虑到环境治理行业的特殊性,数据涉及的覆盖范围广、关联对象多,可供利用的信息要素复杂,直接决定了要构建一个具有实践价值的环境数据挖掘体系是循序渐进的漫长过程。

众所周知,大数据企业相对于政府而言,更擅长大数据技术,但环境数据挖掘不能实现商业销售数据、金融数据那样的短期兑现利润。因此,政府需探索如何构建政企双赢的合作模式:一是让企业以公益性的参与来获得品牌形象提升、积累社会资本,激发大数据技术企业的参与热情;二是发挥政府资源协调能力,让大数据企业与环保企业形成互利互惠的合作共同体,使大数据企业也能从环境数据分析和治理决策工作中获利,促进环境大数据产业的可持续发展;三是围绕大数据技术应用,积极引导、激励、扶持企业进行技术研发与扩散管理模式变革,减少企业间环境治理的利益矛盾与冲突。

11.3.3 在生态环境影响评价中的应用

环境是天然的大数据载体。环境评价的基础数据不仅依赖大量环境信息,还需基于一定环境保护目标制定的一系列法律法规、标准体系,以及社会公众的反馈信息等。生态环境影响评价是从预防生态环境污染、保证生态环境质量的目的出发,对人类开发建设活动可能导致的生态环境影响进行分析和预测,并提出减小影响或改善生态环境的策略和措施。

1. 生态环境影响评价主要内容

在生态环境影响评价方面,环境大数据可以运用其数据分析方面的优势,进行生态环境质量评价、生态安全评价、生态脆弱性评价、生物多样性监测与评价,为生态环境的决策管理提供科学依据。

1)生态环境质量评价

生态环境质量评价可为区域生态环境的治理、改善以及发展规划提供重要参考。目前已建立了一系列评价指标体系和评价方法,包括生态环境遥感信息获取、评价指标体系构建、不同尺度对象的评价、评价技术手段和方法模型探索等。2015年颁布的正式版《生态环境状况评价技术规范》(HJ 192—2015)规定了生态环境状况评价指标体系和各指标的计算方法,适用于县域、省域和生态区的生态环境状况及变化趋势评价。

2) 生态安全评价

生态安全评价以生态风险和生态健康为核心内容,现阶段生态安全评价方法有暴露—响应综合评价模式、综合指数评价方法、生态承载力分析法、生态模型方法以及景观生态学方法。生态安全评价主要涉及不同区域、城市、流域、生态功能区等,一般采用压力-状态-响应模型进行生态环境质量评价,有的研究利用物元模型对生态经济区的土地生态安全进行评价。生态安全评价利用的数据包括遥感影像数据、地形数据、土壤数据、水文地质数据、监测数据、统计数据以及社会调查数据,评价单元为栅格或行政单元,遥感和地理信息系统为不同时间序列和空间结构的生态评价提供了大量数据支持。

3) 生态脆弱性评价

生态脆弱性已成为当前全球变化研究中的热点问题,研究重点生态脆弱性的多学科、多尺度的融合,加强自然与人文因素耦合研究,以及生态脆弱性的历史变化。目前国内对生态脆弱性的评价涉及不同区域和不同尺度,主要包括喀斯特地区、北方农牧交错带、湿地、青藏高寒区、北方干旱区、典型生态脆弱区、自然灾害胁迫区、采矿区、生态屏障地区、南方水土流失严重区域等。生态脆弱性评价利用的数据包括遥感数据、行政区统计数据、环境监测数据、土壤数据、气象数据,不同研究选择指标体系不同,受人为主观影响较大,通过指标体系构建,进行生态脆弱性评价和发展趋势预测,明确生态脆弱现状、分布区域和发展趋势。

4) 生物多样性监测与评价

生物多样性监测与评价是生物多样性保护工作的重要基础,通过构建生物多样性评价指标体系,进行生物多样性状况评价和变化趋势预测,可以为生物多样性保护措施提供依据。区域生物多样性评价标准规定了生物多样性评价的指标及其权重、数据采集和处理、计算方法、等级划分等,标准规范了生物多样性评价的指标和方法,整体上提高了我国生物多样性保护的管理能力。

由于生态环境的复杂性,生态环境监管难度也越来越大。借助环境数据资产,运用大数据方法进行环境监测与评价,对于环境监管具有重要意义。生态环境评价要关注生态环境影响因素分析,根据指标选取原则选择普适性指标,分析各指标因素间的内在联系。

2. 生态环境影响评价的步骤

1) 环境影响评价数据提取与集成

环境影响评价数据由环保法律法规、环境标准、专业委员会环境现状、建设和规划项目、公众参与信息等组成。数据类型复杂多样,不仅包括传统的结构化数据,还涉及大量半结构化数据和非结构化数据,具有广泛异构特征。表 11-2 为环境影响评价的数据组成。

表 11-2 环境影响评价的数据组成

数据体系	数据类型	数据结构	数据来源
环保法律法规	国家法律法规、地方法规	非结构化	政府部门
环境标准	环境质量标准、污染物排放标准、行业标准	非结构化	政府部门
专业委员会环境现状	污染源数据、环境质量数据、遥感数据、地形数据、气象数据、水文数据等	结构化、半结构化、非结构化	政府部门、环境监测、航拍、测量、气象观测等

续表

数据体系	数据类型	数据结构	数据来源
建设和规划项目	项目空间布置物质、能源消耗产出	半结构化、非结构化	项目单位
公众参与信息	公众调查结果、网络反馈信息、会议记录	非结构化	社会公众、互联网等

由于环境影响评价基础数据符合大数据特性,对环境影响评价数据提取和集成时,首先需要对数据进行"降噪""清洗"和集成存储,以保证数据质量及可信度。针对环境影响评价数据特征建立专门的数据存储系统是提取和集成评价工作所需数据的基础。环境影响评价数据广泛异构的特征使传统的关系数据库已经不能满足环境影响评价数据存储和管理的需求。

2) 环境影响评价数据分析

环境影响评价数据分析是整个评价工作流程的核心,其技术体系包括环境问题识别技术、环境现状调查技术、环境影响预测技术、环境影响控制技术、利益协调技术等。经过30多年的发展,环境影响评价数据的分析技术已经相对完善,形成了一整套行之有效的分析体系。但是随着大数据时代的到来,环境自动监测网络、3D扫描、3D打印等新技术的快速发展,环境影响评价工作上游的数据形式将发生巨大变化,环境影响评价的对象也将从目前通过文字、图片描述和数字概化的现实逐渐向虚拟现实、全息显示、"智慧地球"等方向发展,评价概化的环境更加接近真实世界。这将给传统环境影响分析技术带来巨大的冲击和挑战。

3) 环境影响评价结果解释

环境影响评价结果解释是整个评价过程的最后环节,在评价工作中至关重要。若数据分析的结果不能得到恰当的显示,则会对环境管理者产生困扰,甚至会误导环境管理者的决策。大数据时代的环境影响评价结果往往也是海量的,并且结果之间存在的关联关系极其复杂,以文本的形式对评价结果进行的传统解释方式将不能满足大数据技术支持的环境影响评价要求。图 11-3 所示为环保大数据一般评估程序。

扩展阅读 11-5
无锡:加强环境监控推进智慧环保

环境影响评价结果归结起来主要是环境污染物迁移、扩散的时空轨迹,以及对环境污染物迁移、扩散提出的一系列预防和控制措施等。目前,环境影响评价结果主要以图、表、文本等形式呈现,最终在环境影响评价报告中体现。通常一个环境影响评价报告书有上百页、数万字的文本篇幅,这不仅提高了对评价结果的理解难度,也大大影响了环境管理者的决策效率。研究认为,人类从外界获得的信息有 80% 以上来自视觉系统,当环境影响评价结果以直观的可视化形式,如 3D 模型、全息显示影像,展示在评估与决策者面前时,他们往往能够一眼洞悉评价结果隐藏的信息并转化为决策能力。随着 GIS、时空可视化、人机交互等技术的发展,大数据时代环境影响评价结果解释的依托技术将逐渐完善可行。

11.3.4 在环境预测中的应用

环境预测通常是指预测社会经济活动对环境影响和环境质量变化的活动,是环境决策和管理的基础。预测内容包括:能源消耗、资源开发、土地利用的速度和规模;排污量或污

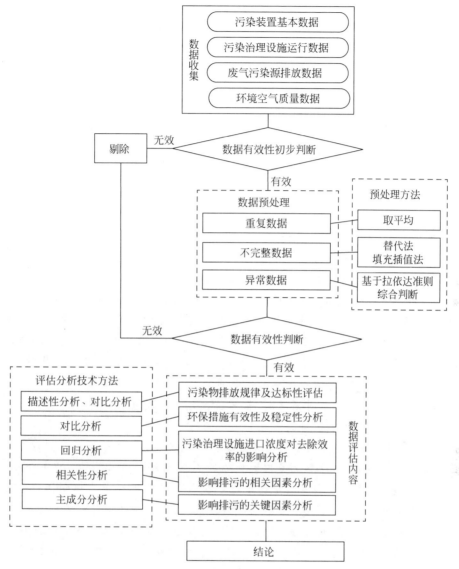

图 11-3 环保大数据一般评估程序

染源的增长及其分布；环境质量和生态破坏情况；环境对健康的影响，以及达到不同环境目标所需的投资和效益分析等。

预测性分析是环境数据资产重要的应用领域，环境预测性分析常用于空气及水环境质量预测。以空气质量预报预警为例，过去主要依靠对历史气象、空气质量监测数据进行统计分析处理，预报的精度及其对污染防治的决策支持作用有限。当前，数值预报结合区域地形地貌特征、气象观测数据、空气质量监测数据、污染源数据等，基于大气动力学理论建立大气扩散模型，可预报大气污染物在空气中的动态分布情况，为区域大气污染联防联控等提供更科学的决策支持。

案例 11-3　用大数据预测雾霾

全球范围里，有超过半数的人类居住在城市之中，城市化的进程也从未停止过。面对越来越庞大的城市,许多事情已经超出了控制:拥堵的交通,严重的空气污染,让人烦躁的噪声等。没有人真正了解城市中到底发生了什么,也没有人真正了解城市里的居民、住户每天在发生什么样的故事。对于城市管理者来说,他们需要更多的信息化方式来了解动态的城市,知晓正在发生的情况,并即时作出反应。

城市计算这项研究正在逐步解决上述的问题。在微软亚洲研究院主管研究员郑宇的带领下,他的团队正在利用城市计算解决各类问题,如雾霾、噪声、交通拥堵和能耗等问题。尤其是在空气质量分析、监测这一领域里,已经和国内部分政府机构签约。城市计算指的是计算机科学以城市为背景,跟城市规划、交通、能源、环境、社会学和经济等学科融合的新兴领域。更具体地说,城市计算是一个通过不断获取、整合和分析城市中多种异构大数据来解决城市所面临的挑战(如环境恶化、交通拥堵、能耗增加、规划落后等)的过程。

据郑宇介绍,城市计算包括城市感知及数据捕获、数据管理、城市数据分析、服务提供四个环节。与自然语言分析和图像处理等"单数据单任务"系统相比,城市计算是一个"多数据多任务"的系统。城市计算中的任务涵盖改进城市规划、缓解交通拥堵、保护自然环境、减少能源消耗等。"城市计算最后主要能帮助我们解决三个问题,即理解问题的现状、预测未来和考究历史。以空气质量为例,我们可以根据有限的空气监测站点给出的数据,算出城市每个角落的空气质量分布,了解清楚现状;也可以通过数据预测未来。当然也可以通过这些数据,分析雾霾产生的原因是什么。"郑宇在接受专访时说。目前,微软在利用城市计算预测空气质量上,已推出Urban Air系统,通过大数据来监测和预报细粒度空气质量,该服务覆盖了中国的300多个城市,并被中国生态环境部采用。同时,微软正在为不同的城市和地区提供所需的服务。该技术可以对京津冀、长三角、珠三角、成渝城市群以及单独的城市进行未来48小时的空气质量预测。那具体是如何做到的?

雾霾的大数据主要包括当前空气质量数据、气象条件、未来天气预报三类数据。在北京共有35个空气质量监测点,外加上美国大使馆的1个监测点,共36个。郑宇介绍,要预测一个地方的空气质量,并不是单纯地看这个地方本地的数据,而是要考虑到周边地区的空气及其他因素,如空气质量站点数据、交通流数据、气象数据、厂矿数据、人口流动数据、路网结构等。与传统模拟空气质量不同,大数据预测空气质量依靠的是基于多源数据融合的机器学习方法,也就是说,空气质量的预测不仅仅看空气质量数据,还要看与之相关的气象数据、交通流量数据、厂矿数据、城市路网结构等不同领域的数据。不同领域的数据互相叠加,相互补强,从而预测空气质量状况。

资料来源:用大数据预测雾霾已获得环保部订单的微软是如何做到的?[EB/OL].(2017-01-03)[2022-11-20]. https://baijiahao.baidu.com/s?id=1555459526314759&wfr=spider&for=pc.

11.3.5 在环境政策制定中的应用

环境政策的制定离不开对当前环境发展形式的准确判断,也需要明确当前环境保护和社会发展之间的关系。在实际的环境保护工作进行过程中,有效地应用环境大数据技术,可以第一时间对环境执法与监测过程中获取的数据进行整合,并科学地将网络中的一些舆论信息进行整理,以保证为相关部门环境管理工作提供可靠的数据支持即形成环境数据资产。一方面,利用大数据,能够筛选网络或者现实工作中涉及的信息。因为环境执法与监测工作相对复杂,接受的信息资源庞大,而这些信息资源的来源地以及时间都不同,所以相关人员可以借助大数据,有针对性地筛选。另一方面,在筛选结束以后,需要整合信息,为环境执法与监测的开展提供支持。此外,需要通过大数据技术,构建信息数据模型,量化管理,合理制定环境治理对策,提升治理效果。

1. 环境问题识别和分析

在设定环境政策目标前,首先要做的就是环境问题识别和分析。环境问题包括水环境问题、大气环境问题、土壤环境问题等,是复杂多变的,同时还涉及政府政策、市场经济、社会结构等多方面因素。传统的环境问题识别方法只能进行单一类别的环境问题发现,且区域间、政府部门间、不同层级间信息闭塞,无法对环境问题做到全面、深刻的认识。把环境大数据应用到环境问题识别中来,解决了原有的"信息孤岛"问题,能从多种学科、不同领域、多种角度对环境问题进行全面、客观的识别发现。在此基础上,环境大数据通过海量数据挖掘和模型构建,可以精准地分析出环境问题出现的诱因、影响的区域范围、污染程度、造成的经济损失等,这有效提升了环境问题识别和分析的精度和准度,为之后的环境政策目标设定、内容制定提供了保障。

2. 环境政策目标

决策机构根据现有的环境状况、存在的环境问题以及今后的环境期望制订了环境政策目标。环境政策目标的设立基于环境问题的识别与分析,是制订解决环境问题行动方案的依据,也是设立环境指标体系的依据,所以环境政策目标一定要清晰合理和可测量。大数据在预测和测量方面有着巨大的优势,云计算通过对现有环境数据的分析挖掘,可以结合经济、政治、科技发展现状最大限度地模拟出今后短期、中期、长期的相关环境政策目标,根据不同要求还可以模拟出环境政策总目标、行动目标、环节目标等。同时大数据应用提高了环境政策目标的清晰度,并且根据数据的实时变化,可以有效地调整环境政策的实际目标。

3. 确定环境政策框架

环境政策框架分析包括政策体系清单、发布时间和发布内容等。基于大数据对环境问题的分析,决策机构可以更具针对性地列出政策体系清单,提升环境政策的有效性。同时根据环境问题的影响范围和污染程度,大数据可以合理匹配相应的政策制定层级,面对恶劣的环境状况和严重的环境问题,就可以匹配高级别的政策制定层级,保障政策的权威性和有效性。同时,大数据对发布内容也可进行优化,根据环境问题的轻重缓急制定相关的法律、行政法规、部门规章及标准。图 11-4 所示为大数据在环境政策目标分析中的应用。

4. 环境政策制定

经过环境问题识别和分析与环境政策目标的制订,需要建立科学的机制来制定环境政策。将大数据应用到环境政策制定中,可以有效提升决策的科学性,主要表现在以下几个方面。

1)制定主体更加明确

大数据可以深入挖掘环境问题,明确谁负责、谁治理、谁监督,科学合理地安排政府、公众、企业、科研机构和非政府组织等多元主体参与决策,当然政府在政策制定的全过程中起

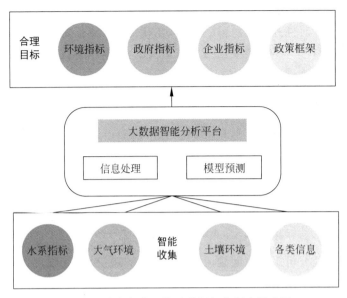

图 11-4 大数据在环境政策目标分析中的应用

到主导作用。

2) 环境政策内容制定更加科学

基于大数据平台的数据处理和分析,政府部门可以更有效、更清晰地认清环境质量和环境问题现状,并通过相关环境分析方法预测发展趋势,为解决环境问题制定科学、合理的环境政策、治理措施。同时环境政策所有内容分析都是基于真实有效的数据,避免了以往根据经验定方案的问题。

3) 提升环境政策制定透明度

大数据的出现加快了政府信息共享的脚步,为社会提供了一种公众监督机制和公众反馈渠道,让社会层面的反馈信息能够以最快速度传递给政策制定层。随着对大数据研究的进一步深入,可以建立大数据智能环境政策制定辅助系统,优化政府环境政策制定。

5. 环境政策执行的要点

环境政策执行是环境政策制定过程中的重要一环,是政府相关部门为实现环境政策目标采取的相关措施或者运作方式,主要有静态的保障机制和动态的执行机制。

1) 明确政策执行主体

环境政策能否顺利落地,选择合适的政策执行主体很重要。大数据通过对环境问题的分析,可以精确了解环境问题发生的区域、范围、轻重缓急,结合环境政策内容,能够快速确定相关环境政策执行者,迅速推进环境政策执行,有效解决环境问题。

2) 完善资金保障机制

一个完整的资金保障机制包括资金使用机制、资金管理机制以及资金供需平衡机制。大数据的应用可以有效监管每一笔资金的流进和流出,确保每一笔资金都被用到环境政策执行活动中,提高了资金的透明度,保障了资金安全。同时基于污染者付费原则,通过大数据对于环境质量的监测,可以及时发现环境污染问题,对污染者进行处罚教育,成为环境政策有效执行的保障。大数据的应用完善了资金使用、供给渠道,为建立持续、稳定、有效的资金管理机制奠定了基础。随着对大数据研究的进一步深入,可以建立大数据智能财务辅助系统,提高资金使用效率。

3) 确立监测、问责机制

监测方面,利用大数据可以实时获取环境政策执行状况,全面准确地反映环境质量、排放控制、管理行动等;同时还能有效发现环境违法活动,及时采取制止措施,确保环境政策目标能够实现。问责机制的关键是明确责任主体、责任内容和处罚机制。大数据可以通过数据模型构建科学的处罚机制和设立合理的责任内容,当监测到相关环境政策、环境状况出现问题时,可以及时发现责任主体,并迅速启动问责评价程序,这样就能确保权责的一致性,提高问责机制的公平性。随着环境大数据应用更加成熟,可以建立环境大数据智能审查问责辅助系统,提高行政效率。

11.3.6 在环保执法方面的应用

环境大数据技术可以为环保执法人员提供有力线索和监督渠道,支撑环境监管。同时,为了更进一步地提升环境大数据技术价值,还要重视环境大数据产业的建立,将地区范围内的企业纳入产业中,通过一系列的数据管控,从各方面监督企业环保工作的进行,这样就减少了环保执法人员的工作量,一旦某些企业违规偷排乱排,那么产业系统将会提醒执法人员,并且在整个区域内通报,这将直接影响到企业的声誉和形象,通过这种手段督促企业保护环境,加强自身治理。

将环境大数据应用于环境行政执法中正在成为全球趋势,对于我国而言,环境大数据已经初步应用在环境执法过程中,但前期数据的收集和处理还存在不完善之处,环境大数据在环境行政执法中的应用还不广泛,未来仍有很大的发展空间。

环境大数据对于环境执法而言具有重要价值和意义。通过运用环境大数据,环境行政执法得以信息化,环境行政执法范围得以全面化,环境行政执法决策得以科学化,环境行政执法监管得以精准化。

1. 环境行政执法信息化

传统意义上的环境执法需要执法人员依靠眼睛和鼻子来发现污染线索,并亲自监测和取证。而通过利用"互联网+"和环境大数据,移动执法系统得以开发,使得环境执法更加信息化和便捷。

移动执法主要是指利用现代移动终端技术、移动通信技术、GIS 技术、GPS 技术研发而成的一款移动执法系统来进行执法的方式。在实践应用中,移动执法系统通过录入特定区域的排污企业信息来构建基础数据,同时通过视频、工况等监控感知设备来实时获取重点污染源信息,并将这些信息进行汇总和分析,发送到执法人员的手机终端,有助于执法人员轻松了解污染源线索以及排污单位的相关信息和排污情况。可以说,以移动执法为代表的环境大数据在执法领域的应用,使执法得以信息化,从而更加简便和高效。

2. 环境行政执法范围全面化

由于环保领域是一个数据密集型的部门,传统监测和执法方式很难做到对大气、水、土壤、噪声、固废和危废的全方位监管。而环境大数据可以通过对各环节的监测数据进行收集、整合和分析，实现对各环境要素及污染因素的全方位、全覆盖、全时段、全天候、全过程的环境监管和预测，并在技术层面打破不同地区、部门的执法和行政管理界限，从而实现环境执法范围的全面化。

3. 环境行政执法决策科学化

由于环境大数据可以分析归纳出排污企业的数量、区域分布、污染物排放量、种类、浓度、去向，以及环境风险敏感点等要素，因此通过利用环境大数据，执法机关不仅可以充分掌握执法依据，还可以根据企业排放数据和违法行为的特征，以及特定地区、特定行业的污染源现状及环境质量进行综合研判，从而有针对性地制定环境行政执法措施，进而使得环境行政执法决策更加科学。

此外，执法机构除了在执法前利用环境大数据进行决策外，在执法后，执法机构还可以通过环境大数据来回头检视所采取的执法措施是否合理或者完善，以及排污单位是否按照相关要求进行了整改、整改是否到位等，从而为是否需要后续执法提供决策依据。

4. 环境行政执法监管精准化

由于环境大数据可以全面地记录污染源生命周期每个节点的各类数据，并精准地计算、分析出其对环境影响的过程和程度，建立起包括大气、水、土壤在内的环境监测系统，执法机构可以利用环境大数据分析来判断环境污染的来源，从而确定污染治理和执法目标，通过精准执法在源头上杜绝污染的出现。

在实践中，某地在长期使用移动执法系统后，通过运用积累的数据来对污染源进行综合分析，预测出环境违法的高发企业，并凭此来进行实际执法。根据在实际执法过程中的统计，该地利用环境大数据预测出的环境违法高发企业中有43%的企业确实存在环境违法行为。

11.4 碳排放数据资产

11.4.1 碳核算

碳核算是计算、分析、测量和报告某企业温室气体（green house gas，GHG）排放的过程，以使其完全可审计。它有时被称为温室气体核算、碳审计、碳清单或温室气体清单。企业、城市和许多实体使用碳核算来管理它们的碳足迹。碳排放统计核算是一项重要的基础性工作，为科学制定国家政策、评估考核工作进展、参与国际谈判履约等提供必要的数据依据。

碳核算量化了企业和组织产生的温室气体，以便更好地了解这些企业和组织的碳排放情况，还可以衡量企业的哪些业务部门对这些排放负有责任。

1. 碳核算概念

碳核算是测量工业活动向地球生物圈直接和间接排放二氧化碳（CO_2）及其当量气体的措施，是指控排企业按照监测计划对碳排放相关参数实施数据收集、统计、记录，并将所有排放相关数据进行计算、累加的一系列活动。

碳核算可以直接量化碳排放的数据,还可以通过分析各环节碳排放的数据,找出潜在的减排环节和方式,对碳中和目标的实现、碳交易市场的运行至关重要。

2. 碳核算方法

碳核算最主要的形式可以分为基于测量和基于计算两种,具体从现有的温室气体排放量核算方法来看,主要可以概括为三种:排放因子法、质量平衡法、实测法。目前中华人民共和国国家发展和改革委员会公布的24个指南采用的温室气体量化方法只包含排放因子法和质量平衡法,但2020年12月生态环境部发布的《碳排放权交易管理办法(试行)》中明确指出,重点排放单位应当优先开展化石燃料低位热值和含碳量实测。

1)排放因子法

排放因子法是适用范围最广、应用最为普遍的一种碳核算办法。根据联合国政府间气候变化专门委员会(Intergovernmental Panel on Climate Change,IPCC)提供的碳核算基本方程,部门的活动数据(activity data,AD)和相应排放因子(emission factor,EF)的乘积就是温室气体的排放量。其中,活动数据是导致温室气体排放的生产或消费的活动量,如每种化石燃料的消耗量、石灰石原料的消耗量、净购入的电量、净购入的蒸汽量等;排放因子是与活动数据对应的系数,包括单位热值含碳量或元素碳含量、氧化率等,表征单位生产或消费活动量的温室气体排放系数。排放因子既可以直接采用IPCC、美国环境保护署、欧洲环境机构等提供的已知数据,也可以基于代表性的测量数据来推算。中国基于实际情况设置了国家参数,如《工业其他行业企业温室气体排放核算方法与报告指南(试行)》的附录二就提供了常见化石燃料特性参数缺省值数据。

排放因子法适用于国家、省份、城市等较为宏观的核算层面,可以粗略地对特定区域的整体情况进行宏观把控。但在实际工作中,由于地区能源品质差异、机组燃烧效率不同等原因,各类能源消费统计以及碳排放因子测度容易出现较大偏差,这也成为碳排放核算结果误差的主要来源。

2)质量平衡法

质量平衡法可以根据每年用于国家生产生活的新化学物质和设备,计算为满足新设备能力或替换去除气体而消耗的新化学物质份额。对于二氧化碳而言,在碳质量平衡法下,碳排放由输入碳含量减去非二氧化碳的碳输出量得到。其具体的计算公式如下:

$$二氧化碳排放 = (原料投入量 \times 原料含碳量 - 产品产出量 \times 产品含碳量 - 废物输出量 \times 废物含碳量) \times 44/12$$

其中,44/12是碳转换成CO_2的转换系数(即CO_2/C的相对原子质量)。采用基于具体设施和工艺流程的质量平衡法计算碳排放量,可以反映碳排放发生地的实际排放量。其不仅能够区分各类设施之间的差异,还可以分辨单个设备和部分设备之间的区别。尤其是在年际设备不断更新的情况下,该种方法更为简便。一般来说,对企业碳排放的主要核算方法为排放因子法,但在工业生产过程(如脱硫过程、化工生产企业过程等非化石燃料燃烧过程)中可视情况选择质量平衡法。

3)实测法

实测法基于排放源实测基础数据,汇总得到相关碳排放量。这里又包括两种实测方法,即现场测量和非现场测量。

现场测量一般是在烟气连续排放监测系统（continuous emission monitoring system，CEMS）中搭载碳排放监测模块，通过连续监测浓度和流速直接测量其排放量；非现场测量是通过采集样品送到有关监测部门，利用专门的检测设备和技术进行定量分析。二者相比，由于非现场实测时采样气体会发生吸附反应、解离等问题，现场测量的准确性要明显高于非现场测量。

11.4.2 碳账户

气候变化问题关系人类共同命运，我国实现碳达峰、碳中和任重道远，迫切需要加大金融支持和金融服务的力度。作为我国金融业主体，商业银行不仅应加大对节能减排行业和企业的信贷投放，在终端消费市场也有着广阔的服务空间。一段时间以来，我国部分商业银行探索推出个人及企业碳账户。

碳账户，其主要功能是记录行为主体依据国家碳排放计量标准，将生产或生活中的碳排放进行量化的结果。碳账户将用户日常碳减排行为进行量化，尝试与金融服务挂钩，有助于增强全民绿色消费意识，丰富金融服务场景，助力如期实现"双碳"战略目标。2017年8月19日，蚂蚁金服战略研究部总监孙涛在第二届天津绿色金融论坛上表明，在个人碳账户建立的基础上，蚂蚁金服将逐步建立中小企业B端（商家端）碳账户，以帮助衡量企业碳排放量。2021年3月30日，中华人民共和国生态环境部发布了关于公开征求《碳排放权交易管理暂行条例（草案修改稿）》意见的通知，该草案修改稿提出将地方碳排放权交易市场逐步纳入全国碳排放权交易市场。并且，在交易主体中，提出主体包括重点排放单位以及符合国家有关交易规则的其他机构和个人。

1. 碳账户定义

有学者将"碳账户"定义为"个人或企业主体依据国家碳排放计量标准，对自身生产和生活中产生的碳排放进行计算，从而得到特定时间或空间范围内的碳排放量，以明确其实现我国'双碳'目标的主体责任，为我国经济低碳转型提供数据支持"。

市场对于碳账户并没有统一的定义，但可以概括为：碳账户是包含碳排放数据采集、碳核算、碳排放等级评价和场景应用等功能在内的碳减排支持体系，能够帮助企业和居民算清"碳账"，提高减排效率和意识。其主要作用是记录行为主体依据国家碳排放计量标准，将生产或生活中的碳排放进行量化的结果。

2. 个人碳账户

个人碳账户建设将个人生活场景中金融服务与碳金融账户互嵌，低碳消费观念普及吸引更多用户参与。个人碳账户平台运行步骤包括：选取碳行为，记录与监测碳行为，量化碳行为，奖励措施与活动。

1）选取碳行为

在个人用户端，碳行为多取自居民日常生活中便于记录的、潜在的低碳转型行为，如低碳消费、低碳出行、垃圾分类等方面。这一步的目的在于定义有效的低碳行为，即可以产生二氧化碳减排量的行为。

2）记录与检测碳行为

平台明确了低碳行为之后,需要建立一套完整的检测体系用来记录低碳行为,方便用户实时查看和平台量化计算。举例来说,蚂蚁金服构建的碳账户记录用户的地铁出行里程、步行活动的步数等来获取用户碳账户数据,用以度量人们一些日常活动的碳减排量。

3）量化碳行为

量化碳行为即将个人的低碳行为根据一定的计算方式进行量化,计算出碳减排量数据。个人碳减排量的计算公式如下：

$$个人碳减排量 = 个人行为数据 \times 碳排放因子$$

量化碳行为需要先计算居民资源使用量和资源节约量。根据《广东省碳普惠制试点工作实施方案》,资源使用量的数据主要来源于对市民或社区业主的户均用量的调研数据,结合已经实施的阶梯标准,制定水、电、气用量标准,节约量即为资源实际用量减去资源标准用量,由公式"减碳量 = 节约量 × 兑换因子"得到用户减碳数据。

4）奖励措施与活动

将计算好的碳减排量展示给用户,并结合现有体系对低碳贡献的用户进行积分或者其他形式的奖励。现行的激励措施主要分为商业激励和政策激励。其中,商业激励由政府和商圈商户合作,为平台用户的减碳成果提供产品或者服务优惠。政策激励主要来自公共服务,如公交费减免等便民惠民措施。

案例 11-4　衢州企业"碳账户"为降碳精准画像　撬动绿色低碳发展

234.2 万个碳账户——为降碳精准画像

要降碳,首先要精准了解各区域、各领域、各企业的碳排放情况。光靠传统粗放式统计肯定不行。2021 年初,衢州市推出全省首个基于新能源消纳和碳排放综合分析的数字化产品"绿能码",相当于为企业设立了第一个"碳账户"。该应用通过装在企业生产线上的能源采集器等工具,对各个企业用电、用天然气、用蒸汽等主要能耗数据进行采集后,形成对各能源消费主体用能情况的画像,为政府部门的用能管理、产业调整提供决策依据,这相当于初代"碳账户"。

"数据精准是碳账户的生命力所在。"衢州市碳账户建设专班负责人介绍,在构建数据采集网络过程中,衢州市为不同社会主体的碳排放情况精准"画像",努力做到"心中有数"。经过半年多探索,碳账户有了升级版,并率先在全国集齐工业、农业、能源、建筑、交通和居民生活六大碳账户。截至 2022 年 3 月,接入碳账户的工业企业已有 2 392 家、能源企业 94 家、交通领域企业 55 家、建筑主体 109 家、农业主体 845 家,居民碳账户 233.8 万个。从用能量达 5 000 吨标煤的企业一年做一次碳排放报告到化工、造纸等传统高耗能行业安装终端能耗采集设备,碳数据采集频率从一年缩短至 15 分钟。

"有了数据画像,政府部门的碳排放管控和政策引导越来越有力,并推动整个区域向低碳转型。"衢州市碳账户建设专班负责人介绍。数据显示,"十四五"期间,衢州市通过对传统高碳企业改造,预计可腾出 61.7 万吨标煤用能指标,衢州市碳排放强度有望下降 19% 左右。

扩展场景应用——促减排降碳

碳账户搭建完成后,相关的数字化应用场景应运而生。碳账户金融,是其中最为成熟的一个。"碳账户金融通过碳账户对企业、个人的'碳'画像,以'碳维度'对经济主体进行价值评估,发挥金融优化资源配置的功能,走出了一条绿色金融的新路子。"中国人民银行衢州市中心支行相关工作人员介绍。

依托碳账户,衢州市开发了"工业减碳贷"等38个低碳金融产品,企业凭借"碳征信报告",可以享受最高为正常额度1.5倍提额系数的贷款和相关利率优惠。截至目前,碳账户贷款规模达102.14亿元,撬动企业投入减排减碳技改资金达30亿元。

2022年1月,常山县球川镇的浙江宏毅轴承有限公司从宁波银行衢州分行获得了300万元的"绿色低碳贷"贷款。有了"绿色低碳贷"贷款支持,该企业年产1万吨的无氧化热处理生产线技改项目正式投产,在加工1万吨产品工件的同时,产品能耗降低了20%左右。

依托碳账户,2021年12月6日,柯城区还上线了"零废生活"数字化应用场景,即将居民每次生活垃圾分类回收的碳排放量按照一定比例换算成个人碳积分,居民可凭借个人碳积分兑换相应的礼品。自"零废生活"数字化应用场景运行以来,已有活跃用户9.2万户,累计回收生活垃圾1.34万吨,实现碳减排1.81万吨。

碳账户各子应用场景被列入省级碳账户建设相关模块的试点项目有4项,但在碳账户建设过程中也遇到了一些难点,如有关方面仍需共同在打破数据壁垒、推进标准建设、推进市场建设、完善政策机制等方面付出更多努力。此外,推动碳排放纳入生态补偿机制,固碳增汇纳入绿色财政奖补政策,仍需加大对低碳转型的政策支持力度。

资料来源:毛瑜琼,葛锦熙."碳账户"撬动绿色低碳发展[N/OL].衢州日报,2022-03-04[2022-11-20]. http://qzrb.qz828.com/html/2022/03/04/content_3291_5804983.htm.

3. 碳账户构建面临的问题

1)碳账户如何开立,尚无相应的制度办法可以依照

建立一套完善的碳账户运营体系和可行的制度办法,需要国家战略指引和相关部门大力支持。现阶段我国各互联网平台和商业银行碳账户发展水平存在差异,缺乏统一的法律法规和行业准则规范其运营流程。在这种情况下,可能由于碳账户开立和碳积分兑付标准不一致而产生信任纠纷,也可能因为标准不一产生用户逆向选择,对于拓展碳账户应用范围、推动碳账户用户增长较为不利。同时,由于缺乏严格的法律约束,碳账户在运营过程中很可能出现个人信息流失、企业经营数据泄露等问题,对用户的信息安全和隐私保护造成一定的威胁。

2)碳减排行为如何计量并转换为碳账户积分,缺乏具体标准

统一合理的碳积分核算和兑付标准,是保障碳账户公信力的重要基础。从现阶段我国各商业银行碳账户的实践看,同样的绿色低碳行为在不同平台上对应不同的碳积分,这将导致碳评价体系缺乏专业性与可比性,用户对碳账户的信任度和使用热情将可能降低与消退。同时,不一致的评价标准也将带来恶性竞争,商业银行为了扩大用户群体将制定积分较高的积分转换和权益兑换规则,导致碳市场失衡。此外,在绿色金融管理方面,不同地区对同一企业或项目的绿色属性认定标准存在差异,也将制约商业银行等金融机构开展绿色金融服务、支持绿色产业发展。

3)碳减排数据采集困难,来源不够全面

碳账户的运营,需要收集和记录用户在企业经营和日常生活中的碳减排行为并量化为

一定碳积分。但在现实实践过程中,这些减排行为发生的场景较为分散,平台面临着数据统计和隐私保护两方面难题。在数据统计方面,如果没有实现不同平台间的信息共享,就难以有效降低数据采集成本,完善数据统计范畴。从企业端来看,碳信息共享是金融部门有效识别绿色低碳项目和企业开展环境效益核算的重要前提;从零售端来看,分散在不同平台的碳积分难以实现互通、权益无法互享,为个人碳账户的推广提高难度。在隐私保护方面,碳排放数据采集与信息保护在一定程度上存在冲突,如何在隐私保护与数据应用之间找到平衡是未来我国碳账户发展亟待解决的问题。

4) 碳账户仅在小范围试点,尚未被社会公众了解和接受

现阶段,商业银行等金融机构陆续推出绿色金融产品、开展绿色金融服务,但低碳减排项目常常跟随政策导向,不具备高回报率属性。对企业客户而言,转换绿色发展模式往往伴随新产品开发、业务推广等高昂成本,而碳平台相关优惠尚不足以补贴这些额外的成本增加,且受到碳积分使用场景匮乏的限制,很难吸引企业客群。对个人客户而言,居民对商业银行个人碳账户认识度不高,在社会层面的普及率较低,同时各平台积分兑换政策力度不大,激励作用达不到预期效果。总之,目前无论是个人碳账户还是企业碳账户,都面临"叫好不叫座"的尴尬局面。

5) 碳排放数据真实性与准确性有待提高

对于个人而言,碳账户中个人碳足迹虽有多种计量方式,但是由于地域和经济等方面的差异,国际上的计量参数并不完全适用于我国,因此碳排放数据不够准确。对于企业而言,作为碳账户责任要求的一部分,部分主体依据监管的要求进行碳排放信息披露,但是目前中国上市公司信息披露指引中,并未强制要求对披露碳排放数据进行核查,因此企业碳排放数据真实性与准确性有待商榷。部分气候责任心较强的企业在碳排放信息披露的过程中多聘请第三方机构进行碳数据核查,但是,部分企业存在"报喜不报忧"的情况,即仅公开披露部分生产区域的碳排放数据或仅披露直接排放的数据而忽略间接排放的数据,不利于全国碳数据库的建立和监管层面的核查。

4. 设立碳账户关键点

(1) 全面捕捉用户碳排放行为。比如个人消费中可能使用多个银行的信用卡,而银行之间消费数据并未连通,数据不完整的碳账户余额可能助长消费者的投机性消费,并未实际上起到减排引导的作用。

(2) 不可忽视算法授权和个人信息保护。对于开立个人碳账户的金融机构来说,在采集用户碳减排数据时需要获得用户授权,而对于用户碳行为轨迹信息,需要强化信息保护职责,防止个人信息泄露。

(3) 个人碳账户余额计算需要更加明确的标尺。当前,各家银行的个人碳账户都是建立在自身的碳减排因子计算体系之上,若要让个人碳账户真正发挥作用,需要统筹建立个人碳账户的标准化征信体系,综合评估个人碳减排行为。

11.4.3 碳交易市场

碳交易市场是在我国"双碳"目标的背景下衍生的一种交易体系,通过将碳排放权作为

一种受限的生产要素来提高碳排放成本,进而实现碳减排的目标。以碳交易市场为核心的低碳发展机制能够充分发挥市场的作用,利用社会资本力量实现资源的有效配置,推动碳减排行动的实施。

1. 碳市场的概念

1997年,149个国家和地区签订了旨在通过限制发达国家温室气体排放量以抑制全球变暖的《京都议定书》,其附件1列出的39个国家同意进行温室气体减排,并给出了具体目标。2005年,经过100多个国家和地区的共同努力,《京都议定书》正式生效,碳排放交易由此产生。在碳交易中,一方向另一方支付费用以获得温室气体(其中二氧化碳占比最大)减排额度,以此来承担应负的减排任务。碳市场的交易有不同的分类方式,具体分类见表11-3。

表11-3 碳市场的交易分类

分类标准	分类类型	代表性市场
是否具有强制性	强制性碳交易	欧盟排放权交易体系(European Union Emission Trading Scheme,EU ETS)、澳大利亚新南威尔士温室气体减排体系(New South Wales Greenhouse Gas Abatement Scheme,NSW GGAS)
	自愿性碳交易	芝加哥气候交易所(Chicago Climate Exchange,CCX)、日本自愿排放交易体系(Japan Voluntary Emissions Trading Scheme,JVETS)
覆盖的地理区域	区域性碳交易	美国区域温室气体行动(Regional Greenhouse Gas Initiative,RGGI)、澳大利亚新南威尔士温室气体减排体系
	全国/跨国性碳交易	欧盟排放权交易体系
交易标的	基于配额的碳交易	欧盟排放权交易体系
	基于项目的碳交易	清洁发展机制(Clean Development Mechanism,CDM)、经核证的减排指标(Certified Emission Reductions,CERs)
行业覆盖范围	多行业碳交易	欧盟排放权交易体系
	单行业碳交易	美国区域温室气体行动

2. 碳市场交易模式

碳市场的交易模式主要分为两种:基于项目的碳交易和基于配额的碳交易。

基于项目的碳交易是指企业通过减排项目获得碳排放权的交易机制。《京都议定书》中同时建立了联合履约机制(Joint Implementation,JI)和清洁发展机制、排放贸易机制(Emissions Trading,ET)三个碳减排机制。联合履约机制是指国家及经济组织通过项目间的合作,实现减排额度的互相转让;清洁发展机制允许国家及经济组织在发展中国家投资有利于实现其可持续发展的清洁项目来获取"经核证的减排量";排放贸易机制指国家及经济组织之间相互转让它们的部分碳排放配额(carbon emission allowance,CEA)。

基于配额的碳交易指总量管制下所产生的碳排减单位配额的交易机制,由管理者设定一个碳排放总量上限,其下辖的企业根据之前的碳排放情况获得相应的碳排放量,如果企业的碳排放量小于配额,可以将剩余的配额在相应的碳市场进行转让以获得收益,而那些碳排放量大于配额的企业则需要在碳市场中购买碳排放配额来完成它们的减排任务。在全球碳交易中,相较于基于项目的碳交易,基于配额的碳交易占绝大多数。

碳排放权,是指在控制总的碳排放量的条件下,通过当地环境监管部门的核定,针对不同类型的企业,通过既定的排放量计算方法,发放给纳管企业一定时期内向大气排放温室气体的配额,也就是碳排放配额。而当企业实际排放量超出所得配额时,则需要花钱购买超出配额的排放量;当企业实际排放量低于所得配额时,结余部分可以进行结转使用或者对外出售,这是碳交易市场的一类基础产品。另一类为国家核证自愿减排量(CCER),来自经国家政策审批后的自愿减排企业。

我国碳交易市场由强制减排市场和自愿减排市场两部分组成,基本规则是:由监管部门向控排企业发放配额,同时配额逐年减少,当控排企业实际排放量超过配额时,就需要向有剩余配额的企业购买,这些企业可以将多余配额出售。同时为了保证清洁能源和节能项目能够盈利,我国碳交易市场针对这些项目还构建了补充项目,即CCER用于出售,获得额外收益,这就是自愿减排市场。

本章小结

本章从环境大数据出发,详细介绍了环境数据资产的概念、特征、类型以及环境数据资产管理的主要内容。环境数据资产主要是指政府环保部门通过科学化、智能化的数据处理技术将机器设备捕捉到的数据或人工勘测获取的数据进行加工处理所形成的数据资源或资产。环境数据资产管理主要包括:环境数据资产目录体系编制,环境数据标准管理、质量管理和安全管理。现代科学技术在环境数据资产管理过程中起到了十分重要的作用。例如卫星遥感技术、大数据技术、云计算技术以及人工智能技术等。利用大数据生成的环境数据资产的应用领域十分广泛,主要包括环境监测领域、污染防治管理、生态环境影响评价、环境预测、环境政策制定以及环保执法。此外,碳排放数据也是环境领域的一项重要数据资产。碳排放数据核算的方法主要有排放因子法、质量平衡法以及实测法。

习题

1. 简述环境大数据的概念。
2. 环境数据资产大致可以分为几类?
3. 为什么需要对环境数据资产进行管理?
4. 环境数据资产管理包括哪些内容?
5. 环境数据资产安全管理有哪些内容?
6. 环境数据资产管理中应用的主要技术有哪些?
7. 环境大数据在污染防治中发挥怎样的作用?
8. 环境大数据在环境政策制定中发挥怎样的作用?

9. 简述碳核算的主要方法。
10. 简述碳交易市场的两种模式。

即测即练

第 12 章 医疗领域数据资产管理

12.1 医疗数据资产概述

12.1.1 智慧医疗基本概念

智慧医疗是以智能方式满足社会医疗卫生领域的多方面需求,借助新一代信息技术来实现医疗信息的连通和共享,构建起高效、实时、规范、协作的疾病预防、诊断、治疗、支付新体系,满足患者对医疗资源、高效诊病流程的需求,使其能够在不受时间、空间约束下得到最优质的医疗服务。

由于物联网、云计算、人工智能、5G、可视化技术等领域的发展,医疗行业的服务模式发生变化,患者治病挂号、就医排队的效率得到提高,医护人员工作手段也发生变化,医疗数据处理速度更是迅猛增长且越发智能化。总体来讲,智慧医疗主要就是将物联网技术、云计算技术、移动互联网技术、可视化技术等应用于医疗领域,将患者诊疗满意度放在首位,切实实现医疗资源共享、诊断流程高效、数据管理高效的目标,并建设好新业态医疗服务体系结构。

智慧医疗的基本范畴如图 12-1 所示。

新兴技术的蓬勃发展,也给传统医疗行业带来了很多新模式,现将智慧医疗的特点总结为以下五点。

扩展阅读 12-1
深圳大学总医院:以信息化创新助推智慧医院建设

1. 以患者为中心

以患者为中心是智慧医疗的一项基本原则,亦是智慧医疗的发展方向。医疗机构可以通过明确患者的需求,让患者得到具有针对性的、及时可靠的医疗服务,保障患者健康。

2. 诊断流程高效化

借助智能医疗、医疗大数据、云计算等技术,使得医院的诊断流程更加便捷高效,节约就医时间,缩短就医流程,提高医疗服务效率。

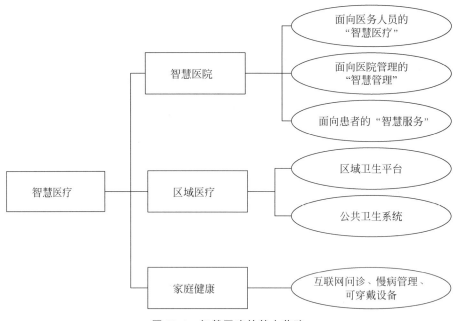

图 12-1　智慧医疗的基本范畴

3．信息协作化

智慧医疗的一大特点便是信息协作化，即可通过信息系统互联以完成数据信息的协作处理，实现最有效的信息共享。因此在万物互联的背景下，通过卫生数据库移动化以及医疗信息流自动化，医生经授权后便可以查看共享数据库内患者的病历、病史等信息，以了解患者的健康状况，实施优质的诊疗服务；同时患者也可以自主选择专家或医院进行诊疗，满足其个人的医疗需求。

4．优质医疗资源下沉

医疗资源不平衡、患者对乡镇基层医疗信任度不足等问题致使众多乡镇患者前往大城市医院进行医疗诊断，这种行为不仅加剧了优质医疗资源分布的不平衡程度，而且不利于优质医疗资源下沉基层。而智慧医疗便可以通过将一个区域内的医疗资源整合，让乡镇医院和社区医院无缝地连接到大医院，以便让患者无须前往大城市便可以远程实时获取专家建议进行诊断和治疗，更好地解决优质医疗资源分布不均的问题，实现基层医疗资源优化提升，建立起更加高效、规范、可靠、科学的分级诊疗制度。

5．可靠创新

在进行医学诊断时，从业医生能够借助大量的医疗数据对他们的诊断质量进行分析说明，充分体现了智慧医疗服务的数据可靠性；另外，智慧医疗系统不断优化创新，融合了大量的新兴信息技术，促进了医疗工具不断更新换代，同时也进一步推动了临床创新研究，提升了诊断精确度和高效处理数据的能力。

正是有了具备这些特点的智慧医疗，互联互通、高效协作的医疗目标才能够实现，相关医疗主体才可以更好地提升医疗服务水平、优化医疗就诊流程、预测疾病区域发展、提高疾病诊疗效率,提升社会综合医疗健康水平。

12.1.2 医疗大数据概述

随着大数据技术的发展、互联网时代的到来,医疗行业也更加智能化,其中产生的大量医疗数据已经能够成为医疗行业中的重要资源被分析应用。

1. 医疗大数据的定义

狭义上的医疗大数据指的是医院产生的大数据,这也是最主要的医疗大数据来源,主要产生于医院常规临床诊治、科研和管理过程,包括各种急诊记录、住院记录、影像记录、实验室记录、用药记录、手术记录以及随访记录等。

广义上的医疗大数据涵盖来自区域卫生服务平台大数据、医学研究或疾病监测大数据、自我量化大数据、互联网上与医学相关的网络大数据、生物标本和基因测序的生物信息大数据等各种类型的医疗大数据。其主要数据还可以分为疾病诊疗类、健康监测类、管理和运营类、规则和知识类等不同的类别,其具体内容如表 12-1 所示。

表 12-1 医疗大数据的分类

数据类型	具体内容
疾病诊疗类	预约挂号数据、诊断数据、临床检验数据、购药数据、医保支付数据等
健康监测类	出生数据、体检数据、疫苗接种数据、患者产生型数据(可穿戴设备、便携设备、个人记录数据等)
管理和运营类	医保数据,医院财务数据,药械的研发、生产、流通数据等
规则和知识类	医疗服务价格规范、药品招标价、医保支付规则、医保支付数据标准规范

2. 医疗大数据的特征

医疗大数据属于大数据的一种,拥有一般大数据的 5V 特性,同时医疗行业的特殊性,使其还具有不完整性、时效性、冗余性、隐私性以及封闭性的特点。

首先针对医疗大数据与传统大数据的共有特性总结为以下几点。

1)医疗数据来源复杂

大数据的多源性是医疗数据的一个重要特征。由于患者就医的机构、机构中医疗设备具有多样性,因此数据来源具有广泛性。不同的场所、不同的设备均可能产生不同结构的医疗数据。根据场景来划分,医疗大数据主要有以下五大来源:①医疗机构:患者治病的最主要场所便是医院,患者在治病诊疗的过程中会产生大量的临床诊断数据,因此医院等医疗机构必然成为最主要、最关键的医疗数据来源场所;②检验中心:在当下,很多第三方检验机构会与医院进行合作,承接医院的医学检验工作,因此第三方医学检验平台往往也有大量患者的诊断、检验等医疗数据;③药房:在医联体等场景模式逐渐发展背景下,各大连锁药房与医院的合作更加紧密,患者在药店的购药记录与医院里专家记录的治疗情况将进行密切的关联,以期获得更好的诊治方案;④保险机构:由于医保结算、医保报销等医疗结算方式越来越普遍化,保险机构也变成了不可避免涉及的医疗结算场景,其过程中同样会产生大量的医疗结算数据和管理数据;⑤可穿戴设备:通过智能可穿戴设备等可以实时检测到患者的个人健康数据,这些数据可以帮助医生及时监测患者的健康状况,更好地对患者进行疾病预测和诊断。日常个人身体健康数据也是医疗大数据的重要组成部分,可穿戴设备是重要的医疗数据来源。

2)医疗数据体量大

医疗健康与每个人都息息相关,每一次医院体检、药店买药、医院挂号都会产生大量的医疗数据,并且数据量还在持续增长中。同时由于医疗行业的特殊性,该领域没有固定的客户群,每个人都会在医疗领域产生大量的、多方面的医疗数据,因此其数据体量庞大。

3)医疗数据生成速度快

医疗行业作为典型的数据密集型行业,每时每刻都在产生大量的数据,如一些临床诊断、个人健康指标、疾病预防、诊治方案的数字、文本、影像等多种类型的医疗数据。

4)医疗数据结构多样

与其他行业相比,医疗数据的结构更具异构性,由于其数据来源广泛,其结构也复杂多样,不同的数据结构其存储方式也不大相同。结构化数据一般可以直接采用数据库进行存储,例如一些可穿戴设备可以实时采集到患者的个人健康指标数据等结构化数据,并及时将数据传递给医护人员;诸如病历文本数据、医生建议数据、用药方案数据等半结构化数据多以文本形式进行存储;非结构化数据则是智慧医疗领域中所占比例越来越大的数据类型,可采用音频视频、音像文本的形式进行数据承载,如CT(计算机层析成像)检查、超声、内镜等医疗检测方式所得到的影像资料数据均属于非结构化数据。因此,医疗数据广泛的异构性便是该领域的一个突出特点。

5)医疗数据利用价值低

医疗大数据虽然体量庞大、结构复杂多样,但数据本身的利用价值密度却很低。因此单单看这些体量庞大的医疗数据,其价值不高,需要各种机构用各种新兴技术进行开发、分析和利用,并以此挖掘出其中存在的潜在价值。

除去这些大数据共性特点外,医疗大数据还具有自身的独特性。

1)不完整性

从终端设备中获取到医疗数据以及利用数据处理技术对传输过来的医疗数据进行分析处理是两个较为独立的环节,很难将完整的、全面的、具有针对性的疾病诊治信息展现在平台数据库中,因此数据完整性很难达到。同时,不同系统数据库中数据的记录方式也不大相同,很多医疗数据甚至是人为输入进去的,因此常常存在一些数据遗漏或错误的问题,其数据表达和记录可能存在不同的含义,存在二义性。

2)时效性

医疗数据是存在时效性的,就像每个人的身体状况不会一成不变一样,它会随着环境、个人习惯、情绪等而变化。在进行疾病诊断时,近期的患者身体状况检测数据往往比之前的检测数据更具有价值。

3)冗余性

虽然医疗数据体量庞大,生成速度快,但由于医疗行业互联互通尚未完全实现,各种系统并未实现完全对接,因此在进行医疗记录时往往存在大量重复记录的信息,具有较高的冗余性。

4) 隐私性

在各种医疗信息系统中都存储着众多患者的基本身份信息,就医记录、诊断方法、用药规则、手术疗程等医学专业数据和医疗机构内部的财务、绩效、决策等相关管理数据,这些数据往往是个人和机构的高度隐私数据,一般都会涉及患者的个人健康隐私和企业的商业价值,因此这些医疗数据必须使用专业的方法进行隐私安全保护,避免数据泄露造成损失。

5) 封闭性

由于各个医疗结构往往自成体系,其信息系统未完全实现对接,各个系统往往独立存在,各种记录的数据只存在于各自系统内部,不能完全与其他医疗机构的数据进行整合,因此不可避免会造成"信息孤岛",具有一定的封闭性。

3. 应用价值

医疗大数据的主要应用主体可分为以下五类:患者(民众)、政府部门、研发机构、医疗机构和支付机构。

1) 患者(民众)

高效的个人健康管理:个人可以借助可穿戴设备等各种终端产品对个人身体指标进行数据检测,实时收集个人健康数据,医生可以通过检测到的医疗数据判断患者健康状况,并及时提供疾病预防或诊疗方案。

优化就诊流程:医院可以借助医疗大数据分析患者就医行为,优化诊断流程,提高诊断效率。另外,通过对互联网上收集到的民众搜索与行为数据以及可穿戴设备收集的身体健康指标数据进行分析,医生可以高效提出诊断建议,缩短诊疗时间,提高健康管理水平。

预测疾病发展:通过分析个人健康数据,可实现对个人疾病易感状况的分析,实现疾病早预防、早发现、早治疗、早痊愈等,更好地实现疾病个人化诊疗。另外,这种集预防、诊疗和管理为一体的健康医疗服务,有望成为未来医院医疗服务的新模式。

2) 政府部门

疾病疫情防控:利用互联网技术还有大数据技术等新兴技术,获取公众网上行为数据、医院就诊数据、人员流动数据等数据,组建好疫情防控预测模型,实现对不同地区人员疾病的诊疗和判断,对可能存在流行的传染性疾病进行管控,实现对疾病的有效预测及防范。

推动医改深化:政府层面可充分整合利用公共资源,挖掘不同业务领域、不同结构的医疗数据,实时监测网上舆论风向,预测医疗领域未来的优化方向,为疾病预测体系、医疗资源配置、医疗法规制定等方面提供可靠的数据支撑,为推进医改深化注入活力。

3) 研发机构

研发机构根据其研发目的及是否营利可分为非营利机构和营利机构。

数据驱动,技术创新:一些非营利机构,会综合利用医疗大数据并以此为支撑进行科学研究,一些学者还可以对多维度、离散性的医疗数据进行整合分析和研究,以此来探索疾病、症状、诊断、用药、手术、检查、检验之间的关联关系,建立起正确的知识图谱,对不同诊疗方案的效果进行综合比较,对疾病诊疗的了解不断深入,拓展科研发现,增强技术创新。

临床预测:研发机构常常与医院进行合作,借助大量的医疗数据进行数据建模和临床预测。例如通过对各种疾病的症状和诊断治疗成果等数据进行整合分析,为疾病预测治疗提供强有力的科学支撑和可靠的数据支持。

迎合需求:医疗相关设备企业可通过对医疗大数据的整合分析,挖掘出其中存在的重要价值,研究目前医疗产品市场上的缺失和弱项,充分发挥自身独特优势,研发出符合市场需求、便利民众的产品或服务,助力医疗健康领域持续发展。

4) 医疗机构

精细化管理:首先,基于医疗大数据,医疗机构可建立起更加精细化的信息系统,对全方位、各环节的数据进行整合分析,找到针对个人效果最佳的治疗方案,为医生治病提供更加可靠的科学依据;其次,通过对医疗大数据的充分挖掘和研究分析利用,能够对各种疾病诊断进行实时成本费用分析,有效预防经营风险;另外,结合医疗大数据能够更加精准化地体现专家的诊疗过程,突出每位专家的专业水准和诊疗风格,并进行精细化的绩效考核,进而达到医院"人财两利""医政两用"精细化管理。

临床辅助决策:临床治疗是一项非常复杂的任务,对待不同的患者,不同的机构和医生使用的诊疗方式方法都可能是不同的,其治疗成本也会存在差异。因此借助对医疗数据的分析研究,再综合患者的症状、病史等信息,医生可以提供给患者可供选择的多种诊疗方案,达到令患者满意的诊疗效果,这样可以更好地减少住院天数、降低住院成本、提升病床利用价值。

医疗质量监管:医疗机构可以通过对患者的临床实践数据以及个人健康数据进行综合性横纵向对比分析,发现医疗质量问题存在的源头,精准找到质量缺陷原因并进行高效率的改正指导。

助力专科疾病研究:构建医疗大数据科学研究平台,划分医疗专业部门,搭建专科疾病数据库,设计专科疾病的数据收集、处理、分析、应用全流程体系,使与专科疾病诊治相关的检验数据、手术临床数据、病例报告表(case report form,CRF)得到高效有利的运用,这些数据在科研设计、病案分析、远程专科协作等方面都具有极高的价值,同时对数据进行科学分析和研究,探索专科疾病诊治医疗方案,极大化节约人力成本和时间成本,对比得到最佳诊疗用药方案。

5) 支付机构

支付系统革新:利用大数据、互联网等新兴技术可以在医疗费用支付领域实现创新突破,开发出更快捷高效的医疗支付系统,提高系统稳定性,使系统安全运行。

防范医保欺诈:在医疗保险领域,医疗大数据基础平台建设依旧是非常重要的任务。在此基础上,医保机构可以建立起以"医保大数据"为核心的智能监控系统,从而使医保审核得到实时监控,避免医保诈骗的发生,一定程度上减轻了民众财产损失;另外,通过对医疗大数据的整合分析,对市场需求进行精确预测,综合患者的疾病状况和现实市场需求从而实现医保费用定价也是一个非常具有发展前景的研究方向。

12.1.3 医疗领域数据资产

1. 医疗领域数据资产的定义

拥有冗余性、异构性、隐私性等特点的医疗大数据给医疗领域带来了新机遇和新挑战,处理好不同来源、不同结构的医疗大数据并使其充分融合,得到更加完整、全面的信息,才能创造出更高价值,更好地推动医疗健康领域发展。

这种医疗数据会成为一种资源,其中医疗影像数据、电子病历数据等数据都会利用互联网、云计算等载体,通过各种信息处理和人工智能技术,将其中存在的潜在价值更好地挖掘出来。这种具有潜在价值的医疗大数据便可以构成医疗数据资源,同样这些医疗数据资源也可以构成医疗数据资产。

因此,医疗数据资产是指由医疗机构拥有或者控制的,能够为医疗机构带来经济利益的数据资源。医疗数据资产是当前医疗管理和发展的一个组成部分。值得注意的是,很多医疗机构里的数据资产既有手写的纸质版文件,也有通过电脑输入的电子版文件,只有将纸质版文件内容按照正确的标准输入成为电子版才能真正地得到医疗数据资产。

2. 医疗数据资产的特征

医疗数据资产也和医疗大数据一样,由于医疗领域的专业性和特殊性,除具有一般数据资产的基本特性外,还具备一些自身的独特性。

1) 医学专业性

医疗数据资产必定具有此领域的专业性,医学基础数据往往具有该领域的一些独有特点,例如医疗数据主要包括以个人健康指标数据、生物体征数据等为主的结构化数据,以及以电子病历、疾病描述、护理档案、用药记录等文本数据为主的半结构化数据,还有以各类影像检测结果为主的非结构化数据,这些数据统统建立在医疗专业性的基础上。因此医疗数据资产不同于其他数据资产的首要特性便是其所具有的医学专业性,这也是最主要的特征。

2) 准确性

医疗大数据通常与健康指标、疾病特征、治疗过程等紧密联系,其在进行资产化时发生任何错误都会造成严重后果,因此医疗数据在进行挖掘分析、整合提取有效数据创造价值的过程中需要保障其原始数据的准确性。

3) 高度隐私性

医疗领域的医疗数据包含着用户的基本信息、就医信息、诊断信息等一系列的个人医疗数据,其中存在着大量的敏感数据,需要进行严密的数据隐私保护。而这些数据在实际应用创造价值的过程中往往出现个人隐私数据泄露、商业价值泄露等安全风险,这些风险泄露会给患者本人、相关部门和企业带来巨大的损失和不可估量的后果。因此医疗数据资产必须具有高度的隐私性,这与医疗大数据是相同的,隐私安全问题一直是急需该领域从业人员重视起来并解决的问题。

4) 冗余性

由于不同机构系统间存在屏障,医疗数据共享还未完全实现,"数据孤岛"仍旧严重,这导致患者在不同机构进行挂号、买药等相关医疗活动时可能会填写或生成大量重复、低效的医疗数据。对这些数据进行整合分析研究并资产化是没有任何价值的,其创造不了利润,还会导致医疗数据资产的冗余性。

12.2 医疗数据资产质量评估

12.2.1 医疗数据质量评价维度

随着医疗行业信息化建设的不断深入,患者个人健康数据、电子病历数据、就医挂号数据、临床检验数据、治疗购药数据、医保支付数据等都不断以指数形式快速增长。但由于在收集和挖掘数据、分析和应用数据的过程中缺乏系统完整的医疗大数据处理标准,因此具有分散性、异构性、冗余性等特性的医疗数据常常面临数据质量低等问题。

整个医疗大数据处理流程都会存在增加数据质量问题的危险,每一个数据处理环节都会对数据质量造成不利影响。而医疗大数据的处理全生命周期大致可以分为数据采集、数据预处理、数据存储、数据分析、数据应用五个部分,医疗大数据处理流程如图12-2所示。

图 12-2 医疗大数据处理流程

案例 12-1   东华医为科技有限公司：医疗质量安全综合监控与管理平台

东华医为科技有限公司(以下简称"东华医为")注重医院各信息系统全数据采集,完成数据高度整合及标准化、结构化处理,利用人工智能技术构建医疗质量安全综合监控与管理平台,实现从质量监测、质量预警、专家评审到质量改进的医疗质量闭环管理,助力医院完成"发现问题-分析问题-解决问题-循环验证"的医疗质量持续改进,全面提升医院医疗质量管理水平。

东华医为在其医疗质量安全综合监控与管理平台上的数据采集、处理和利用方面都注重数据质量方面的问题。在数据采集上,实现医疗质量全数据集成：利用数据采集技术对医院内部跨平台或异构运行的管理、临床系统中的基础数据和医嘱、诊断、病历、会诊、手术、输血、检查、检验等业务数据进行实时采集和集成存储,实现医疗质量全数据集成。

在数据处理上,进行数据标准化和结构化治理：依据国内外权威临床指南,构建统一的术语库,利用自然语言处理将非结构化的电子病历文本治理成能用于知识图谱构建、诊疗模型搭建的标准化、结构化数据,实现疾病诊断、检查检验、症状体征、药品名称、手术操作等结构化表达。

在数据利用方面,主要是基于数据采集和数据处理的结果,利用 AI 技术搭建信息平台,通过智能化的质量监测、质量预警、质量评审分析、质量改进等功能,使医院具备医疗质量智慧化感知与判断、预警与反馈、分析与决策、协调与应变能力。

资料来源:东华医为. 东华医为:医疗质量安全综合监控与管理平台[EB/OL]. (2020-12-03)[2022-12-15]. https://chima.org.cn/Html/News/Articles/6277.html.

在医疗大数据应用的整个过程中,不同阶段的一些不标准操作都会对数据质量产生影响。

(1)在数据采集阶段:个人健康数据的采集方式,以及采集数据时可能用到的不同类型的设备、用于检测样本的纯净程度、检测样本的机器类型和精准度等都会影响到数据质量,其数据源的完整性、真实性、一致性、准确性等都会因操作过程不够严谨规范而受到影响,致使医疗数据质量降低。

(2)在数据预处理阶段:数据清洗、数据集成、数据归约与数据转换等操作是进行数据质量评估的重要技术,技术方式使用不当或错误都会对数据规范性、准确性、一致性、唯一性等数据质量问题造成不利影响。

(3)在数据存储阶段:正确地对不同结构的医疗数据进行存储和传输是十分重要的,选择合适的存储介质和存储方式有助于提高数据存储和使用的效率,进行优质高效的数据存储管理,这样可以极大地提高数据质量,在其数据时效性、安全性、准确性等方面具有较大的益处。

(4)在数据分析阶段:使用多种新兴技术、采用多种适合的分析工具和方法是这一阶段影响数据质量的主要因素,其主要影响的数据质量体现在数据的可用性、价值性、准确性等方面。

(5)在数据应用阶段:相关医护工作人员会利用一些可视化技术或其他新兴技术对数据分析结果进行应用,更好地进行疾病预测和防控等相关工作,创造出价值,如何正确使用数据应用技术也成为影响数据可用性的关键。

综上发现,数据采集、数据预处理、数据存储、数据分析、数据应用均会影响数据质量。因此,在进行数据质量评估时,可以从医疗数据质量维度出发进行评判,也就是以数据质量的某一方向的特性为细分质量维度的标准。在这里根据上面大数据处理流程中产生的数据质量问题,就将数据质量维度分为完整性、真实性、规范性、一致性、准确性、唯一性、安全性、可用性、价值性、及时性这 10 个,其具体的含义如表 12-2 所示。

扩展阅读 12-2
医疗机构日间医疗质量管理暂行规定

表 12-2 数据质量维度

数据质量维度	含义
完整性	主要指数据的完整程度,数据表中关键数据项均有值,无全白缺失数据记录、数据类型多样
真实性	无造假数据、表中数据均符合实际、具备现实价值

续表

数据质量维度	含 义
规范性	数据收集、预处理、存储、传输、分析、挖掘、应用、呈现这一系列数据处理应用过程均按规范化标准执行,满足数据采集方式规范、存储方式规范、传输方式规范、分析和应用方式规范、管理规范
一致性	不同系统平台上存储的数据内容应该是一致的,不能是矛盾或者包含的,数据在处理和应用的过程中也应该是具有一致性的
准确性	数据信息真实可靠,具有准确性,偏差不易过大,与患者实时信息保持一致,旧时信息要及时更新,该准确性要保证采集的原始数据准确、数据分析处理后的结果准确,应用创造价值也要准确
唯一性	数据库中同一数据项应该只出现一次,不会重复出现多条相同数据值
安全性	数据全流程安全可靠,防止敏感数据主动或被动泄露或破坏
可用性	处理后数据真实准确,具有较高的实用价值,并且数据存储合理规范,可快速调取、分析和应用
价值性	主要指医疗数据的疾病诊断、用药方案、疾病预防等方面的应用价值,可辅助临床决策、预测疾病走向等
及时性	数据上传和更新是及时进行的

由此可建立精准医疗大数据质量影响因素模型,由模型可知,数据处理流程与数据质量密切相关,其具体维度如图 12-3 所示,因此需要建立全流程的质量控制体系以保障数据质量。

12.2.2 医疗数据质量控制体系

医疗数据质量控制从数据的采集获取、预处理、传输存储、分析挖掘、应用展示这整个医疗数据处理流程中可能引发数据质量问题的环节出发,降低数据处理流程中数据质量受损的可能性。

医疗数据质量控制其实在医疗大数据处理流程的全生命周期的每一个环节都有涉及,采取正确的质量控制手段便可以有效增强流程中数据质量,得到更加精准、有价值的数据处理结果。而面向全过程的精准医疗数据质量控制,可以从基于源数据的事前控制、数据过程中的事中控制、数据处理完成的事后控制三个阶段进行。

1. 事前控制

扩展阅读 12-3
安徽省立医院:
基于 ODR(运营数据中心)的医院智慧运营管理

事前控制从字面意义上理解是指在数据处理之前所进行的质量管控,主要包括:规范化数据来源,避免多来源数据异构性;制定数据收集的标准,避免不规范造成的数据质量漏洞;规范化数据处理流程,避免出现数据质量问题等。首先,规范化数据来源,避免数据来源过多过杂造成的数据质量参差不齐以及数据结构复杂多样等一系列问题。其次,标准化数据采集工作,主要分为仪器设备检查和操作流程规范化。提前检查数据采集所需要的设备是否符合规范化标准,避免因此形成误差,如检查医疗数据测量终端、放射检测仪器、临床检查设备等可用于收集患者数据的仪器是否符合国家卫生标准要求,用

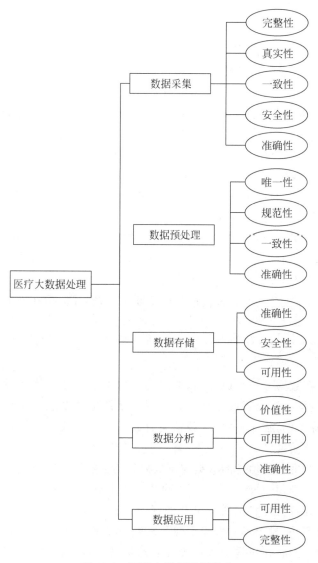

图 12-3 医疗大数据质量维度

正确合适的方法和技术实现数据的标准化采集，又因为数据来源多样需要进行数据传输和存储，所以需要建立起医疗数据专用传输网络，保障好数据传输的效率和质量。在数据采集、传输和存储过程，面向精准医疗的大数据质量控制应树立全流程质控思想，从数据采集到数据应用制定全流程的质量控制规范化标准，明确各阶段的标准和要求，从各环节有效控制数据质量。另外，还要加强人员培训，提高相关人员对数据质量的关注度，规范好相关工作人员的工作标准，对数据处理全流程建立起优质的监管机制和错误预警机制，由监管部门以规范化的方法对流程进行统一监管，并借助面向精准医疗的数据监管预警全平台，对整个流程可能出现的数据质量问题进行监控和管理，验证监管的合理性和有效性，为后期优化数据处理流程提供可靠的科学支撑。

2. 事中控制

事中控制是对数据处理过程的质量控制,包括数据预处理、数据存储、数据分析、数据应用等环节的质量控制。在数据预处理阶段,可对采集到的数据进行降噪、修匀、过滤、删除、填补等处理,以期得到真实、准确、完整的数据;同时为了进一步提高数据的可用性,还可以制定数据集成规则,将更多分散的、异构的数据充分整合,获得更大价值。在数据存储阶段,针对不同结构的医疗数据可选择合适的数据存储方式,制定好标准化的数据存储规则,方便及时高效地对数据进行查询、使用和分析。在数据分析阶段,选择合适的医疗数据分析方法、技术和工具,按照数据分析具体结果和实际应用场景满足不同的应用需求和达到决策目的,提高大数据分析结果的可用性、价值性和准确性。在最终的数据应用阶段,通过对不同应用场景的分析,做好医疗数据应用目的和意义的调研工作,并对调研结果进行分析,辅助医疗数据分析结果应用决策;让相关医务工作人员选择合适的、正确的数据应用技术,将原本的数据分析结果以更加清晰、直观的状态展示出来,更好地完成对数据的全面解读,实现对数据价值的综合应用。最后,在应用数据分析结果时,还可以结合现有的医学专业知识,结合专家多年的临床诊疗经验,有效辅助临床诊断决策,实现数据在精准医疗体系中的高质量管理和应用。

3. 事后控制

事后控制是指在数据分析完成之后,通过建立数据质量评估体系对数据分析结果进行事后评价,并制订数据分析流程改善计划。数据质量评估体系建立时会覆盖医疗机构的整体业务流程,以医院为例,临床科室、医技科室、门诊科室、行政后勤等各个部门都会参与其中,"基础质量""环节质量""终末质量"三环并重,贯穿内外门诊、急诊、住院诊疗各个环节,将规范的数据质量标准和价值性的数据应用成果作为数据质量评估的合理依据。对数据分析的结果进行综合评判,并对医疗大数据的全生命周期处理流程进行事后勘察,对整个数据处理流程中存在的导致医疗数据质量下降的环节进行标注,对数据收集设备、分析方法、处理工具等进行综合评估,找出不标准和不规范之处并改正,减小下次数据处理可能存在的数据质量下降的风险。同时在机构的人员管控和培训方面也可以进行优化以提升数据质量,可以健全医疗机构质量督察考核体系,由医疗数据质量考核小组对完成数据分析后的整个流程进行复盘,对不同岗位上、负责不同环节的相关工作人员的工作效率和对数据质量的重视程度进行考核评价,对其可能存在的漏洞进行弥补,尽量减少人员操作失误而造成的数据质量问题。从整个机构的角度建立起全机构、全员、全程的医疗数据质量管理体系,形成全方位规范化、精细化的医疗数据质量管理制度及保障措施,践行全面质量管理。

12.2.3 医疗数据质量评估发展方向

医疗数据质量评估是医疗数据质量管理的一个重要组成部分,可以从事前控制、事中控制、事后控制这三个方面进行医疗数据质量管控,而医疗数据质量评估也有很多的发展方向。

1. 进行集成平台建设

由于各个系统之间的信息共享度不够，数据冗余性严重，因此，可通过将各个独立系统进行整合的集成平台建设来提高数据质量。通过集成平台的建设，对之前一个个围墙内的独立系统进行有效的整合，将原本无法进行数据交换和共享的点对点接口更换成统一的数据接口，将各个独立的系统连接起来，以实现不同系统间分散数据的有效整合，建立医院智能决策与管理信息系统，以此来提高数据的一致性和完整性。

2. 理论与实践相结合

在进行医疗数据质量评估时，要注重医学专业理论知识与专家临床实践经验相结合，并综合比较数据质量评估模型及评估工具，这样才能构建出既具有医学理论体系筑基，又具有主观经验的数据质量评估框架。

3. 医疗数据管理团队建设

为进一步提升从业人员对数据质量水平的关注度，避免在日常的烦琐业务中额外增添负担，可以建立医疗数据质量管理小组，该小组可以作为各个机构数据质量管理的核心部门。该小组制定相关质量标准规范、监督落实日常全流程数据处理以及行业规章制度的遵循情况。同时，该小组还可以设立一位负责人，统筹安排整个数据质量控制的流程和标准。各职能部门还可以通过委派负责人，负责不同环节数据质量问题的解决以及人员培训等。

4. 完善医疗数据质量考评制度

很多工作都有绩效考核制度，这是一个督促相关工作人员认真工作、提高效率的有力措施。因此完善数据质量考评制度，建立合理、规范化的评估指标，通过专家经验和理论基础决定好指标权重并以此来突出监管重点环节，通过评估结果设立高质量的奖罚制度，这样也可以督促相关工作人员提高对数据质量的关注度，提高工作效率和积极性。

5. 主观与客观并重

根据数据质量的定义，应综合主观和客观两种因素进行数据质量评估。在进行客观评估时，为得到具有逻辑性的评估结果，要提升数据之间的可比性，并使用统一的标准衡量医疗数据质量规范度，这样便能够公正地展开数据质量评估工作，实现医疗数据共享和整合，提升数据质量评估结果的可信度。另外，还可以借助人工智能技术进一步智能化开发医疗数据质量评估方法和工具，建立自动化评估流程，提升评估效率。最后，综合各个部门专家意见和多年的临床实践经验，设立符合现实情况的指标，并以日常医疗数据质量问题为依据设立指标权重，再加上多种手段，实现对数据质量主观、个性化的评估，提升评估可信度。

6. 实行标准作业程序与第三方评估

在分析研究医疗大数据质量评估方法时，应多实行标准作业程序，制定好评估标准，规范好评估流程，尽量减少操作失误而引发的数据质量下降问题，增加数据质量评估的支撑力，筑好评估可信根基，提升数据质量评估结果的可信度和可比性。另外，在进行医疗数据质量评估时往往受到医学专业知识的限制,对关键评估点和评估指标权重的设立不够清晰,因此往往需要引入第三方机构进行联合评估。在制定好标准化数据处理流程并以此标准实施后,联合业内专家和第三方评估机构对数据质量进行中立、可信、有逻辑的综合评估。

案例 12-2　上海市同济医院全院级科研一体化平台的数据质量管理

上海市同济医院建设的基于人工智能的全院级科研一体化平台,对医院临床病历数据进行结构化、标准化的整合治理,面向医院重点专科提供临床科研数据采集和分析服务,满足不同临床医生不同的科研诉求。该平台的核心技术是临床数据治理引擎。它基于先进的自然语言处理、知识图谱等 AI 引擎,实现全流程的标准化和规范化管理。引擎基于通用数据模型及各类型专病数据模型对临床文本数据做颗粒化、后结构化处理,运用人工智能结合医学知识图谱自动转化非结构化文本数据,以满足回顾性查询所需的数据细化程度。同时针对提取出的医学信息,结合医学知识图谱自动完成数据的标准化,进一步提升数据的可用性、可交互性。

在数据质量核查方面,该医院信息化平台提供系统+人工数据双重核查方式,来完成对数据质量的控制。在此基础上,另提供三级数据质疑管理,使管理者能对疑义数据质疑,提示录入员进行数据的核查与修改;并保留数据稽查及修改轨迹,保证数据可溯源。另提供数据资产管理功能,用户对专病库内数据的所有操作(修改、读取、调用、导出等)均留有记录,清晰可溯源,方便管理。

在数据安全权限管理方面,包括授权权限管理、敏感数据隐私防护、数据加密解密等。该方案涉及的所有临床数据均存储在医院的核心机房内,接受统一监管。在面向临床研究和患者服务方面均遵循医疗行业的伦理规范和信息安全等级保护规范,仅提供业务所需最小数据集,同时进行访问审计。例如在临床研究场景中,对一类患者信息(姓名、家庭地址、身份证号)进行加密,避免患者隐私泄露。

资料来源:上海市同济医院.上海市同济医院:全院一体化科研平台及专病库应用[EB/OL].(2021-10-28)[2022-12-15]. https://chima.org.cn/Html/News/Articles/9472.html.

12.3　医疗数据资产保护

12.3.1　医疗数据安全风险

医疗数据涵盖患者几乎所有的基本信息,还有就医、用药、诊疗、支付等医疗信息,这往往包含着公民的个人隐私。而医疗数据资产更是涵盖着众多能够带来利益的敏感数据信息,对隐私保护有较高的要求。因此,在保障医疗信息系统内数据资产来源可靠、处理流程规范的情况下,需要对其中的敏感信息进行全方位、多角度、细粒度的安全管理,避免因信息泄露造成损失。

智慧医疗可能存在的安全风险包括以下几点。

1. 医疗数据隐私泄露安全威胁

对于患者个人或企事业单位重要的一些隐私数据所存在的泄露风险,便是最主要的医疗数据隐私安全风险之一。一些不法分子可能会通过系统漏洞窃取到隐私数据或者通过收买相关人员以获取数据，获取到医疗隐私数据后还可以继续将信息售卖给营利性企业以此获取利润。虽然医疗大数据具有价值密度低的特点，单个离散性的数据泄露可能带来的危害性较小，但联系密切的数据多方聚合便有了患者个人身份识别、损害有关部门商业利益的安全风险存在。

2. 医疗数据资产安全威胁

大数据的应用使得数据的生产者、拥有者、使用者、管理者的角色相互分离，同时数据作为一种资产而具备的许可权、占有权、隐私权、审批权、收益权等数据权益的所属问题，如果得不到明确和保障，也会引发相应的安全问题。

3. 医疗数据存储安全威胁

在对医疗大数据进行分析和使用之前，一般要将其存储在数据库中，而由此引发的数据集中存储问题可能会造成大批量数据泄露，存在极大的安全风险。

4. 医疗数据网络安全威胁

在将医疗大数据进行存储和挖掘时，必然使用到各种网络安全设备，这些设备种类繁多，形式多样，而每个医疗机构用于网络安全保护的预算有限，每个机构或同一机构的不同时期或许都有不同用途的网络安全设备，这些设备往往只防范自身的数据范围。因此在一个机构安装好网络安全设备后，其设备环境和配置基本上不会有大的改动，并且医疗机构出于政策性和预算的考虑，虽然网络设备不断更新换代，网络节点不断增加，但其信息部门的安全专员的设备维护水平却不会有明显增长，因此在很多情况下，不匹配的设备往往容易遭到高强度、持续性的访问攻击，若不能及时修补，必然造成数据隐私泄露。

5. 医疗数据分析及应用安全威胁

其一是对医疗数据的来源可信度无法估量和确定；其二是避免使用不适用的数据分析方法和数据分析工具而带来的数据分析结果错误，减少错误指向。

6. 医疗数据基础设施安全威胁

环境和配置未更新、信息系统漏洞、黑客入侵、病毒植入、违反访问权限等可能存在的大数据基础设施建设问题而造成的数据质量被破坏，严重威胁医疗数据基础设施安全运行，数据质量下降概率大幅提高。

不同的大数据应用于不同的行业会具备各自行业的特色，对数据隐私安全也会有不同的标准和要求。而医疗行业就是一个非常注重隐私安全的行业，由于医疗大数据中往往包含着患者的基础信息、健康数据、诊疗数据等能够识别出个人身份以及个人健康情况的隐私数据，一旦信息泄露，必然造成较大的损失，带来数不尽的麻烦，因此医疗数据资产对数据隐私安全的防护工作要求较高。

案例12-3　北京大学第三医院为医院信息系统构筑"保护盾"

北京大学第三医院强化制度建设，规范信息安全行为：在医院层面成立了网络安全领导小组与技术领导小组，科室成立了网络安全技术支持小组，明确岗位职责。

夯实安全基础，强化网络边界防护：医院构建网络版杀毒软件及虚拟补丁相结合的防护体系，实现主机病毒及漏洞安全防护。利用去隐私、脱敏、水印等技术，并结合多因子验证、密码复杂度校验等身份鉴别、访问控制、安全配置手段，确保数据应用安全。

依托预警监测，构建综合防御体系：构建动态防御、主动防御、纵深防御、精准防护、整体防控、联防联控的网络安全综合防控体系。

注重隐私保护，提升个人信息安全：医院对数据采集、传输、存储、处理、交换、销毁实施全周期管理。明确"最小、够用、知情"数据采集原则，利用国密算法加强数据传输、存储加密，对数据进行分级分类管理，加强权限管控，逐级授权开放。

针对个人信息保护，在程序端增加去隐私化、匿名化处理，对涉及个人隐私的数据，增加知情同意提示。强化审核及个人信息分类管理。制定信息安全事件应急预案，对处理敏感个人信息的情形进行评估。

资料来源：贾末，计虹. 怎样为医院信息系统构筑"保护盾"[EB/OL]. (2022-01-10)[2022-12-15]. https://mp.weixin.qq.com/s/j1GyROKWqKH-fL5uypbZJA.

12.3.2　医疗数据隐私保护技术

在面临这些医疗数据安全风险的同时，一些隐私保护技术也被运用到医疗数据安全保护问题上，下面主要通过数据分类分级、数据脱敏、同态加密、安全多方计算、联邦学习这几个方面进行医疗数据隐私安全保护。

1. 数据分类分级

医疗大数据基本上包含了患者的所有基本信息以及相关的医疗信息。例如，患者的姓名、性别、年龄、籍贯、职业、身份证号、医保卡号等个人基础数据，以及就医相关的病历、病史、用药记录、检测结果、临床诊疗、个人健康等医疗相关数据。这些数据中有些是具有高隐私性、能够进行人格身份识别的敏感数据，一旦泄露便可能面临个人身份泄露的风险，因此需要对医疗数据进行分类分级操作，这也是进行医疗数据隐私保护的一个有力措施。数据分类主要是从数据的使用目的及意义、实用价值、存储方式、泄露危害等方面进行考虑的；数据分级则是以数据的隐私程度为依据进行等级划分，如常见的数据分级标准以绝密、机密、普密、内部、公开这几个数据级别为基础，再进行符合医疗数据特性的进一步划分。

2. 数据脱敏

数据脱敏是一种重要的数据隐私安全保护技术，在医疗数据资产领域同样有着较多的应用，该技术可以更好地挖掘出医疗数据中潜在的价值，避免数据整合集中而造成的患者个人身份识别以及商业信息的泄露。数据脱敏可以借助替代、截断、数值变换、加密、遮挡、泛化、空值插入/删除等技术来实现。而针对来源广泛、结构多样的医疗数据在进行数据隐私保护时则应选择合适的隐私手段，并满足业务的要求。例如个人电子病历档案中包含着一系列需要进行隐私保护的信息字段,如姓名、年龄、性别、身份证号、医保号、就医记录、病史病历、检测影像、用药方案、专家意见等。综合这些信息的数据类型和特点,可以采用一些不同的脱敏方法来实现对敏感字段的有效保护。

1) 遮挡

遮挡是通过使用掩饰符(如 &、#、* 等)来对医疗数据中能够识别出个人身份的隐私数据段中的部分字段进行遮挡,从而使数据段部分被隐藏,达到遮挡敏感数据的目的。例如,患者姓名字段属于能够进行个人身份识别的隐私数据,但对其进行统计的医学价值并不大,所以一般采取保留姓氏、其余用"*"标识符遮挡的方式进行隐私保护。

2) 泛化

当患者的某个数据字段具有一定的医学统计价值时,往往采用泛化这一脱敏技术进行隐私保护。泛化就是指将某个具体的数据值更换为一个区间或者是更为抽象的数据,以此达到隐藏敏感数据的目的。例如,可以在某个疾病数据库内统计所有患者的年龄,以此来分析这一疾病在哪个年龄阶段比较高发,或者统计某个疾病的患者的家庭住址,探究该疾病是否属于传染性疾病,并探究疾病来源地,及时做好预防和诊治等。这些年龄和地域便可以采用泛化这一脱敏技术进行安全防护。

3) 截取

截取是在医疗数据字段中选择一个合适的位置进行标记,并且从该标记处进行截断,同时系统中只显示该标记处后面的数据段,以此来对敏感数据进行隐藏,避免个人隐私数据泄露造成个人身份识别的风险。例如对于一些间隔复诊的病人,其复诊时间、复诊医师等具有规律性的患者医疗数据可以采用截取这种脱敏方法进行隐私处理,这样便能够更好地完成敏感数据隐藏,保障数据安全。

4) 身份证号

根据中国公民身份证号组成规定可以发现这 18 位数字中,前 6 位表示常住户口所在区的行政区划代码,第 7~14 位为出生的年月日,第 15~17 位为顺序码,第 18 位为校验码,第 17 位体现性别(单数为男性)。综合上述对各个字段的脱敏策略,可以将前 6 位直接发布,将第 9~14 位进行遮挡,对第 15~17 位在合理范围内随机替换。

3. 同态加密

同态加密也是医疗数据隐私安全保护的一种重要手段,并且在众多场景中都能应用。该方法使经过同态加密后的密文可以直接在数据上进行运算以得到加密结果,其加密的结果和对明文数据进行同样运算的结果一致。通过同态加密,用户便可以安心地将自身重要的隐私数据上传给安全度未知的第三方平台,可保证进行加密数据下的计算而不会被窃取和泄露。

4. 安全多方计算

安全多方计算可在数据隐私安全保护的基础上实现多中心数据和计算上的合作。这种安全多方计算技术在生物医疗数据研究中被大量应用,其在应用过程中可以将数据传递给无法确定可信程度的第三方机构进行研究,提升数据研究和运算的专业性。

5. 联邦学习

联邦学习是一种分布式的机器学习技术，在生物医疗数据分析领域有很多学者都使用了该联邦学习框架进行数据分析算法的研究。根据数据的分布方式，联邦学习可分为横向联邦学习及纵向联邦学习两种方式。而对联邦学习和安全多方计算进行深度融合，可以加强隐私数据防护水平，保证数据分析和运算过程的私密性，构建数据隐私安全防护新模型。

12.3.3 医疗数据保护机制

在智慧医疗领域的数据资产安全的保护机制方面，主要可以从制度体系和行业自律两个方面进行介绍。我国关于智慧医疗数据保护的制度体系建设有法律、行政法规、行政规章及国家标准等，其中部分医疗数据保护条款如表12-3所示。

表12-3 中国部分医疗数据保护条款

名称	相关条款内容
《民法典》	医疗机构及其医务人员对病历资料应妥善保管，对患者的隐私和个人信息保密，违反者应当承担侵权责任
《中华人民共和国基本医疗卫生与健康促进法》	公民个人健康信息受国家保护，任何组织或者个人不得非法从事公民健康信息的收集、使用、加工、传输和买卖活动
《全国医院信息化建设标准与规范（试行）》	对二级及以上医院的数据中心安全、终端安全、网络安全及容灾备份提出要求
《全国基层医疗卫生机构信息化建设标准与规范（试行）》	明确了基层医疗卫生机构未来5~10年信息化建设的基本内容和要求。其中信息安全部分包括数据防泄露、数据备份与恢复、应用容灾等十个方面
《互联网诊疗监管细则（试行）》	医疗机构应建立网络安全、数据安全、个人信息保护、隐私保护等制度，并与相关合作方签订协议，明确各方权责关系
《电子病历应用管理规范（试行）》	设置了电子病历访问权限，未经授权不可查阅；建立了安全管理和保障体系，维护电子病历数据隐私安全
《三级医院评审标准（2022年版）》	医院要实施国家信息安全等级保护制度，实行信息系统按等级保护分级管理，保障网络信息安全，保护患者隐私。推动系统运行维护的规范化管理，落实突发事件响应机制，保证业务的连续性
《信息安全技术 健康医疗数据安全指南》	为健康医疗控制者提供了保护健康医疗数据的安全措施标准；可供健康医疗数据监管与评估工作参考
《健康信息学 推动个人健康信息跨国流动的数据保护指南》	在标准语境下合法传输个人健康数据的两个主要要求，即"同意"和数据保护的充分性
《国家医疗保障局关于加强网络安全和数据保护工作的指导意见》	对数据的产生、传输、存储、使用、共享、销毁等实行全生命周期安全管理；严格执行数据处理和使用审批流程，按照"知所必须，最小授权"的原则划分数据访问权限，实施脱敏、日志记录等控制措施，防范数据丢失、泄露、未授权访问等安全风险

国际上的医疗数据隐私安全问题也一直是备受瞩目的问题，众多相关医疗数据隐私安全的事件受到广泛关注。

扩展阅读12-4
Kaiser医疗集团泄露了近7万份医疗记录

医疗数据隐私安全相关报道层出不穷，对于这些具有高隐私性的医疗数据必须采用新型技术予以保护。英国卫生和社会护理部(Department of Health and Social Care，DHSC)发布的《数据拯救生命：用数据重塑健康和社会护理》指南中承诺英国患者将有更多的机会通过NHS应用程序访问全科记录，患者有权控制其数据的使用方式；将建立可信研究环境，使研究人员能够更好、更安全地访问链接的NHS数据，同时保持最高级别的隐私和安全。

美国卫生和公众服务部(United States Department of Health and Human Services，HHS)民权办公室对《数据拯救生命：用数据重塑健康和社会护理》中网络安全规定和经济处罚发布征求意见的通知，很多机构纷纷响应并表示要兼顾不同规模医疗机构的差异性而使规定更具灵活性，同时，要更具清晰性，帮助医疗集团IT领导对网络安全的理解，为更好地服务患者隐私提供最佳实践。美国医师学会(American College of Physicians，ACP)、美国远程医疗协会(American Telemedicine Association，ATA)和护理与健康应用审查组织(Organization for the Review of Care and Health Applications，ORCHA)宣布了一个由数据和隐私、临床保证和安全、可用性和可访问性，以及技术安全和稳定性四部分组成的数字健康评估框架，旨在帮助医疗专业人员和患者使用数字健康工具。

除了制度体系建设，在医疗行业自律方面，很多机构也会对智慧医疗领域的数据安全问题进行研究，如在医疗领域中占有重要比重的医院便可以采取一系列措施保护隐私数据不外泄。

1. 系统院内部署

科研平台及专病库部署于医院内部服务器中，与外界网络不直接互通，可有效保障院内数据不外流。所有的院内数据均存储在医院的核心机房内，接受统一监管。

2. 独立部署

科研平台及专病库独立部署于医院内部，不和医院其他系统嵌合，同时使用数据库复制技术对生产系统数据库业务数据表进行复制，在建立的复制库上进行数据抽取和治理，保证对生成系统数据库性能无影响，不会影响医院业务系统的正常运营。

3. 用户权限管理和患者隐私保护

科研平台及专病库内对患者的隐私保护有多个维度的措施，在存放个人信息时，采用加密技术对个人信息字段进行隐私保护，如姓名、家庭地址、身份证号等。在展示界面中对于敏感数据字段采用数据脱敏技术，如变形处理，并限制用户的查询权限，采用最小够用原则，由后台进行访问审计。

12.4 医疗数据资产管理前沿技术

12.4.1 区块链

区块链是一种跟踪交易的安全技术，它本质上是一个数字账本，对信息或数据"块"进行加密，并将这些信息连接在一起以创建单一的真实来源。简单地说，区块链就是去中心化的分布式账本数据库。它是一种跨领域技术，可以赋予公民、公共服务和企业以安全、透明、可核查、去中心化和共享数据访问权的能力。

在医疗健康领域，区块链有着多方面的应用，其中医疗健康数据信息安全和隐私保护是区块链技术在医疗领域应用最广的部分。拥有去中心化、共享性等特征的区块链技术可记录个体完整的健康史，安全共享病人数据，使医疗数据的存储与访问记录被记录下来且不可篡改，这不仅能保障医疗数据的隐私安全，还对精准治疗和疾病预防有宝贵价值，而且能够基于病人的数据进行健康管理。

此外，区块链的可追溯性特点使其可用于对医疗事故和药品的追溯与监管等领域。及时更新、广泛共享的区块链数据使医药制造商、药店、买家、监管部门等多方都能实时观察数据流动，加强药品监管，阻止假药进入市场。例如，一家从事供应链管理的英国公司，利用区块链技术打造了一套防伪解决方案，使药品、奢侈品等得以全流程管理，防止假货在任何流程中出现。

总的来讲，区块链技术在医疗数据资产管理方面的应用主要可以分为以下五个方面。

1. 实现数据资产的安全共享

在智慧医疗领域，区块链技术是打破"数据孤岛"的重要技术，打破数据屏障，有效实现数据交互共享，促进了数据整合协作的高效率实现，为共享经济稳定发展提供了一定的保障；为了解决医院之间缺乏有效数据共享的问题，可以利用区块链技术创建医疗数据收集访问渠道，将数据安全与服务联系起来，从而进一步推动医疗信息系统的进步与发展。

2. 实现数据资产的防篡改

医疗行业因其特殊性，信息系统中通常留存着海量数据资产。基于这些数据信息的高隐私性要求，医疗信息流转过程中各个环节均不允许有失误，使用区块链技术可以防止黑客攻击并且避免有心人对医疗数据库进行恶意修改以确保个人医疗记录的完整性。同时，为解决第三方系统开发人员或者部门内部工作人员利用职权盗用、篡改医疗信息以及医疗数据泄露后不能进行定位及追责的问题，可通过区块链技术，使数字保险箱服务和数字资源管理平台各要素相互融合来实现医疗数据的无障碍共享及医疗数据资产的可信流转。另外，为实现不同系统、不同部门之间的数据共享，往往会借助一些新兴技术，这些共享技术和手段仍然存在数据隐私安全风险，因此也可借助区块链技术搭建医疗信息共享平台来实现不同医疗部门之间的数据共享，从而更好地维护医疗数据跨领域使用中业主的权利与利益，避免对数据的篡改与非法复制，也降低因第三方的存在而导致的数据交易成本，增强各个部门对数据资产价值网络数据共享与公开的积极性，从而进一步营造良性的发展生态环境。

3. 实现数据资产的可溯源

区块链技术的可追溯性可以帮助医疗数据资产实现其可溯源目标。例如,将区块链技术应用到药品供应链上,便可以很好地保证交易信息不被篡改,共享数据真实可靠。当药品出现问题时便可以迅速完成追溯,找到是药品供应链上下游哪个阶段引发的错误,切实完成责任指认到位、患者权益维护、交易市场监管以及信息机构审计等。

4. 实现数据资产的智能化

数据资产智能化管理是将区块链技术与数据资产管理相结合的重要内容,借助智能合同,能够更好地完成医疗数据资产的共享与协作整合,为医疗数据资产的校验、保存与同步提供解决思路,减少资源浪费、提高管理成效,合理化配置资源,大大提高工作效率。

5. 实现数据资产的隐私保护

使用区块链技术进行医疗数据隐私保护是当下该行业热门的技术应用。为了实现数据资产隐私保护功能,使用区块链技术和分布式哈希表(Distributed Hash Table,DHT)存储方法,构建了用户数据资产权限管理系统。

12.4.2 云平台

云计算的出现,为智慧医疗领域带来了新兴的服务模式。例如,利用云计算平台将医疗服务搬上云端,形成一个医疗云服务数字化生态环境。

而医疗大数据平台的构建也离不开云计算的支撑,医疗大数据平台基本架构如图12-4所示。同时出于对大数据分析和应用的需求,需要构建出优质高效的医疗数据资产管理平台,其中,利用 Hadoop 的快速、高效、灵活、兼容的分布式数据计算优势便可以很好地对医疗数据进行分析计算。

1. 能够高速存储和处理各种大量的数据

医疗行业数据来源广泛,发展迅速,每时每刻都会产生大量的医疗数据,包括临床诊断、用药、疾病分析等数据,医疗大数据体量大并且结构多样,这使得对医疗数据进行高速存储和处理的能力要求非常高。

2. 计算性能强大

在医疗数据体量如此庞大的情况下,利用 Hadoop 的分布式计算可以快速、高效、准确地完成计算,同时增加节点,进一步增强处理不同结构的医疗数据的能力。

3. 具备容错功能

当系统平台中的某个节点发生故障时,作业会自动重定向到另一个节点,可对数据进行保护,避免硬件故障损坏造成的损失。同时,平台上还可以自动保存处理数据的多个副本,在更大程度上提高容错水准。

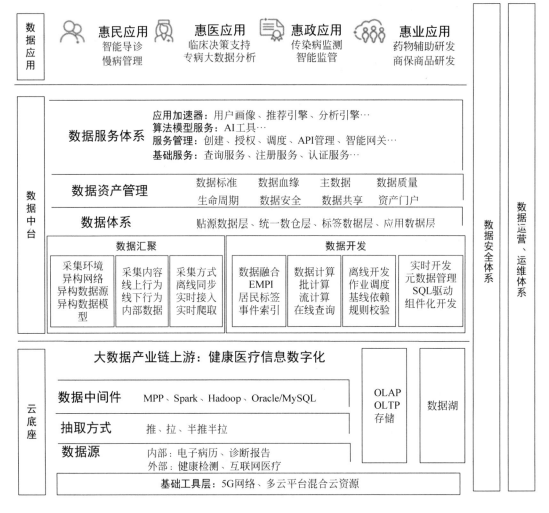

图 12-4 医疗大数据平台基本架构

4. 有较好的灵活性

云平台可以存储体量庞大的、结构多样的、未经预处理的医疗数据，如电子病历文本、CT 检查、超声、内镜等医疗影像资料等数据。

5. 低成本性

这个框架是开源且免费的，因此可以使用较为便宜的硬件设备存储大量的医疗数据。

6. 可伸缩性

系统具有可伸缩性，只需简单的步骤便可以在存储空间以及处理空间不足的情况下拓展系统大小，增加节点并且同时处理更多医疗数据，提升数据分析和应用的效率。

案例 12-4　北京协和医院的医疗大数据平台研究及应用

北京协和医院建设了多层次、多领域覆盖的全院级综合性医疗大数据平台，以及以专科为核心的专病数据库平台等。根据建设目标及要求，该院搭建了从数据到应用的多层架构体系，其中包括：标准体系，多模态数据体系，多模态数据融合与处理，科技创新应用等。

在标准体系方面，通过构建科研标准体系，实现了数据存储体系、数据治理体系、科研知识库标准的建设，为建设全生命周期的临床数据标准化应用体系、提高数据利用水平和信息系统智能化程度打下基础。

在多模态数据融合与处理方面，结合机器学习、NLP等大数据技术，整合院内外及公共卫生等多模态数据，实现了数据融合与处理、数据标准化与治理、数据质量控制、数据脱敏与加密等一系列数据的深度治理，为科研数据的使用提供保障。

在便捷数据查询服务方面，构建数据服务开放平台，实现数据资产查询与统一调用，同时启动数据授权与审批机制，保障数据调用的安全。

在一站式统计分析服务方面，基于数据的使用分析，匹配相关应用场景，开展临床研究、精准医疗等内容建设，推动科研应用。

在该平台建设中，也运用了多种关键技术，基于大数据及人工智能技术，对院内外数据进行抽取，形成科研数据中心，从数据库层面打通各信息化应用之间的数据通道，同时对数据进行加工处理，形成可识别、可利用的数据信息，助力临床研究发展。

（1）数据抽取。对病历、检验、检查、医嘱、护理等数据进行历史数据抽取和增量抽取。抽取数据过程中，支持不同数据源，各种接口，抽取历史数据和增量数据，字段映射，字段过滤，条件过滤，工作闲时抽取数据等。在确保不增加临床业务系统日常工作系统负荷的情况下，以最短的时间抽取数据。

（2）数据融合与处理。①EMPI（患者主索引）：平台支持患者匹配功能，支持基于患者主索引的患者唯一性匹配功能（依赖患者主索引系统）、就诊信息整合功能，以及按照患者就诊类型、时间展示就诊时序的功能和按照就诊时序进行患者数据归集的功能。②多模态数据间关联关系：通过数据间的关系按照门诊、急诊、住院等就诊次数据融合，同时分析医院就诊电子化数据缺失和无法关联情况，确定处理方案。可通过科室、日期选择器，对当前患者的历次就诊信息（基本信息、医嘱、检查报告、检验报告、病历文书、手术记录、护理信息等模块）进行数据分类选择、融合选择，并进行后期的融合处理。③自然语言处理：通过自然语言分词以及上下文语义识别，利用机器学习结合数据模型实现对自由文本病历、检查报告、护理记录等全量数据的后结构化处理。从医疗文献、医学指南和医院临床病历中发掘隐含的医学知识，将自然语言文本数据转化为临床知识，便于将原有业务系统的自然语言文本数据应用到新的临床诊疗与研究。④OCR（光学字符识别）：系统将光学字符识别后的非结构化病历文本库和病案首页系统中的首页数据进行采集，应用自然语言处理技术，构建初步结构化与标准化的通用项目数据库；采用病历对照人工与自动核查并行的方式，保证通用项目数据质量，为科研提供数据支撑。

（3）数据标准化与治理。①数据标准化处理：针对结构化数据，如首页诊断、首页手术、检验、医嘱、费用、入转出记录、人口学信息等数据，实现与标准化编码的整合及映射，保证各专科底层数据标准统一，方便后期进行统计分析及科研利用。针对非结构化数据，进行系统源头改造、自然语言分词、语义关联等操作之后，形成后结构化数据，实现自然语言的计算机可识别、可计算、可分析。建立真实世界疾病领域模型,助力临床研究。②数据一致性:对于不规范的数据,通过标准化数据预处理将其转换为标准化数据存储,基于大数据分析技术,对于数据出现错误的情况,根据既往病历的数据基础进行纠正。③数据残缺治理:对识别出的缺失数据,根据语义和上下文的数据关联进行智能填补完整。④可量化计算:主要分为两种形式,一是将分类型的数据自动量化,数据类型包括海量枚举、少量枚举和二值型,自动转化成可用于统计分析的数值类型;二是根据提供的值域量化表,将变量量化成表中对应的值,完成量化。

(4)数据质量控制。①数据完整性质控:按照质控变量分类,包括数据完整度百分比及空数据的百分比来依次展示所选变量数据完整程度,支撑科研数据应用。②数据规范性质控:包括展示研究样本的规范数据、不规范数据和空数据的情况,以及异常数据涉及的患者列表和数据值域详情,原始异常值等。

(5)数据脱敏与加密。根据HIPAA(健康保险流通与责任法案)和实际业务需求,针对患者信息、医护人员信息等敏感字段信息数据进行脱敏。其包括:敏感数据自动检测;对患者关键信息脱敏处理;通过特定加密不可逆算法对关键数据进行加密处理,使用时进行解密。

资料来源:北京协和医院.北京协和医院:医疗大数据平台研究及应用[EB/OL].(2021-09-24)[2022-12-15]. https://chima.org.cn/Html/News/Articles/9405.html.

智慧医疗领域中的云计算应用也有很多,如能存储、流通、共享的云胶片,基于云计算技术B/S(浏览器/服务器)架构的远程影像系统,云检验中心,云支付,云药房/处方流转平台等一系列医疗云平台,其具体功能介绍如表12-4所示。

表12-4 医疗云平台功能介绍

名 称	介 绍	功 能
云胶片	能存储、流通、共享的数字化胶片	云胶片系统,既具备传统胶片的各项功能,又可利用云平台实现影像资料云端浏览、下载、异地打印等功能;不仅可以用传统方式打印胶片,还可以采用相片纸打印,大大降低了成本;影像资料保存在云端,通过二维码或授权可以随时共享影像信息,支持下载查阅,便于携带、转诊
远程影像系统[云PACS(影像归档和通信系统)]	基于云计算技术的B/S架构的PACS	为医疗机构提供标准化的、信息化的、可共享的医疗信息管理系统,实现医患事务管理和临床诊疗管理等标准医疗管理信息系统的功能
云检验中心	赋能检查检验医疗机构,以及第三方检查检验中心、体检中心	检查检验医疗机构以及第三方检查检验中心通过接入微医云检验中心平台触达微医海量优质客户资源。赋能检查检验机构,通过互联网信息技术手段和微医互联网医疗的闭环服务能力,使区域检查检验医疗数据共享互通。减少用户检查检验等待时长,解决重复检查的问题,提高检查检验机构医疗服务效率
云支付	简单支付,轻松接入	为客户提供一站式集成化支付接入解决方案。可轻松接入云支付平台发布的任意支付产品,调用支持的任意支付渠道;通过管理平台监控、管理所有交易,并提供可视化的统计分析功能

续表

名称	介绍	功能
云药房/处方流转平台	赋能医院、药店、流通企业，组建全国、区域的处方流转平台	云药房系统是一套开放的系统，支持不同的处方流转应用场景。面向医院、医保局、卫健委建设区域处方流转平台，并接入第三方药店或微医互联网医院云药房供应链。在满足监管要求的情况下，打通医保、商保，实现在线结算、在线报销
医疗音视频PaaS（平台即服务）平台	专注医疗行业通信，SDK 30分钟快速集成	完善的实时音视频通信引擎，可以被PC、移动等各种应用快速集成，采用按需租用的PaaS模式，大大节约了开发及部署成本
云HIS（医院信息系统）机构管理系统	为连锁医疗机构提供统一医院管理解决方案	为连锁医疗机构提供营销和诊疗服务统一管理，数据共享等服务

案例 12-5　医院的云平台建设

云计算技术在医疗数据研究方面的应用被众多的医院、相关企业所采用。例如，深圳市人民医院以"互联网医院"为支撑，以"同质化管理、差异化发展"为理念，打造线上无边界医院。建设了全国首批基于云平台的"网络医院"，开展以患者为中心的一站式互联网医疗服务，通过实现线上线下深度的数据共享、业务互联互通，持续优化患者就医流程，让优质医疗资源触"手"可及。推动电子处方流转，推动"最后一公里"落地，持续深化"互联网＋"便民惠民应用。

山东省区域医疗中心之一的某三甲医院，运用云计算技术进行基础平台设计，其所有的医保支付、交易明细等数据的预处理、存储、分析、使用等过程均可以在此云平台上实现，其中原始数据以及数据交易和处理结果均不可被随意篡改，保证了数据处理结果的真实性和数据处理流程下的安全性；同时还可不断升级，利用人工智能完成智能对账和差异账处理。

医学影像技术的飞速进步让越来越多的临床诊断有"据"可依。为帮助医疗机构轻松面对不断扩张的影像数据处理需求，汇医慧影与英特尔携手打造了智慧影像云平台。该平台通过引入第二代英特尔®至强®可扩展处理器、OpenVINO™工具套件以及面向英特尔®架构优化的Python等领先软硬件产品和技术，有效实现了医生端、患者端、医疗机构端的"三端互联"，从而帮助医生提高诊疗效率和准确度，为医院管理、诊疗服务、就医体验的全面提升提供有力支撑。

资料来源：英特尔. 云边协同解决方案推动医疗行业加速数化变革[EB/OL]. (2022-01-19)[2022-12-15]. https://www.intel.cn/content/dam/www/central-libraries/cn/zh/documents/edge-to-cloud-solutions-accelerate-the-intelligence-transformation-of-healthcare-industry-brochure.pdf.

12.4.3　物联网

医疗物联网是一个有机整体，它由装有各种传感器的电子设备、网络设备、存储大数据设备、安装有分析控制软件的计算机等组成。通过医疗互联网可以很好地构建起院内-院外综合协作管理新模式，提高医疗诊断服务水平，实现实时检测人体健康指标并预防健康疾病发展，提高了相关机构掌握疾病诊断方案和实施预防举措的能力。

案例12-6 深圳市人民医院打造数字健康新高地

深圳市人民医院认真贯彻落实国家、广东省、深圳市卫生健康委决策部署,以建设全民卫生健康为目标,加快推进医疗卫生信息化和现代化,强化卫生健康信息化顶层设计,规划智慧健康信息化服务体系,大力实施深圳市人民医院信息化建设升级工程,深入开展便民服务应用,全面推进各项目标和任务,实现了信息化快速健康发展。

深圳市人民医院是一个智能泛在的基础设施支撑体系、一个高效全面的智慧医院赋能体系、一个便民惠民的"互联网+"服务体系以及一个创新驱动的数字健康发展体系,它通过构建"四个一"发展体系,成为国内领先、广东省一流的数字健康先行示范区。

深圳市人民医院一直致力于打造数字健康"新兴技术"新高地,依托5G、AI、IoT等新兴技术,赋能临床应用,促进医院服务向智能化、精准化、高效化迈进。在5G方面,2019年与董家鸿院士开展全国首例5G远程手术,2020年与钟南山院士开展5G远程会诊,2021年成立深圳市5G远程超声医学中心。在AI方面,开展肺癌CT影像辅助诊断,开展医学人工智能社会治理实验。在IoT方面,开展智慧病房建设,提供护士床旁护理"一站式"服务;同时致力于打造数字健康"创新产品"新高地。深圳市首台达芬奇手术机器人在深圳市人民医院落地,先后在泌尿外科、肝胆外科、胃肠外科、妇科、胸外科等开展手术,达到了更好的手术效果、更小的创伤和更大的患者适用范围。同时,为加快医院高质量运营建设,该院以物联网技术打造医疗感知网络,大规模部署物流机器人,现已在临床科室、手术室、消毒供应中心、中心药房、检验科应用,起到了良好的应用效果。

资料来源:丁万夫:打造中国公立医院高质量建设的"深圳样板"[EB/OL].(2022-02-23)[2022-12-15]. https://chima.org.cn/Html/News/Articles/12534.html.

物联网在医疗数据资产管理领域的技术应用也很广泛,其所能够应用的系统技术有以下几方面。

(1)个体身体指标健康检测技术,可对来源广泛、结构多样的数据进行高效采集、可靠存储、整合计算等。

(2)可穿戴的、便携式移动终端设备,实时采集个体医疗数据。

(3)高吞吐量的、防窃取的、安全防护的数据运算和分析的技术,可以此开发数据整合分析基础设计系统。

(4)基于便捷式移动设备以及高效医疗数据采集技术建立的数据服务平台,可与基于互联网的医疗数据管理云平台统一对接,实时集成。

(5)采集传输医疗数据上传云平台,进行数据高质量运算管理,实现多源、异构的医疗数据有效整合,集成汇总、运算和分析。

通过物联网技术可进行远程医疗,使用可穿戴设备可进行个人健康信息监测等,类似的物联网技术应用还有很多,通过这一系列的技术应用,医疗物联网其实可以收集到数量庞大的数据,其包括大量可产生利润的数据资产,通过和云平台进行综合应用,可以有效实现数据资产管理。

物联网在医疗领域中的应用主要体现在以下四个方面。

1. 建立智能医疗体系

利用物联网与病人佩戴的装有RFID(射频识别)的腕带标识,可获得实时信息查询及医疗安全控制。比如通过无线网络调阅病人病历、医嘱和各种检查、化验及护理信息，还可以查阅病人的家族病史、既往病史、药物过敏等电子健康档案，为医生制订治疗方案提供帮助；医生和护士可以通过移动终端设备做到对病患生命体征、治疗化疗等信息的实时监测，实现无线智能查房，提高医生的工作效率。

2．药品防伪与追溯

物联网技术在药品管理和用药环节能发挥巨大作用，通过物联网的 RFID 技术，可以将药品名称、品种、产地、批次及生产、加工、运输、存储、销售等环节的信息，都存于 RFID 标签中，实现药品从生产到进药房的全程追踪和监控，当出现问题时，也可以根据标签的信息，追溯全过程，甚至可以确定已售出药品的位置，方便追回问题药品。同时还可以把药品信息传送到公共数据库中，患者或医院可以对标签的内容和数据库中的记录进行对比，从而有效地识别假冒药品。

3．医疗垃圾监管

随着物联网技术的发展，对医疗垃圾处理全程的实时监管成为可能，利用 RFID 技术，对医疗垃圾的打包、暂存、装车、运输、中转、处理的全过程进行实时的信息采集与跟踪，避免医疗垃圾的非法处理。

4．社区服务站应用

通过技术手段实现社区医院和大医院的医疗信息共享，在社区医院甚至在家中就可以进行远程医疗和自助医疗，也可以进行健康的监测，出现严重问题时，可以通过联通的系统进行预约。全新的诊疗模式可以把目前大多数医院以治疗为主的诊疗方式转为预防和康复，减少医疗资源使用，减小医护人员工作量，提高医院运作效率，有利于缓解医疗资源紧缺的压力。

12.4.4　人工智能

随着"健康中国 2030"国家决策的不断推进，AI 作为一项基础技术被提入国家战略规划，纳入国家重点研究发展计划，而借助 AI 技术来发展医疗领域的理论和应用也早已成为该领域的热门研究话题。一些医疗 AI 的具体应用场景如表 12-5 所示。

表 12-5　医疗 AI 应用

名　称	功　能	案　例
智能语音电子病历	借助智能语音识别技术，突破传统医疗报告耗时长、效率低、报告输入或记录模式的限制，减少甚至代替键盘输入可明显提高医生工作效率和服务质量，创新工作模式	Nuance 公司的医疗语音识别系统可将医生报告录入时间缩短为原来的 1/5，有效提高医生的工作效率

续表

名　称	功　能	案　例
智能导医问诊	在患者就诊前可通过智慧医疗小程序与医生交互信息,初步形成病历报告,供患者和就诊医生参考,提前了解病情以提供更好的诊疗服务	智能问诊 App 如智云健康、春雨医生、微脉等,不仅为患者提供预约挂号、专家问诊、在线咨询等全方位服务,还提供健康教育、康复指导,缓解了分诊压力
智能影像诊断	将 AI 技术应用于医学影像辅助诊断领域	一些食管癌 AI 影像监测技术准确率可达 98%,并可区分浅表食管癌和晚期癌症
智能药物研发	应用 AI 技术机器学习模拟药物研发过程,准确地选取药物靶点和化合物、模拟动物实验和临床实验,测试药物疗效和有效性及药物重新定位,缩短药物研发周期,提高研发效率,节省研发成本	利用机器学习方法和基因表达数据,发现罕见软组织肉瘤新的生物标志物和潜在药物靶点
疾病风险预控	通过 AI 系统监测和评估识别疾病的危险因素,预先采取措施,从而阻断、延缓或控制疾病的发生风险和发展进程	基于 AI 算法构建血压模型与患者体检指标结合可用于高血压患者的病情预测和并发症预防
慢病管理	通过 AI 监控用户基础健康指标	多以智能手机 App 和智能可穿戴设备(如智能手环、手表、眼镜等)来监测用户的基本生命体征、营养摄入、疾病管理、心理健康等指标,通过对健康数据的分析规划用户的日常锻炼、膳食分配等;监测用户潜在的疾病风险及并发症、用药依从性,实现疾病早期预警与防控,提高用户的自我管理能力

案例 12-7　让互联网处方全流程安全可控

随着智慧医疗快速发展,互联网诊疗也出现了一些乱象。部分公立医疗机构存在人才放不开、部门之间保守观望等现象;一些第三方平台使用人工智能冒充医生;患者在一些药品健康类网站上购买处方药,没处方也能轻松下单;有的医疗机构还出现了药品回扣线上化的苗头。这都给互联网处方的安全准确性带来极大的威胁,互联网处方随意开具可能带来用药风险,阻碍行业健康发展。这就会带来一个很严重的问题——"线上开处方,背后是执业医师还是机器人?"

国家卫生健康委员会和国家中医药管理局联合发布的《互联网诊疗监管细则(试行)》(以下简称《细则》)提出,医疗机构开展互联网诊疗活动,处方应由接诊医师本人开具,严禁使用人工智能等自动生成处方。严禁在处方开具前,向患者提供药品,严禁以商业目的进行统方等。

处方是对患者用药安全的保障,无论是线上还是线下都容不得丝毫马虎。2018 年出台的《互联网诊疗管理办法(试行)》规定,在线开具的处方必须有医师电子签名,经药师审核后,医疗机构、药品经营企业才可委托符合条件的第三方机构配送药品。由于缺乏严格的监管,一些互联网医院、第三方平台便出现了先开药后补方、人工智能自动生成处方等乱象。互联网诊疗必须对患者安全、诊疗质量严格把关,《细则》的出台是对这些乱象的有力纠偏。

强化互联网处方全流程监管是首要的。目前互联网医院面临多层面的监管难题,包括诊疗管理、权责认定等。对此,《细则》对互联网诊疗的医疗机构监管、人员监管、业务监管、质量安全监管、监管责任等作出了具体规定,同时明确了全程可追溯、责任倒追的原则。比如对患者电子病历的保存时间不得少于 15 年,诊疗中的图文对话、音频资料等过程记录时间不得少于 3 年。这些措施规范,为加强互联网处方全流程监管提供了遵循。

资料来源:付彪. 让互联网处方全流程安全可控[EB/OL]. (2022-06-15)[2022-11-15]. https://j.eastday.com/p/1655259417036660.

本章小结

本章主要介绍了智慧医疗领域的数据资产管理内容,这是近些年来国家主管部门、相关机构重点研究和探索的领域,它对于医疗产业升级更新、创新医疗新业态以及健康中国建设具有重要推动力。而医疗数据作为医疗行业一种重要的信息资源,如何对其进行有效治理、发挥它的价值已然成为当前医疗信息研究的热点话题。在发展迅速的物联网、云计算、区块链、5G 等新一代信息技术的带动和加持下,医疗信息化也在不断深入发展,医疗数据资产的有效管理正在逐步实现。

习题

1. 简述智慧医疗领域当前面临的主要挑战。
2. 医疗大数据对公众的应用价值有哪些?
3. 解决医疗数据质量问题,可以从哪些方面着手?
4. 如何进行医疗数据质量控制?
5. 提高医疗数据质量的方法有哪些?
6. 医疗数据资产面临的安全风险有哪些?
7. 医院可以通过哪些方式进行医疗数据资产保护?
8. 结合具体实例,谈一谈新一代信息技术如何应用于医疗数据资产保护。
9. 如何借助区块链技术进行医疗数据资产管理?
10. 简述智慧医疗领域数据资产管理的发展方向。

即测即练

参 考 文 献

[1] CCSA TC601 大数据技术标准推进委员会,中国信息通信研究院云计算与大数据研究所.数据资产管理实践白皮书(5.0 版)[R].2021.

[2] 中国信息通信研究院云计算与大数据研究所,CCSA TC601 大数据技术标准推进委员会.数据资产管理实践白皮书(4.0 版)[R].2019.

[3] 叶雅珍,朱扬勇.数据资产[M].北京:人民邮电出版社,2021.

[4] 高伟.数据资产管理:盘活大数据时代的隐形财富[M].北京:机械工业出版社,2016.

[5] The Data Governance Institute. DGI data governance framework[EB/OL].(2022-11-10). https://datagovernance.com/the-dgi-data-governance-framework/.

[6] DAMA International. The DAMA guide to the data management body of knowledge[M]. Basking Ridge:Technics Publications,2009.

[7] DAMA International. DAMA-DMBOK:data management body of knowledge[M]. 2nd ed. Basking Ridge:Technics Publications,2017.

[8] 人工智能基础——什么是智能(智能的特征)[EB/OL].(2020-09-03)[2022-11-20]. https://blog.csdn.net/HiSi_/article/details/108377807.

[9] 易明,冯翠翠,莫富传,等.政府数据资产的价值发现:概念模型和实施路径[J].电子政务,2022(1):27-39.

[10] 马费成,赖茂生.信息资源管理[M].3 版.北京:高等教育出版社,2018.

[11] 张凯,宋克振,周朴雄.信息资源管理[M].4 版.北京:清华大学出版社,2020.

[12] 伯格曼.大数据、小数据、无数据:网络世界的数据学术[M].孟小峰,张祎,赵尔平,译.北京:机械工业出版社,2017.

[13] LEE C A. Open archival information system(OAIS) reference model[J]. Encyclopedia of library and information sciences,2010,3:4020-4030.

[14] 朱扬勇,熊赟.数据学[M].上海:复旦大学出版社,2009.

[15] 萨缪尔森,诺德豪斯.微观经济学[M].萧琛,译.19 版.北京:人民邮电出版社,2012.

[16] 中华人民共和国中央人民政府.企业会计准则——基本准则(财政部令第 33 号)[EB/OL].(2006-04-11)[2022-11-21]. http://www.gov.cn/flfg/2006-04/11/content_250845.htm.

[17] 杨善林,周开乐.大数据中的管理问题:基于大数据的资源观[J].管理科学学报,2015,18(5):1-8.

[18] 朱丹.政府数据资产价值评估与价值实现研究[D].广州:华南理工大学,2017.

[19] 史学智,阳镇.从资产要素之定义重新审视"数据资产"[J].清华管理评论,2021(7):14-21.

[20] 贵州省质量技术监督局.政府数据 数据分类分级指南:DB 52/T 1123—2016[S].2016.

[21] 中国国家标准化管理委员会.数据管理能力成熟度评估模型:GB/T 36073—2018[S].2018.

[22] 中国国家标准化管理委员会.信息安全技术 网络安全等级保护安全设计技术要求:GB/T 25070—2019[S].2019.

[23] 张会平,顾勤,徐忠波.政府数据授权运营的实现机制与内在机理研究——以成都市为例[J].电子政务,2021(5):34-44.

[24] SEMENOV I,OSENEV R,GERASIMOV S,et al. Experience in developing an FHIR medical data management platform to provide clinical decision support[J]. International journal of environmental research and public health,2020,17(1):73.

[25] HARTLEY R V L. Transmission of information[J]. The Bell system technical journal,1928,7(3):535-563.

[26] SHANNON C E. A mathematical theory of communication[J]. The Bell system technical journal,1948,27(3):379-423.

[27] 维纳. 人有人的用处：控制论与社会[M]. 北京：北京大学出版社，2021.
[28] LONGO G. Information theory: new trends and open problems[M]. Berlin：Springer，1975.
[29] 钟义信. 信息科学原理[M]. 5版. 北京：北京邮电大学出版社，2013.
[30] 中共中央，国务院. 中共中央 国务院关于构建更加完善的要素市场化配置体制机制的意见[Z]. 2020.
[31] 贵州率先出台政府数据资产管理登记办法[EB/OL]. (2017-07-14)[2022-11-20]. https://www.chinanews.com.cn/gn/2017/07-14/8278139.shtml.
[32] 中国信息通信研究院. 大数据白皮书(2021年)[R]. 2021.
[33] 中国信息通信研究院. 中国数字经济发展报告(2022年)[R]. 2022.
[34] 中国信息通信研究院云计算与大数据研究所，CCSA TC601大数据技术标准推进委员会. 主数据管理实践白皮书(1.0版)[R]. 2018.
[35] 盛小平，唐筠杰. 我国个人信息权利与欧盟个人数据权利的比较分析：基于《个人信息保护法》与GDPR[J]. 图书情报工作，2022，66(6)：26-33.
[36] 梅夏英. 社会风险控制抑或个人权益保护——理解个人信息保护法的两个维度[J]. 环球法律评论，2022，44(1)：5-20.
[37] 刘洪华. 被遗忘权立法的美国模式及其立法启示——以加州被遗忘权立法为研究背景[J]. 时代法学，2022，20(1)：93-105.
[38] 林梓瀚，魏伟，施好，等. 论我国数据要素市场化配置立法困境与进路[J]. 电子技术应用，2022，48(5)：1-6.
[39] 孔祥俊. 商业数据权：数字时代的新型工业产权——工业产权的归入与权属界定三原则[J]. 比较法研究，2022(1)：83-100.
[40] 戈晶晶. 数据确权难题亟待破局[J]. 中国信息界，2022(2)：28-31.
[41] 钟晓雯. 数据交易的权利规制路径：窠臼、转向与展开[J]. 科技与法律(中英文)，2021(5)：34-44.
[42] 叶雅珍. 数据资产化及运营系统研究[D]. 上海：东华大学，2021.
[43] 王新锐. 个人信息保护立法面临的两难选择[J]. 信息安全与通信保密，2021(2)：15-20.
[44] 田英杰，赵莹莹，苏运，等. 电力大数据用于企业征信的适用性探讨和商业模式分析[J]. 电力与能源，2021，42(4)：381-385.
[45] 孙益武. 论平台经济反垄断执法中的数据因素[J]. 法治研究，2021，134(2)：115-126.
[46] 宋烁. 论政府数据开放中个人信息保护的制度构建[J]. 行政法学研究，2021(6)：78-89.
[47] 聂洪涛，韩欣悦. 企业数据财产保护的模式探索与制度建构[J]. 价格理论与实践，2021(9)：45-50.
[48] 罗浚文. 农业数字经济财政投入效率的门限效应[J]. 农林经济管理学报，2021，20(1)：70-77.
[49] 曹军威，袁仲达，明阳阳，等. 能源互联网大数据分析技术综述[J]. 南方电网技术，2015，9(11)：1-12.
[50] 李爱君. 数据要素市场培育法律制度构建[J]. 法学杂志，2021，42(9)：17-28.
[51] 何波. 数据权属界定面临的问题困境与破解思路[J]. 大数据，2021，7(4)：1-13.
[52] 叶雅珍，刘国华，朱扬勇. 数据资产化框架初探[J]. 大数据，2020，6(3)：3-12.
[53] 李齐，郭成玉. 数据资源确权的理论基础与实践应用框架[J]. 中国人口·资源与环境，2020，30(11)：206-216.
[54] 韩旭至. 数据确权的困境及破解之道[J]. 东方法学，2020(1)：97-107.
[55] 白浩，周长城，袁智勇，等. 基于数字孪生的数字电网展望和思考[J]. 南方电网技术，2020，14(8)：18-24，40.
[56] 朱宝丽. 数据产权界定：多维视角与体系建构[J]. 法学论坛，2019，34(5)：78-86.
[57] 刘新宇. 大数据时代数据权属分析及其体系构建[J]. 上海大学学报(社会科学版)，2019，36(6)：13-25.
[58] 曾鸣，许彦斌，王晟嫣，等. 基于数据管护理论的能源互联网数据资产治理方法及关键问题研究[J]. 电网技术，2020，44(7)：2420-2429.

[59] 郑磊.开放不等于公开、共享和交易:政府数据开放与相近概念的界定与辨析[J].南京社会科学,2018(9):83-91.

[60] 涂志芳.科学数据出版的基础问题综述与关键问题识别[J].图书馆,2018(6):86-92,100.

[61] 石丹.大数据时代数据权属及其保护路径研究[J].西安交通大学学报(社会科学版),2018,38(3):78-85.

[62] 李爱君.数据权利属性与法律特征[J].东方法学,2018(3):64-74.

[63] 江波,张亚男.大数据语境下的个人信息合理使用原则[J].交大法学,2018(3):108-121.

[64] 程啸.论大数据时代的个人数据权利[J].中国社会科学,2018(3):102-122,207-208.

[65] 邬贺铨.数字资源的利用与保护[J].中国经贸导刊,2017(16):55.

[66] 龙卫球.数据新型财产权构建及其体系研究[J].政法论坛,2017,35(4):63-77.

[67] 付伟,于长钺.数据权属国内外研究述评与发展动态分析[J].现代情报,2017,37(7):159-165.

[68] 曾鸣,杨雍琦,李源非,等.能源互联网背景下新能源电力系统运营模式及关键技术初探[J].中国电机工程学报,2016,36(3):681-691.

[69] 张里安,韩旭至.大数据时代下个人信息权的私法属性[J].法学论坛,2016,31(3):119-129.

[70] 彭云.大数据环境下数据确权问题研究[J].现代电信科技,2016,46(5):17-20.

[71] 梅夏英.数据的法律属性及其民法定位[J].中国社会科学,2016(9):164-183,209.

[72] 范为.大数据时代个人信息保护的路径重构[J].环球法律评论,2016,38(5):92-115.

[73] 张新宝.从隐私到个人信息:利益再衡量的理论与制度安排[J].中国法学,2015(3):38-59.

[74] 杜振华.大数据应用中数据确权问题探究[J].移动通信,2015,39(13):12-16.

[75] 徐颖.西方经济学的产权理论[J].中国特色社会主义研究,2004(4):40-44.

[76] 马俊驹,梅夏英.财产权制度的历史评析和现实思考[J].中国社会科学,1999(1):90-105.

[77] 郭燕青,孙培原.基于实物期权理论的互联网企业数据资产评估研究[J].商学研究,2022,29(1):77-84.

[78] 左文进,刘丽君.基于用户感知价值的大数据资产估价方法研究[J].情报理论与实践,2021,44(1):71-77,88.

[79] 周易.大数据资产的会计确认与计量研究[J].中国管理信息化,2021,24(18):16-17.

[80] 周洁茹.基于区块链的电力数据资产化商业模式框架设计与评估[D].北京:北京交通大学,2021.

[81] 陈新发,曾颖,李清辉,等.开启智能油田[M].北京:科学出版社,2013.

[82] 邓建玲,王飞跃,陈耀斌,等.从工业4.0到能源5.0:智能能源系统的概念、内涵及体系框架[J].自动化学报,2015,41(12):2003-2016.

[83] 尹传儒,金涛,张鹏,等.数据资产价值评估与定价:研究综述和展望[J].大数据,2021,7(4):14-27.

[84] 刘凯,马忠民,曹晓芳.基于区块链的数据资产交易管理问题研究[J].商业会计,2021(21):55-57.

[85] 印鉴,朱怀杰,余建兴,等.大数据治理的全景式框架[J].大数据,2020,6(2):19-26.

[86] 王桦宇,连宸弘.税务数据资产的概念、定位及其法律完善[J].税务研究,2020(12):53-60.

[87] 林飞腾.大数据资产及其价值评估方法:文献综述与展望[J].财务管理研究,2020(6):1-5.

[88] 林飞腾.基于成本法的大数据资产价值评估研究[J].商场现代化,2020(10):59-60.

[89] 李春秋,李然辉.基于业务计划和收益的数据资产价值评估研究——以某独角兽公司数据资产价值评估为例[J].中国资产评估,2020(10):18-23.

[90] 傅莉,业涛,袁伟.对企业财产保险价值评估初探[J].中国农业会计,2020(2):90-93.

[91] 戴炳荣,闭珊珊,杨琳,等.数据资产标准研究进展与建议[J].大数据,2020,6(3):36-44.

[92] 闭珊珊,杨琳,宋俊典.一种数据资产评估的CIME模型设计与实现[J].计算机应用与软件,2020,37(9):27-34.

[93] 左文进,刘丽君.大数据资产估价方法研究——基于资产评估方法比较选择的分析[J].价格理论与实践,2019(8):116-119,148.

[94] 王颂杨.数据资产视角下财务共享服务模式研究[J].经济研究导刊,2019(22):109-110,155.

[95] 谭海波,周桐,赵赫,等.基于区块链的档案数据保护与共享方法[J].软件学报,2019,30(9):2620-2635.

[96] 卢民荣.基于大数据的资产评估平台的研究与设计[J].科技促进发展,2019,15(10):1093-1105.

[97] 李雨霏.人工智能在数据治理中的应用[J].信息通信技术与政策,2019(5):23-27.

[98] 李茂浩.基于实物期权的大数据资产价值评估方法及其应用研究[D].昆明:云南大学,2019.

[99] 李菲菲,关杨,王胜文,等.信息生态视角下供电企业数据资产管理模型及价值评估方法研究[J].情报科学,2019,37(10):46-52.

[100] 张云华,商永亮.大数据时代税收管理的机遇与挑战探析[J].税务研究,2018(9):76-81.

[101] 李永红,张淑雯.数据资产价值评估模型构建[J].财会月刊,2018(9):30-35.

[102] 丁伟,王国成,许爱东,等.能源区块链的关键技术及信息安全问题研究[J].中国电机工程学报,2018,38(4):1026-1034,1279.

[103] 蔡莉,梁宇,朱扬勇,等.数据质量的历史沿革和发展趋势[J].计算机科学,2018,45(4):1-10.

[104] 白君贵,王丹.大数据视角下企业信息资源整合与价值提升研究[J].情报科学,2018,36(9):73-76.

[105] 穆勇,王薇,赵莹,等.我国数据资源资产化管理现状、问题及对策研究[J].电子政务,2017(2):66-74.

[106] 王宗龄.大数据资产评估标准化[J].中国科技产业,2016(2):21.

[107] 刘琦,童洋,魏永长,等.市场法评估大数据资产的应用[J].中国资产评估,2016(11):33-37.

[108] 赵俊华,董朝阳,文福拴,等.面向能源系统的数据科学:理论、技术与展望[J].电力系统自动化,2017,41(4):1-11,19.

[109] 高倩.多源数字油田数据与油田数据融合及方法研究[D].西安:长安大学,2015.

[110] 高志亮,高倩,等.数字油田在中国——油田数据工程与科学[M].北京:科学出版社,2015.

[111] 乔宏明,梁凫.运营商面向大数据应用的数据脱敏方法探讨[J].移动通信,2015,39(13):17-20,24.

[112] 李潭,李伯虎,柴旭东,等.面向复杂定性系统的知识建模及联合仿真方法研究[J].系统仿真学报,2011,23(6):1256-1260.

[113] 周毅.政府信息资产及其运营策略研究[J].情报理论与实践,2009,32(6):18-21.

[114] 于艳芳,宋凤轩.资产评估理论与实务[M].2版.北京:人民邮电出版社,2014.

[115] 康旗,吴钢,陈文静,等.大数据资产化[M].北京:人民邮电出版社,2017.

[116] 孙淑萍.企业数据资产价值评估影响因素研究[J].商场现代化,2022(22):37-40.

[117] AGUIAR L,WALDFOGEL J. As streaming reaches flood stage,does it stimulate or depress music sales?[J]. International journal of industrial organization,2018,57:278-307.

[118] ALAEI S,MAKHDOUMI A,MALEKIAN A. Optimal subscription planning for digital goods[J]. Journal of cultural economics,2019,46(1):165-197.

[119] BALASUBRAMANIAN S,BHATTACHARYA S,KRISHNAN V V. Pricing information goods:a strategic analysis of the selling and pay-per-use mechanisms[J]. Marketing science,2015,34(2):218-234.

[120] 何敏.智能煤矿数据治理框架与发展路径[J].工矿自动化,2020,46(11):23-27.

[121] CRETTEZ B. On Hobbes's state of nature and game theory[J]. Theory and decision,2017,83(4):499-511.

[122] DASKALAKIS C,DECKELBAUM A,TZAMOS C. Strong duality for a multiple-good monopolist[J]. Econometrica,2017,85(3):735-767.

[123] FUJIWARA-GREVE T. Non-cooperative game theory[M]. Berlin:Springer,2015.

[124] GOEL S,HOFMAN J M,LAHAIE S,et al. Predicting consumer behavior with Web search[J]. Proceedings of the National Academy of Sciences,2010,107(41):17486-17490.

[125] HADDADI S,GHASEMI A. Pricing-based Stackelberg game for spectrum trading in self-organised heterogeneous networks[J]. IET communications,2016,10(11):1374-1383.

[126] KANG X, ZHANG R, MOTANI M. Price-based resource allocation for spectrum-sharing femtocell networks: a Stackelberg game approach[J]. IEEE journal on selected areas in communications, 2012, 30(3): 538-549.

[127] LI C, LI D Y, MIKLAU G, et al. A theory of pricing private data[J]. ACM transactions on database systems, 2014, 39(4): 1-28.

[128] LIU K, QIU X Y, CHEN W H, et al. Optimal pricing mechanism for data market in blockchain-enhanced internet of things[J]. IEEE internet of things journal, 2019, 6(6): 9748-9761.

[129] LUONG N C, HOANG D T, WANG P, et al. Data collection and wireless communication in internet of things(IoT) using economic analysis and pricing models: a survey[J]. IEEE communications surveys and tutorials, 2016, 18(4): 2546-2590.

[130] 李爱华, 陈思光, 张悦今. 智能电网数据资产的风险管理[J]. 大数据, 2019, 5(2): 104-115.

[131] MILLER A R, TUCKER C. Health information exchange, system size and information silos[J]. Journal of health economics, 2014, 33: 28-42.

[132] 李柏松, 王学力, 王巨洪. 数字孪生体及其在智慧管网应用的可行性[J]. 油气储运, 2018, 37(10): 1081-1087.

[133] 李栋华, 耿世奇, 郑建. 能源互联网形势下的电力大数据发展趋势[J]. 现代电力, 2015, 32(5): 10-14.

[134] NIYATO D, HOANG D T, LUONG N C, et al. Smart data pricing models for the internet of things: a bundling strategy approach[J]. IEEE network, 2016, 30(2): 18-25.

[135] 马少超, 范英. 能源系统低碳转型中的挑战与机遇: 车网融合消纳可再生能源[J]. 管理世界, 2022, 38(5): 209-220, 221-223, 242.

[136] RAWAT D B, SHETTY S, XIN C. Stackelberg-game-based dynamic spectrum access in heterogeneous wireless systems[J]. IEEE systems journal, 2014, 10(4): 1494-1504.

[137] SARKAR P. Data as a service: a framework for providing reusable enterprise data services[M]. Hoboken, NJ: John Wiley and Sons, 2015.

[138] SCHOMM F, STAHL F, VOSSEN G. Marketplaces for data: an initial survey[J]. ACM SIGMOD record, 2013, 42(1): 15-26.

[139] SEYMORE S B. Symposium: the disclosure function of the patent system[J]. Vanderbilt law review, 2016, 69(6): 1455.

[140] SHAPIRO C, VARIAN H R. Versioning: the smart way to sell information[J]. Harvard business review, 1998, 107(6): 107.

[141] 任曦骏, 朱刘柱, 谢道清, 等. 可再生能源参与电力现货市场关键问题的研究[J]. 现代电力, 2022(2): 203-211.

[142] 孙少波. 油气田勘探开发生产中的数据治理方法与技术研究[D]. 西安: 长安大学, 2018.

[143] 王圆圆, 白宏坤, 李文峰, 等. 能源大数据应用中心功能体系及应用场景设计[J]. 智慧电力, 2020, 48(3): 15-21, 29.

[144] SOLMEYER N, DIXON R, BALU R. Characterizing the Nash equilibria of a three-player Bayesian quantum game[J]. Quantum information processing, 2017, 16(6): 1-17.

[145] VERMA T, KUMAR A. Fuzzy solution concepts for non-cooperative games[M]. Berlin: Springer, 2020.

[146] WU Q, WANG F, ZHOU L, et al. Method of multiple attribute group decision making based on 2-dimension interval type-2 fuzzy aggregation operators with multi-granularity linguistic information[J]. International journal of fuzzy systems, 2017, 19(6): 1880-1903.

[147] 薛禹胜, 赖业宁. 大能源思维与大数据思维的融合(二)应用及探索[J]. 电力系统自动化, 2016, 40(8): 1-13.

[148] YAO H P, MAI T L, WANG J J, et al. Resource trading in blockchain-based industrial internet of things[J]. IEEE transactions on industrial informatics, 2019, 15(6): 3602-3609.

[149] 薛禹胜, 赖业宁. 大能源思维与大数据思维的融合(一)大数据与电力大数据[J]. 电力系统自动化, 2016, 40(1): 1-8.

[150] 陈筱贞. 大数据交易定价模式的选择[J]. 新经济, 2016(18): 3-4.

[151] 丁晓东. 数据交易如何破局——数据要素市场中的阿罗信息悖论与法律应对[J]. 东方法学, 2022(2): 144-158.

[152] 科特勒. 市场营销: 原理与实践[M]. 楼尊, 译. 北京: 中国人民大学出版社, 2015.

[153] 李国杰, 程学旗. 大数据研究: 未来科技及经济社会发展的重大战略领域——大数据的研究现状与科学思考[J]. 中国科学院院刊, 2012, 27(6): 647-657.

[154] 李三希, 王泰茗. 拍卖理论研究述评[J]. 中国科学基金, 2021, 35(1): 2-3.

[155] 刘朝阳. 大数据定价问题分析[J]. 图书情报知识, 2016(1): 57-64.

[156] 刘枂, 郝雪镜, 陈俞宏. 大数据定价方法的国内外研究综述及对比分析[J]. 大数据, 2021, 7(6): 89-102.

[157] 马凯航, 高永明, 吴止锾, 等. 大数据时代数据管理技术研究综述[J]. 软件, 2015, 36(10): 46-49, 56.

[158] 杨琳, 高洪美, 宋俊典, 等. 大数据环境下的数据治理框架研究及应用[J]. 计算机应用与软件, 2017, 34(4): 65-69.

[159] 全湘溶, 庞帅, 张全斌. 数据资产定价问题的研究[J]. 互联网天地, 2021(6): 14-19.

[160] 朱彦名, 徐潇源, 严正, 等. 面向电力物联网的含可再生能源配电网运行展望[J]. 电力系统保护与控制, 2022, 50(2): 176-187.

[161] 司雨鑫. 互联网企业中数据资产价值评估模型研究[D]. 北京: 首都经济贸易大学, 2019.

[162] 田杰棠, 刘露瑶. 交易模式、权利界定与数据要素市场培育[J]. 改革, 2020(7): 17-26.

[163] 王芳. 关于数据要素市场化配置的十个问题[J]. 图书与情报, 2020(3): 9-13.

[164] 王文平. 大数据交易定价策略研究[J]. 软件, 2016(10): 94-97.

[165] 王建民. 《生态环境大数据建设总体方案》政策解读[J]. 环境保护, 2016, 44(14): 12-14.

[166] BUTTS-WILMSMEYER C J, RAPP S, GUTHRIE B. The technological advancements that enabled the age of big data in the environmental sciences: a history and future directions[J]. Current opinion in environmental science & health, 2020, 18: 63-69.

[167] DUBEY R, GUNASEKARAN A, CHILDE S J, et al. Can big data and predictive analytics improve social and environmental sustainability? [J]. Technological forecasting & social change, 2017, 36(3): 283-305.

[168] 许永国. 拍卖经济理论综述[J]. 经济研究, 2002(9): 84-91.

[169] 杨琴. 数字经济时代数据流通利用的数权激励[J]. 政治与法律, 2021(12): 12-25.

[170] 叶雅珍, 刘国华, 朱扬勇. 数据产品流通的两阶段授权模式[J]. 计算机科学, 2021, 48(1): 119-124.

[171] 张维迎. 博弈论与信息经济学[M]. 上海: 上海人民出版社, 2012.

[172] 张小伟, 江东, 袁野. 基于博弈论和拍卖的数据定价综述[J]. 大数据, 2021, 7(4): 61-79.

[173] 张亚博. 基于数据资产价值的互联网企业定价研究[D]. 北京: 对外经济贸易大学, 2015.

[174] 赵丽, 李杰. 大数据资产定价研究——基于讨价还价模型的分析[J]. 价格理论与实践, 2020(8): 124-127, 178.

[175] 周坤琳, 李悦. 论数据交易的征税依据[J]. 税收经济研究, 2020, 25(6): 78-84.

[176] YU H F, ZHANG M X. Data pricing strategy based on data quality[J]. Computers & industrial engineering, 2017, 112: 1-10.

[177] LI V, LAM J, CUI J. AI for social good: AI and big data approaches for environmental decision-making[J]. Environmental science & policy, 2021, 125: 241-246.

[178] 张树臣, 陈伟, 高长元. 创新联盟大数据服务交易模式及动态定价模型研究[J]. 情报杂志, 2020, 39

(3): 187-197.
[179] 蔡莉,黄振弘,梁宇,等.数据定价研究综述[J].计算机科学与探索,2021,15(9):1595-1606.
[180] MENG X, PANG K, YIN Z, et al. Grid-based spatiotemporal modeling of ambient ozone to assess human exposure using environmental big data[J]. Atmospheric pollution research, 2021, 12(12): 101216.
[181] 于施洋,王建冬,郭巧敏.我国构建数据新型要素市场体系面临的挑战与对策[J].电子政务,2020(3):2-12.
[182] 孙道柱,李男,杜启明,等.融合显隐式反馈协同过滤的差分隐私保护算法[J].计算机应用研究,2021,38(8):2370-2375.
[183] HU Y, LI C G, HU A Q, et al. Trading off data resource availability and privacy preservation in multi-layer network transaction[J]. Physical communication, 2021, 46: 101317.
[184] 杨亚涛,赵阳,张卷美,等.同态密码理论与应用进展[J].电子与信息学报,2021,43(2):475-487.
[185] 文必龙,陈友良.基于区块链的企业数据共享模式研究[J].计算机技术与发展,2021,31(1):175-181.
[186] SONG M, CEN L, ZHENG Z, et al. How would big data support societal development and environmental sustainability? Insights and practices[J]. Journal of cleaner production, 2016, 142(PT. 2): 489-500.
[187] 黄小红,张勇,闪德胜,等.基于多目标效用优化的分布式数据交易算法[J].通信学报,2021,42(2):52-63.
[188] 侯瑞涛,咸鹤群,李京,等.分级可逆的关系数据水印方案[J].软件学报,2020,31(11):3571-3587.
[189] SU Y, YU Y, ZHANG N. Carbon emissions and environmental management based on big data and streaming data: a bibliometric analysis[J]. Science of the total environment, 2020, 733: 138984.
[190] 汤春蕾.数据产业[M].上海:复旦大学出版社,2013.
[191] 高会聪,戴峰.我国大数据产业发展面临的挑战及对策[J].电子商务,2013(10):19,31.
[192] 白晓春,王绿,吴健,等.电网环保生态大数据平台功能构架[J].电网与清洁能源,2020,36(7):96-102,108.
[193] 吕爱国,赵晓冬,郄少健.河北沿海地区数据产业发展可行性分析[J].中国行政管理,2012(11):115-117.
[194] 别亮亮.环保大数据在环境污染防治管理中的应用[J].智能城市,2021,7(21):129-130.
[195] 程春明,李蔚,宋旭.生态环境大数据建设的思考[J].中国环境管理,2015(6):9-13.
[196] 程永新.大数据时代的数据资产管理方法论与实践[J].计算机应用与软件,2018,35(11):326-329.
[197] 杜海燕,孙浩荃,杨毅,等.数据资产化现实、路径及数据要素市场培育[J].山东工商学院学报,2022,36(4):39-45.
[198] 原磊.商业模式分类问题研究[J].中国软科学,2008(5):35-44.
[199] 曹凌.大数据创新:欧盟开放数据战略研究[J].情报理论与实践,2013,36(4):118-122.
[200] RAPPA M A. The utility business model and the future of computing services[J]. IBM systems journal, 2004, 43(1): 32-42.
[201] AMIT R, ZOTT C. Value creation in e-business[J]. Strategic management journal, 2001, 22(6-7): 493-520.
[202] REOL A M, ZORITA C B, MARTIN A M L, et al. New business models: user generated services[J]. IEEE Latin America transactions, 2009, 7(3): 395-399.
[203] 刘锐.互联网时代的环境大数据[M].北京:电子工业出版社,2016.
[204] TSALGATIDOU A, PITOURA E. Business models and transactions in mobile electronic commerce: requirements and properties[J]. Computer networks, 2001, 37(2): 221-236.
[205] ALT R, ZIMMERMANN H D. Preface: introduction to special section-business models[J].

Electronic markets-the international journal,2001,11(1):3-9.

[206] ROYON Y,FRÉNOT S. Multiservice home gateways:business model,execution environment,management infrastructure[J]. IEEE communications magazine,2007,45(10):122-128.

[207] JONES C I,TONETTI C. Nonrivalry and the economics of data[J]. American economic review,2020,110(9):2819-2858.

[208] 何小钢,梁权熙,王善骝.信息技术、劳动力结构与企业生产率——破解"信息技术生产率悖论"之谜[J].管理世界,2019,35(9):65-80.

[209] NIEBEL T. ICT and economic growth-comparing developing,emerging and developed countries[J]. World development,2018,104:197-211.

[210] NICA E,KONECNY V,POLIAK M,et al. Big data management of smart sustainable cities:networked digital technologies and automated algorithmic decision-making processes[J]. Management research and practice,2020,12(2):48-57.

[211] GOODHUE D L,WYBO M D,KIRSCH L J. The impact of data integration on the costs and benefits of information systems[J]. MIS quarterly,1992,16(3):293-311.

[212] VELDKAMP L,CHUNG C. Data and the aggregate economy[J]. Journal of economic literature,Forthcoming.

[213] 徐翔,厉克奥博,田晓轩.数据生产要素研究进展[J].经济学动态,2021(4):142-158.

[214] 熊巧琴,汤珂.数据要素的界权、交易和定价研究进展[J].经济学动态,2021(2):143-158.

[215] O'LEARY D E. Artificial intelligence and big data[J]. IEEE intelligent systems,2013,28(2):96-99.

[216] BERGEMANN D,BONATTI A,SMOLIN A. The design and price of information[J]. American economic review,2018,108(1):1-48.

[217] 夏义堃,管茜.政府数据资产管理的内涵、要素框架与运行模式[J].电子政务,2022(1):2-13.

[218] ACQUISTI A,TAYLOR C,WAGMAN L. The economics of privacy[J]. Journal of economic literature,2016,54(2):442-492.

[219] GAESSLER F,WAGNER S. Patents,data exclusivity,and the development of new drugs[J]. Review of economics and statistics,2022,104(3):571-586.

[220] 杨梦婷.信息化环境下环境管理模式的探索与实践[J].上海船舶运输科学研究所学报,2020,43(2):86-90.

[221] 詹志明,尹文君.环保大数据及其在环境污染防治管理创新中的应用[J].环境保护,2016,44(6):44-48.

[222] 宋方青,邱子键.数据要素市场治理法治化:主体、权属与路径[J].上海经济研究,2022(4):13-22.

[223] 钱文君,沈晴霓,吴鹏飞,等.大数据计算环境下的隐私保护技术研究进展[J].计算机学报,2022(4):669-701.

[224] 陈冠廷,孙雅乔.基于区块链的分布式隐私数据采集与处理模式[J].统计与决策,2022,38(9):42-46.

[225] 马英.大数据时代的数据资产保护[J].数据通信,2021(4):37-41.

[226] 赵海凤,李仁强,赵芬,等.生态环境大数据发展现状与趋势[J].生态科学,2018,37(1):211-218.

[227] ASHKOUTI F,KHAMFOROOSH K,SHEIKHAHMADI A. DI-Mondrian:distributed improved Mondrian for satisfaction of the L-diversity privacy model using Apache Spark[J]. Information sciences,2021,546:1-24.

[228] 何伟.激发数据要素价值的机制、问题和对策[J].信息通信技术与政策,2020(6):4-7.

[229] 叶雅珍,刘国华,朱扬勇.数据资产相关概念综述[J].计算机科学,2019,46(11):20-24.

[230] 夏俊杰,孙晔,杨海涛,等.基于区块链的数据资产保护与交易平台研究及应用[J].邮电设计技术,2019(9):5-9.

[231] 刘艺,邓青,彭雨苏.大数据时代数据主权与隐私保护面临的安全挑战[J].管理现代化,2019,39(1)：104-107.

[232] 冷晓彦.大数据时代的信息安全策略研究[J].情报科学,2019,37(12)：105-109.

[233] 郑阳,杜荣.区块链技术在数字知识资产管理中的应用[J].出版科学,2018,26(3)：97-104.

[234] 章峰,史博轩,蒋文保.区块链关键技术及应用研究综述[J].网络与信息安全学报,2018,4(4)：22-29.

[235] 张驰.数据资产价值分析模型与交易体系研究[D].北京：北京交通大学,2018.

[236] 董祥千,郭兵,沈艳,等.一种高效安全的去中心化数据共享模型[J].计算机学报,2018,41(5)：1021-1036.

[237] 夏宇.基于大数据的医疗数据质量管理模型在病案管理中的应用研究[J].信息与电脑(理论版),2022,34(5)：10-12,16.

[238] 祝烈煌,高峰,沈蒙,等.区块链隐私保护研究综述[J].计算机研究与发展,2017,54(10)：2170-2186.

[239] 李昊,张敏,冯登国,等.大数据访问控制研究[J].计算机学报,2017,40(1)：72-91.

[240] CHAO L,PALANISAMY B,KALAIVANAN A,et al. ReverseCloak：a reversible multi-level location privacy protection system[C]//Proceedings of the IEEE International Conference on Distributed Computing Systems,F,2017.

[241] 房梁,殷丽华,郭云川,等.基于属性的访问控制关键技术研究综述[J].计算机学报,2017,40(7)：1680-1698.

[242] 陈天莹,陈剑锋.大数据环境下的智能数据脱敏系统[J].通信技术,2016(7)：915-922.

[243] 陈驰,马红霞,赵延帅.基于分类分级的数据资产安全管控平台设计与实现[J].计算机应用,2016,36(z1)：265-268.

[244] LINDELL Y. Fast cut-and-choose-based protocols for malicious and covert adversaries[J]. Journal of cryptology,2016,29(2)：456-490.

[245] DERBEKO P,DOLEV S,GUDES E,et al. Security and privacy aspects in MapReduce on clouds：a survey[J]. Computer science review,2016,20：1-28.

[246] SHEN Y C,GUO B,SHEN Y,et al. A pricing model for big personal data[J].清华大学学报：自然科学版(英文版),2016,21(5)：482-490.

[247] 吴英杰.隐私保护数据发布：模型与算法[M].北京：清华大学出版社,2015.

[248] 李经纬,贾春福,刘哲理,等.可搜索加密技术研究综述[J].软件学报,2015,26(1)：109-128.

[249] 冯朝胜,秦志光,袁丁.云数据安全存储技术[J].计算机学报,2015,38(1)：150-163.

[250] YUAN Y,WANG G,XU J Y,et al. Efficient distributed subgraph similarity matching[J]. VLDB journal,2015,24(3)：369-394.

[251] LIN S H,LIAO M H. Towards publishing social network data with graph anonymization[J]. Journal of intelligent & fuzzy systems,2015,30(1)：333-345.

[252] 熊平,朱天清,王晓峰.差分隐私保护及其应用[J].计算机学报,2014,37(1)：101-122.

[253] LEE Y C,CHAO Y T,LIN P J,et al. Quality assurance of integrative big data for medical research within a multihospital system[J]. Journal of the formosan medical association,2022,121(9)：1728-1738.

[254] ANDRYCHOWICZ M,DZIEMBOWSKI S,MALINOWSKI D,et al. Secure multiparty computations on Bitcoin[C]//Proceedings of the 2014 IEEE Symposium on Security and Privacy,F,2014.

[255] SEITKULOV Y N. New methods of secure outsourcing of scientific computations[J]. Journal of supercomputing,2013,65(1)：469-482.

[256] PETER A,TEWS E,KATZENBEISSER S. Efficiently outsourcing multiparty computation under

multiple keys[J]. IEEE transactions on information forensics & security,2013,8(12):2046-2058.

[257] REN K,WANG C,WANG Q. Security challenges for the public cloud[J]. IEEE internet computing,2012,16(1):69-73.

[258] 张逢喆,陈进,陈海波,等.云计算中的数据隐私性保护与自我销毁[J].计算机研究与发展,2011,48(7):1155-1167.

[259] 徐剑,周福才,陈旭,等.云计算中基于认证数据结构的数据外包认证模型[J].通信学报,2011,32(7):153-160.

[260] 洪澄,张敏,冯登国.面向云存储的高效动态密文访问控制方法[J].通信学报,2011,32(7):125-132.

[261] 蔡克,张敏,冯登国.基于单断言的安全的密文区间检索[J].计算机学报,2011,34(11):2093-2103.

[262] 边根庆,高松,邵必林.面向分散式存储的云存储安全架构[J].西安交通大学学报,2011,45(4):41-45.

[263] SUN X,SUN L,HUA W. Extended k-anonymity models against sensitive attribute disclosure[J]. Computer communications,2011,34(4):526-535.

[264] HUR J,DONG K N. Attribute-based access control with efficient revocation in data outsourcing systems[J]. IEEE transactions on parallel & distributed systems,2011,22(7):1214-1221.

[265] CURTMOLA R,GARAY J,KAMARA S,et al. Searchable symmetric encryption:improved definitions and efficient constructions[J]. Journal of computer security,2011,19(5):895-934.

[266] ALVAREZ-GARCIA J A,ORTEGA J A,GONZALEZ-ABRIL L,et al. Trip destination prediction based on past GPS log using a Hidden Markov Model[J]. Expert systems with applications,2010,37(12):8166-8171.

[267] BAEK J,SAFAVI-NAINI R,SUSILO W. Public key encryption with keyword search revisited[C]// Proceedings of the International Conference on Computational Science and Its Applications,F,2008. Berlin:Springer.

[268] 唐要家,唐春晖."数据垄断"的反垄断监管政策[J].经济纵横,2022(5):31-38.

[269] 冉从敬,唐心宇,何梦婷.数据信托:个人数据交易与管理新机制[J].图书馆论坛,2022,42(3):56-68.

[270] 黄锫.大数据时代个人数据权属的配置规则[J].法学杂志,2021,42(1):99-110.

[271] 高颖,杜娟.大数据时代数据匿名化的法律规制[J].情报理论与实践,2021(10):50-56.

[272] 高富平.个人信息处理:我国个人信息保护法的规范对象[J].法商研究,2021,38(2):73-86.

[273] 付伟,李晓东.个人数据的法律权利与经济权利配置研究[J].电子政务,2021(9):73-80.

[274] 丁凤玲.个人数据治理模式的选择:个人、国家还是集体[J].华中科技大学学报:社会科学版,2021,35(1):64-76.

[275] 赵吟.开放银行模式下个人数据共享的法律规制[J].现代法学,2020,42(3):138-150.

[276] 赵明,董大治.基于区块链技术的数据资产管理机制[J].大数据,2021,7(4):49-60.

[277] 劳东燕.个人数据的刑法保护模式[J].比较法研究,2020(5):35-50.

[278] GAL M S,AVIV O. The competitive effects of the GDPR[J]. Journal of competition law & economics,2020,16(3):349-391.

[279] FAROUKHI A Z,ALAOUI I E,GAHI Y,et al. Big data monetization throughout big data value chain:a comprehensive review[J]. Journal of big data,2020,7(1):1-22.

[280] 肖凯文.大数据下的芝麻信用公司个人信用评估研究[D].兰州:西北民族大学,2019.

[281] 项焱,陈曦.大数据时代欧盟个人数据保护权初探[J].华东理工大学学报:社会科学版,2019,34(2):81-91.

[282] 吴沈括.数据治理的全球态势及中国应对策略[J].电子政务,2019(1):2-10.

[283] 王元庆,刘百祥.一种去中心化的隐私保护匿名问卷方案[J].计算机工程,2021,47(6):123-131.

[284] 王凯芸,郑涛,邵维君.医疗领域中区块链的应用与数据安全问题研究[J].医学信息学杂志,2021,42(10):6-10.

[285] 李勇坚.个人数据权利体系的理论建构[J].中国社会科学院研究生院学报,2019(5):95-104.

[286] 李晓宇.权利与利益区分视点下数据权益的类型化保护[J].知识产权,2019(3):50-63.

[287] 姜盼盼.大数据时代个人信息保护研究综述[J].图书情报工作,2019,63(15):140-148.

[288] KATZ M L. Multisided platforms, big data, and a little antitrust policy[J]. Review of industrial organization,2019,54(4):695-716.

[289] DELACROIX S,LAWRENCE N D. Bottom-up data trusts:disturbing the 'one size fits all' approach to data governance[J]. International data privacy law,2019,9(4):236-252.

[290] 赵丽莉,靳旭.论大数据时代让渡个人数据换取服务的矛盾与协调[J].情报杂志,2018,37(12):160-165.

[291] 于阳,魏俊斌.冲突与弥合:大数据侦查监控模式下的个人信息保护[J].情报杂志,2018,37(12):147-155.

[292] 鞠传霄.互联网时代的个人信用评估机制研究——以芝麻信用为例[J].现代管理科学,2018(5):109-111.

[293] 高富平.个人信息保护:从个人控制到社会控制[J].法学研究,2018,40(3):18.

[294] MALGIERI G,CUSTERS B. Pricing privacy-the right to know the value of your personal data[J]. Computer law & security review,2018,34(2):289-303.

[295] HAWLITSCHEK F,NOTHEISEN B,TEUBNER T. The limits of trust-free systems:a literature review on blockchain technology and trust in the sharing economy[J]. Electronic commerce research and applications,2018,29:50-63.

[296] 张惠.个人数字资产的开发、保护与管理[J].南方金融,2017(11):92-98.

[297] 周志峰,黄如花.国外政府开放数据门户服务功能探析[J].情报杂志,2013,32(3):144-147,165.

[298] 相丽玲,杨蕙.个人数据保护与开发理念的演化与评价[J].情报理论与实践,2017,40(11):90-95.

[299] 王少辉,杜雯.大数据时代新西兰个人隐私保护进展及对我国的启示[J].电子政务,2017(11):65-71.

[300] 苏治,方彤,尹力博.中国虚拟经济与实体经济的关联性——基于规模和周期视角的实证研究[J].中国社会科学,2017(8):87-109.

[301] 郭兵,李强,段旭良,等.个人数据银行——一种基于银行架构的个人大数据资产管理与增值服务的新模式[J].计算机学报,2017,40(1):126-143.

[302] 王玉林.信息服务风险规避视角下的大数据控制人财产权利与限制研究[J].图书情报知识,2016(5):116-122.

[303] 惠志斌,张衡.面向数据经济的跨境数据流动管理研究[J].社会科学,2016(8):13-22.

[304] 王春秀.智慧医疗背景下公民健康医疗数据保护机制研究[D].长春:吉林大学,2021.

[305] 金新政,马敬东.信息管理概论[M].武汉:武汉大学出版社,2014.

[306] WANG J Q,WANG Z J. A survey on personal data cloud[J]. The scientific world journal,2014(1):969150.

[307] 杨东谋,罗晋,王慧茹,等.国际政府数据开放实施现况初探[J].电子政务,2013(6):16-25.

[308] LARKIN B. The politics and poetics of infrastructure[J]. Annual review of anthropology,2013,42(1):327-343.

[309] ROWLEY J. The wisdom hierarchy:representations of the DIKW hierarchy[J]. Journal of information science,2007,33(2):163-180.

[310] 钟世伦.基于标签技术的个人数据空间管理系统研究与实现[D].长沙:国防科技大学,2008.

[311] 姬卫东,李琳,张振,等.互联互通背景下医疗数据治理面临的问题与对策[J].中国数字医学,2021,16(11):6-11.

[312] 郭子菁,罗玉川,蔡志平,等.医疗健康大数据隐私保护综述[J].计算机科学与探索,2021,15(3):389-402.

[313] 谭礼格.个人数据保护影响评估制度研究[D].湘潭:湘潭大学,2019.

[314] 黄一帆.互联网征信中个人信用信息保护研究[D].重庆:西南政法大学,2020.

[315] 董微微.个人数据管理系统基础管理模块的设计与实现[D].长春:吉林大学,2016.

[316] 张舰.数字经济时代企业数据资产管理与研究[J].财会学习,2021(24):149-154.

[317] 陈丽娟.资产评估基本理论框架研究[D].保定:河北农业大学,2004.

[318] 程永新,梁铭图,杨志洪.数据资产管理"AIGOV 五星模型"[J].电子技术与软件工程,2018(16):175-178.

[319] 初菁菁,李盈,贾红宇.区块链技术在医疗数据管理方面的应用[J].现代医院,2021,21(11):1758-1760,1763.

[320] 崔金栋,关杨,张海涛,等.信息生态视角下企业数据资产管理机理研究[J].现代情报,2017,37(12):24-29,34.

[321] 成丽娟.基于区块链的医疗健康数据隐私保护研究[D].南京:南京邮电大学,2021.

[322] 秦荣生.企业数据资产的确认、计量与报告研究[J].会计与经济研究,2020,34(6):3-10.

[323] SHARMA P,BORAH M D,NAMASUDRA S.Improving security of medical big data by using blockchain technology[J].Computers & electrical engineering,2021,96:107529.

[324] 张茜,王鹏,闫慈,等.医疗数据隐私保护技术应用研究[J].医学信息学杂志,2020,41(10):60-64.

[325] 刘涤西,钟磊,范絮妍.开拓 DT 时代数据资产权益保护新视野[J].中国信息安全,2017(12):32-36.

[326] 倪文静,胡震.数据资产全生命周期安全管理[J].中国标准化,2019(22):233-234.

[327] 尚晶,胡清源,孙丽娟.数字生态下的数据资产管理实践[J].电信工程技术与标准化,2022,35(4):25-32.

[328] 相丽玲,陈琬珠.个人健康医疗信息保护的研究进展与未来趋势[J].情报科学,2020,38(6):170-177.

[329] 通用电气公司.工业互联网:打破智慧与机器的边界[M].北京:机械工业出版社,2015.

[330] 武健,李长青."大财务"数据资产的管理与应用实践[J].企业管理,2016(S2):168-169.

[331] 卫荣.健康医疗大数据质量治理研究[J].中国卫生质量管理,2020,27(3):5-8.

[332] 赵敏.工业互联网平台的六个支撑要素——解读《工业互联网平台白皮书》[J].中国机械工程,2018,29(8):1000-1007.

[333] 闫树.大数据:发展现状与未来趋势[J].中国经济报告,2020(1):38-52.

[334] 杨伊静.打造包容性数字经济模式 推动中国经济高质量发展——中国信通院发布《中国数字经济发展白皮书(2020 年)》[J].中国科技产业,2020(8):5-7.

[335] 周芹,魏永长,宋刚,等.数据资产对电商企业价值贡献案例研究[J].中国资产评估,2016(1):34-39.

[336] 朱扬勇,叶雅珍.从数据的属性看数据资产[J].大数据,2018,4(6):65-76.

[337] 王鹏,周静,王凯曦,等.健康医疗大数据云平台研究综述[J].中国医疗设备,2020,35(5):161-165,174.

[338] 山西省人民政府.山西省政务数据资产管理试行办法[EB/OL].(2019-11-27)[2022-11-20].https://www.shanxi.gov.cn/zfxxgk/zfxxgkzl/fdzdgknr/lzyj/szfl/202205/t20220513_5978855.shtml.

[339] 苑泽明,于翔,李萌.数据资产信息披露、机构投资者异质性与企业价值[J].现代财经(天津财经大学学报),2022,42(11):32-47.

[340] CUMMINS J,BAWDEN D.Accounting for information:information and knowledge in the annual reports of FTSE 100 companies[J].Journal of information science,2010,36(3):283-305.

[341] 王华鋆.医疗主数据质量评估系统的设计与实现[D].北京:北京邮电大学,2020.
[342] 童峰,张小红,刘金华.大数据时代个人健康医疗信息的立法保护[J].情报资料工作,2020,41(3):105-112.
[343] YANG T M, MAXWELL T A. Information-sharing in public organizations: a literature review of interpersonal, intra-organizational and inter-organizational success factors [J]. Government information quarterly,2011,28(2):164-175.
[344] 彭玉潇.浅析医疗数据质量管理[J].数字通信世界,2020(12):142-143.
[345] 顾天安.大数据驱动政府治理创新的国际经验与启示[J].发展研究,2020(2):12-19.
[346] 韩海庭,原琳琳,李祥锐,等.数字经济中的数据资产化问题研究[J].征信,2019(4):72-78.
[347] 钮靖,王秋红,张琪.基于物联网技术的远程智能医疗数据传输系统设计[J].电子世界,2020(22):160-161.
[348] 郝娜.个人健康医疗数据匿名化的法律规则重塑——从场景理论的视角来探析[J].医学与法学,2020,12(3):93-98.
[349] 邓崧,洪润琴.隐私保护背景下的医保数据共享开放研究[J].现代情报,2020,40(8):134-143.
[350] 崔芳芳,翟运开,高景宏,等.面向精准医疗的大数据质量控制研究[J].中国卫生事业管理,2020,37(6):408-410,413.
[351] 宋晶晶.政府治理视域下的政府数据资产管理体系及实施路径[J].图书馆,2020(9):8-13.
[352] 宋锴业,徐雅倩,陈天祥.政务数据资产化的创新发展、内在机制与路径优化——以政务数据资产管理的潍坊模式为例[J].电子政务,2022(1):14-26.
[353] 夏义堃.试论政府数据治理的内涵、生成背景与主要问题[J].图书情报工作,2018,62(9):21-37.
[354] 杨张博,王新雷.大数据交易中的数据所有权研究[J].情报理论与实践,2018,41(6):52-57.
[355] 程骏超,张驰,何元安.区块链技术在跨部门海洋数据共享中的应用[J].科技导报,2020,38(21):60-68.

教师服务

感谢您选用清华大学出版社的教材！为了更好地服务教学，我们为授课教师提供本书的教学辅助资源，以及本学科重点教材信息。请您扫码获取。

❱❱ 教辅获取

本书教辅资源，授课教师扫码获取

❱❱ 样书赠送

管理科学与工程类重点教材，教师扫码获取样书

清华大学出版社

E-mail: tupfuwu@163.com
电话：010-83470332 / 83470142
地址：北京市海淀区双清路学研大厦 B 座 509

网址：http://www.tup.com.cn/
传真：8610-83470107
邮编：100084